# 최강
# 정석

AI시대 바둑을 파헤친다!

# 최강 정석 2. 화점 협공편

**2판 1쇄 발행** 2024년 1월 20일

**감 수** 김일환
**지은이** 이하림
**발행인** 조상현
**마케팅** 조정빈
**발행처** 더디퍼런스

**등록번호** 제2018-000177호
**주소** 경기도 고양시 덕양구 큰골길 33-170
**문의** 02-712-7927
**팩스** 02-6974-1237
**이메일** thedibooks@naver.com
**홈페이지** www.thedifference.co.kr

독자여러분의 소중한 원고를 기다리고 있습니다. 많은 투고 부탁드립니다.

ISBN 979-11-6125-439-5  13690

AI시대 바둑을 파헤친다!

# 최강 정석

이하림 지음 · 김일환 감수

## 2. 화점 협공편

더디퍼런스

"바둑의 신이 있다면 인간의 최고수와 몇 점이면 적당할까?" 오래 전부터 이런 궁금증이 있었습니다. 그동안 인간은 두점 접바둑이면 이긴다고 자신감에 넘치기도 했지만 막상 신급 존재인 인공지능(AI)이 등장하자 넉점에도 목숨을 걸기 어려운 시대가 되었습니다. AI등장 초기에는 그래도 해볼만하다는 생각이 있었는데 AI가 진화에 진화를 거듭하면서 지금은 바둑의 적수가 아닌 스승으로 받아들이기에 이르렀습니다.

AI시대에는 생각지도 못했던 기술이 창궐합니다. AI가 보여주는 바둑의 세계는 정말 신비롭지요. 상식을 벗어난 수가 신기하게도 힘을 발휘하는 등 상황에 따라 변신하는 둔갑술의 천재입니다. 인간은 보이는 힘만 믿지만 AI는 보이지 않는 힘으로 세밀하게 분석하고 종합적 판단을 내립니다.

특히 바둑의 초반은 감성과 감각이 지배하는 시공간이며 단순 인공지능의 계산으로는 인간지능을 넘을 수 없는 금기의 영역이었는데, 더욱 강력해진 인공지능은 이런 고정관념을 보기 좋게 깨뜨리며 인간의 감성을 압도했습니다. 미지의 세계인 초반에도 신출귀몰한 AI는 거침없이 계산을 하며 이에 따라 정석과 포석에서도 혁명이 일어났습니다.

그동안 인공지능이 차가운 이성으로 인간 바둑의 세계를 파헤쳐왔다면 이제는 인공지능 바둑의 심오한 세계를 인간의 따뜻한 감성으로 분석할 차례입니다. 이 책의 기획 배경은 이처럼 달라진 바둑 수법을 AI의 새로운 시각으로 보여주려는 데 있습니다.

우선 정석 분야에서는 3권의 시리즈로 완결할 예정입니다. 1권에서는 화점 중에서 가장 많이 접하는 기본적인 정석에 대해 다뤘습니다. 이번 2권에서는 화점 정석 중 협공에 대해 중점적으로 다룹니다. 앞으로 3권에서는 소목 정석에 대해 다룰 예정입니다.

이번 책은 내용 그대로 '화점 협공편'으로 부제를 삼았고 협공의 위치와 시기에 따라 5개의 파트로 구분했습니다. 협공의 위치는 간격에 따라 한칸, 두칸, 세칸이 사용되며, 귀를 받고 나서 손을 빼는 경우 협공하는 시기도 있습니다.

한칸협공은 공격적 수단으로 실전에 빈번하게 등장하는데 AI의 영향으로 변화도 매우 많으므로 파트 1~2로 나누어 다룹니다. '파트 1'에서는 3三침입과 뛰어나가는 변화에 대해, '파트 2'에서는 붙임, 양걸침과 더불어 한칸높은협공도 포함합니다. 능동적 수단인 두칸과 세칸의 협공도 실전에 자주 등장하는데 AI의 영향으로 개발되고 진화된 수법이 많습니다. '파트 3'에서는 두칸의 협공, '파트 4'에서는 세칸의 협공에 대해 다룹니다. 화점 걸침에 받고 나서 상대가 손을 빼는 경우도 비일비재한데 손빼기에 능한 AI의 영향이지요. '파트 5'에서는 이런 손뺌 이후의 협공에 대해 다룹니다.

본문은 유형별로 이어지며 모두 27개 유형으로 나눴습니다. 보충 학습을 위해 필요에 따라 유형 말미에 '원포인트 레슨'을 넣었고, 입체적 학습을 위해 각 파트의 말미에 '실전 정석활용'을 실었습니다. 마지막으로 '부록'에서는 AI시대를 상징할 만한 정석들을 본문과 연계하며 나열해 눈으로 최신 정석의 흐름을 열람할 수 있도록 배려했습니다.

전반적으로 낮은 단계에서 높은 단계까지 두루 독자의 수준에 맞춰 AI시대를 관통하는 정석의 길잡이로 삼을 수 있도록 체계적이고 실전적이며 흥미롭게 꾸미고자 노력했습니다.


바둑의 신이 있다면 하고 상상했던 세계가 현실이 되었습니다. 우리가 AI로부터 배울 점은 종합적 관점에 의한 대세적 안목과 열린 사고에 의한 창의적 발상입니다. 이 책에는 AI로부터 전수받은 다양한 정석과 변화들이 등장하지만 사실 AI는 정석이란 무엇인지도 모릅니다. 어차피 AI는 말이 없습니다. 오직 계산하고 판에다 실천할 뿐입니다. 전체 국면의 일부분인 정석도 인간의 언어인 만큼 어떻게 활용할지는 전국을 바라보는 여러분의 안목에 달렸겠지요.

더불어 AI시대에 바둑을 즐기면서 실력을 늘리는 비결은 모양에 구애받지 않는 자유자재한 인공지능의 냉정한 계산에 모양을 중시하는 인간의 예술적 열정으로 생명을 불어넣는 조화로운 공존 아닐까요.

이하림

실전 정석활용 • 70

**8형** 한칸협공에 붙여끌기

76

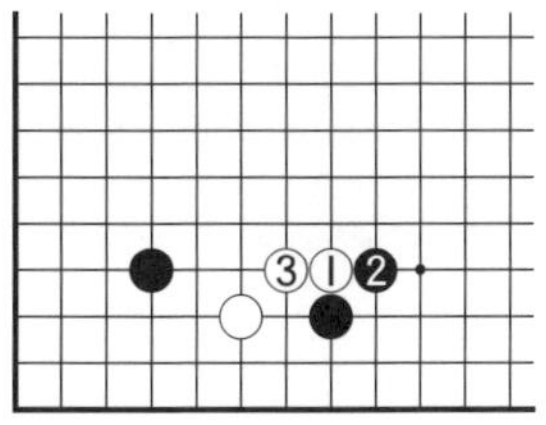

**9형** 한칸협공에 붙여뻗기

84

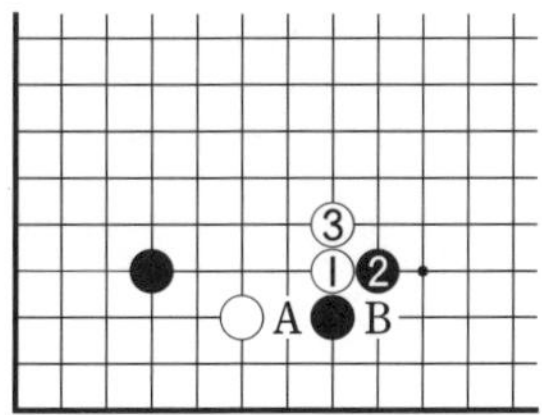

**10형** 한칸협공 – 붙임에 늘기

95

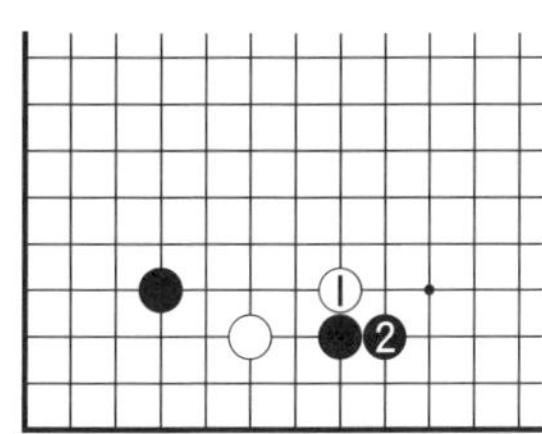

**11형** 낮은 양걸침 – 나의 강한 편에 붙임

103

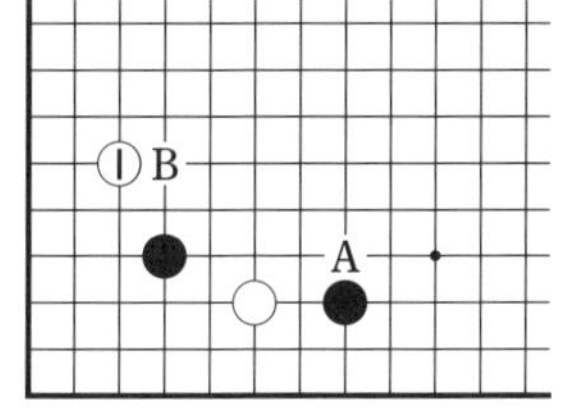

**12형** 낮은 양걸침 – 상대의 강한 편에 붙임

113

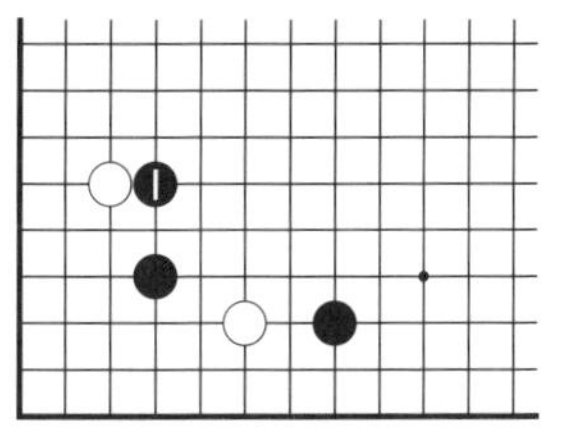

**13형** 한칸협공에 높은 양걸침

118

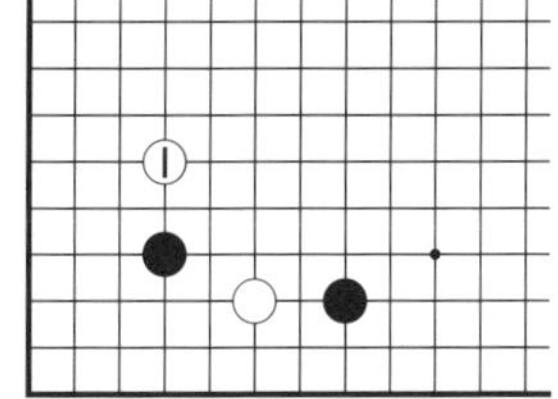

**14형** 한칸높은협공의 핵심 변화

126

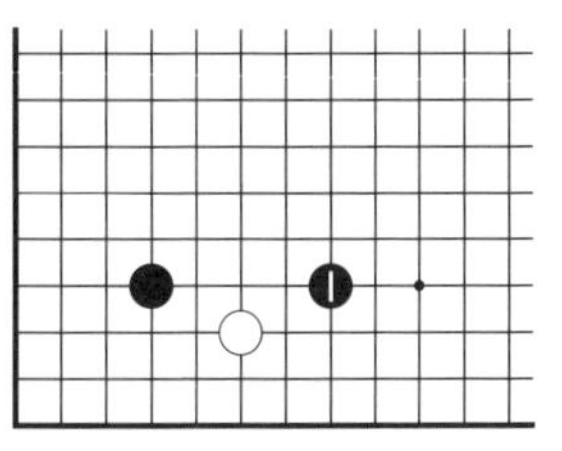

# PART 5 ☞ 손뺌 이후 협공과 대응

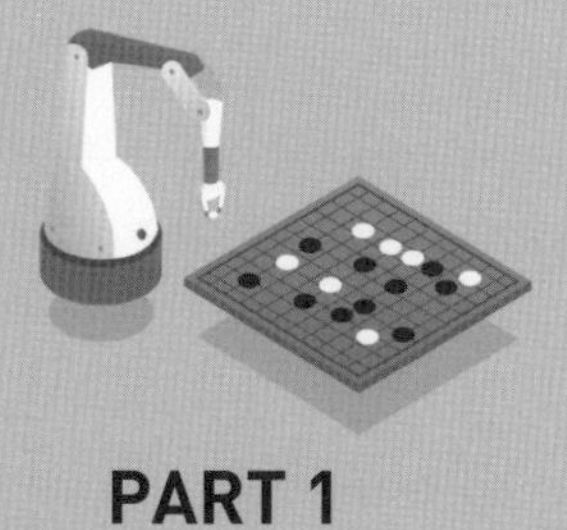



# PART 1

# 한칸협공1
## (3三침입 · 뜀 이후 수단)

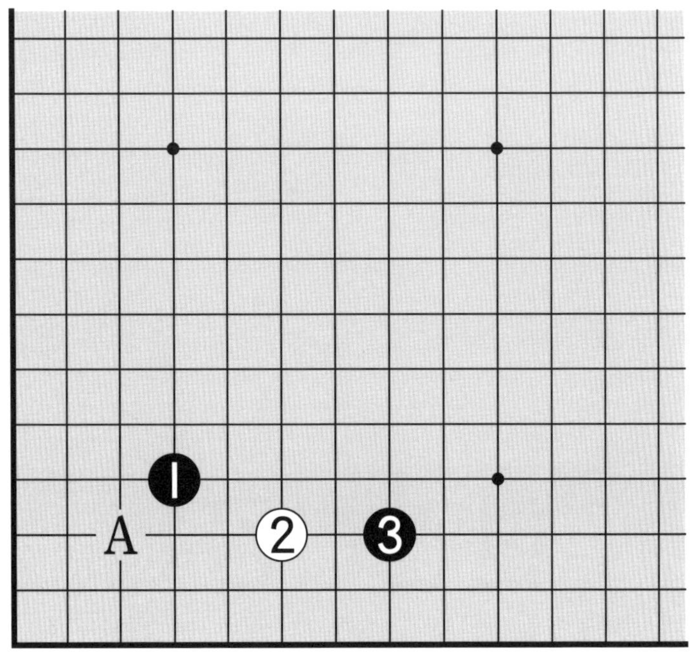

기본형

흑1의 화점에 백2로 걸칠 때 흑3의 한칸협공은 가장 대표적인 공격 수단이다.

백은 상황에 따라 여러 가지 작전이 가능한데, 여기서는 가장 무난한 A의 3三침입에 대해 알아본다.

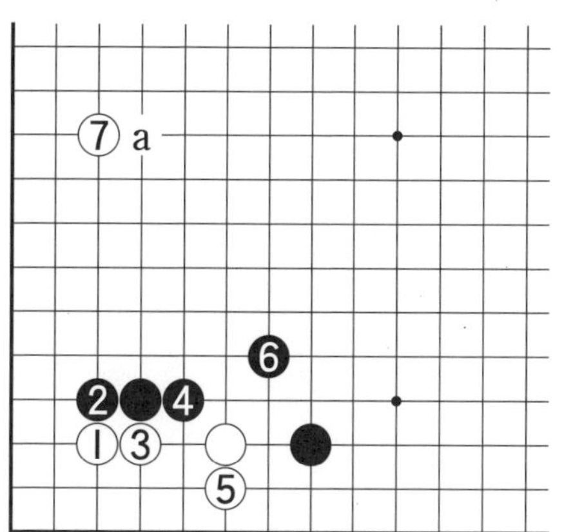

1도

## 1도 (흑, 실패)

백1의 침입에 흑2쪽으로 막고 6
까지 처리하는 것은 a 방면에 흑
의 지원군이 있을 때나 가능하다.
그래야 흑은 귀에 실리를 내준 대
신 외세를 쌓을 수 있기 때문이다.
지금은 백7로 먼저 다가와 외세를
견제할 수 있으니 흑의 실패이다.

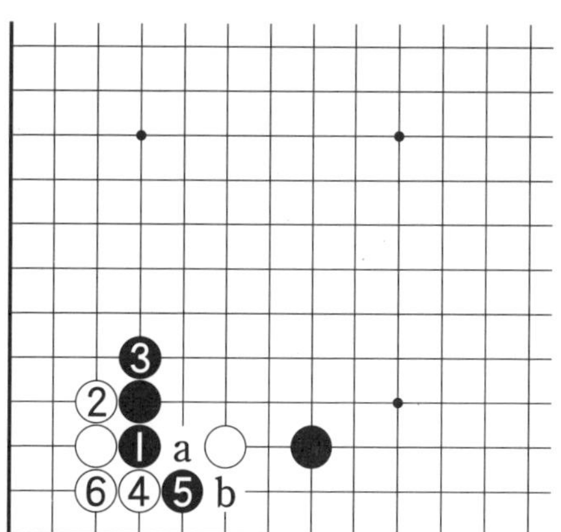

2도

## 2도 (올바른 막음)

일단 흑1로 막는 것이 올바른 방
향이다. 백2로 민 후 4, 6의 젖혀
이음은 당연한데, 흑은 a와 b의
지킴을 두고 선택이 필요하다.

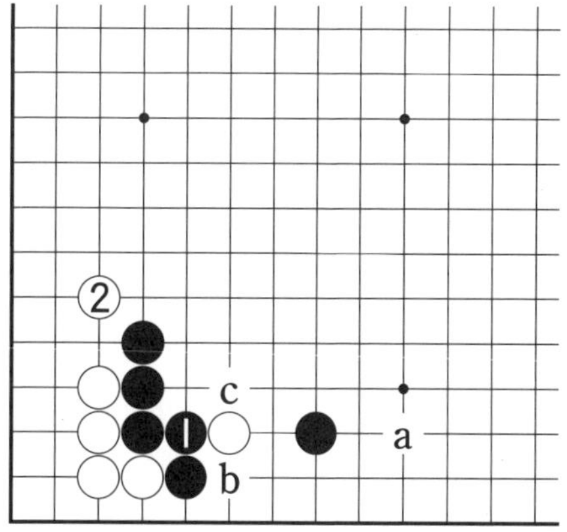

3도

## 3도 (고약한 뒷맛)

흑1의 이음은 그동안 많이 두었던
지킴이다. 백2로 뛰면 일단 타협
인데, 나중에 백이 a로 다가서면
b나 c의 뒷맛이 고약해 지금은 거
의 두지 않는다.

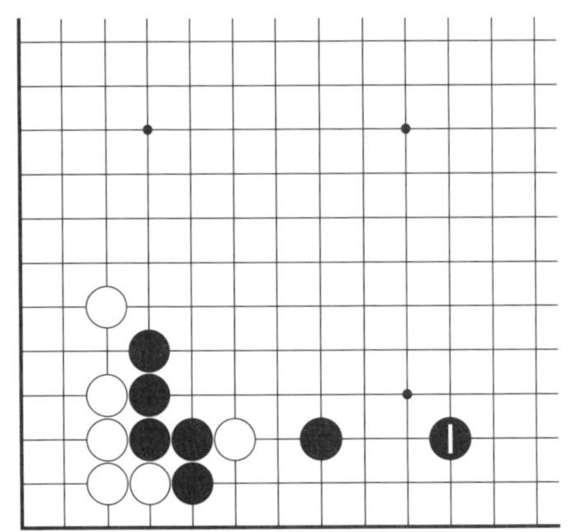

4도

### 4도 (후수 벌림)

그래서 이 정석은 흑이 1로 벌려 보강하며 일단락하는 경우가 많았다. 그러면 튼튼하긴 해도 흑이 후수가 되어 발이 늦다.

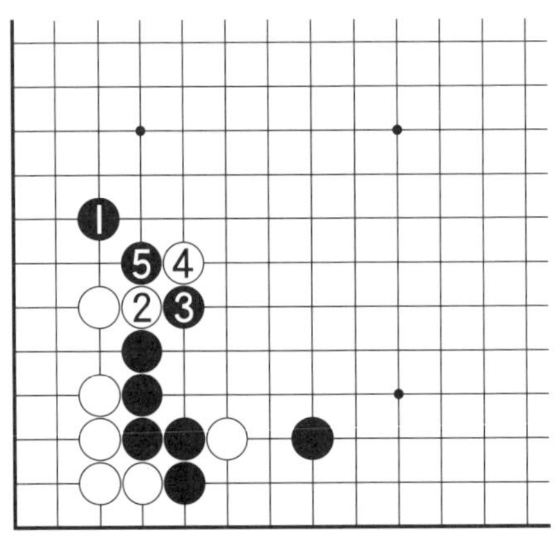

5도

### 5도 (특수한 상황)

다만 흑1로 압박하는 경우라면 이 정석이 효율적이다. 백2로 나가면 흑3, 5로 끊어 싸울 수 있다. 어쨌든 이 그림은 특수한 상황이다.

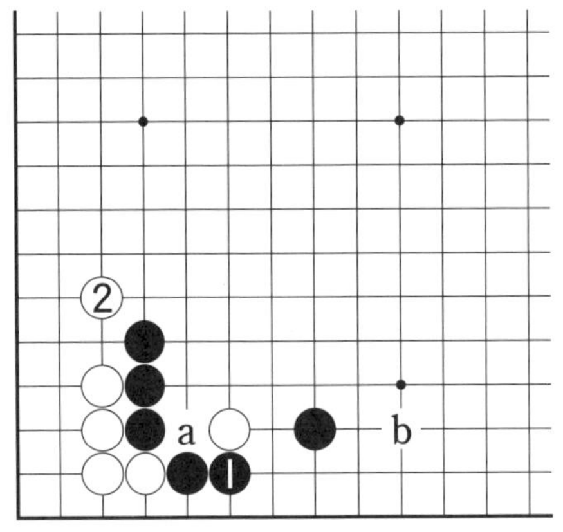

6도

### 6도 (효율적 지킴)

AI는 흑1로 밑에서 넘는 것이 효율적 지킴이라고 본다. 백2로 뛰어 일단락인데 a의 단점이 있어도 백이 당장 끊기 어렵고 백b로 다가서도 크게 위협이 되지 않는 것이 흑의 장점이다. AI시대 대표적 협공 정석이다.

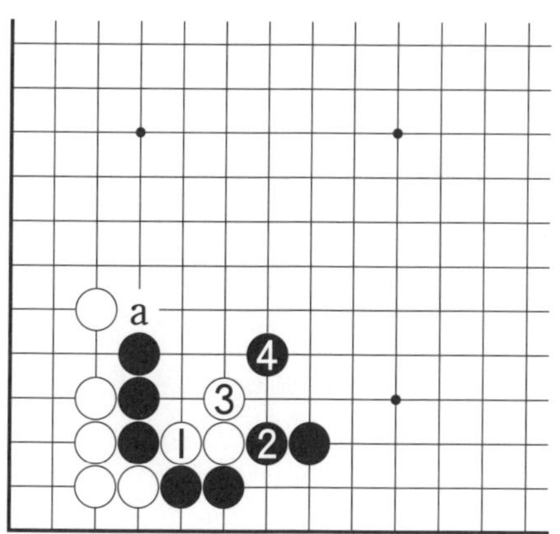

7도

## 7도 (끊는 경우)

이 정석에서 당장 백1로 끊을 수
는 없다. 흑a가 선수인 만큼 2, 4
로 씌우기만 해도 백이 달아나기
어렵다.

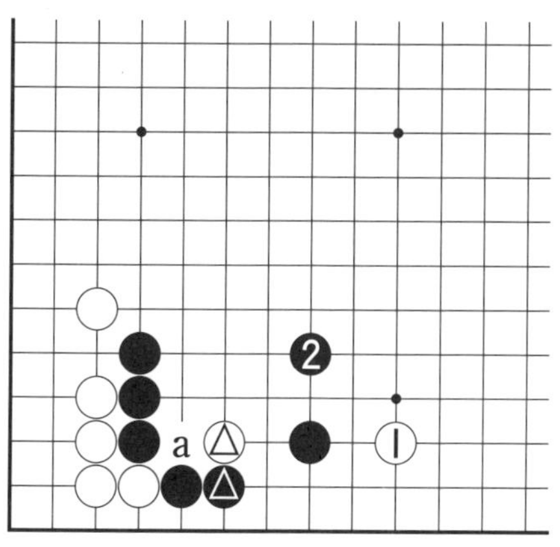

8도

## 8도 (안정적 자세)

정석 이후 백1로 다가오면 흑2로
지키더라도 백△를 잡은 자세가
안정적이다. 흑▲가 a에 있다면
비효율적 자세가 되었을 것이다.

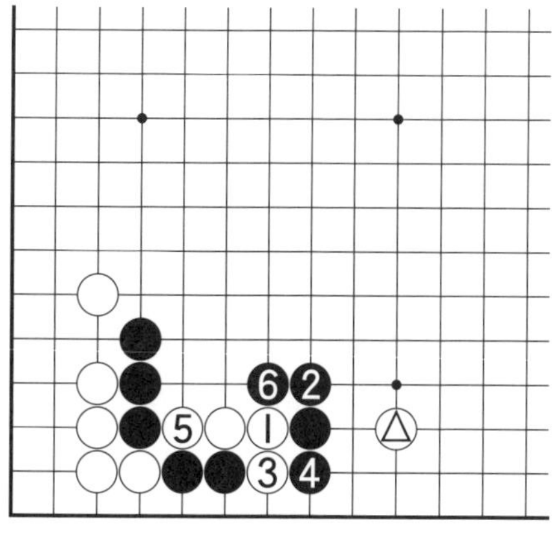

9도

## 9도 (두터운 변신)

백△로 다가왔을 때 흑이 손을 빼
더라도 크게 두렵지 않다.

백1로 도발하면 흑2로 올라선
후 6까지 흑은 두점을 버리고 두
텁게 변신해도 충분하다.

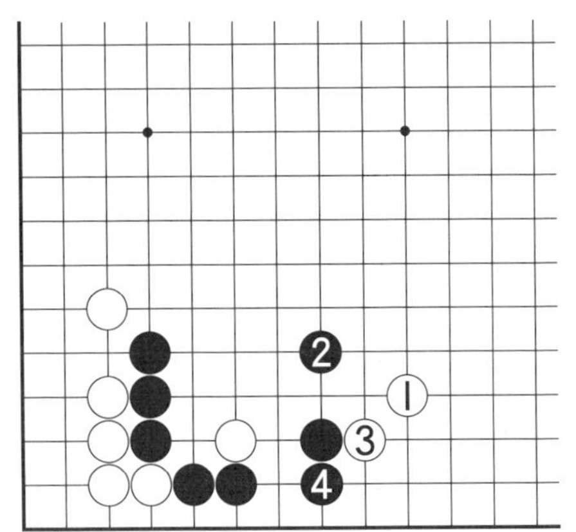

10도

## 10도 (행마의 요령)

하변은 백도 1로 높게 다가서는 것이 실전적이다. 흑2의 지킴을 유도해서 백3, 흑4로 활용하는 것이 행마의 요령이다.

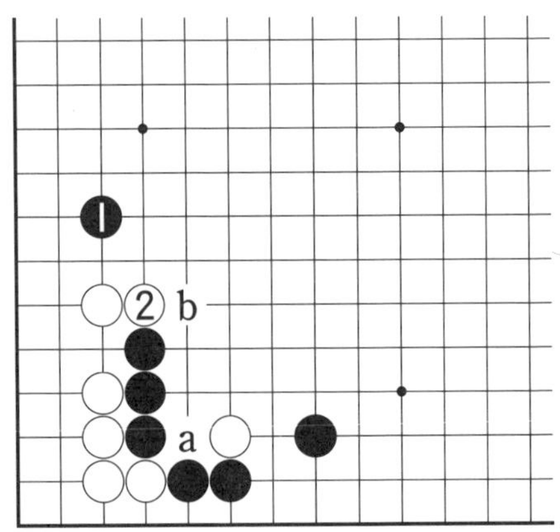

11도

## 11도 (좌변 압박의 경우)

다만 이 정석에서는 흑1로 좌변에서 압박하는 것은 그다지 위력이 없다. 백2로 나가면 a의 약점이 노출되어 흑b의 젖힘은 별로 효력이 없기 때문이다.

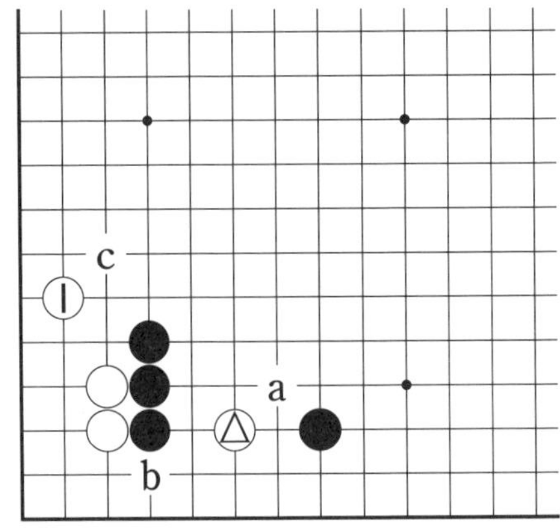

12도

## 12도 (날일자 임기응변)

2도 흑3 때 백1의 날일자 진출도 자세는 낮지만 가능한 임기응변다. 이후 백△의 움직이는 맛을 노린다는 뜻도 있다. 그렇다고 흑a로 지키는 것은 백b의 젖힘이 선수가 되니 흑이 부분적으로 중복이다. 흑도 둔다면 c로 눌러가는 자세가 좋을 것이다.

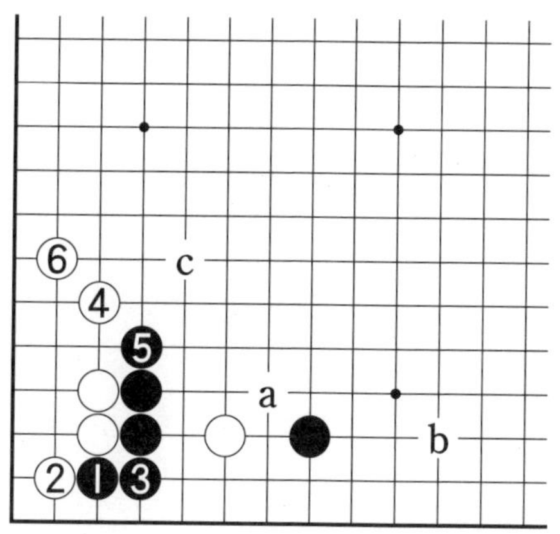

13도

### 13도 (백, 활발)

2도 백2 때 흑1, 3으로 먼저 귀에서 젖혀 이으면 백은 4, 6으로 변에 자세를 갖춰 충분하다.

다음 흑a면 후수이니 b쪽 벌림이 능동적 지킴이지만 백c로 모양을 키우면 어차피 흑의 가일수가 필요하니 백이 활발한 흐름이다.

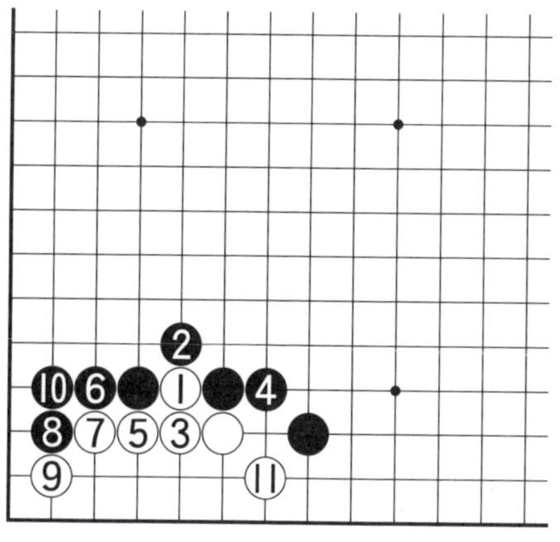

14도

### 14도 (백이 손을 빼는 경우)

흑△로 협공할 때 백이 손을 빼는 경우도 자주 있다. 이때 흑1로 붙여 백 한점을 제압하면 이후 변화가 어떻게 되는지 알아보자.

우선 백a, 흑b로 되는 것은 흑이 두터워서 백이 선택할 수 없다.

### 15도 (보통의 진행)

백은 축이 유리하면 1로 끼울 수 있다. 흑은 2로 받은 후 두텁게 모양을 정리하고 백은 11까지 귀에서 사는 것이 보통의 진행인데~

15도

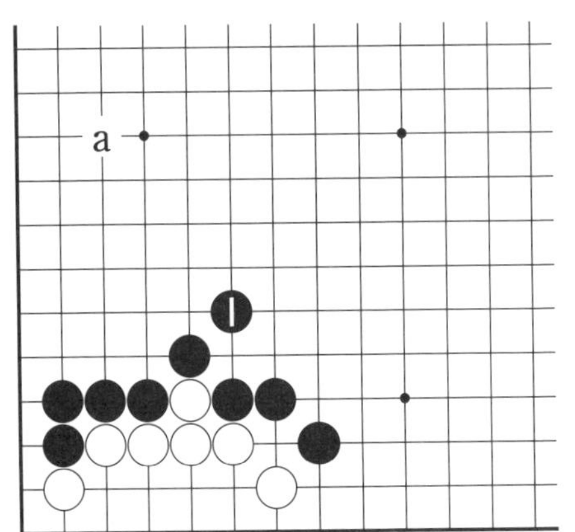

16도

## 16도 (발이 늦다)

이다음 흑1의 호구 지킴이 그동안 많이 두던 수단이지만 AI는 발이 늦다고 본다. 백이 a 방면으로 흑의 세력을 견제하면 충분하다.

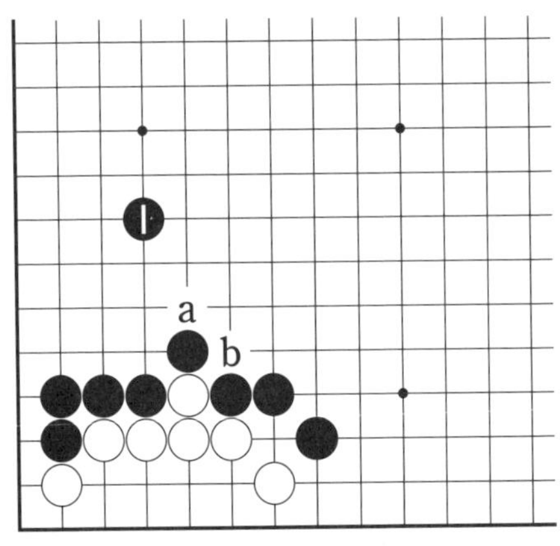

17도

## 17도 (효율적 지킴)

여기는 흑1로 벌리면서 지키는 것이 AI가 추천하는 효율적인 수단이다. 만일 백a로 붙여 도발하면 흑b로 이어 대응하면 된다.

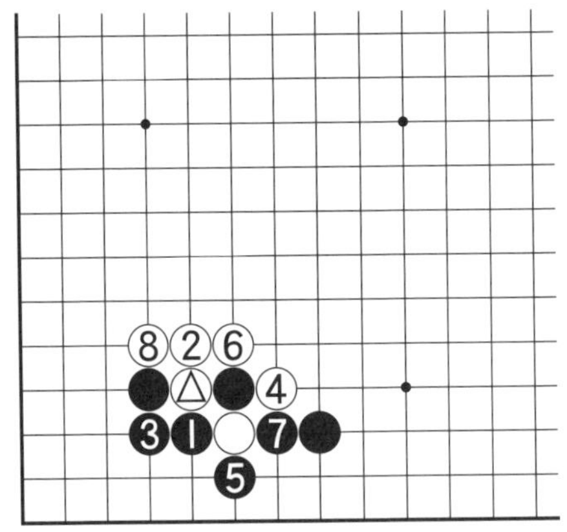

18도

## 18도 (흑, 불리)

백△로 끼울 때 흑이 1, 3으로 귀의 실리를 탐하면 백4의 축으로 한점이 잡혀 흑이 불리하다.

흑5, 7로 넘어가고 백8로 되면 백이 두터운 결과이다.

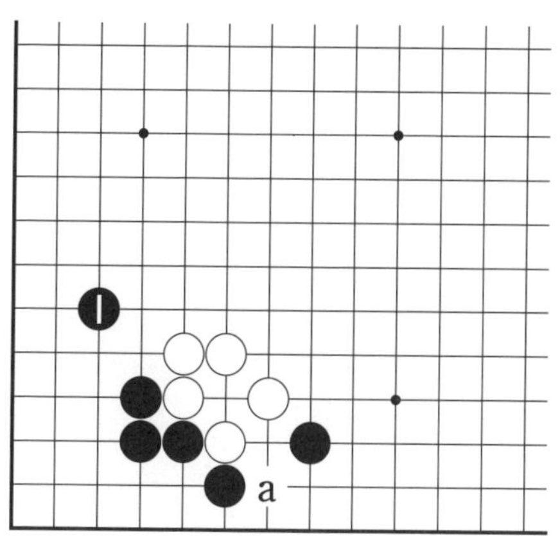

19도

## 19도 (흑, 불안)

흑이 넘어가지 않고 1로 진출하더라도 a의 차단이 남아있는 만큼 흑이 불안한 국면이다. 패로 버틸 수 있는 특별한 상황이 아니라면 선택하기 어렵다.

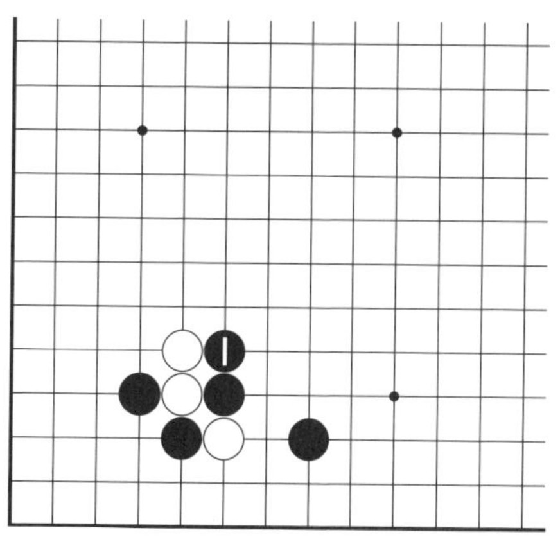

20도

## 20도 (흑의 별책)

흑이 이렇게 두었다면 1로 밀어가는 방법은 있다. 서로 이후의 수순이 중요한데~

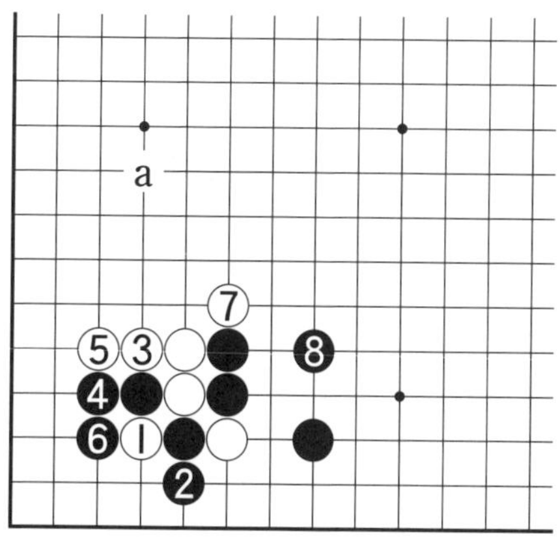

21도

## 21도 (백, 미흡)

백이 1~5를 결정하고 7로 젖히는 것은 흑이 귀의 실리를 차지하고 8로 정비하는 자세가 좋다.

백은 a쪽으로 벌려서 그런대로 둘 수 있지만 다소 미흡하다.

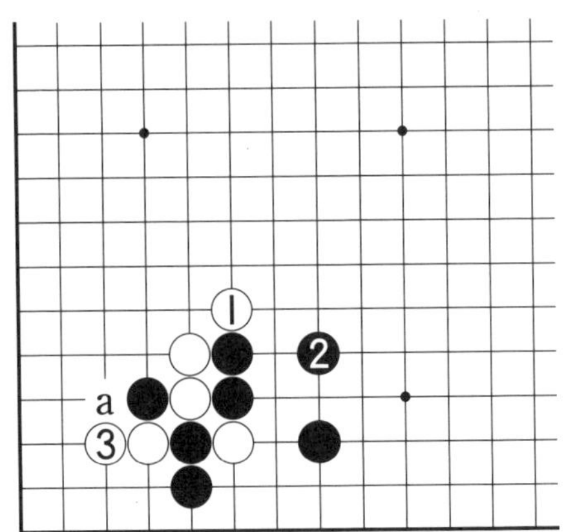

22도

## 22도 (흑, 당함)

앞 그림 흑2 때 백1로 먼저 젖히는 것이 올바른 수순이다.

이때도 흑2로 정비하면 백3에 늘어 흑이 곤란하다. 백1 때문에 흑a로 버틸 수 없으므로 흑이 당하는 결과이다.

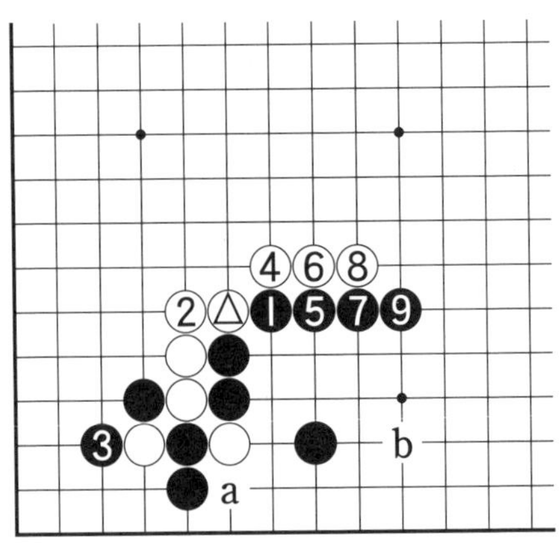

23도

## 23도 (타협된 결과)

백△에는 흑도 1로 젖혀야 하고 백2로 이은 후 9까지 진행은 서로 기세이다.

그러고 나서 보면 흑 진영도 크지만 백도 a의 선수를 담보로 b의 도발도 가능하고 두터움의 폭이 넓은 만큼 타협된 결과이다.

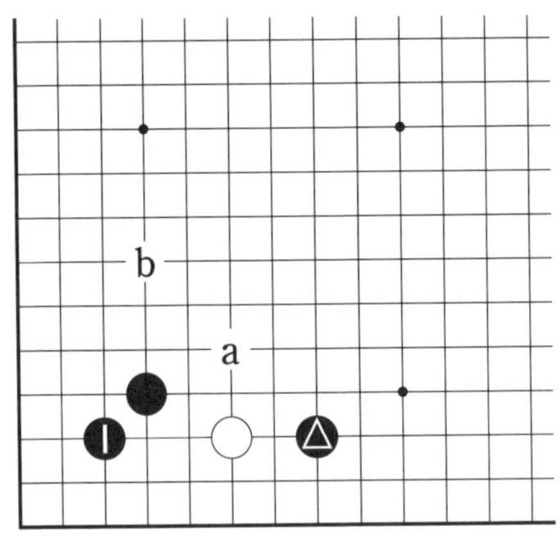

24도

## 24도 (3三 지킴)

흑△의 협공에 백이 손을 빼는 경우 흑1의 3三 지킴도 많이 사용하는 수법인데 귀를 탄력적으로 지키면서 백 한점을 능동적으로 제어하려는 의도이다.

백a로 나가면 흑b로 몰면서 좌변에 이득을 취하는 행마가 실전에 자주 등장한다.

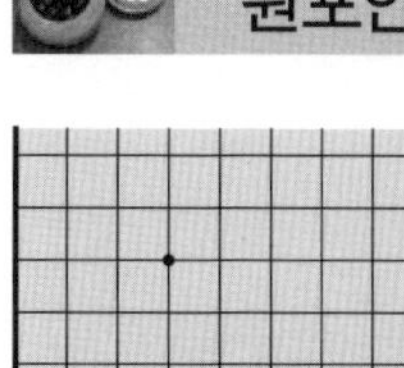

### 장면

이 장면에서 흑1로 젖히면 백이 어떻게 대처할지 생각해보자.

우선 백A로 따라서 젖히면 낮은 자세가 되어 불만이니 검토에서 제외한다.

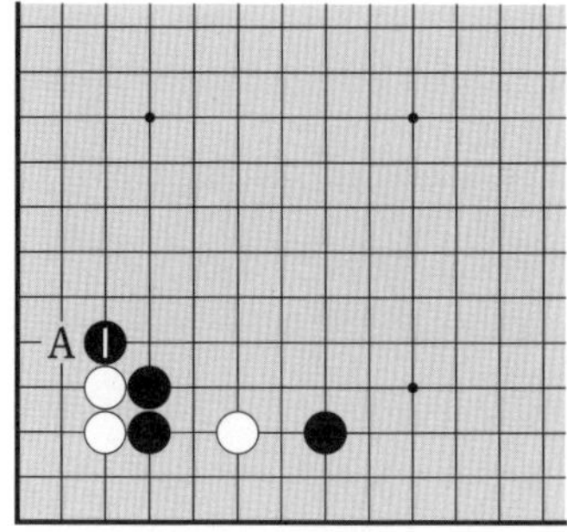

### 1도 (흑, 두터움)

백1로 내려서는 수가 그동안 알려졌던 대처법이었다(흑3이면 백2로 끊어서 흑 곤란). 그러나 흑2의 이음이 발상의 전환이며 6까지 봉쇄하면 두터워서 한몫 보려던 백의 의도가 무산된다.

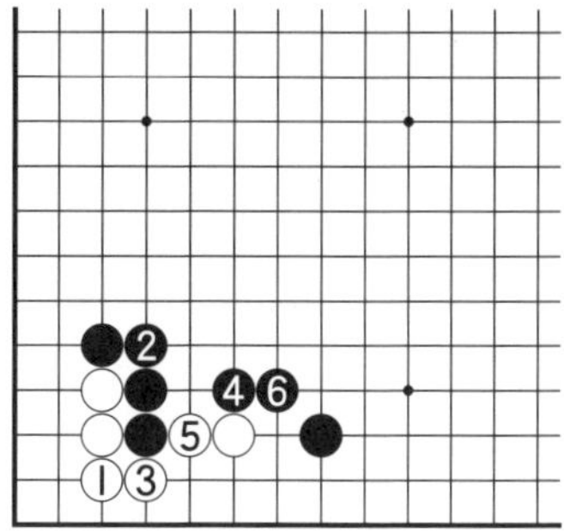

### 2도 (백, 축이 유리한 경우)

백1의 젖힘이 여유를 주지 않는 공략 수단이다. 흑2, 4로 이을 때 백은 축이 유리하면 5의 끊음이 통렬하다. 흑6에 늘면 백7로 압박하고 흑8에 백9로 나가면 축이 불리한 흑이 수습하기 난감하다.

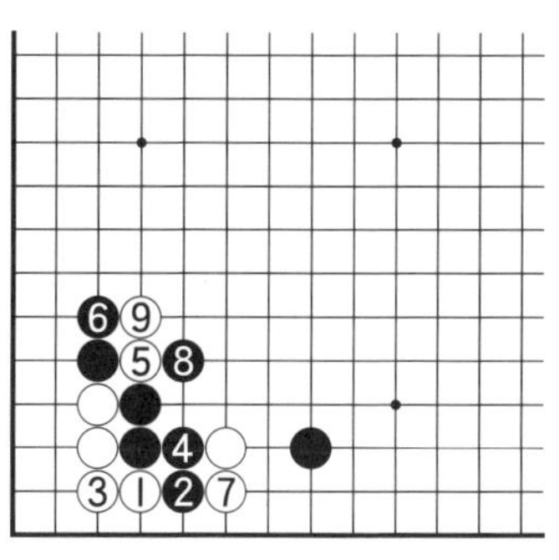

### 3도 (백, 축이 불리한 경우)

앞 그림 흑4 때 백은 축이 불리해도 1의 껴붙임이 교묘하다(흑3이면 백2로 넘어 만족). 흑2로 차단하면 백3에 끊고 흑4에 백5로 압박하면 흑이 어떻게 대응해도 백이 절대 유리하다.

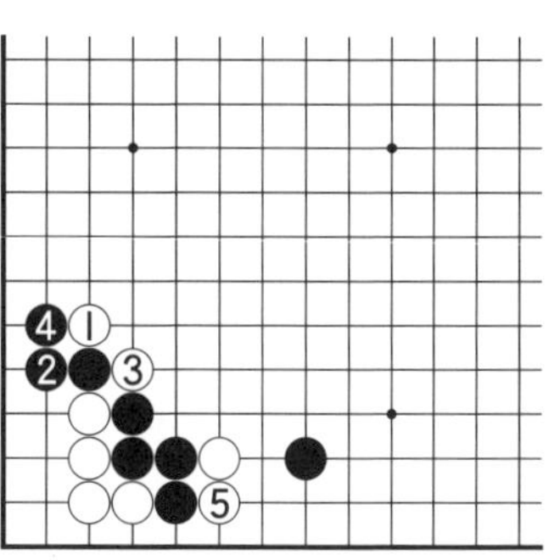

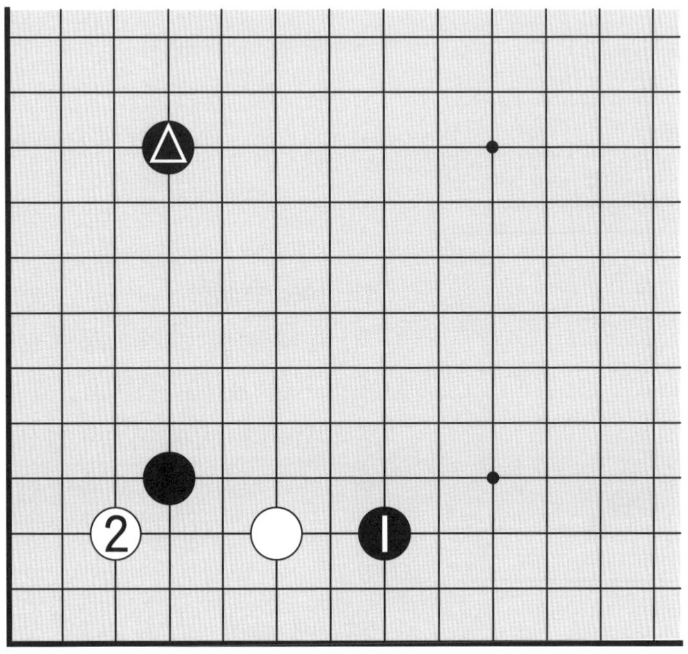

기본형

변에 흑△로 기착점이 있을 경우는 흑1의 협공에 백2로 3三에 침입하면 흑의 대응도 달라져야 한다. 이후의 변화에서는 AI의 등장으로 그동안의 상식을 탈피하는 수단에 주목해야 한다.

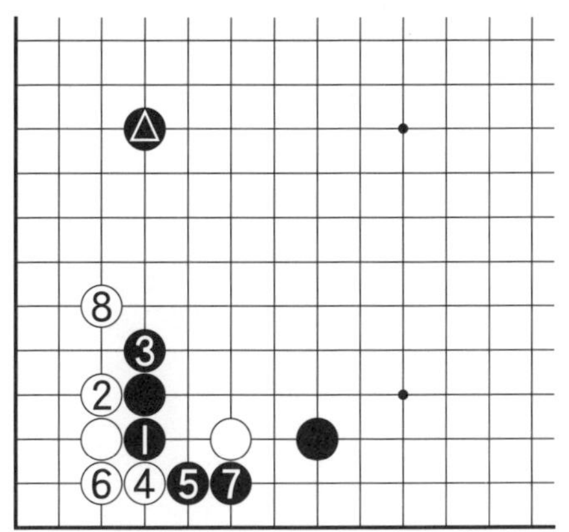

1도

## 1도 (잘못된 발상)

우선 흑❷가 있는데도 흑1로 차단하는 것은 잘못된 발상이다.

　이하 8까지 부분적으로 정석이지만 흑❷의 가치가 상실되어 흑이 바람직하지 않다.

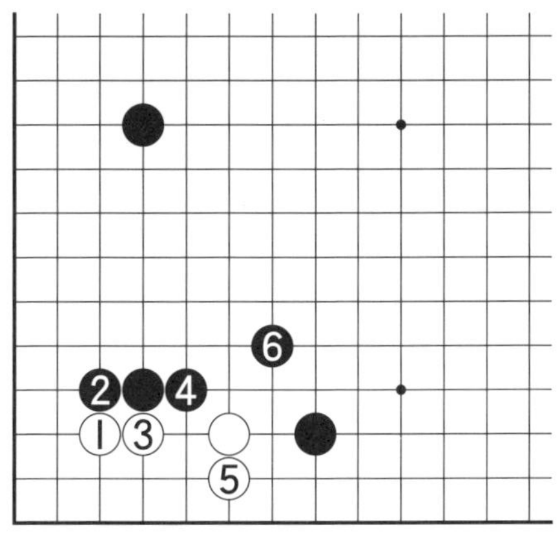

2도

## 2도 (많이 두던 정석)

이 배치에서는 백1로 침입하면 흑2쪽에서 막는 것이 효율적이다. 그래야 6까지 귀에 실리를 허용한 대신 흑도 세력을 구축할 수 있다. 그동안 많이 두던 정석이다.

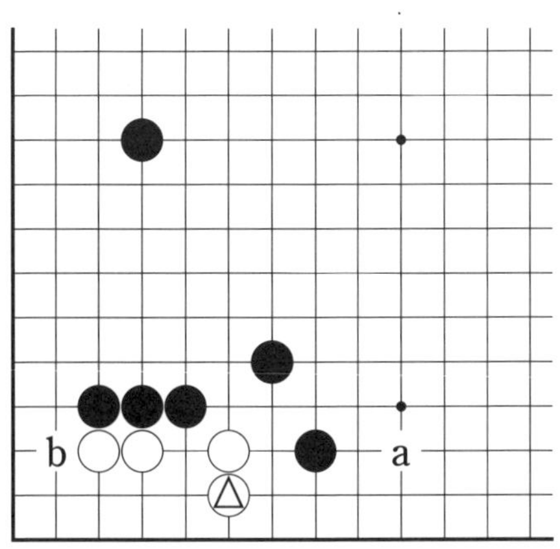

3도

## 3도 (백의 단점)

이 형태에서 백△의 차렷 자세는 백이 a쪽에 다가설 때 도움이 되지만 흑b로 젖힐 때 백진이 엷어지는 단점이 있다.

　AI는 백진의 엷음을 우려해서 이 정석을 추천하지 않는다.

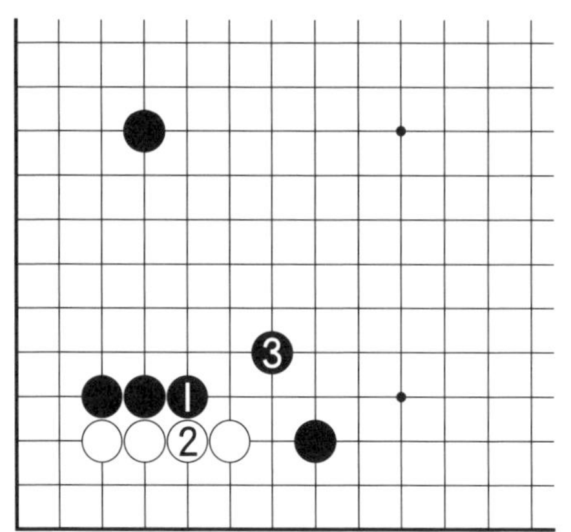

4도

## 4도 (두터운 이음)

차라리 AI는 흑1에 백2로 꽉 잇는 것이 낫다고 본다.

백의 모양이 일직선이라 묘미는 없지만 앞 그림보다 두텁다는 데 비중을 둔다.

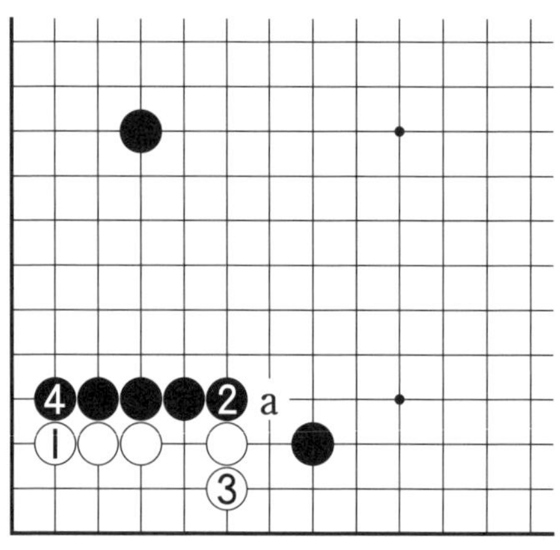

5도

## 5도 (내려서는 수)

귀를 확실히 지키자면 백1로 내려서는 수도 있다. 그러면 흑2로 누르고 백3의 차렷 자세가 일단 자연스럽다. 다음 흑이 변을 중시하면 4로 막고 백은 a의 젖힘을 노리는 진행이 된다.

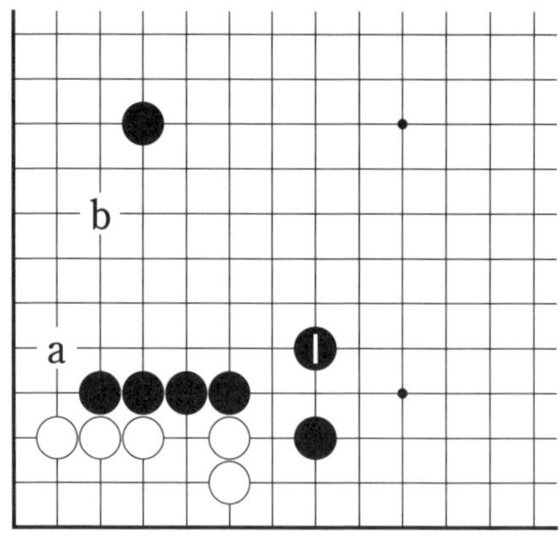

6도

## 6도 (중앙 지킴)

앞 그림 백3 때 흑이 중앙을 중시한다면 1로 모양을 단단히 지킬 수 있다. 그러면 좌변에서 백이 a로 진입하거나 b로 침입하는 맛이 남는다.

5도와 6도가 그동안의 상식으로 통했는데~

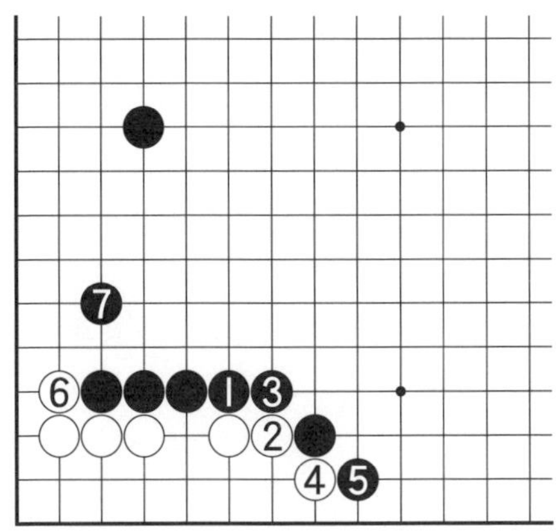

7도

## 7도 (일순위 정석)

흑1로 누를 때 백2, 4로 나가는 것은 흑5의 이단젖힘을 얻어맞아 그동안의 상식으로는 둘 수 없었다. 그런데 AI는 백이 6과 7을 교환해서 좌변을 활용한 뒤 선수를 잡으면 충분하다고 본다.

이 진행이 AI시대 일순위 정석이라 봐도 좋다.

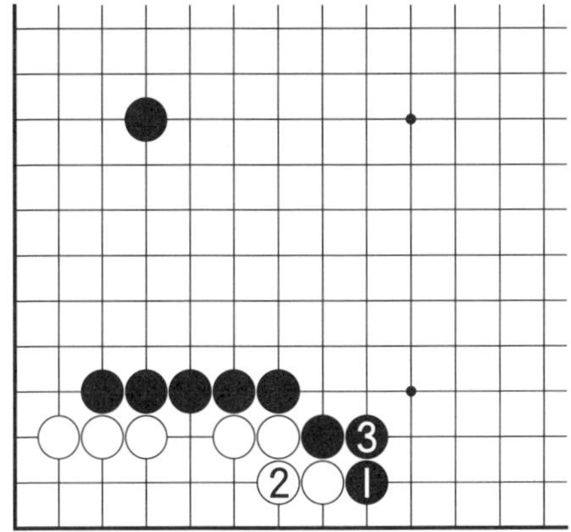

8도

## 8도 (흑, 두터움)

물론 흑1로 젖힐 때 백2와 흑3으로 서로 잇는다면야 그동안의 상식대로 흑의 두터움이 돋보인다.

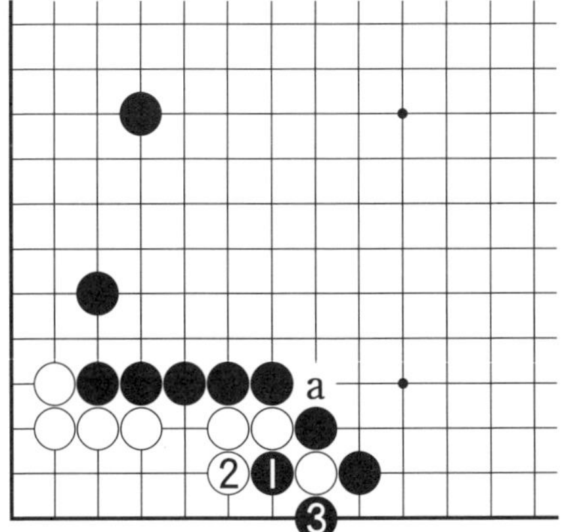

9도

## 9도 (정석의 핵심)

AI가 추천하는 이 정석의 핵심은 백이 하변을 이대로 놔두는 데 있다. 이때 흑1, 3으로 한점을 잡으면 흑이 또 후수가 되며 a의 단점도 남아 초반이라면 크게 한 것이 없다는 판단이다.

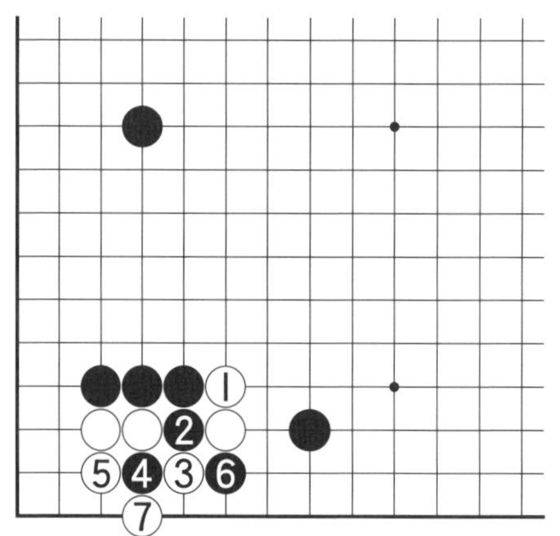

10도

### 10도 (나가는 수단)

거슬러 올라가 백1로 나가는 수도 AI시대에는 많이 나오는 변화이다. 흑2, 4로 나가끊고 7까지는 필연이다.

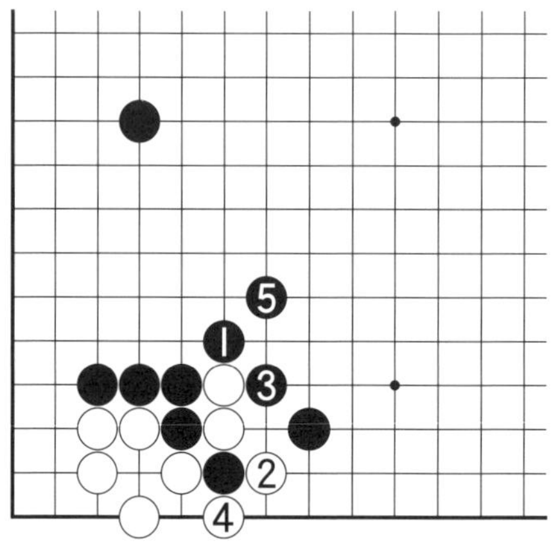

11도

### 11도 (예전 정석)

이다음 흑이 중앙 두터움을 중시하면 1의 젖힘은 당연하다. 백2로 한점을 잡을 때 흑3, 5의 지킴이 그동안 많이 두던 정석이다.

백이 단단한 실리를 얻은 대신 흑도 제법 두터운 모양인데~

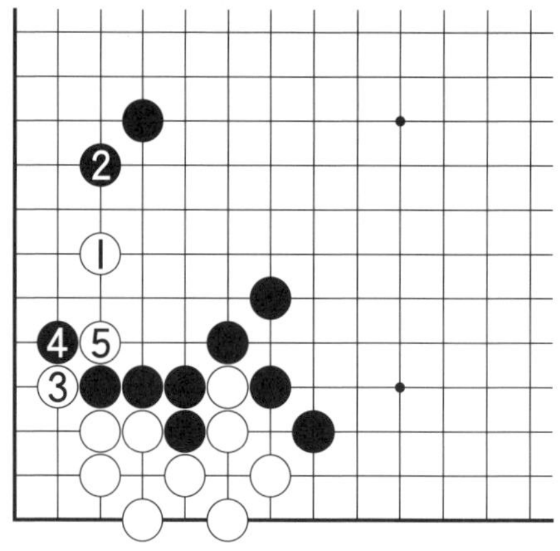

12도

### 12도 (교묘한 침입)

이 형태에서는 좌변 백1로 침입하는 노림이 있다. 흑2로 공격 태세를 취하면 백3, 5의 끊음이 교묘한 반발수단이다.

## 13도 (치명적인 약점)

이다음 흑1의 단수에는 백이 잇지 않고 2로 단수치는 것이 흑진의 약점을 추궁하는 맥점이다. 흑a로 따내면 백b로 넘어가고, 흑b로 빠지면 백c의 패로 버틸 수 있다.

　좌변 흑의 두터움에는 이런 치명적인 약점이 있다.

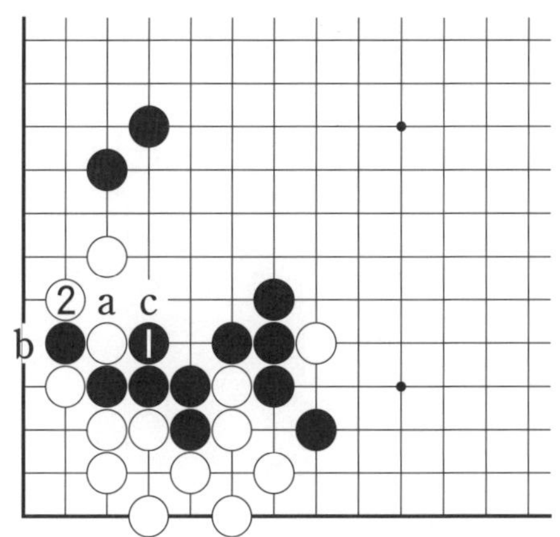

13도

## 14도 (좌변에서 지킴)

그래서 AI시대에는 11도 흑5의 지킴 대신 1로 좌변에서 지키는 경우가 많다.

　AI가 추천하는 정석이라 봐도 좋다. 물론 a의 단점은 남지만~

14도

## 15도 (사석 활용)

만일 백1로 끊으면 흑2, 4로 몰고 6으로 씌우는 것이 두터움을 살리는 유력한 방법이다.

　하변 흑 두점은 사석으로 활용하려는 생각이다. 실전에서도 이렇게 싸우는 변화가 많다.

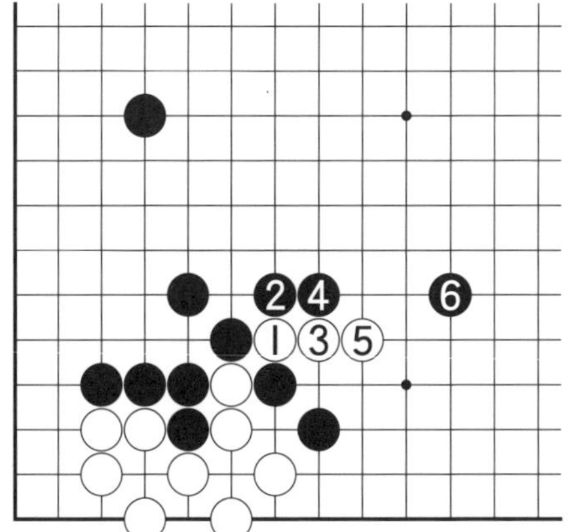

15도

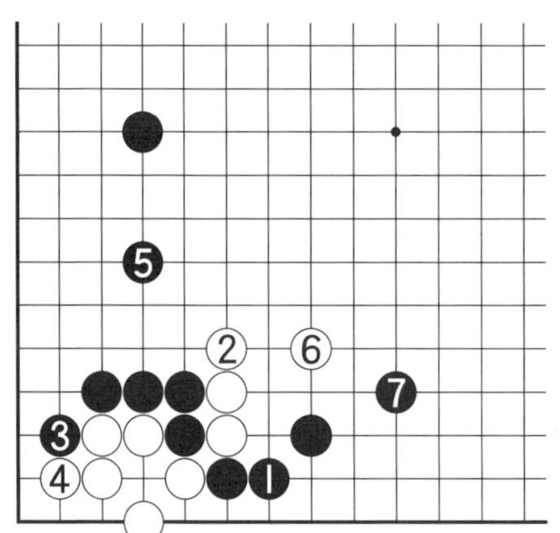

16도

## 16도 (좌변의 중요한 수순)

10도 백7 때 흑1로 한점을 살리는 것은 백 두점을 중앙으로 내몰고 싸우겠다는 뜻이다. 이때 백2로 늘면 흑3, 5의 좌변 지킴이 중요한 수순이다. 백6에 흑7이면 자연스럽게 싸우는 흐름이다.

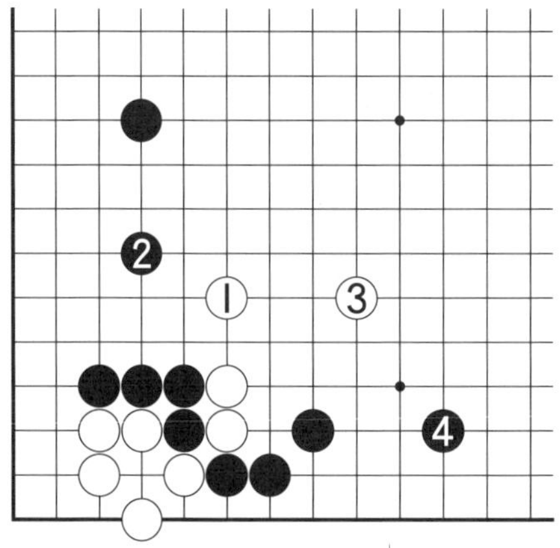

17도

## 17도 (백, 가벼운 행마)

앞 그림은 백이 약간 무거운 모양인데 AI는 백1로 가볍게 뛰는 수를 추천한다.

이때는 흑2로 그냥 지킬 수 있고 백3도 1과 어울리는 가벼운 행마이다. 흑4로 벌리며 일단락인데, 흑이 싸우면서 이득이 없다면 굳이 이렇게 둘 이유는 없다.

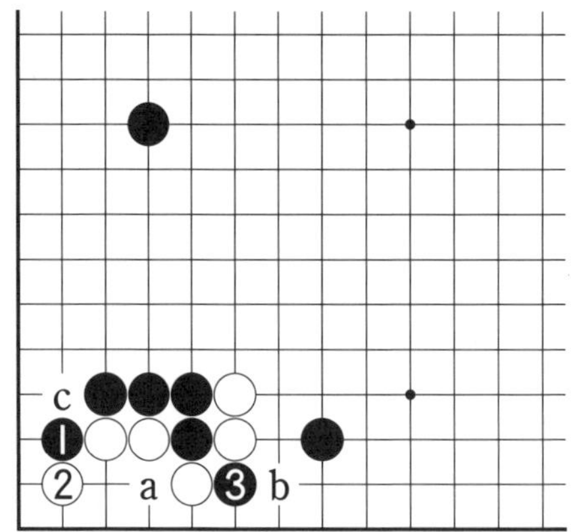

18도

## 18도 (귀의 젖힘 이후)

10도 백3 때 흑1의 젖힘도 시도할 수 있는 수단이다. 이때 백2로 받으면 흑3쪽에서 끊는 것이 통렬하다. 다음 백a로 잇는 것은 흑b로 두고 나서 흑c의 이음이 귀의 사활상 선수가 되어 백이 당한 결과이므로~

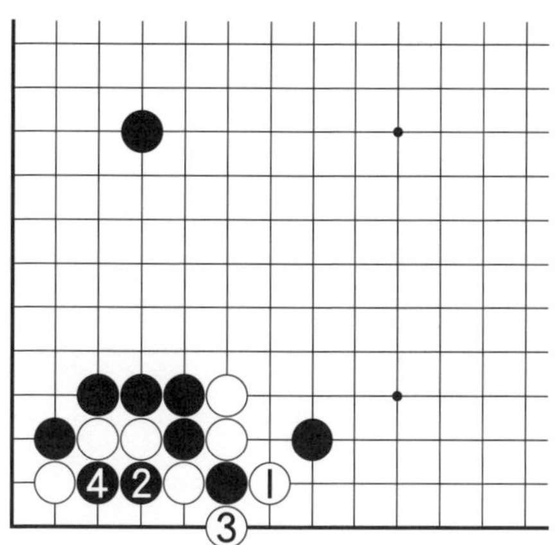

19도

### 19도 (흑, 만족)

백1로 한점을 잡을 수밖에 없다.
그러면 흑이 2, 4로 두점을 빵따
낸 모양이 되어 만족이다.

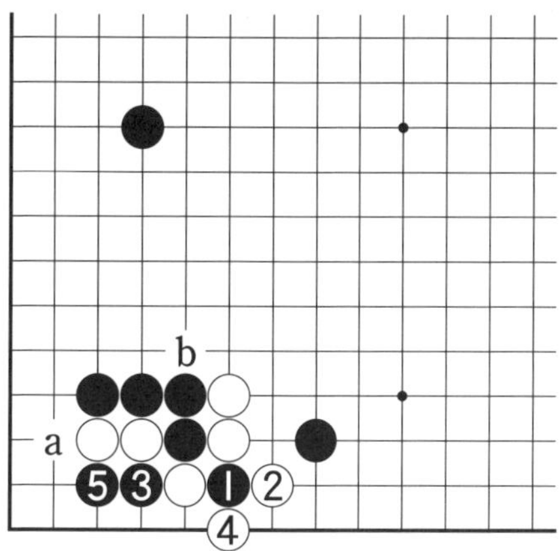

20도

### 20도 (흑, 불만)

보통 이 상황에서 흑1로 끊으면
백2로 잡은 후 5까지 변화가 필연
이다. 이 모양에서는 백이 a로 나
가는 수가 있어 b의 젖힘이 선수
가 되므로 흑의 불만이다. 앞 그림
은 이와같은 활용을 흑이 차단한
모양인데 이 차이는 크다.

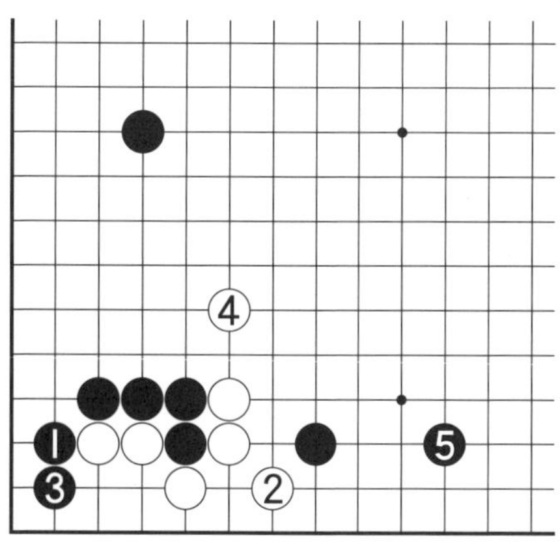

21도

### 21도 (추천 변화)

그래서 흑1의 젖힘에는 백도 2로
지키는 것이 유연한 행마이다.

그러면 흑3에 진입하고 백4로
뛰면 흑5로 벌리는 진행이 자연스
럽다. AI가 추천하는 변화 중 하
나로 알아두면 좋겠다.

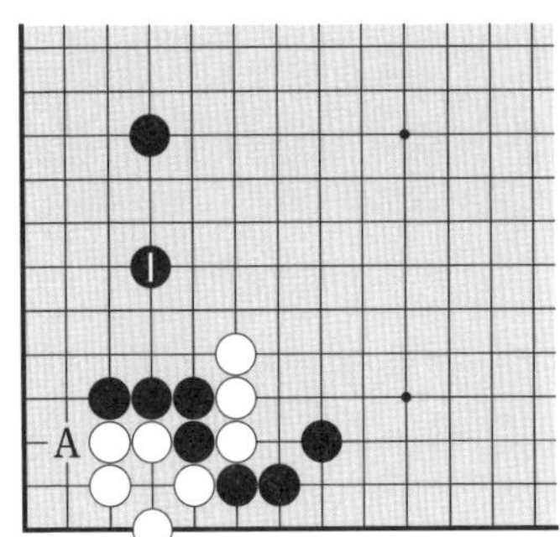

### ▦ 장면

이 장면에서 흑이 A의 수순을 생략하고 1
로 그냥 지키면 치명적 약점이 남는데 그
변화를 생각해보자.

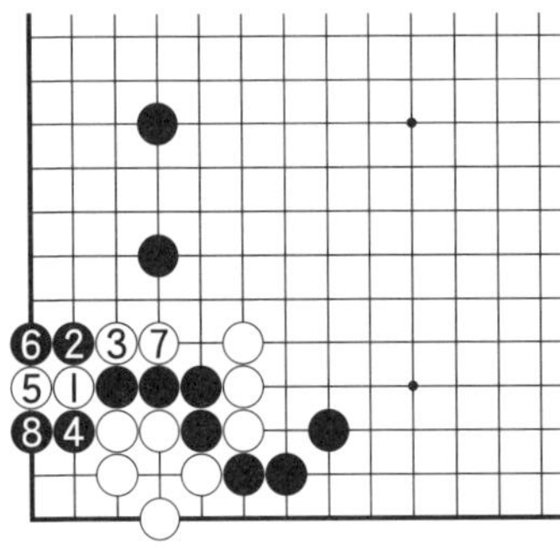

## 1도 (추궁 수단)

백1, 3의 끊음으로 흑진을 추궁하는 수단
이 생긴다. 흑4로 한점을 잡으면 백은 5로
키운 후 7, 9로 먹여치는 수순이 볼만하
다. 흑이 제대로 걸려든 모습인데~

⑨…① ❿…⑤

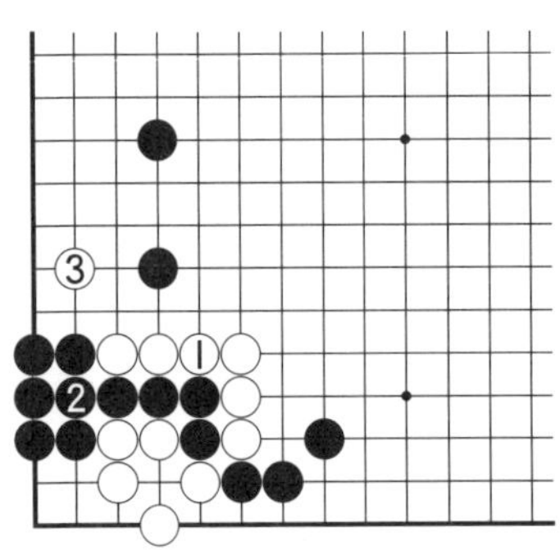

## 2도 (흑, 불상사)

백1에 흑2로 이을 때 백3으로 포위하면
흑 전체가 잡힌 모습이다. 장면에서 흑A
의 수순 하나가 빠지면 이런 큰 불상사가
일어난다.

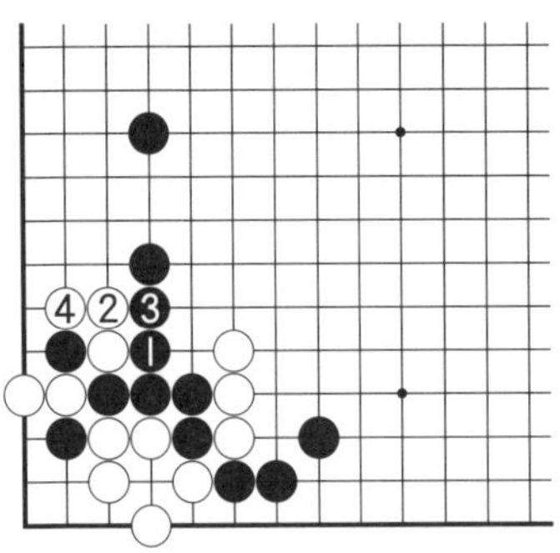

## 3도 (좌변 파괴)

1도 백5 때 흑1, 3으로 물러서야 하지만
백4로 잡으며 좌변이 크게 부서졌다. 그러
면 중앙 백이 폐석이 되더라도 흑이 당한
결과이다.

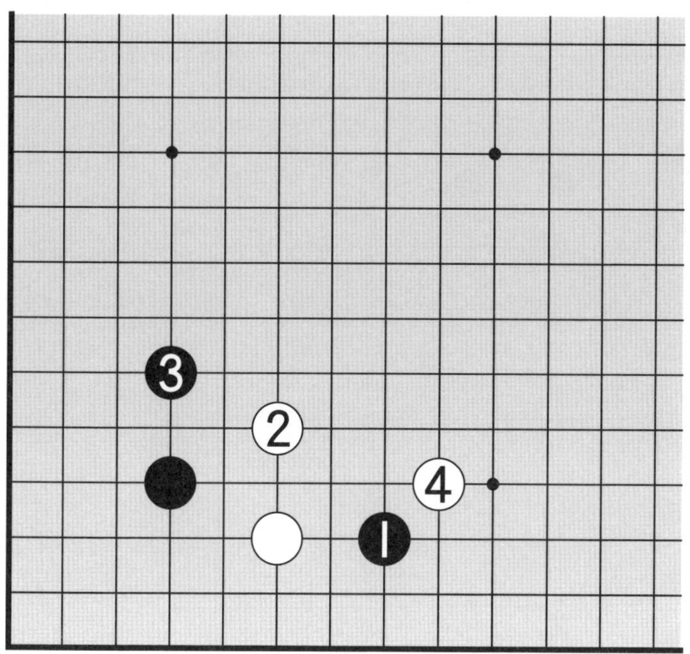

기본형

    흑1로 협공할 때 백2로 뛰는 것은 중앙으로 나가 싸우려는 적극적인 태도이다.

    흑은 귀에서 날일자나 한칸으로 받을 수 있는데 흑3의 한칸은 중앙 두터움을 중시한다. 이런 경우 백4의 씌움은 능동적인 고압수단인데 이후의 변화에 대해 알아본다.

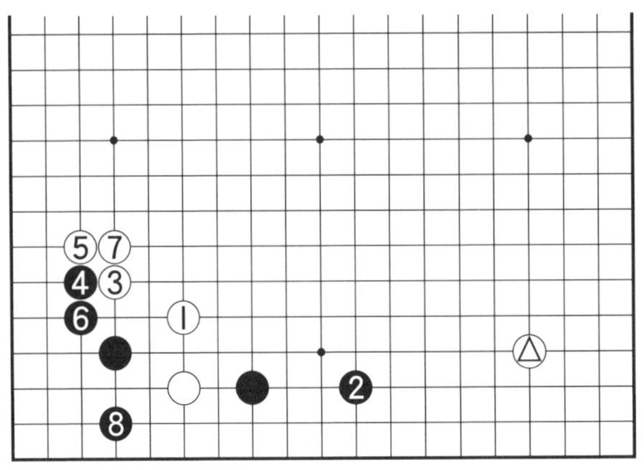

1도

## 1도 (성급한 벌림)

실전에서 이 정석은 백 △로 지원군이 있을 때 주로 사용하므로 이를 배경으로 삼는 것이 이해하는 데 현실적이다.

본론에 들어가기 앞서 백1에 흑2로 벌리면 백3으로 좌변이 막혀 답답하다. 흑이 8까지 귀를 한껏 지켜도 두터움을 허용하면 대세에 밀린다.

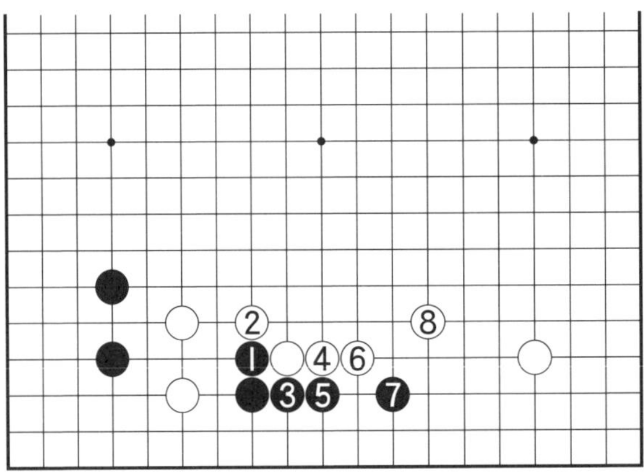

2도

## 2도 (일반적 흐름)

기본형 다음 흑1, 3으로 밀어간 후 8까지는 이 배치에서의 일반적 흐름이다.

흑은 실리, 백은 세력으로 갈리고 있다.

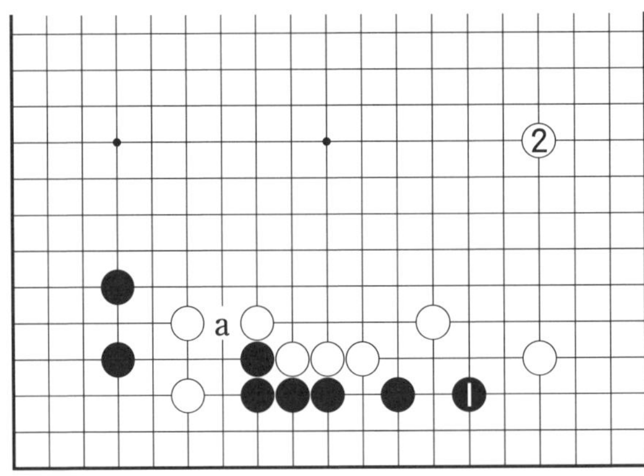

3도

## 3도 (흑, 성급한 벌림)

이다음 a의 약점이 있을 때는 흑1의 보강이 시급하지 않다.

백이 2로 모양을 펼치면 두터운 흐름으로 국면을 주도한다.

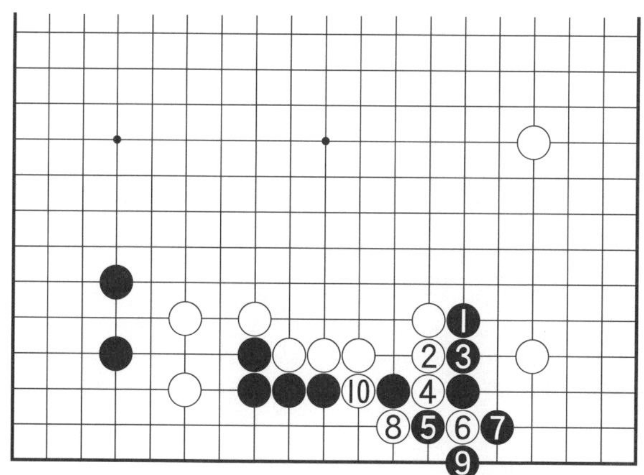

4도

## 4도 (무모한 발상)

이때 흑1로 붙여 나가려는 것은 무모한 발상이다. 백은 2로 약점을 추궁하며 10까지 하변을 제압해서 만족이다.

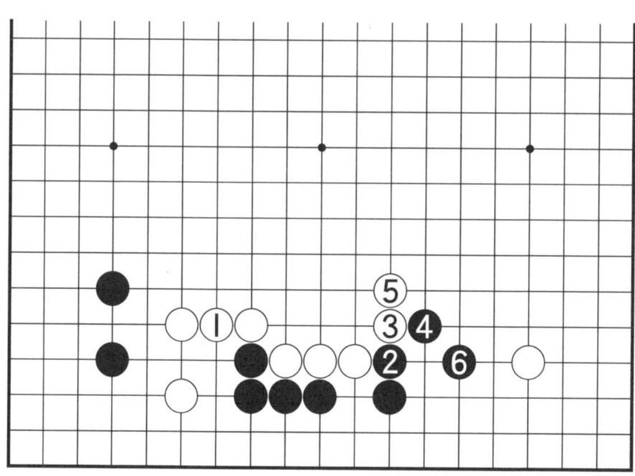

5도

## 5도 (흑, 유리)

2도 흑7 때 백1로 서둘러 약점을 잇는 것은 흑2로 올라서는 자세가 좋다. 다음 6까지 서로 정돈한다면 하변 실리를 차지하며 중앙으로 나간 흑이 유리한 흐름이다.

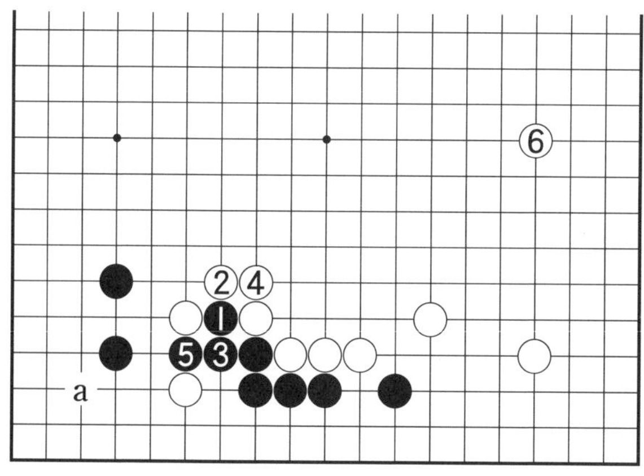

6도

## 6도 (실리 대 두터움)

2도 다음 흑1로 끼우면 5까지 귀와 변을 관통하는데, AI는 이렇게 두는 것이 a의 뒷맛은 있지만 실속이 있다고 본다. 백도 6으로 모양의 폭을 넓히면 두텁게 대항할 수 있다.

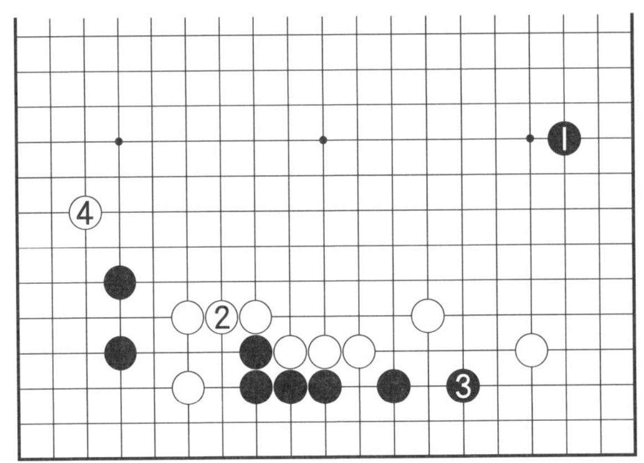

7도

## 7도 (두터움 견제)

2도 다음 변쪽 흑1은 두터움을 견제하는 선택이다. 이때 백2로 잇고 흑3의 지킴에 백4의 걸침은 좌변을 공략하는 일련의 수순으로 많이 두어왔다.

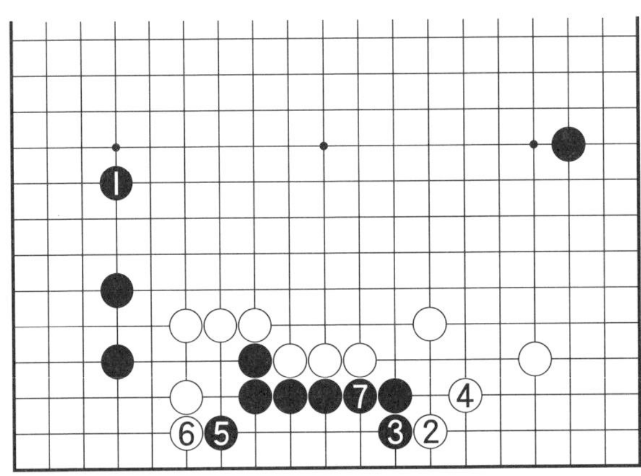

8도

## 8도 (하변 추궁)

앞 그림 흑3으로 지키지 않고 1로 좌변에 벌리면 백2, 4의 하변 추궁이 매섭다. 흑은 5, 7로 사는 정도인데~

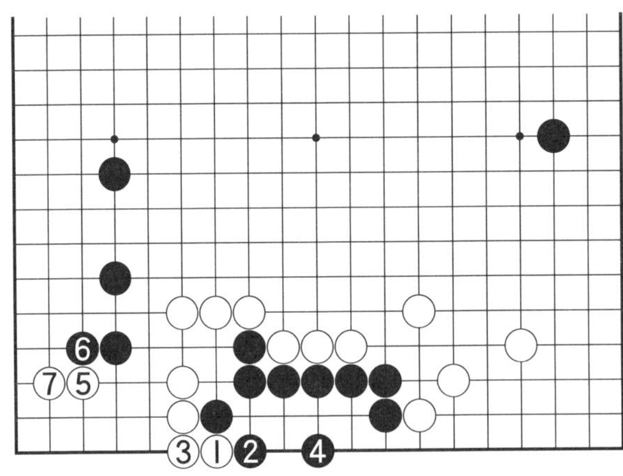

9도

## 9도 (백, 유리)

백은 1, 3의 젖혀이음이 선수가 되므로 5, 7로 귀에 깊이 파고들 수 있다. 백은 실리와 두터움을 겸비해서 유리한 흐름이다.

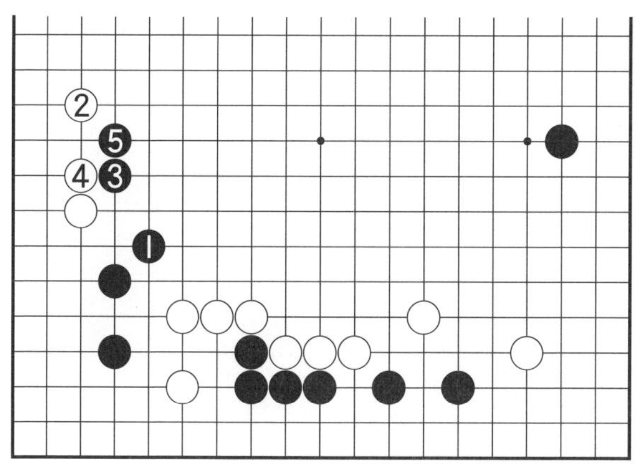

10도

### 10도 (백, 불만)

7도 다음 흑1의 마늘모 진출은 당연하다.

　이때 백2로 낮게 벌리면 흑3, 5로 눌려서 백의 불만이다.

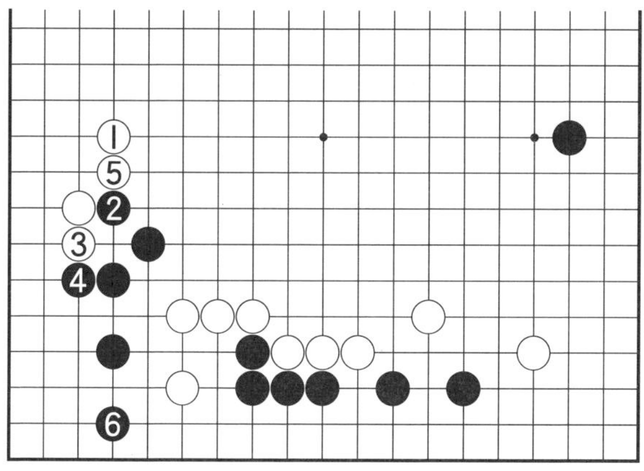

11도

### 11도 (효율적 날일자)

여기는 백1의 날일자로 높게 벌리는 것이 효율적인 행마이다.

　흑2의 붙임은 모양을 정리하는 상용수단인데 백3, 5로 자세를 잡으면 흑6으로 귀를 지키는 흐름이 자연스럽다.

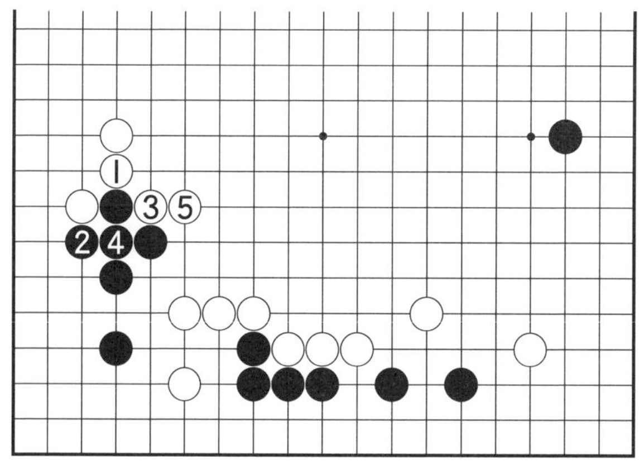

12도

### 12도 (백, 두터움)

앞 그림 흑2 때 바로 백1로 치받는 것이 치열하며 노림도 숨어있다. 흑2로 막을 때 백3, 5로 중앙을 봉쇄하는 흐름이 되면 백이 두터운 결과이다.

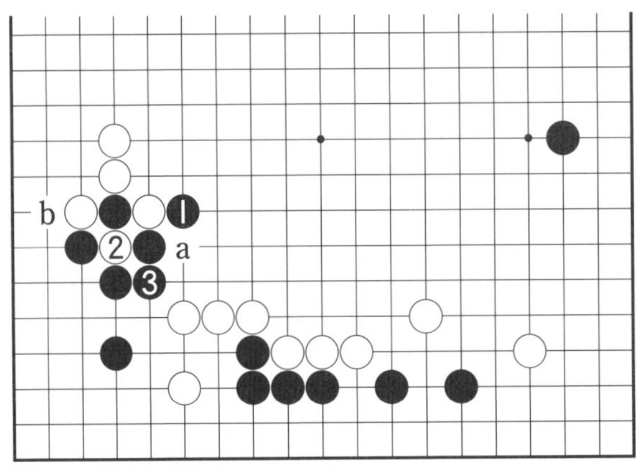

13도

## 13도 (효율적 정돈)

앞 그림 백3 때 흑은 잇지 않고 1의 단수가 모양을 효율적으로 정돈하는 요령이다. 백2에는 일단 흑3에 잇는다. 이때 백a로 끊으면 흑b로 젖혀 백 모양이 허술해지며~

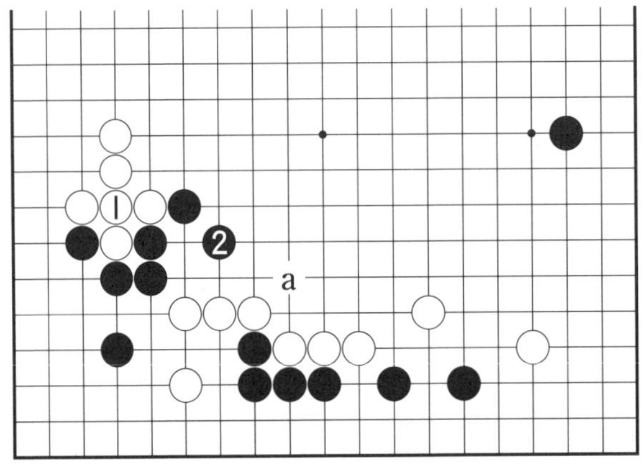

14도

## 14도 (백, 중복)

그렇다고 이다음 백1로 잇는 것은 싱겁다. 흑2로 지키는 자세가 좋고 a쪽 활용도 남아 중앙 백 세력이 지워진다. 좌변 백은 중복된 모습이지 않은가.

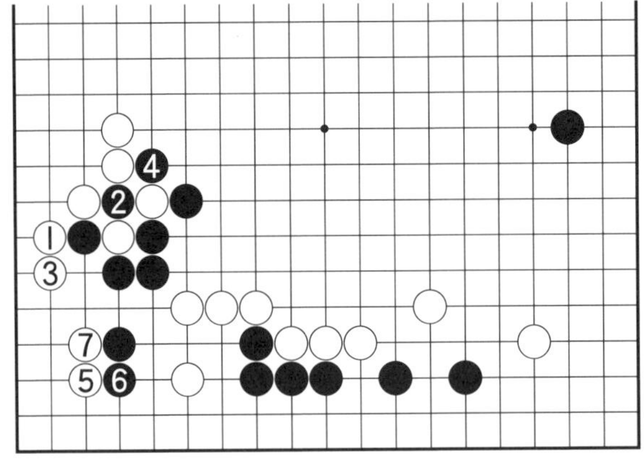

15도

## 15도 (흑, 불만)

13도 다음 백1로 밑에서 단수치는 것이 효율적 행마이다. 이때 흑2, 4로 따내면 백이 3으로 진입한 후 5, 7로 귀에 침입하는 흐름이 되는데 아무래도 흑이 근거를 상실해서 불만이다.

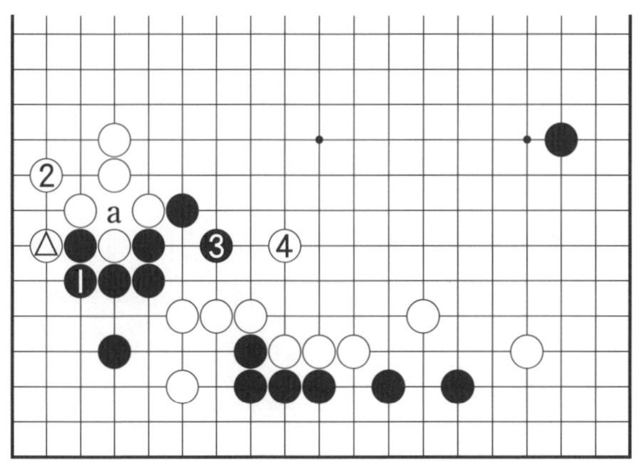

16도

### 16도 (안정적 이음)

백△에는 흑1로 잇는 것이 안정적이다.

　백2의 호구는 흑이 a로 따낼 때를 생각한 필요한 보강이고, 흑3과 백4도 모양을 갖추기 위한 필연적 지킴으로 서로 어울렸다.

### 17도 (응수타진)

흑△ 때 백1은 진화된 응수타진이다. 흑2로 받으면 이제 백3으로 잇겠다는 뜻이다. 흑4로 보강할 때 백5로 걸치는 자세가 좋다. 이때 백1은 흑진을 교란하는 데 역할을 한다.

17도

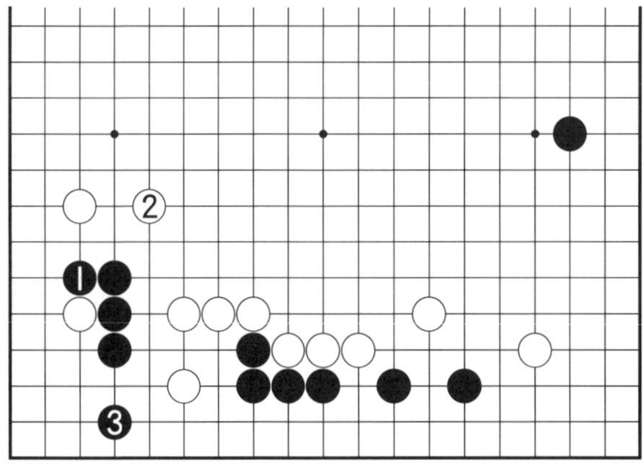

18도

### 18도 (백, 선수로 봉쇄)

이다음 흑1로 한점을 제압하면 백2로 뛰어 좌변을 봉쇄하는 것이 기분 좋다. 흑3으로 귀를 지켜야 안심인데, 백이 선수로 세력을 구축했으니 만족이다.

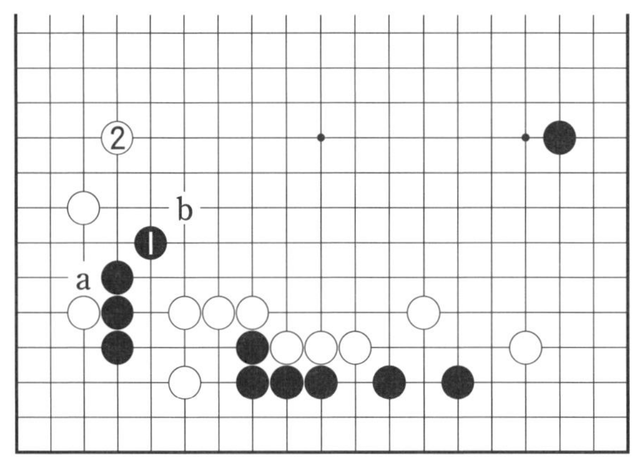

19도

### 19도 (백, 국면 주도)

17도 다음 흑1로 중앙에 나가면 일단 백은 2로 높게 벌려둔 후 a의 연결과 b의 봉쇄를 맞본다. 18도와 19도는 백이 국면을 주도하는 흐름이다.

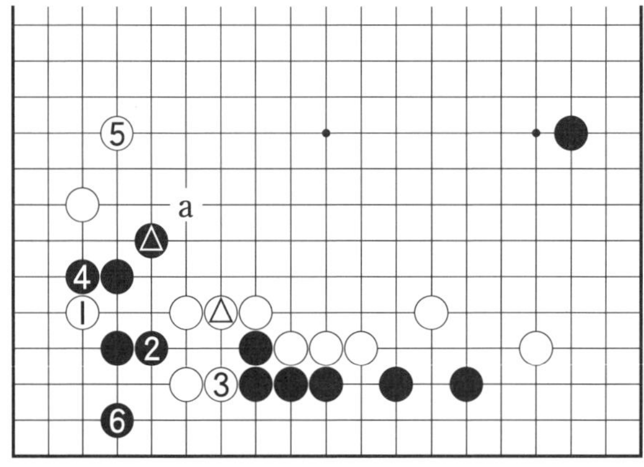

20도

### 20도 (뒤늦은 응수타진)

참고로 흑▲와 백△가 교환된 후에 백1은 효력이 없다. 흑은 2가 선수활용이 되어 4로 막을 수 있다. 백5에 흑6으로 귀를 지키면 이제 백a의 중앙 차단은 선수가 되지 않는다.

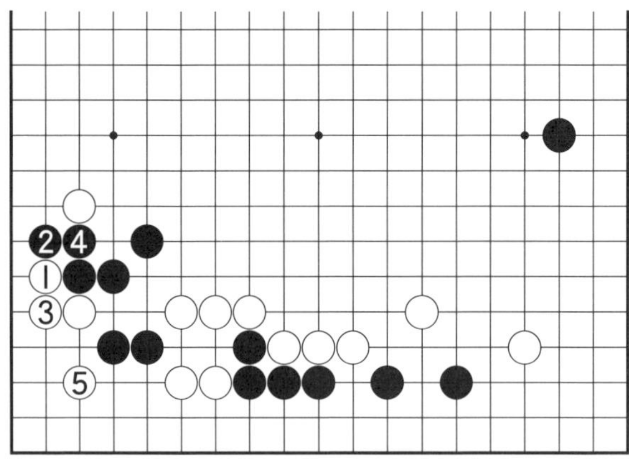

21도

### 21도 (귀에서 살면?)

앞 그림 흑4 때 백이 1로 젖힌 후 5까지 귀에 진입해서 살면 어떨까. 실속은 좋지만 문제는 후수라는 점이다.

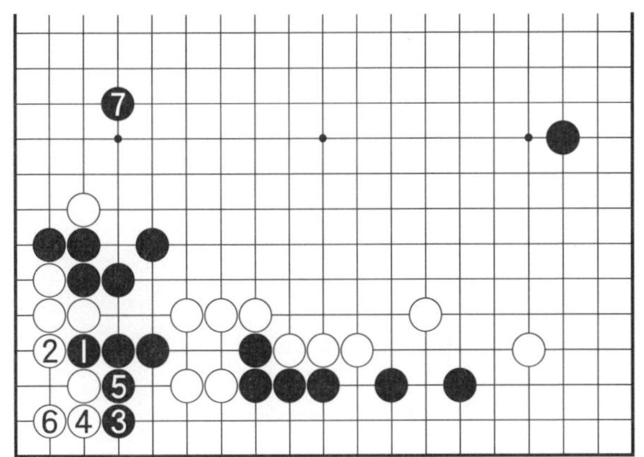

22도

## 22도 (좌변 건설)

이 다음 백이 6까지 귀를 살더라도 흑7로 좌변을 건설하면 대가를 얻을 수 있다. 흑은 하변에도 실리가 있으니 충분하다.

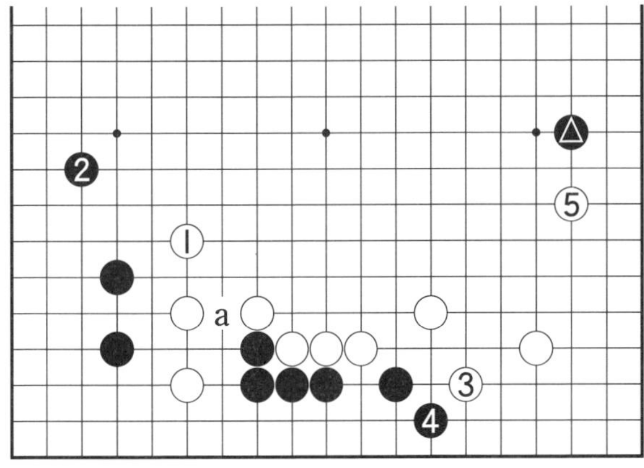

23도

## 23도 (유력한 뜀)

거슬러 올라가 흑▲ 때 백1의 뜀도 유력하다. a의 약점을 간접 보강하면서 중앙 두터움을 강화한다.

실은 AI가 알려주는 변화인데 흑2로 벌릴 때 백3, 5로 활용하면서 진영을 구축하면 백이 활발하다고 본다.

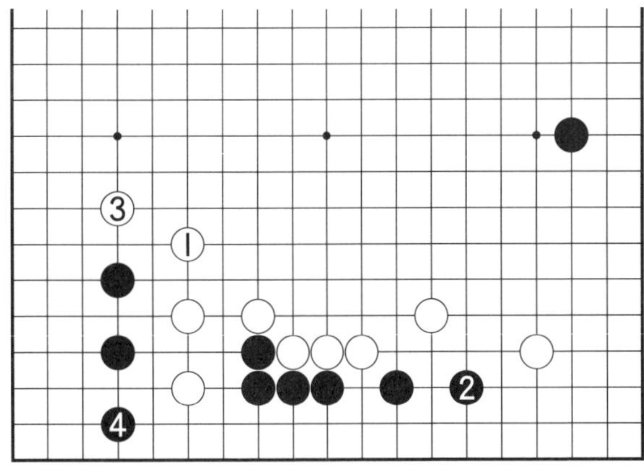

24도

## 24도 (백, 활발)

백1로 뜔 때 흑2도 두고 싶은 벌림이지만 백3의 차단이 두터운 곳이다. 흑4로 지켜야 한다면 백이 선수이므로 역시 활발하다.

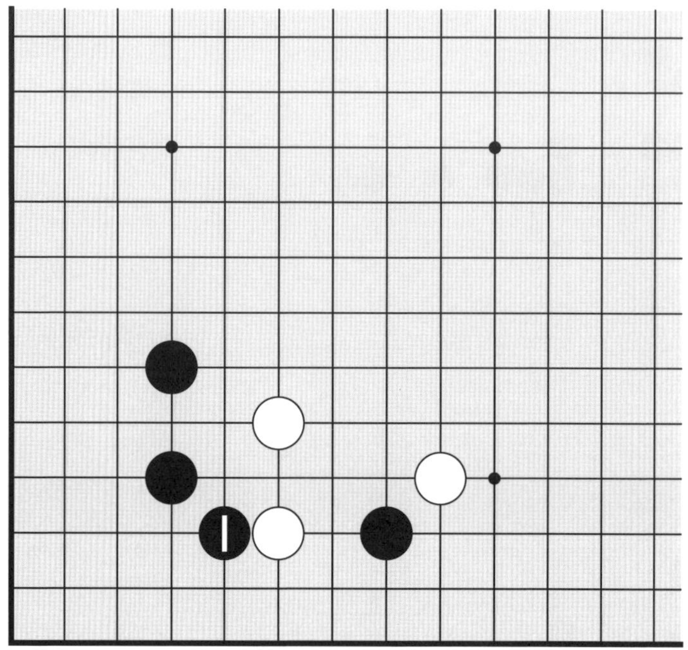

기본형

백이 뛰고 씌울 때 흑1의 붙임은 귀를 미리 강화해서 국면을 주도하려는 효율적 활용이다. 이때 흑이 의도하는 핵심은 무엇이고 백의 대응법에 대해서도 알아본다.

더불어 흑1로 하변부터 둘 경우 AI가 알려주는 백의 별책도 검토해본다.

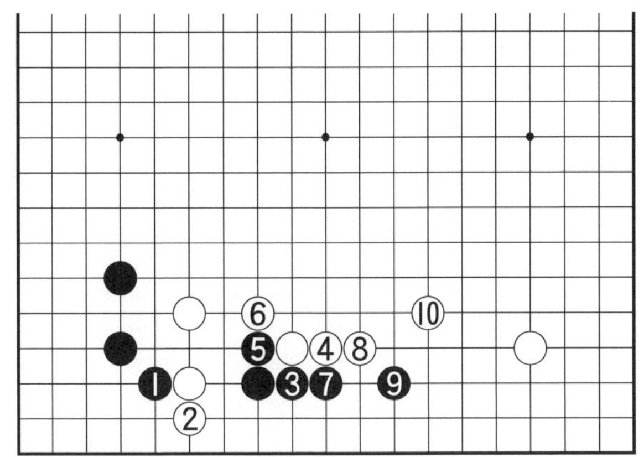

1도

## 1도 (귀의 활용)

흑1에 백2로 받으면 귀를 활용한 만큼 이제 흑은 3 이하 10까지의 고압 전술에도 당당히 대처할 수 있다.

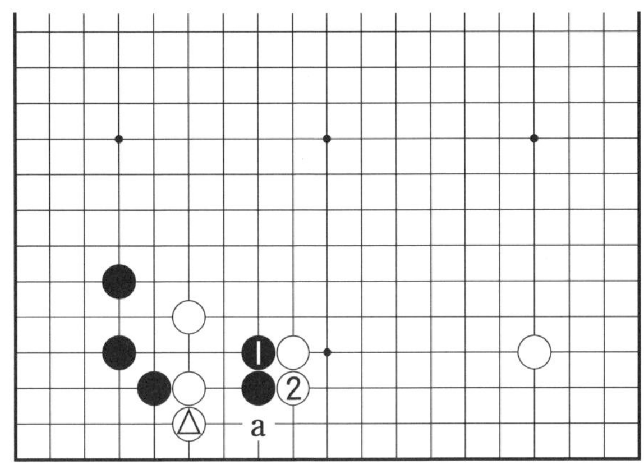

2도

## 2도 (백의 반발)

참고로 앞 그림 백2 때 흑1부터 밀면 백2로 눌러막는 반발이 가능하다. 그러면 백△의 작용으로 a로 넘어가는 수단이 생겨 흑이 활용했던 원래의 목적에 차질을 빚는다.

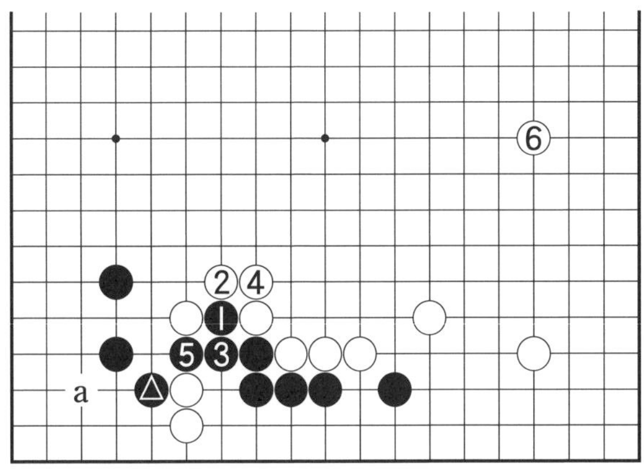

3도

## 3도 (흑의 자랑)

1도 다음 흑은 1로 끼운 후 5까지 백 두점을 포획하면 간명하다. 백6으로 두터움을 확대해도 흑은 실리가 커서 충분하다고 AI가 알려준다. 흑△의 활용 덕분에 a쪽 백의 사는 맛이 없는 것이 흑의 자랑이다.

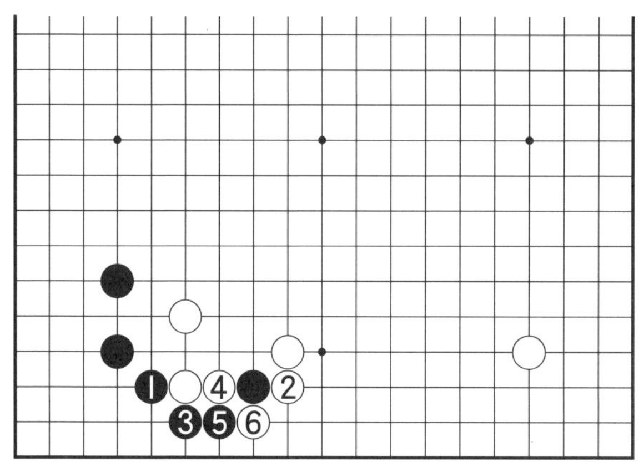

4도

## 4도 (능률적 대처)

흑1에 백도 2로 변에서 막는 것이 능률적 대처이다. 이하 6까지 서로 타협하는 흐름이다. 이 정석에서는 서로 뒷맛이 남아있는데~

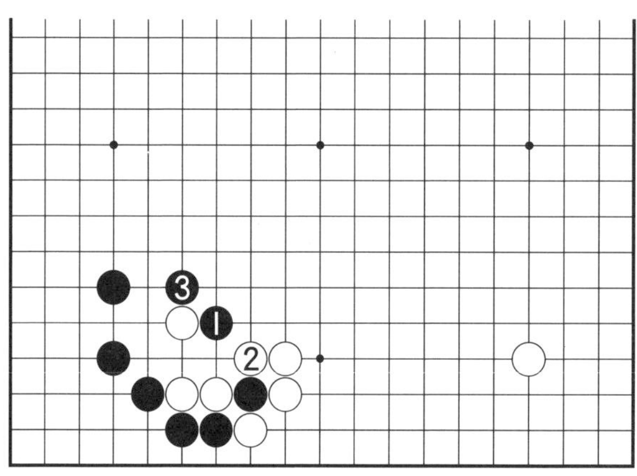

5도

## 5도 (흑의 후속수단)

흑은 1의 붙임을 활용하고 3으로 막는 후속수단이 남아있다. 그러면 좌변을 두텁게 운영할 수 있다.

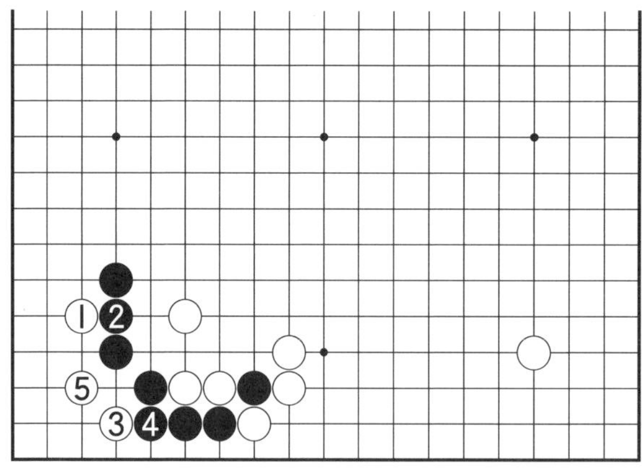

6도

## 6도 (흑진 파괴)

백은 1로 들여다보고 흑2로 이을 때 백3, 5로 귀의 흑진을 파괴하는 수단이 남아있다.

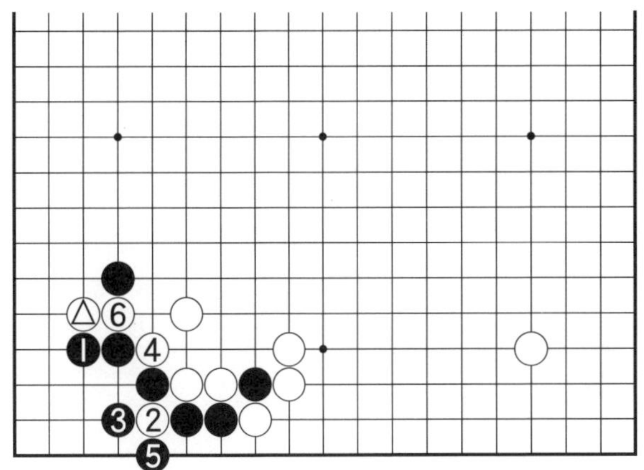

7도

### 7도 (좌변 돌파)

백△ 때 흑1로 귀를 막으면 백2의 끊음이 교묘한 맥점이다.

이때 흑3으로 한점을 잡으면 백4, 6으로 좌변이 돌파되어 흑이 견딜 수 없다.

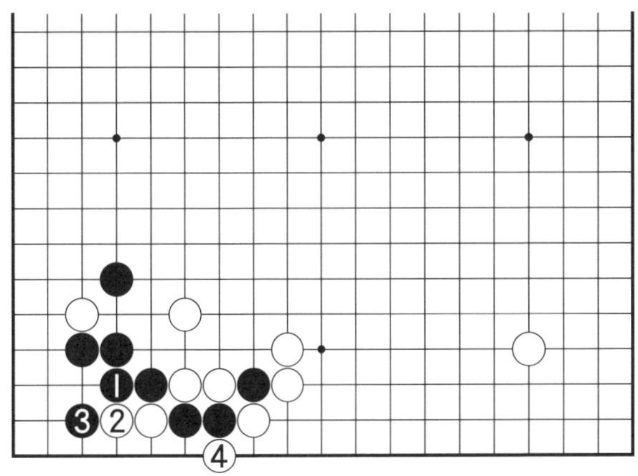

8도

### 8도 (두점 잡힘)

그렇다고 백이 끊을 때 흑1로 물러난다면 백2, 4로 두점이 잡혀 흑의 손실이 크다.

7도와 8도는 흑이 귀에서 막기가 어려움을 보여준다.

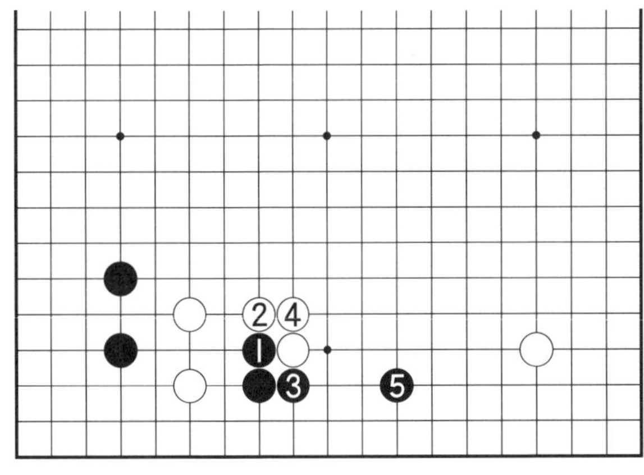

9도

### 9도 (백의 별책)

귀의 활용에 반발이 우려되면 흑도 처음부터 1, 3으로 두는데 백4로 잇는 수도 AI가 알려주는 별책이다. 일단 흑5로 벌리면 백의 실속이 없어 보이는데~

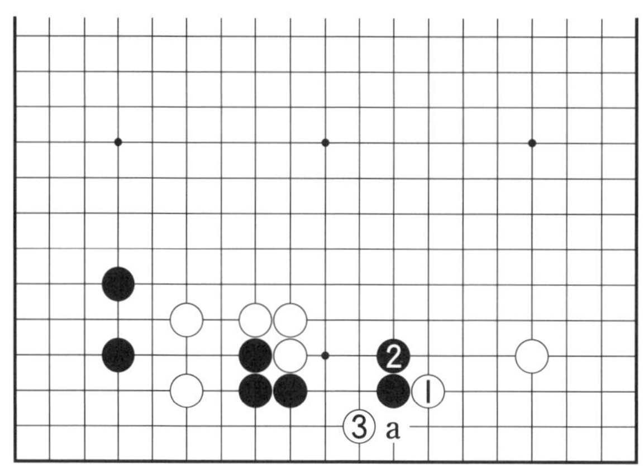

10도

## 10도 (백의 노림)

백도 1로 붙이고 나서 3의 치중이 기다렸던 노림이다. 백이 a로 건너가게 놔두면 흑이 곤란하므로~

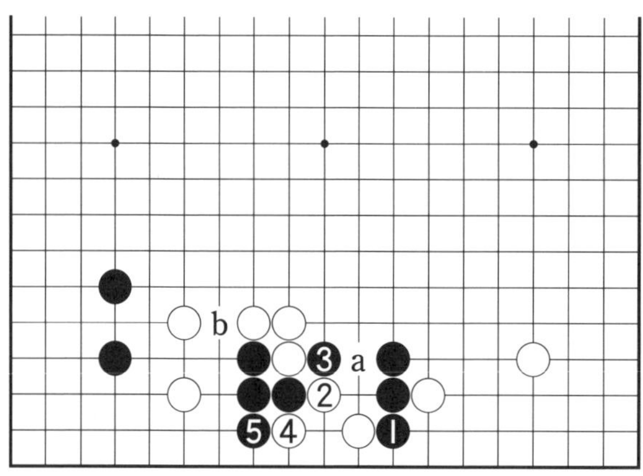

11도

## 11도 (필연)

흑1의 차단은 당연하다. 백2에 흑3으로 끊고 백4에 흑5도 필연이다.

이때 백a로 탈출하는 것은 b의 약점이 있어 백이 불리하다.

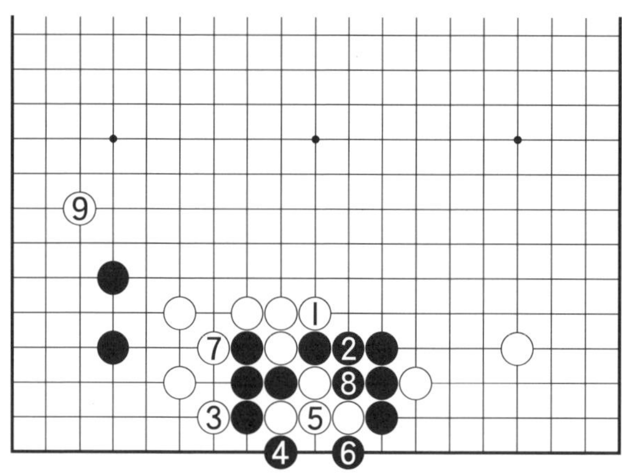

12도

## 12도 (과감한 사석작전)

이다음 백은 1 이하로 하변을 조이며 얻은 두터움을 배경으로 9로 걸치며 좌변에서 국면을 주도한다. 과감한 사석작전인데 흑도 두터운 실리를 얻었으므로 서로 호각으로 본다.

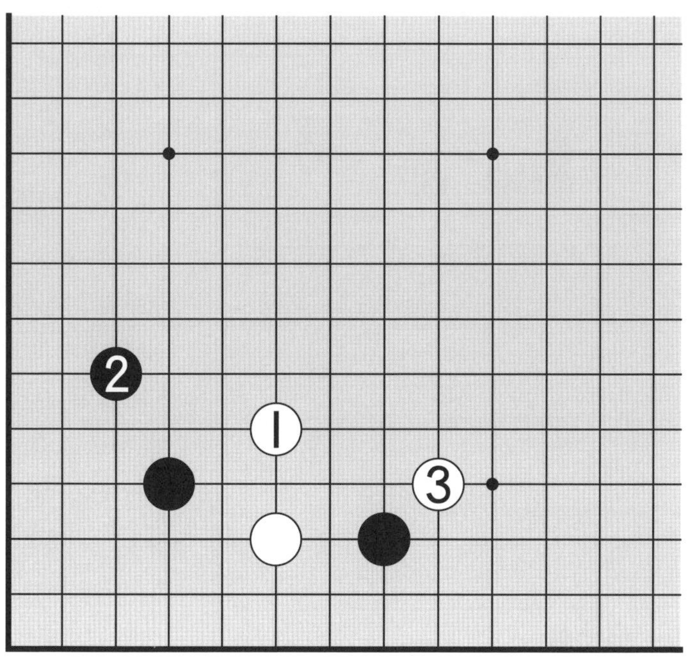

기본형

백1로 뛸 때 흑2의 날일자받음은 실리를 중시하는 수단인데, 역시 백3으로 씌운 이후의 변화에 대해 알아본다.

AI시대에는 이런 모양에서 중앙을 개척하는 다양한 변화들이 개발된 만큼 부분 안정에 치중하는 날일자받음은 실전에서 사용하는 빈도가 낮음도 주목해야 한다.

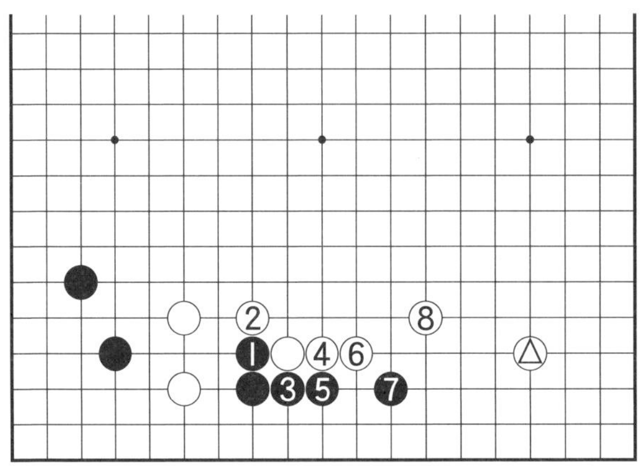

1도

## 1도 (기본 진행)

역시 백△가 이 정석의 일반적 배경인데 흑1, 3 으로 밀어가면 8까지 많이 두던 기본 진행이다.

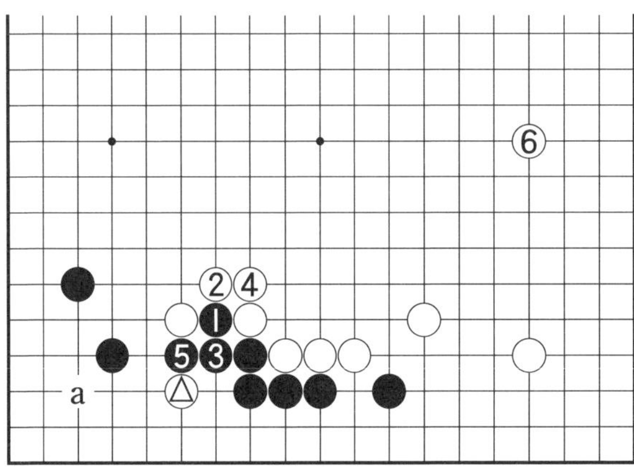

2도

## 2도 (흑, 간명책)

이다음 흑이 간명하게 두자면 1로 끼운 후 5까지 백△를 제압한다. 백도 6으로 모양을 넓히면 두텁고 흑진에는 a의 뒷맛도 남아 충분히 대항할 수 있는데, AI는 흑이 선수로 실리를 차지해서 편하다고 본다.

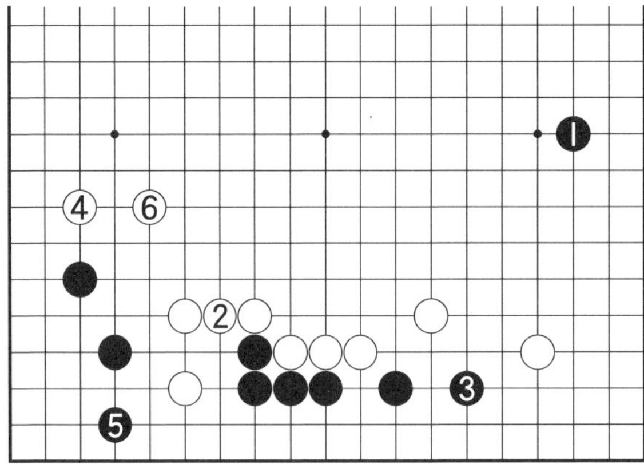

3도

## 3도 (흑, 만족)

백의 두터움이 부담이면 1도 다음 1이 모양 견제의 균형점이다.

　백은 두터움의 운영이 초점인데, 2의 이음은 안전하지만 발이 늦다. 이하 6까지 백이 좌변을 차단해도 그사이 흑이 귀와 변을 지키며 실리를 벌고 선수를 잡으면 만족이다.

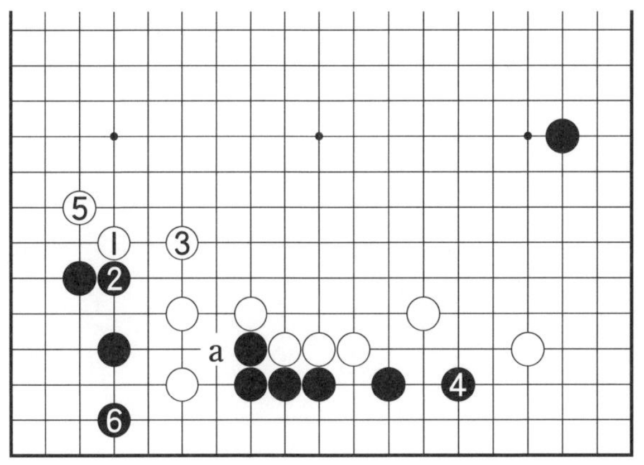

4도

### 4도 (백, 만족)

앞 그림 흑3 때 백1의 어깨짚음이 좋은 착상이다. 흑2로 밀면 백3으로 뛰며 자연스럽게 a쪽 약점을 지킨다. 이하 6까지면 좌변 차단이 선수인 만큼 이번에는 백의 만족이다.

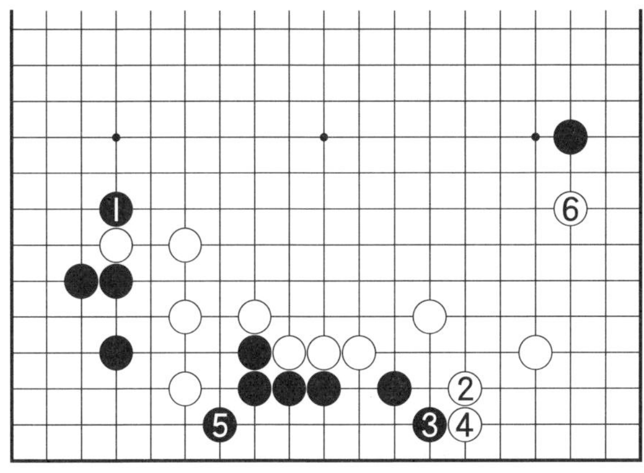

5도

### 5도 (백, 국면 리드)

앞 그림 백3 때 흑1로 붙이며 좌변으로 진출하면 백은 2, 4로 하변을 압박한 후 6으로 벌리며 국면을 리드할 수 있다.

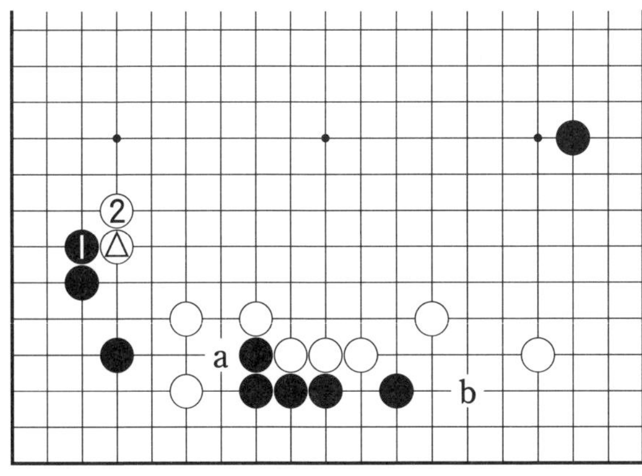

6도

### 6도 (지키는 효과)

백△ 때 흑1로 변에서 밀면 백2로 늘어도 a쪽 약점을 지키는 효과를 얻는다.

흑은 b의 보강이 시급한데, 그러면 백이 역시 선수를 잡고 국면을 리드할 수 있다.

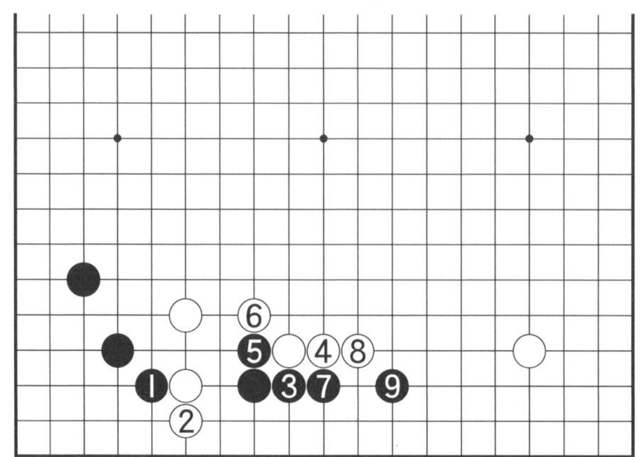

7도

## 7도 (귀의 활용)

처음으로 돌아가서, 흑은 1로 붙인 후 백2로 받으면 9까지 둘 수 있다. 이렇게 흑이 귀를 활용해두면 백도 다음 진행에 신중을 기해야 한다.

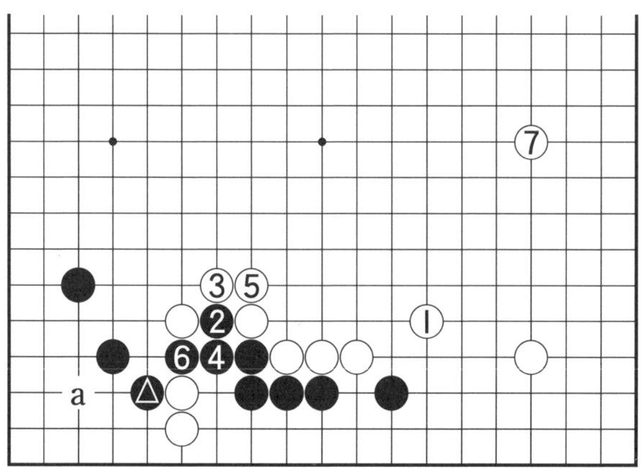

8도

## 8도 (확실한 실리)

이다음 백1이면 이번에는 흑2로 끼운 후 6까지의 수단이 상당한 효과를 본다. 백7로 넓히겠지만 흑▲의 작용으로 a의 뒷맛이 없는 만큼 흑은 실리가 확실하여 만족이다.

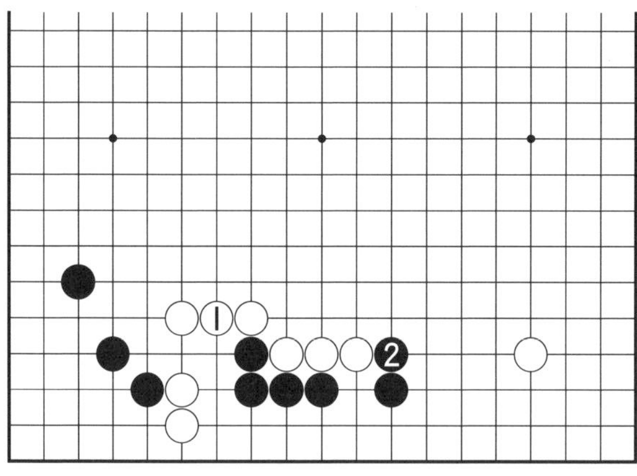

9도

## 9도 (백, 불리)

그렇다고 7도 다음 백1로 약점을 이으면 흑2로 기분 좋게 올라선다. 이렇게 되면 백은 근거도 없고 중앙이 열려 아주 불리하다.

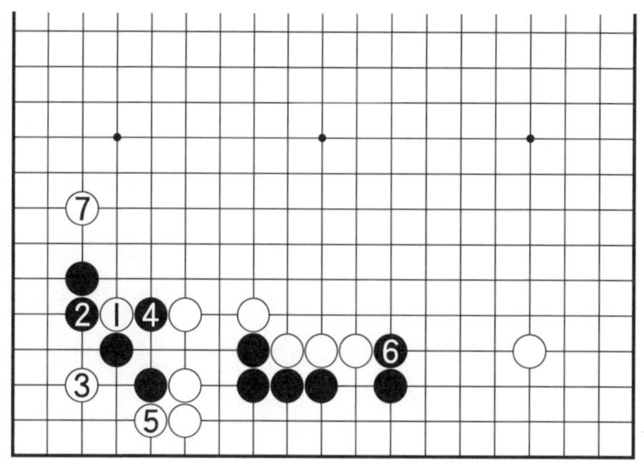

10도

## 10도 (귀의 침입)

7도 다음 백은 1, 3의 수순으로 귀에 침입하며 변화를 모색할 수 있다. 흑은 4로 대처한 후 6으로 변을 파괴하고 백은 귀를 차지한 후 7로 압박하는 싸움이 예상된다.

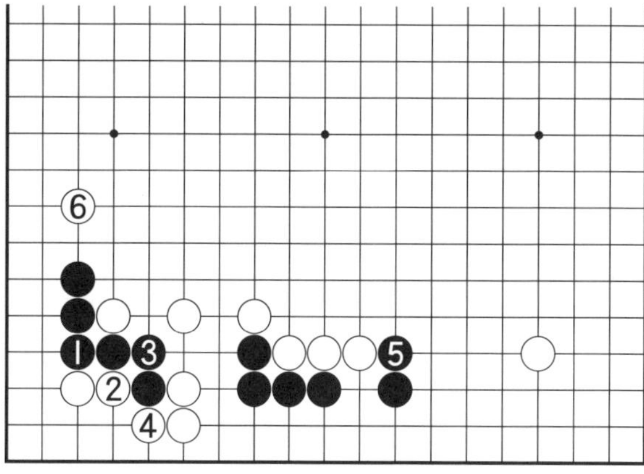

11도

## 11도 (잇는 변화)

앞 그림 백3 때 흑1로 이으면 백2, 4로 넘는 것이 요령이다. 다음은 역시 흑5로 변을 파괴하고 백6으로 압박하는 흐름이 예상된다.

10도와 11도는 일장일단이 있지만 서로 어울린 싸움이다.

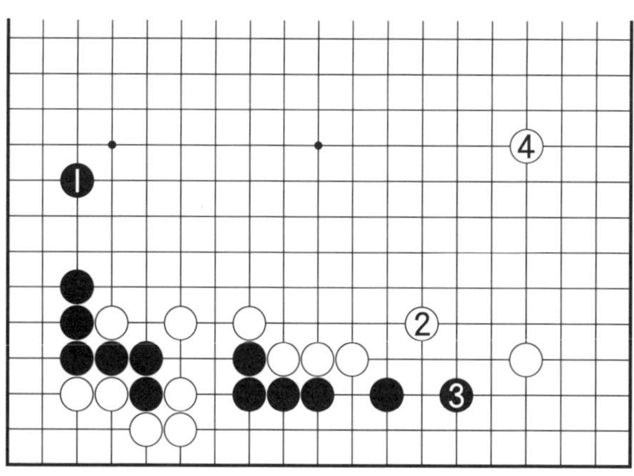

12도

## 12도 (백, 만족)

앞 그림 백4 때 흑1로 좌변부터 보강하는 것은 백2, 4로 모양을 구축해서 흑의 불만이다. 백은 귀의 실리까지 차지했으니 만족이다.

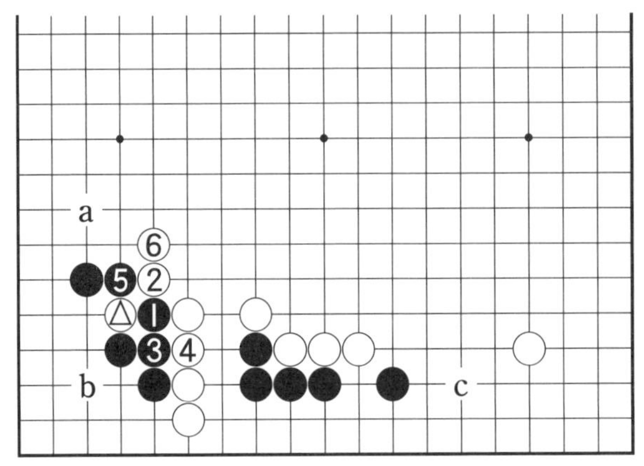

13도

## 13도 (이적수)

백△ 때 흑1, 3으로 끼워잇는 것은 이하 6까지 백을 두텁게 해서 이적수나 다름없다.

이후 백은 a의 봉쇄, b의 침입, c의 압박 등 즐거운 곳이 많다.

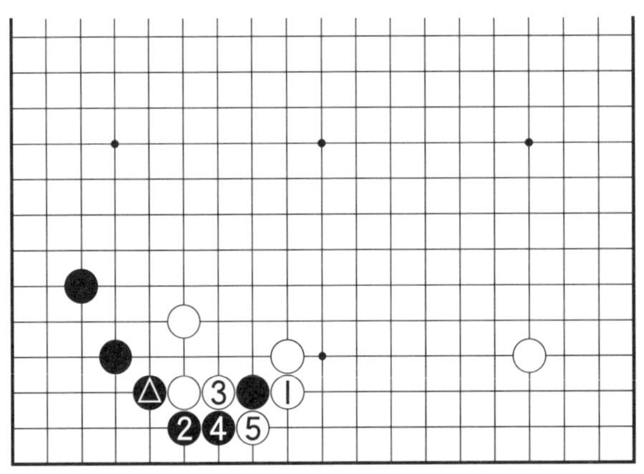

14도

## 14도 (간명책)

흑△로 붙일 때 백1로 변에서 막는 것은 간명책이다. 이하 5까지 결정되는데 백이 하변을 두텁게 정리했지만 흑도 귀의 실리가 충실해서 불만 없다.

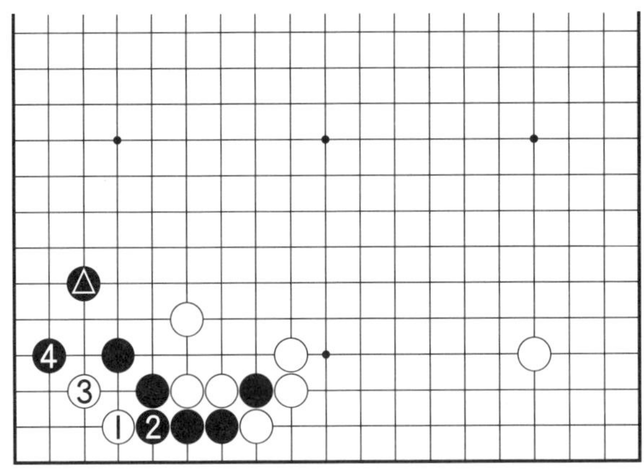

15도

## 15도 (날일자받음의 이점)

참고로 귀는 백이 1, 3으로 수단을 부려도 흑4로 추궁하면 살 수 없다. 흑△가 날일자받음이기 때문에 귀가 안전함을 보여준다.

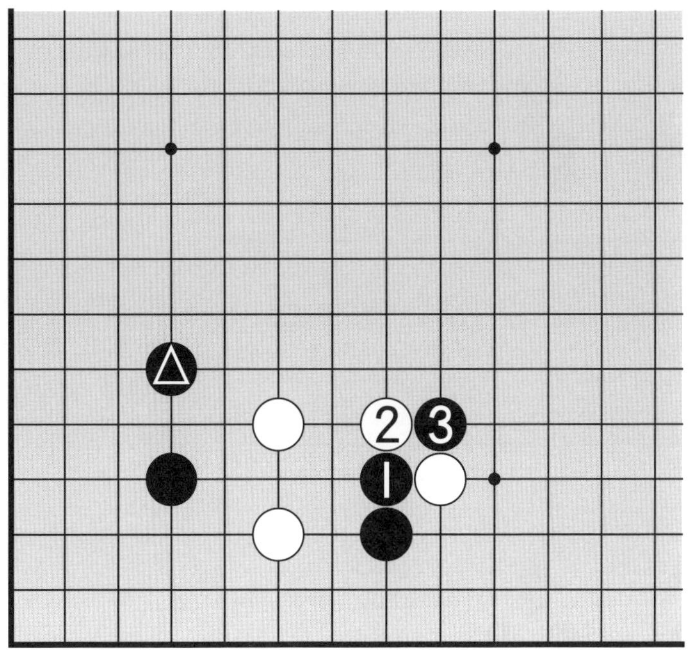

기본형

이 정석에서는 흑△의 한칸받음이 중앙 운영도 고려한
지킴이며 하변에서 백이 씌울 때 흑1, 3으로 나와끊는 것
도 △와 호응하는 호전적인 발상이다.

그동안 축이 유리해야 가능하다고 알려졌지만 AI가 등
장하면서 축이 불리해도 둘 수 있는 길을 알려준다. 대신
넓은 안목으로 이후의 변화를 이해할 필요가 있다.

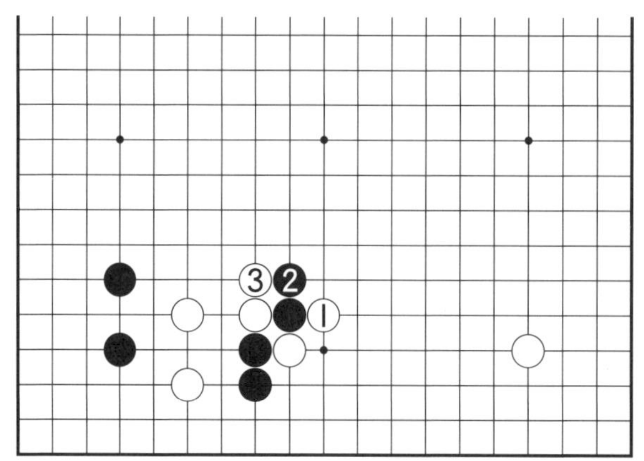

1도

## 1도 (상용수단)

백은 축이 유리하면 1, 3으로 몰아갈 수 있다. 그동안 알려진 상용수단이다.

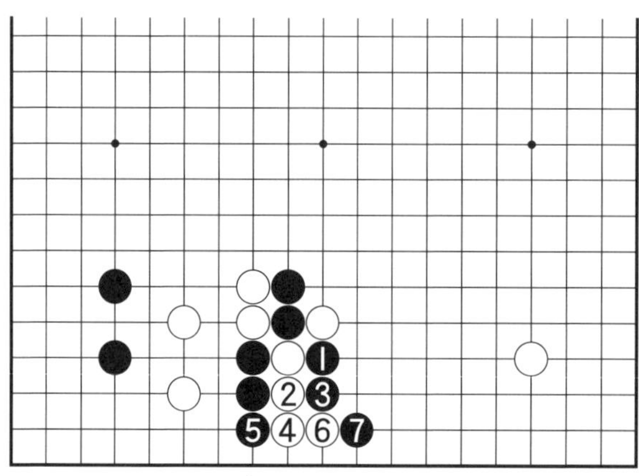

2도

## 2도 (잡으러 가는 경우)

이다음 흑1로 단수친 후 7까지 일직선으로 잡으러 가는 것은 축이 불리하면 선택할 수 없다.

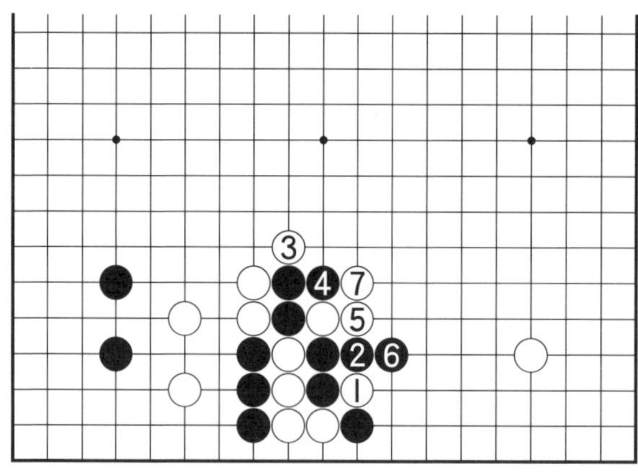

3도

## 3도 (축관계)

그러면 백1로 단수치고 또 3으로 단수친 후 7까지 흑 석점이 축에 걸린다. 물론 이 축이 흑한테 유리하면 백이 망하는 길이다.

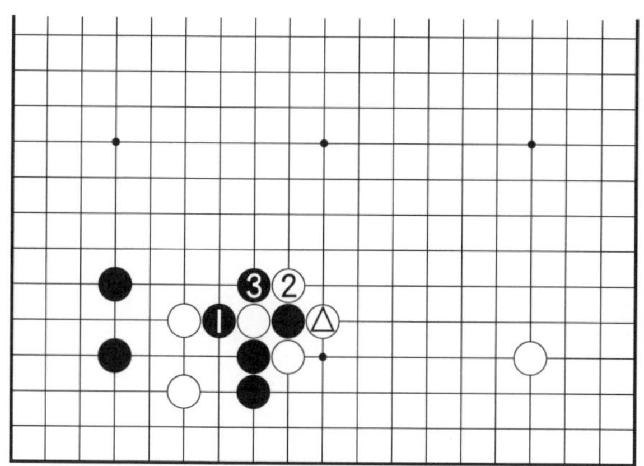

4도

## 4도 (무모한 발상)

백△ 때 축이 불리하다고 해서 흑1, 3으로 이쪽을 뚫고 나가려는 것은 무모한 발상이다.

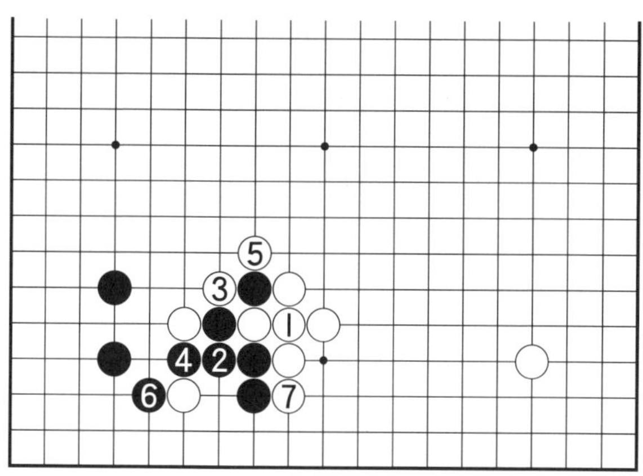

5도

## 5도 (백, 만족)

백1로 이을 때 흑은 6까지 한점을 잡으며 실리를 얻을 수 있지만 백이 중앙에서 한점을 빵따내고 7로 변을 막은 두터움에는 미치지 못한다. 백의 만족이다.

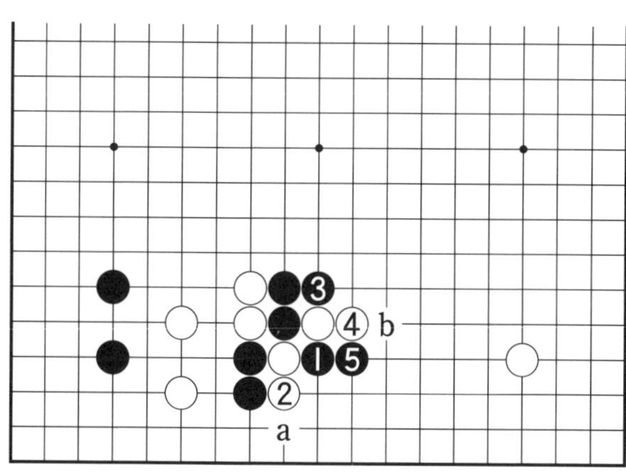

6도

## 6도 (백, 곤란)

1도 다음 흑은 1, 3으로 중앙을 단수쳐서 축을 피해갈 수 있다.

이때 백4로 나가는 것은 흑5로 따라붙어 a와 b가 맞보기가 되면 백이 곤란하다.

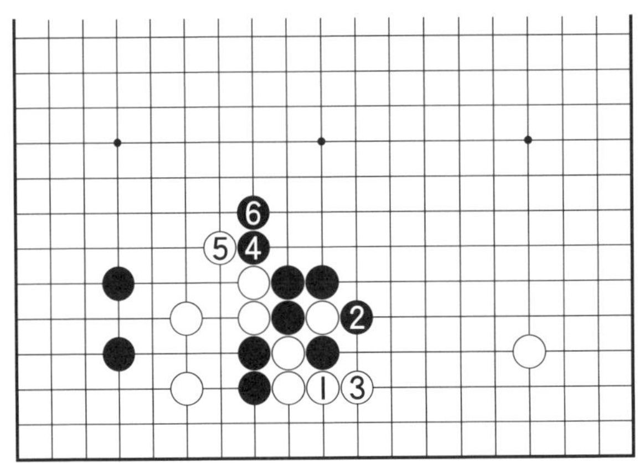

7도

### 7도 (두터움으로 대항)

앞 그림 흑3 때 백은 1, 3으로 한점을 버리고 하변 실리를 취할 수 있다. 흑은 4, 6으로 중앙을 두텁게 해서 대항하는데, AI는 이 진행을 거의 호각으로 본다.

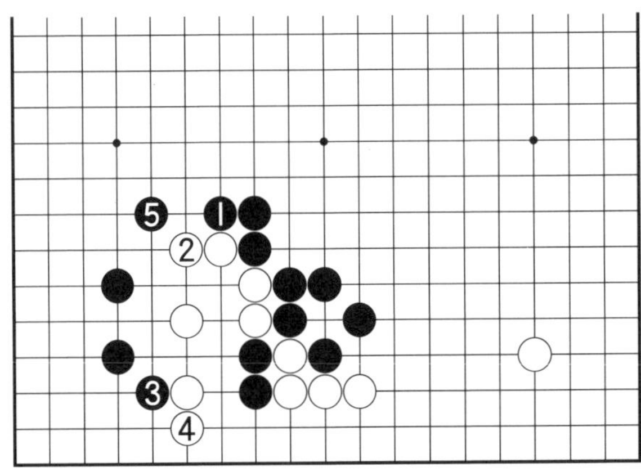

8도

### 8도 (흑의 봉쇄수단)

이후의 변화가 어려운데 이대로 놔두면 흑이 나중에 1, 3으로 활용하며 5로 바깥을 넓게 봉쇄할 수 있다.

따라서 백은 실리가 좋다고 해도 상대의 두터움을 의식해야 한다.

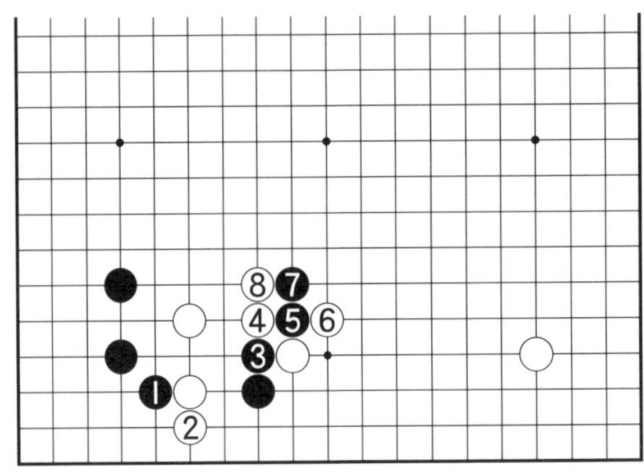

9도

### 9도 (활용 후 나와끊음)

애초에 흑은 1의 붙임을 활용한 후 3, 5로 나와끊을 수도 있다. 이때도 백은 축이 유리하면 6, 8로 몰게 되는데~

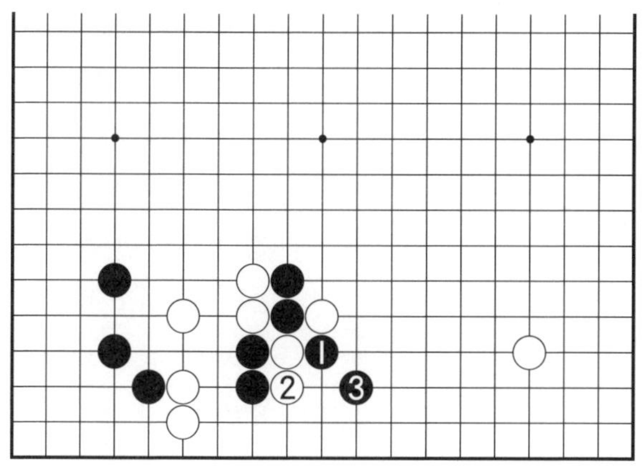

10도



## 10도 (유연한 행마)

이번에는 흑1, 3도 AI
가 알려주는 유연한 행
마이다. 역시 왼쪽 흑
두점을 버리고 두겠다
는 뜻인데~

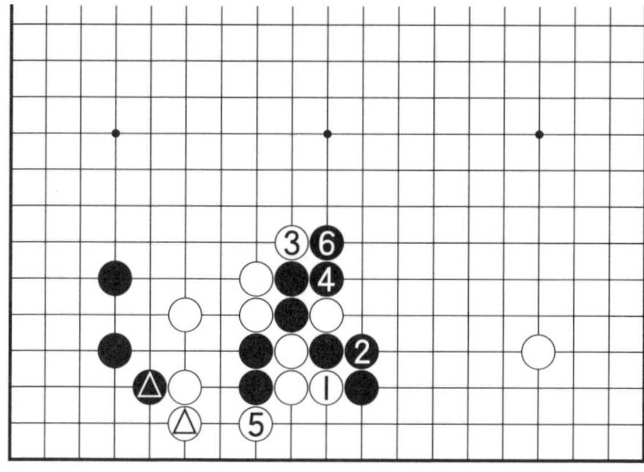

11도

## 11도 (실리 대 두터움)

이다음 백은 1, 3으로
단수친 후 5로 두점을
잡고 흑은 6으로 두텁
게 꼬부리는 진행이 예
상된다. 백의 실리가 안
정적이지만 흑도 ●와
△의 교환이 활용이 되
었고 두터움으로 대항
할 수 있다.

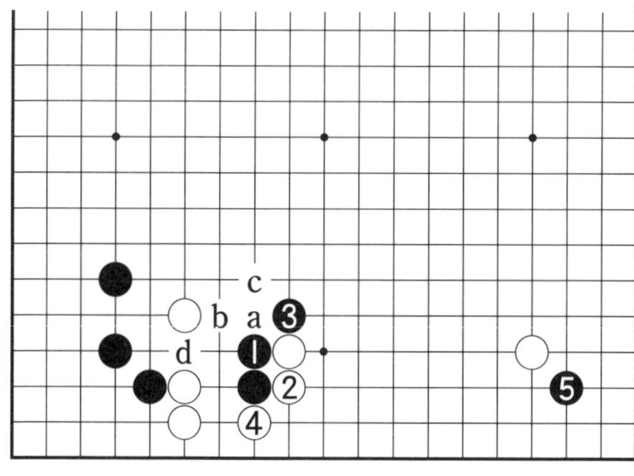

12도

## 12도 (추천 행마법)

참고로 이 형태에서는
흑1에 백2로 눌러막을
수도 있다. 흑3 다음 5
의 3三침입은 AI의 추
천 행마법인데 백a로 끊
는 약점은 흑b, 백c, 흑
d로 정리할 수 있다.

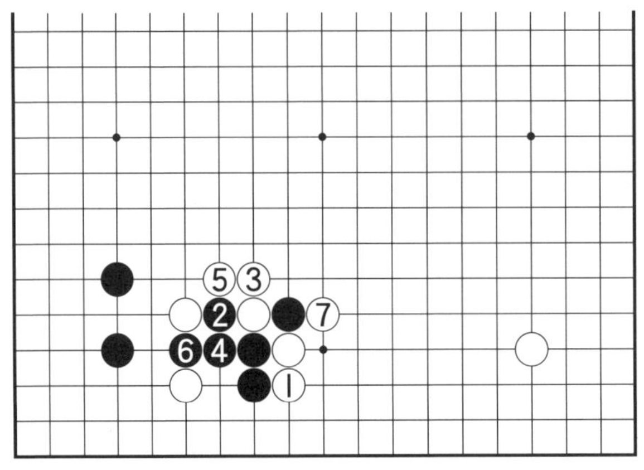

13도

**13도 (백, 축이 불리할 때)**

처음으로 돌아가서, 백은 축이 불리하면 1의 막음이 대응책이다.

흑은 2로 단수친 후 6까지 관통하고 백은 7로 한점을 잡는 타협이 예상된다.

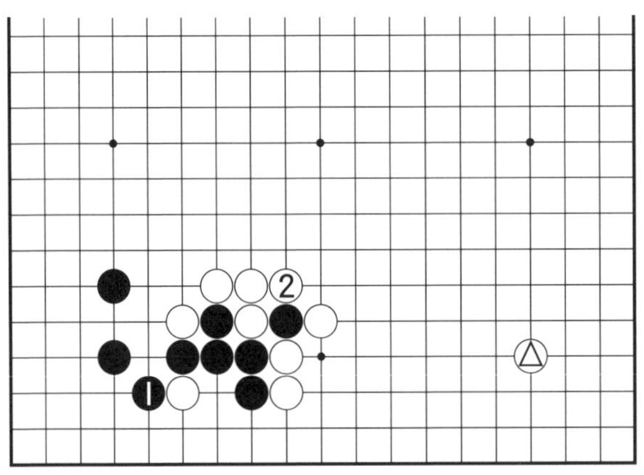

14도

**14도 (실리 대 두터움)**

이다음 흑1로 지키고 백2로 따내면 일단락이다. 흑은 실리가 크지만 백도 △가 대기하는 이런 배치에서는 두터움이 돋보인다.

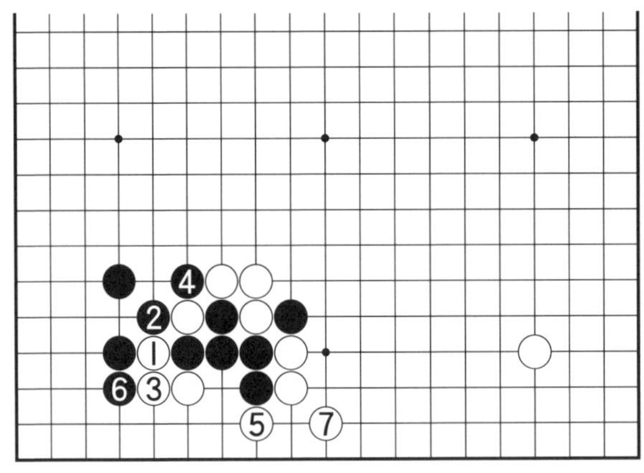

15도

**15도 (끼우는 변화)**

13도 흑6 때 백1로 끼우는 수단도 있다.

흑2, 4로 한점을 따내고 백5, 7로 넘어가는 흐름인데 백이 흑진을 파고든 대신 중앙은 엷어졌다.

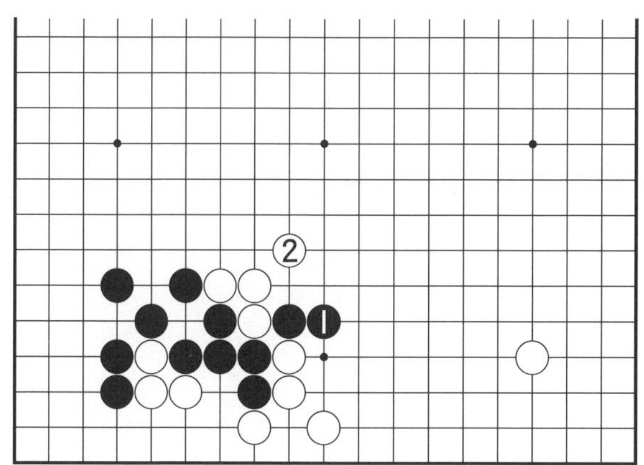

16도

## 16도 (중앙 싸움)

이다음 흑1과 백2로 움직이면 서로 싸움이다.

백이 중앙 싸움에 자신 있다면 이렇게 둘 수도 있다.

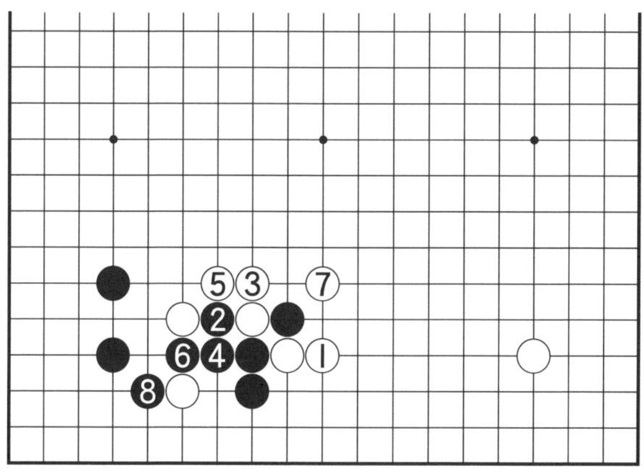

17도

## 17도 (백, 불만)

애초 백1쪽으로 늘면 흑이 6까지 둘 때 백7로 한점을 장문으로 잡는 흐름이 된다. 흑8로 지킬 때 백이 선수를 잡을 수 있지만 14도와 같은 두터움을 얻을 수 없어 백의 불만이다.

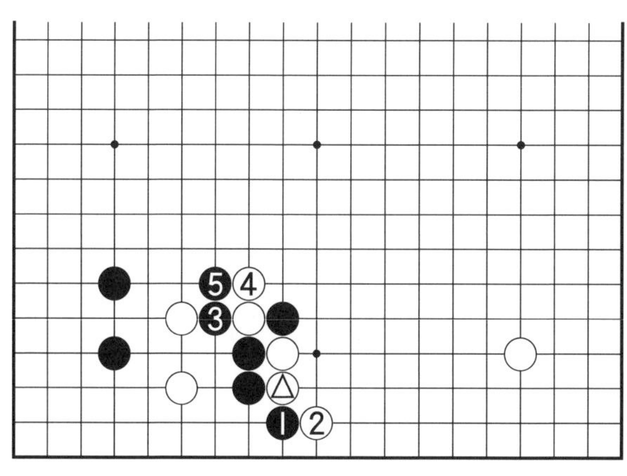

18도

## 18도 (흑의 노림수)

백△로 막을 때 흑1의 젖힘은 축이 유리하다면 노림수에 해당한다. 이때 백2로 막으면 흑3, 5로 치고 나간다.

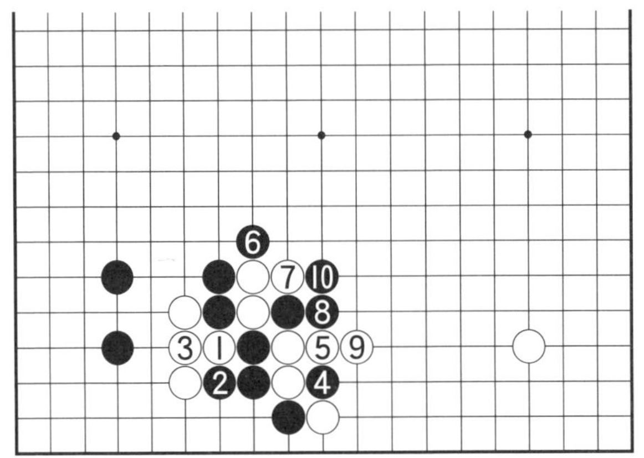

19도

## 19도 (흑, 대성공)

이다음 백1로 끊을 때 흑2를 선수해두고 4의 단수부터 10까지 일사천리로 단수쳐가면 백 요석이 잡혀 흑의 대성공이다.

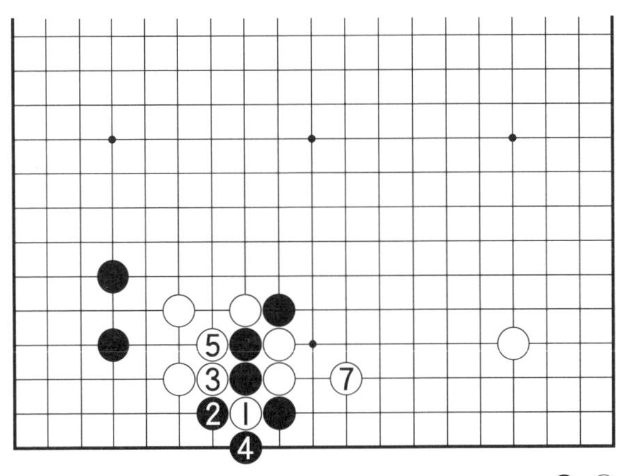

20도



## 20도 (백의 대응책)

흑이 젖힐 때 백은 1로 끊는 것이 대응책이다. 흑2로 잡으면 백3, 5로 돌려친 후 7로 뛰어 자세를 잡는다.

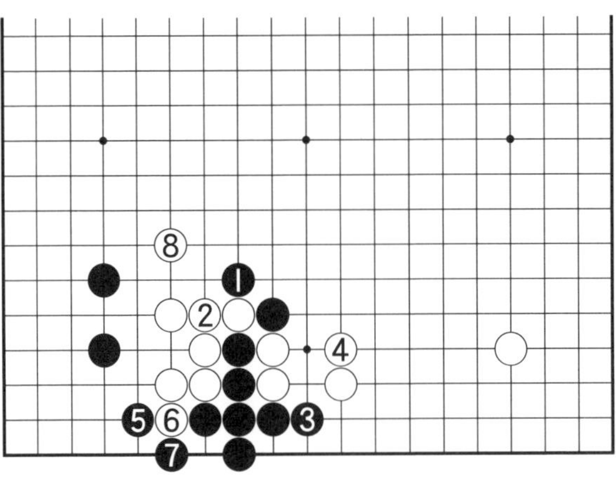

21도

## 21도 (흑, 불리)

그러면 이 배치에서는 흑이 고작 1, 3을 선수한 후 5로 넘어갈 수밖에 없다. 백6, 8로 달아나는 진행이 예상되지만 이 싸움은 귀쪽이 엷은 흑이 불리하다.

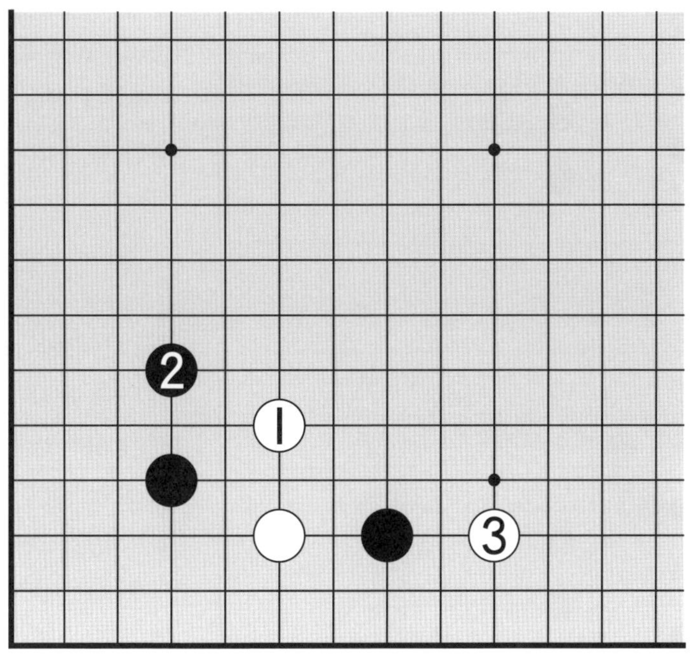

기본형

　　흑의 한칸협공에 대해 백1로 뛰어나간 후 3으로 되협공
하는 것은 주로 주변에 응원군이 있을 때 시도하는 공격적
인 수단이다. 예전에는 무모한 강수라 여겼지만 AI시대에
는 이런 협공이 자주 등장한다. 이후 운영하는 데는 전국을
바라보는 싸움의 기술이 필요하다.

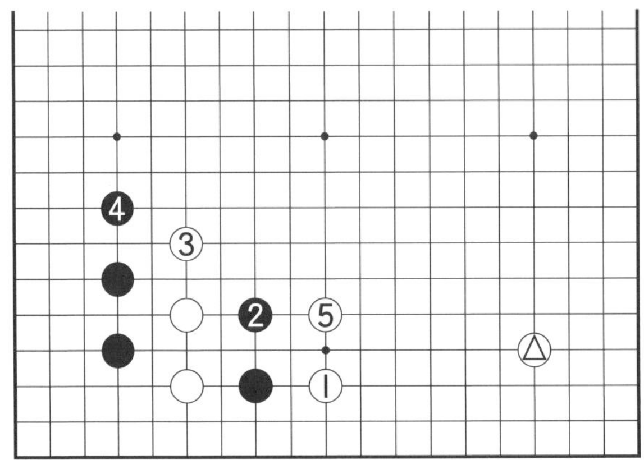

1도

## 1도 (상식적인 행마)

보통 백△로 배후에 응원군이 있을 때 1의 협공을 구사하는 경우가 많다. 우선 흑2부터 백5까지의 뜀뛰기는 상식적인 행마이다.

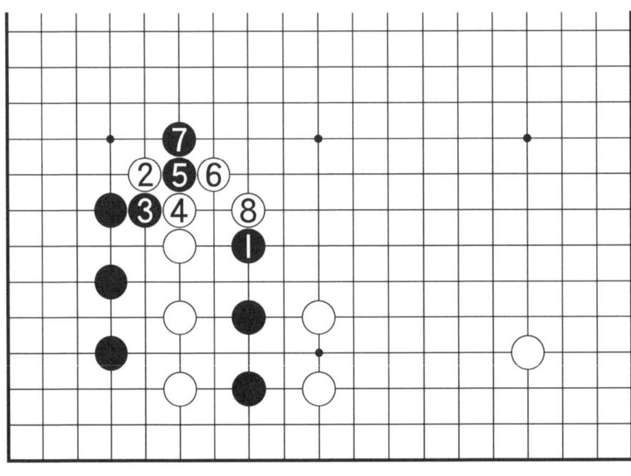

2도

## 2도 (유연한 날일자)

이다음 흑1에도 백이 같이 뛰기만 하면 실속이 없어 흑의 의도에 말릴 염려가 있다.

백2의 날일자는 AI가 알려주는 유연한 대응법인데 흑3, 5의 끊음을 유도해서 백6, 8이면 일단 백의 본진이 두텁게 정리된다.

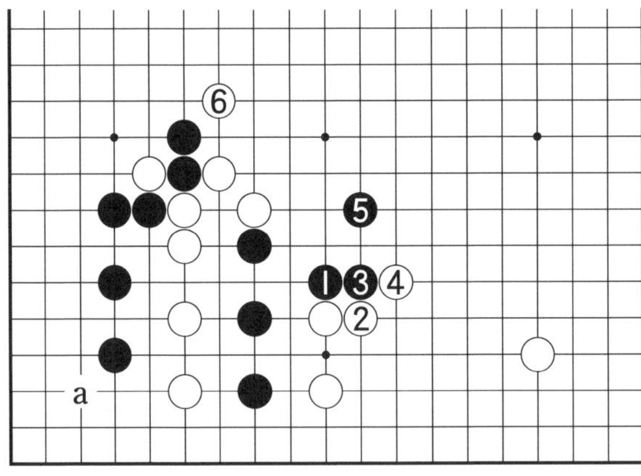

3도

## 3도 (백, 충분)

이다음 흑도 1로 기대서 5까지 수습해가지만 백6으로 씌워 좌변을 견제하면 백이 충분한 싸움이다. 좌변 흑이 강하지만 a의 침입이 남아있음도 백의 자랑이다.

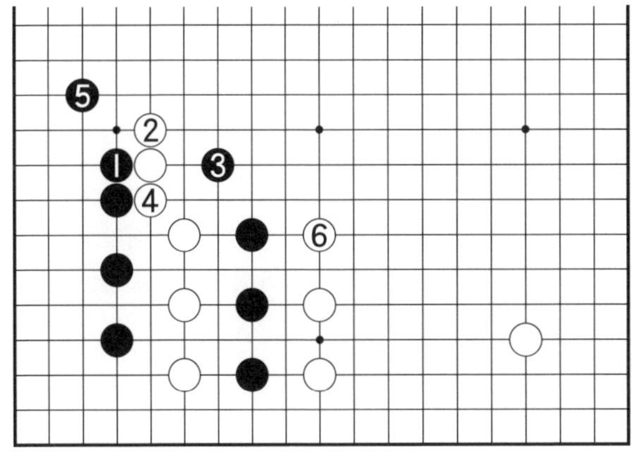

4도

## 4도 (배후에서 공격)

2도 백2 때 흑1, 3은 백 전체를 공격하며 주도 권을 잡겠다는 뜻이다. 백4에 연결하면 흑5에 진출하며 몰아간다는 계산인데 백도 6으로 흑 의 배후를 공격하면 활 발한 국면이다.

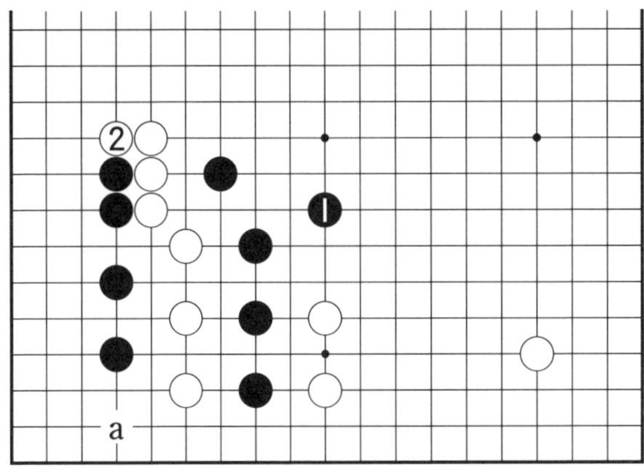

5도

## 5도 (두터운 막음)

앞 그림 백4 때 흑1로 중앙을 보강하고 싶지 만 백2가 두터운 막음 이다. 흑이 a의 지킴도 서둘러야 하므로 대세 에 밀리지 않으려면 주 의해서 사용해야 한다.

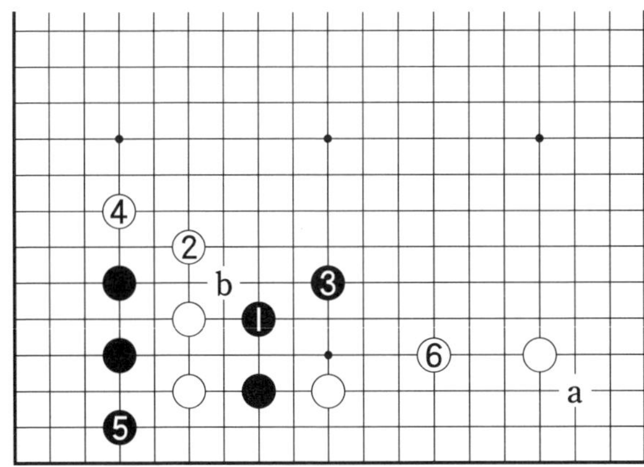

6도

## 6도 (흑의 일책)

흑1과 백2로 뛸 때 흑도 3으로 하변부터 움직이 는 것이 AI가 알려주는 일책이다. 백4로 좌변을 가로막으면 흑5의 지킴 은 필수이다. 백도 6으 로 지키지만 a의 침입이 남아있다. 중앙 흑은 b 가 선수이므로 끊어질 염려가 없다.

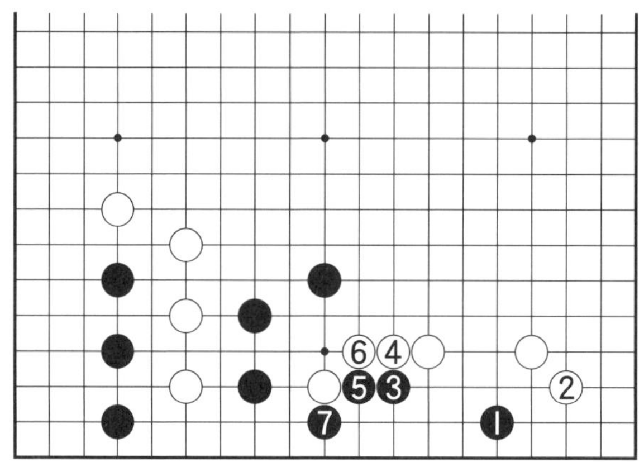

7도

## 7도 (하변 파괴)

나중에 하변은 흑1로 하변에서 침투하는 수단도 있다.

귀가 파이면 크므로 백2에 지키면 흑3에서 7까지 가볍게 하변을 부수며 넘어갈 수 있다.

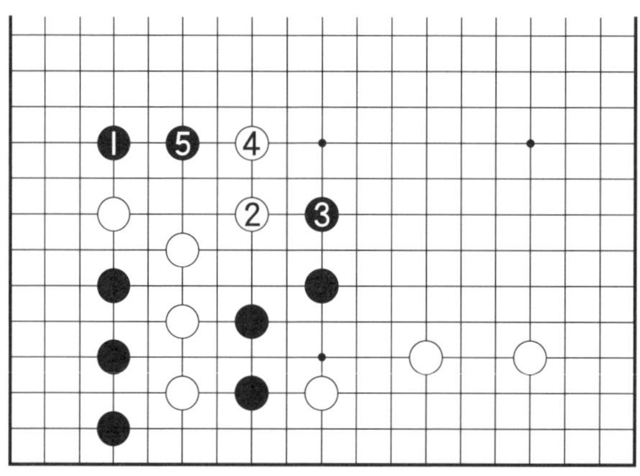

8도

## 8도 (좌변 압박)

당장은 흑1로 좌변에서 압박하는 것이 좋은 발상이다. 백2로 좌우를 맞보며 움직이면 흑3, 5로 백을 몰며 흑이 주도하는 흐름이다.

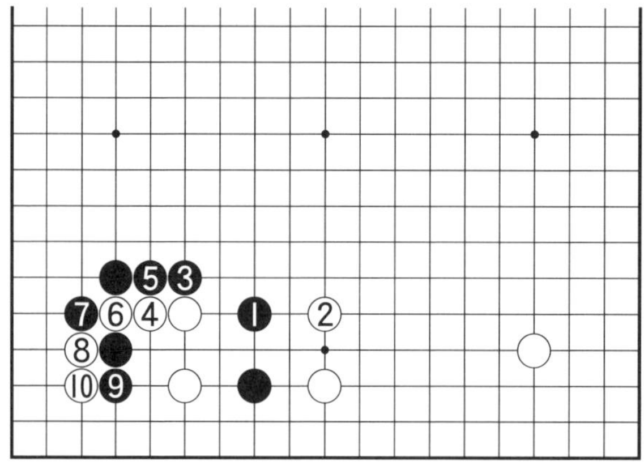

9도

## 9도 (백, 하변부터 뜀)

흑1에 생각하기는 어렵지만 AI는 백2로 하변부터의 뜀도 가능하다고 본다. 이때 흑3으로 봉쇄하는 것은 쉽지 않다. 백은 4, 6으로 나와 8로 끊은 후 흑9에 백10으로 견딜 수 있다.

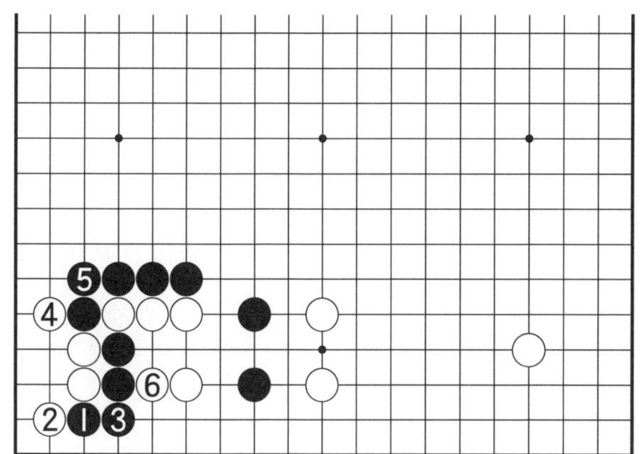

10도

## 10도 (백승)

이다음 흑1로 젖혀 수상전을 시도해도 이하 6까지 되면 흑이 어떻게 해도 백승이다.

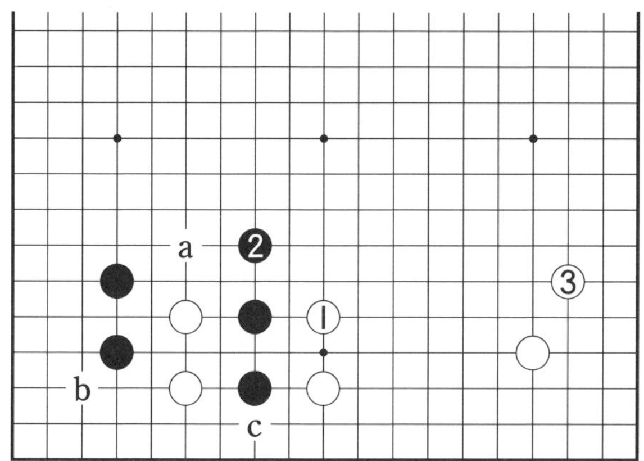

11도

## 11도 (백의 복안)

백1에는 흑2로 뛰는 것이 무난한데 백은 손을 빼고 3으로 우하 진영부터의 구축도 AI가 알려주는 복안이다. 귀쪽은 상황에 따라 백a의 진출, b의 침입, c의 연결 등 선택지가 많다. 서로 이제부터이다.

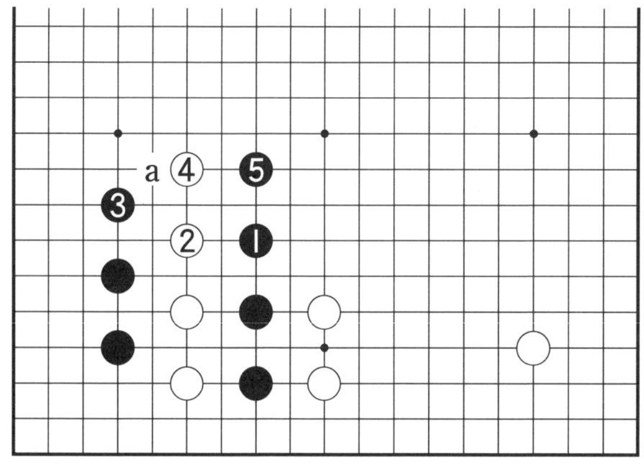

12도

## 12도 (백, 불만)

흑1에 백2와 흑3으로 같이 뛰면 2도에서 봤던 흐름이 된다. 참고로 백4로 반복해서 뛰는 것은 흑5로 중앙에서 몰아 백의 운신이 거북해서 불만이다. 그래서 백4는 a의 날일자로 비틀며 좋은 흐름이 되었다.

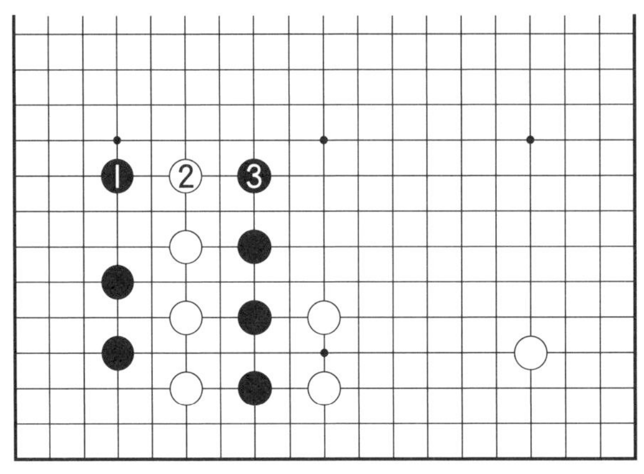

13도

### 13도 (흑의 의도)

앞 그림 백2 때 흑1로 두칸 벌린 것은 백의 날일자 행마를 사전에 차단하는 의미가 있다. 백2의 뜀을 유도해서 흑3으로 자연스럽게 몰아가며 싸움을 주도하겠다는 의도이다.

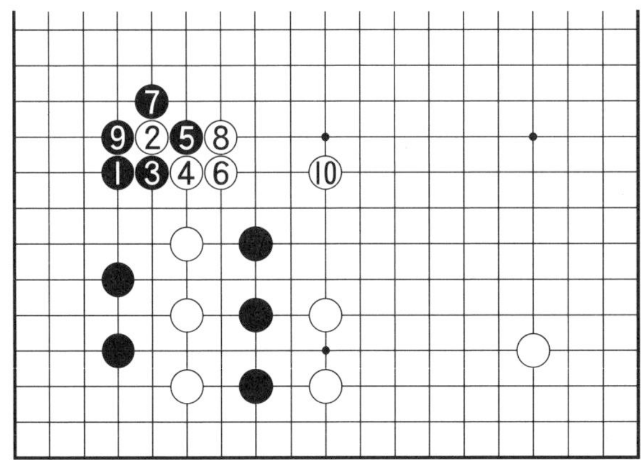

14도

### 14도 (유연한 발상)

흑1의 두칸에는 백2로 어깨짚는 수가 유연한 발상이다.

흑3, 5로 끊으면 백은 10까지 한점을 버리고 하변 흑을 포위해서 국면을 주도할 수 있다.

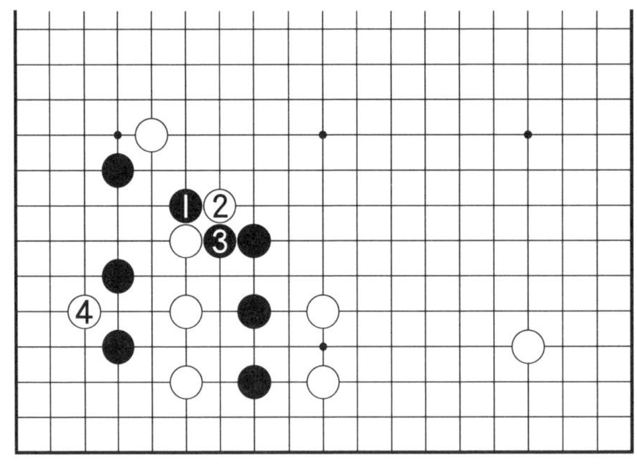

15도

### 15도 (교묘한 응수타진)

백이 어깨짚을 때 흑1, 3으로 끊어 반격하면 백은 4로 들여다보는 교묘한 응수타진이 준비되어 있다.

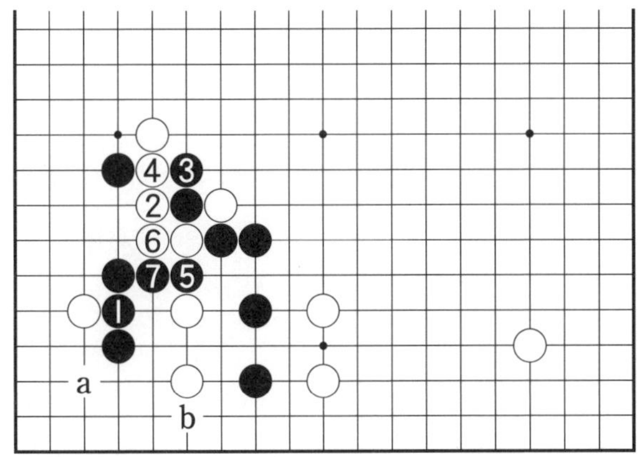

16도

## 16도 (백, 만족)

이때 흑1로 꽉 이으면 백2, 4로 돌파해서 좋다. 흑5, 7로 차단해도 백은 a의 침입이나 b로 하변과의 연결을 도모하며 어느 한쪽을 생환할 수 있어 만족이다.

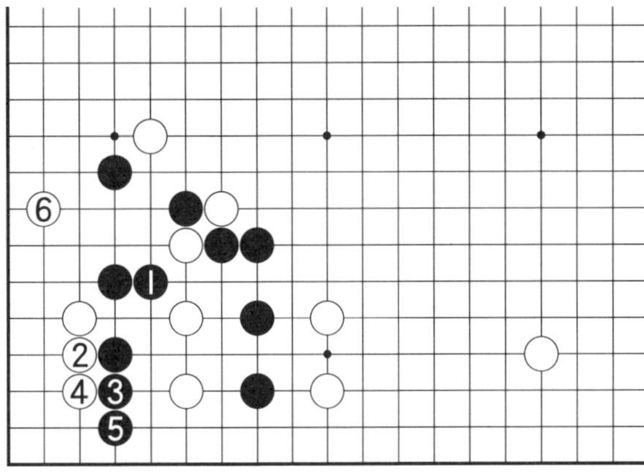

17도

## 17도 (흑, 불만)

백이 들여다볼 때 흑1로 나란히 두는 것이 효율적인 이음이지만 이번에는 백이 2, 4로 귀에 진입한 후 6으로 변에 달려 근거를 확보하면 충분하다. 흑은 하변에서 중앙으로 분산된 백을 완전히 장악하지 못해 불만이다.

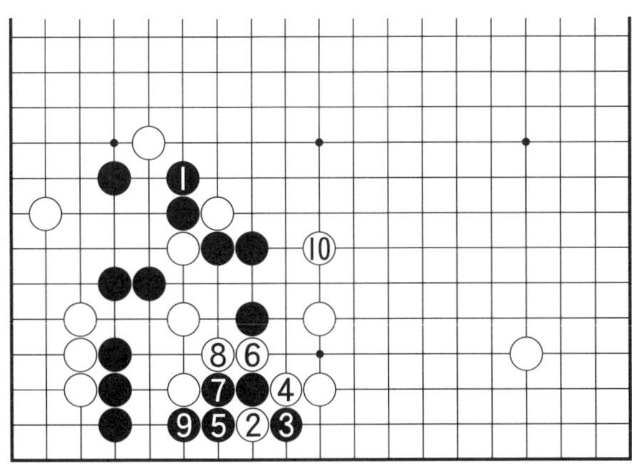

18도

## 18도 (백, 유리)

가령 흑1로 중앙을 보강하면 백은 2로 붙인 후 8까지 하변 돌을 생환하고 10으로 진영을 넓혀 유리한 꼭름이다.

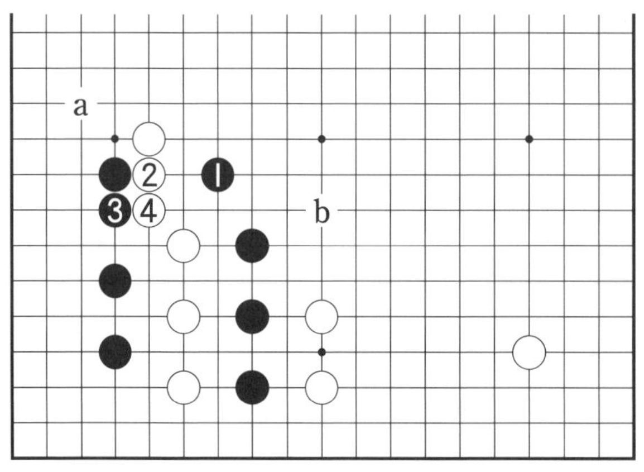

19도

## 19도 (환원)

백이 어깨짚을 때 흑이 서두르지 않고 1로 중앙에서 살포시 동태를 보는 것은 백2, 4의 연결을 유도한 다음 흑a든 b든 상황에 맞게 선택하려는 뜻이다. 이후 4도나 5도로 환원되면 백이 불만 없다.

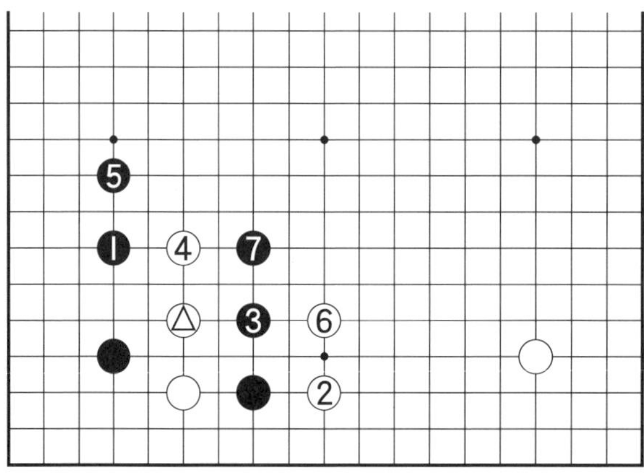

20도

## 20도 (두칸뜀의 의도)

애초 백△ 때 흑1의 두 칸뜀도 AI의 복안에 들어있다. 백2, 4면 흑5로 앞서 달려놓고 백6에 흑7로 중앙에서 백을 압박해서 국면을 주도하려는 의도이다.

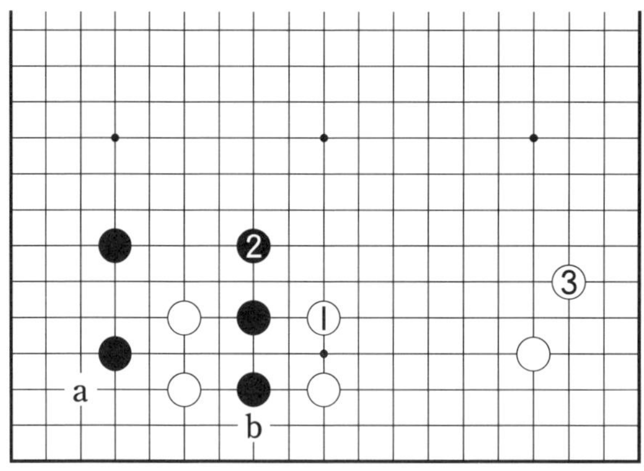

21도

## 21도 (손빼기 작전)

AI가 보건대, 백이 직접 싸우기 거북하다면 1로 먼저 뛰고 흑2에 손을 빼는 것도 현명하다고 알려준다. 가령 백3으로 굳힌 다음 귀쪽은 흑도 허술하므로 백a의 침입과 b의 건넘을 노리는 작전이 그럴듯하다.

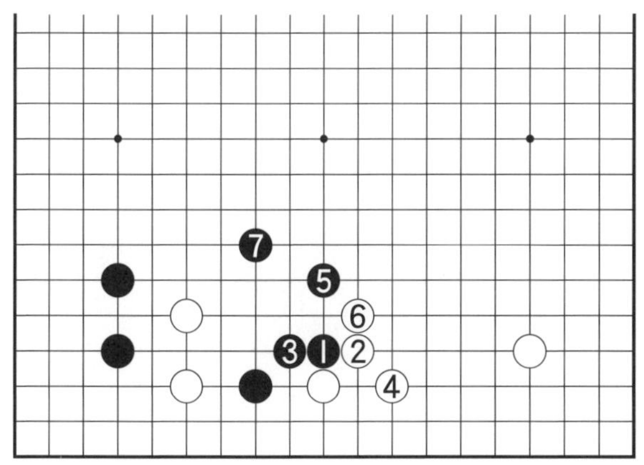

## 22도 (붙여끌기)

처음으로 돌아가서 흑 1, 3의 붙여끌기도 시도할 수 있다. 백4에 지키면 흑5, 7로 모양을 정비하고 백을 포위 공격하면서 국면을 주도하려는 의도이다.

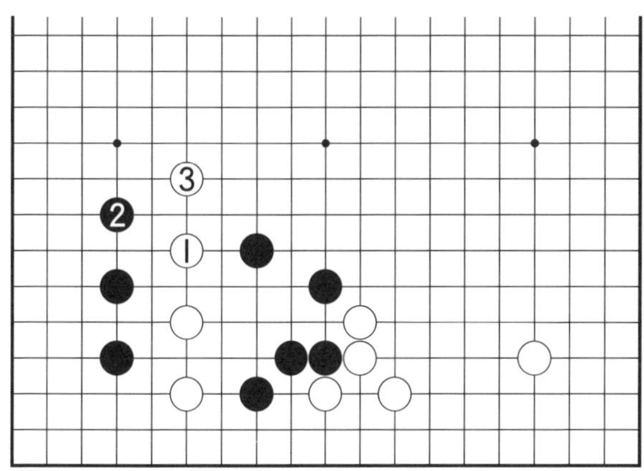

## 23도 (백, 열세)

이다음 백1, 3으로 일방적 달아나는 모습이면 아무래도 백이 열세에 놓일 공산이 크다.

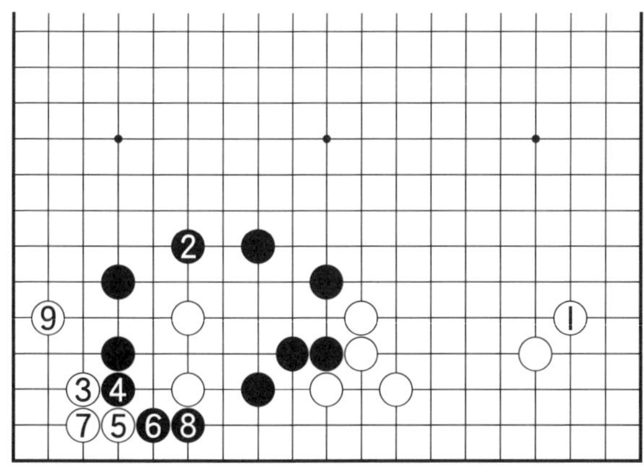

## 24도 (백, 만족)

차라리 백은 손을 빼고 1로 큰 자리를 집으로 굳히는 발상이 유력하다. 흑2로 봉쇄하면 백3으로 재빨리 침입한 후 9까지 귀를 차지해서 만족한다. 흑은 투자한 돌에 비해 두점을 잡은 집이 좀 빈약하다.

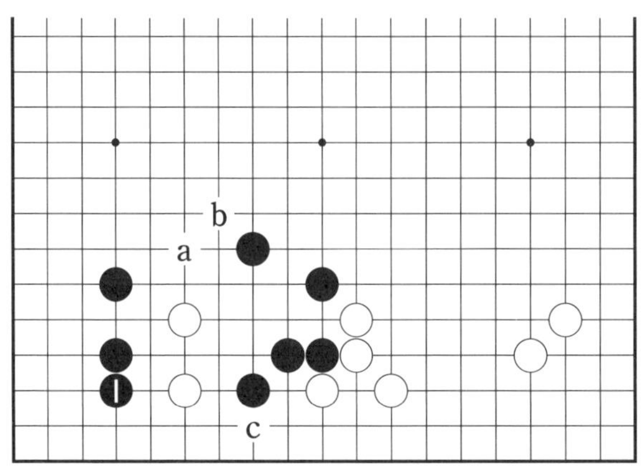

25도

## 25도 (귀의 지킴이 우선)

흑은 중앙 봉쇄보다 1로 귀의 지킴이 우선이다. 백은 상황에 따라 a로 직접 달아나거나 b쪽에서 삭감하는 방법을 선택할 수 있다. 백은 두 점이 잡히더라도 c의 끝내기로 흑집을 줄이는 맛도 남아 충분하다.

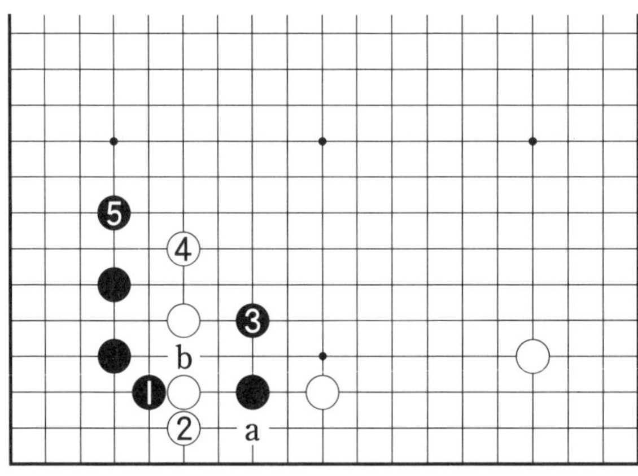

26도

## 26도 (귀의 활용)

흑은 1로 붙인 후 3, 5로 뛰는 수단도 있다. 당장은 백a로 넘을 수 없으므로 흑은 b의 약점을 이용해서 싸우려는 뜻인데, 대신 하변 백이 강화된 측면도 있어 상황에 따라 사용한다.

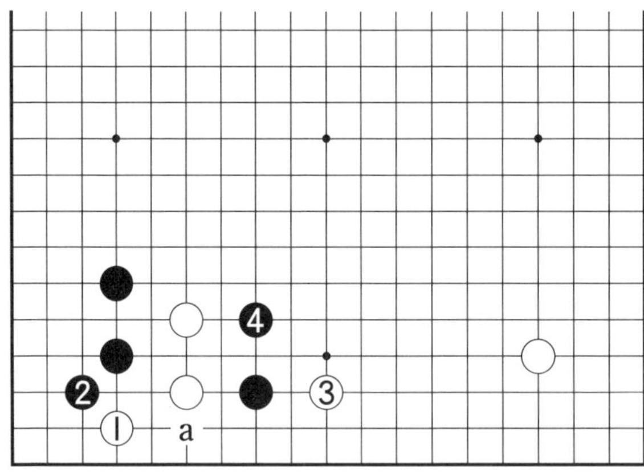

27도

## 27도 (백, 손해)

애초에 백1과 흑2를 교환한 후 3의 협공은 좋은 발상이 아니다. 귀의 침입을 없앤 손해도 있고, 나중에 흑이 a로 붙여 수습할 경우 귀의 교환 탓에 백은 대가를 구하기 어렵다.

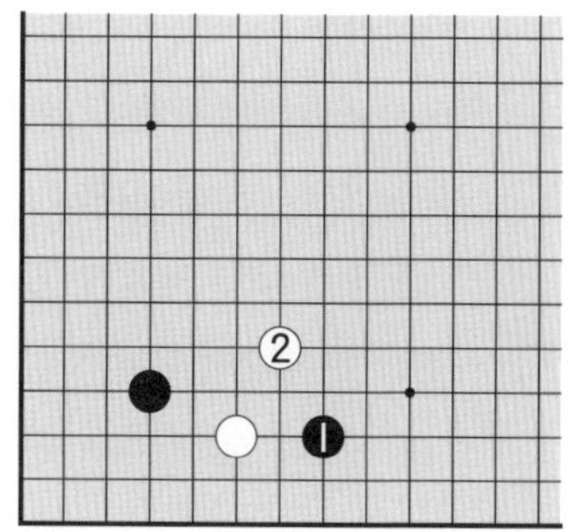

### ▦ 장면

흑1의 한칸협공에서 백2의 날일자 진출은 묘한 행마인데, 백의 의도는 무엇이고 흑은 어떻게 대처할지 생각해보자.

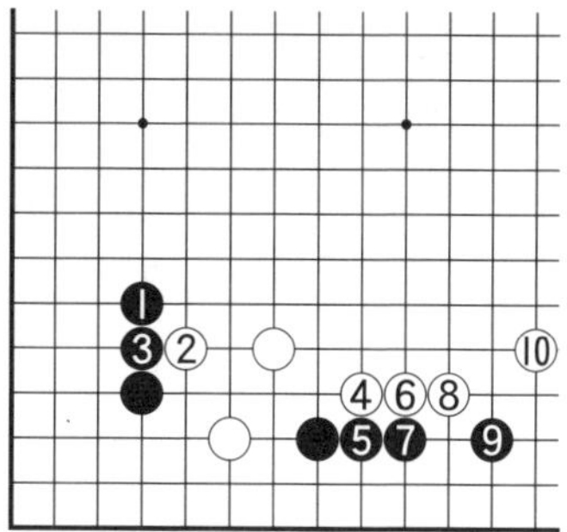

### 1도 (백의 의도1)

보통대로 흑1의 한칸받음이면 백2로 들여다보고 4의 씌움이 견실하다. 이하 10까지 상식적 행마인데 백이 귀쪽에 약점이 없는 만큼 두터운 흐름이다.

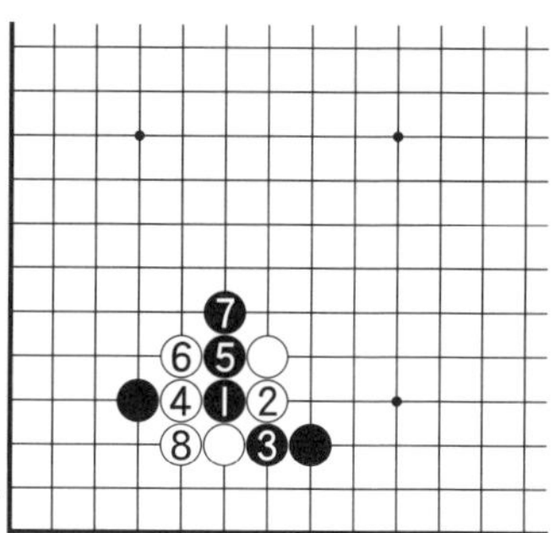

### 2도 (백의 의도2)

백의 날일자가 허술하다고 흑1, 3으로 즉각 끊는 것은 백4 이하 8까지 귀가 크게 다쳐 흑의 손해이다. 1도와 2도는 백의 의도라고 생각해도 좋다.

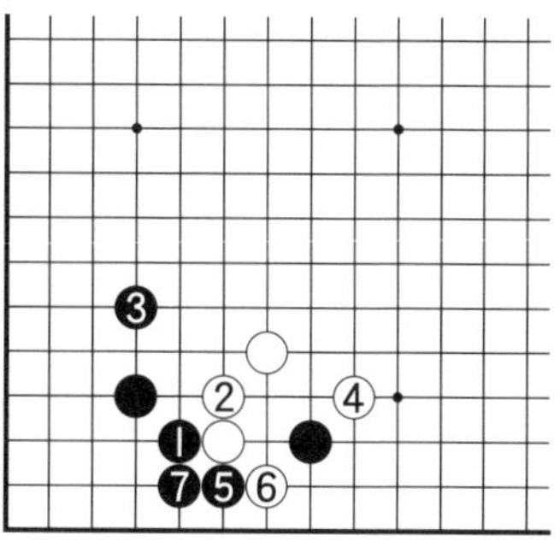

### 3도 (중복 유도)

흑1의 붙임을 활용해서 날일자의 허술함을 추궁하는 것이 현명한 대처이다. 백2에는 이제 흑3으로 받아서 좋다. 백4로 씌울 때 흑5, 7로 젖혀 이어 백 모양을 중복으로 유도하면 흑의 성공이다.

## 실전 정석활용

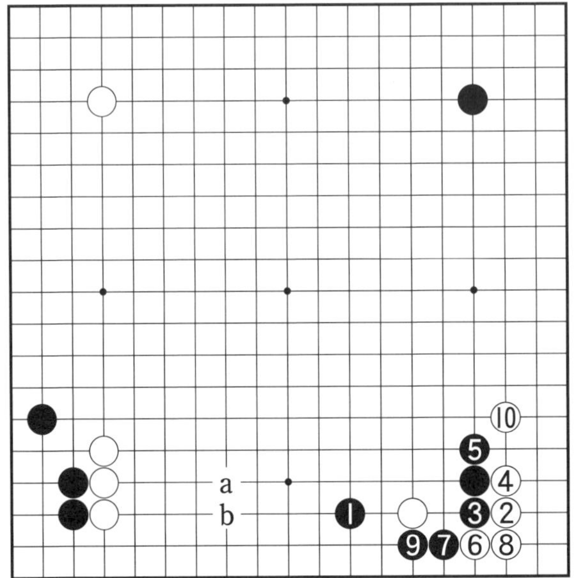

실전 1

### 실전 1

좌하귀는 AI시대의 간명한 화점 정석이다.

초점은 흑1의 한칸협공인데 백2의 3三침입이면 이하 10까지 기본 정석이며, 수순 중 흑9의 연결은 AI시대의 진화된 수비법이다. 다음 흑은 a나 b의 벌림이 협공을 겸하는 요처이다.

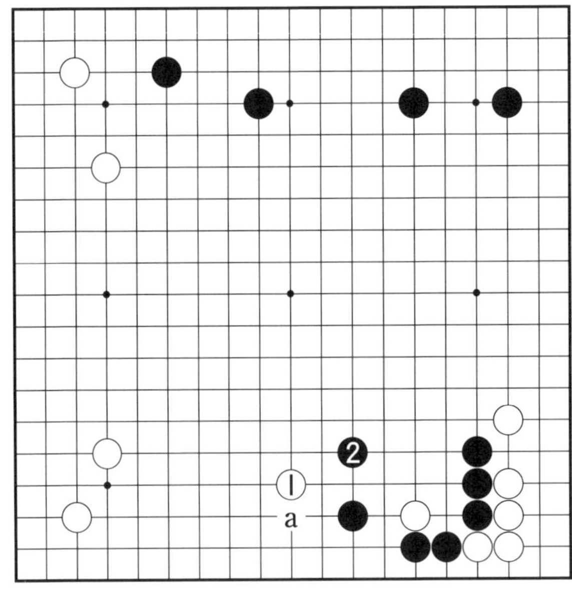

실전 2

### 실전 2

네 귀에서의 포석이 일단락되고 있는데, 우하귀는 화점 한칸협공에서의 기본 정석임을 알 수 있다.

백이 하변에 다가설 때는 안정적인 a보다 높은 1쪽이 능동적이며 흑2로 지키면 무난한 진행이다.

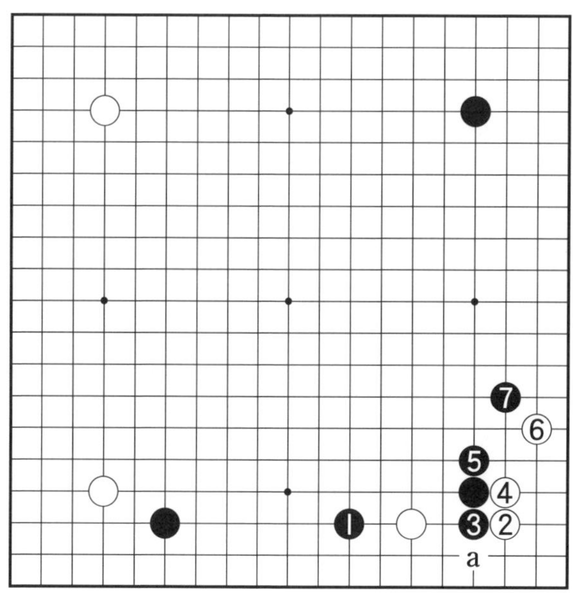

실전 3

## 실전 3

화점 포석에서 우하귀 흑1의 한칸협공에 백은 2, 4로 귀에 침입해 밀어간 후 a로 젖히지 않고 6으로 곧장 변에 진출했다.

이때는 흑도 7로 눌러가는 것이 하나의 방안이다.

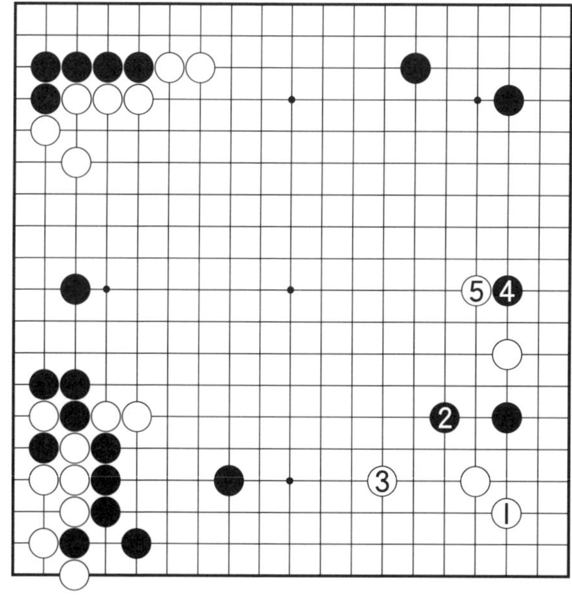

실전 4

## 실전 4

우하귀는 화점 한칸협공 상태인데 흑이 손을 뺀 채 좌하귀에서 신정석을 배경으로 한참 전투가 벌어지고 있다.

백1의 마늘모는 귀의 수비를 중시하는 가일수로 흑2로 나가면 백3에 벌려 싸우면서 이득을 보겠다는 뜻이다. 흑4의 되협공에 백5로 붙이며 본격 싸움이다.

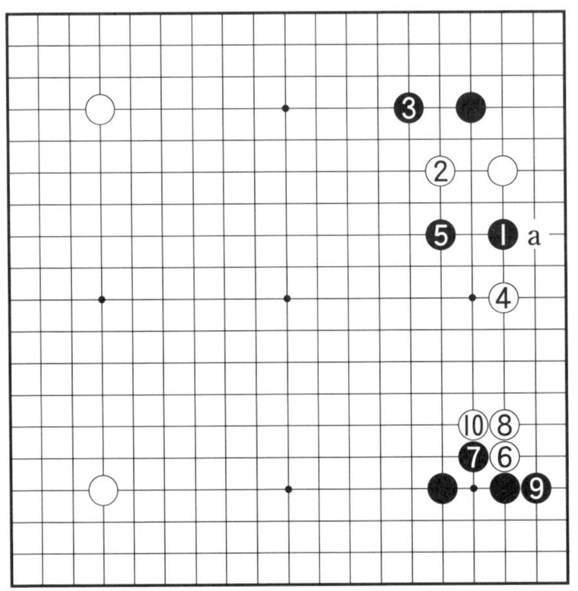

실전 5

## 실전 5

우하귀 소목 한칸굳힘을 배경으로 흑1로 협공했다. 백은 2로 뛴 후 4로 되협공했는데 흑5에 백6 이하 10까지 상대 진영에 기대어 우변부터 개척한다는 원대한 구상이다.

실은 AI가 보건대, 백6으로는 a의 붙임이 귀쪽과도 연계되는 합동 수단으로 추천한다.

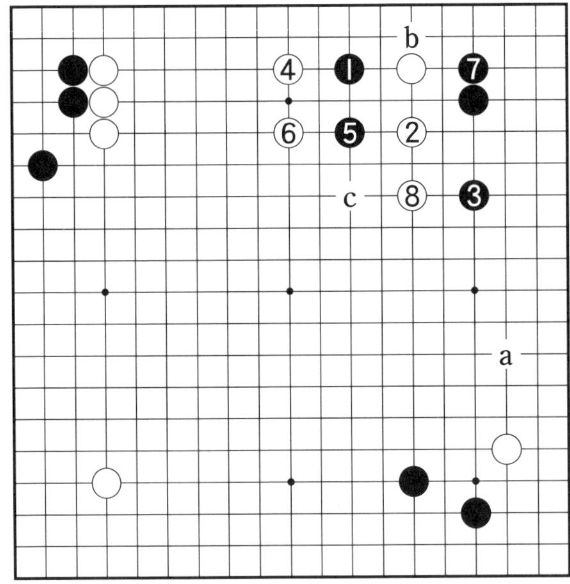

실전 6

## 실전 6

흑1의 한칸협공에 좌상 두터움을 배경으로 백2, 4로 되협공했다. 흑5에 백6은 상변을 중시한 공격이다. 흑은 두칸으로 넓게 받은 후 7로 귀부터 지키고 백8로 나간 장면이다. AI는 흑의 다음 수로 a쪽 협공을 추천하는데 상변은 b와 c로 언제든 수습이 가능해서 급하지 않다고 본다.

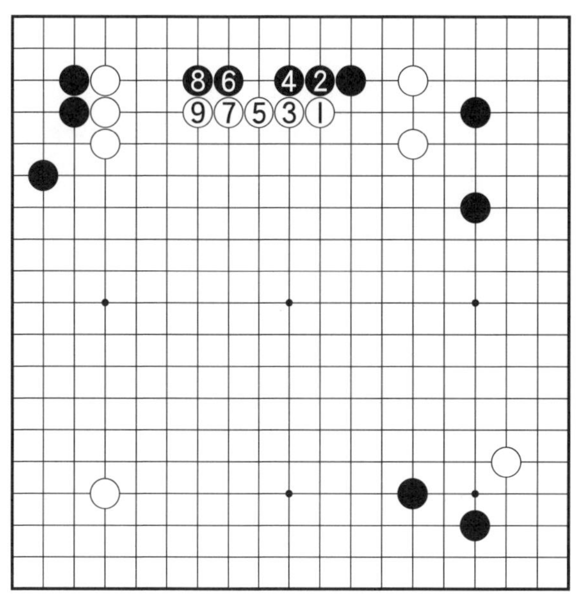

참고도1

## 참고도1 (AI 추천)

애초 실전 흑3 때 백이 1로 씌워서 9까지 일직선으로 눌러가면 좌상 두터움과도 연관되어 시너지 효과를 얻을 수 있다. 흑이 협공할 때 AI가 알려주는 백의 복안이었다.

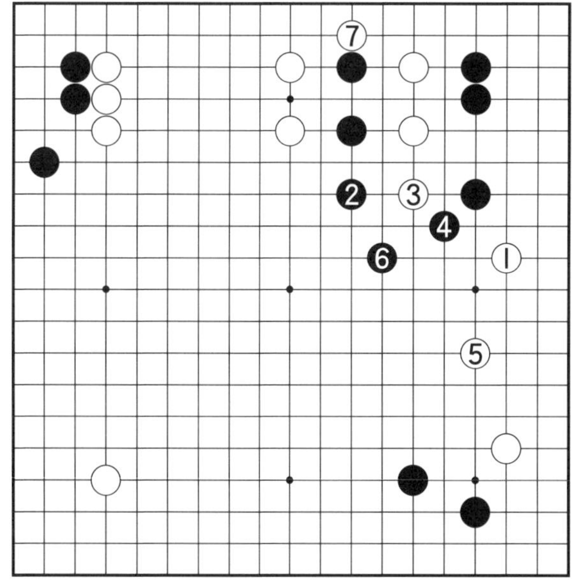

참고도2

## 참고도2 (AI 변화)

실전 흑7에도 백이 우변에서 1로 걸쳐놓고 흑2, 4로 백 일단을 위협할 때 5로 우변을 구축하는 것도 백의 능동적 작전이다.

흑6의 포위에는 백7로 넘어가는 데까지 AI가 보여주는 변화였다.

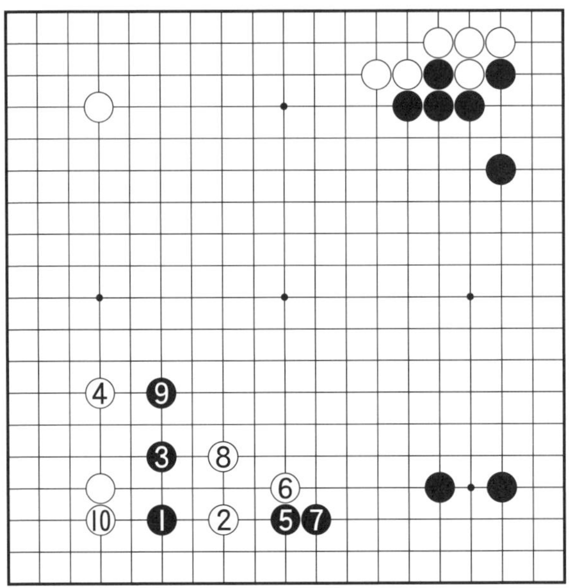

실전 7

## 실전 7

이 포석에서도 흑1에 백 2로 협공하고 4의 두칸 으로 받았다. 흑5의 되 협공에 이번에는 하변 흑진이 강하므로 백6, 8 로 탄력을 주고 흑9에 백 10으로 귀부터 지켰다.

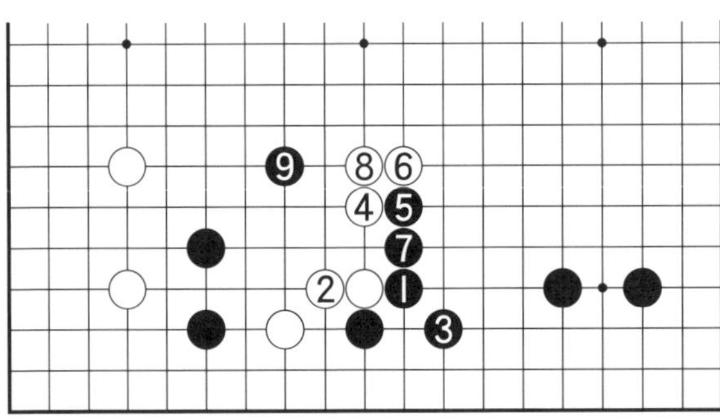

참고도1

## 참고도1 (AI 추천)

실전 백6 때 AI는 흑1, 3으로 변의 지킴을 추 천한다. 이하 9까지 몰 아가며 좌하 흑진도 보 강해가는 수순도 눈여 겨볼 만한 대목이다.

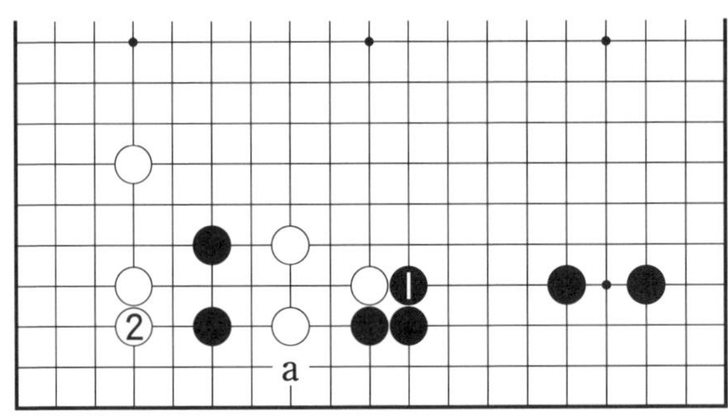

참고도2

## 참고도2 (AI 변화)

실전 백8 때도 AI는 흑 1로 꼬부려 하변을 두 텁게 해놓는 것이 편하 다는 의견을 제시한다. 백2로 지킨 이후 좌하 흑은 가볍게 처리하라 는 뜻이기도 한데 a의 붙임은 언제든 안전의 담보로 작용한다.

# PART 2

# 한칸협공2
## (붙임 · 양걸침 · 높은 협공)

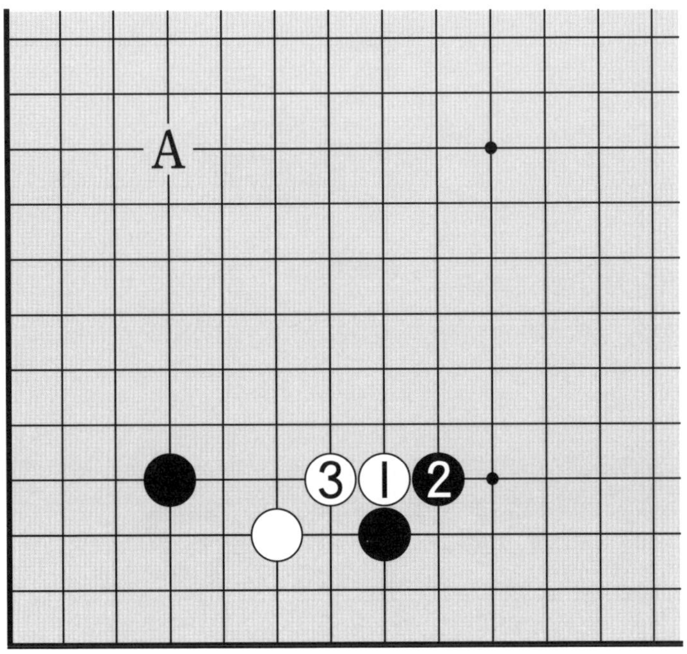



기본형

　흑의 한칸협공에 대해 백1, 3으로 붙여끄는 것은 귀와
변을 맞보는 수단이다. 발이 느려 많이 두지 않는데 상황에
따라서는 유용하다. A쪽에 흑의 기착점이 있다면 변화가
어떻게 달라지는지도 알아본다.

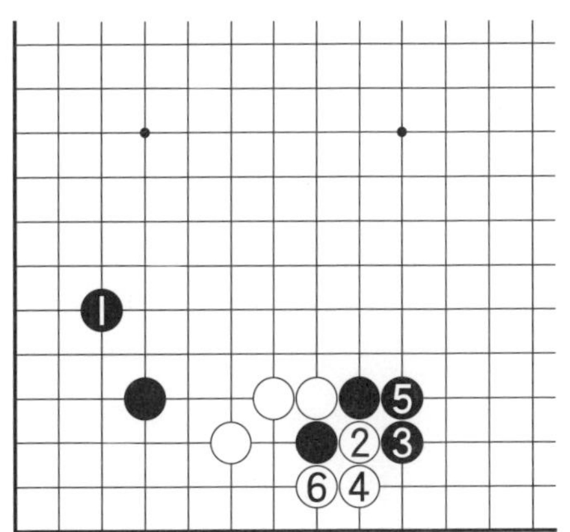

1도

## 1도 (귀를 지키는 경우)

기본형 다음 흑1의 날일자로 귀를 지키면 백은 2로 끊은 후 6까지 한점을 잡는다. 백의 의도는 이처럼 안정하는 데도 있겠지만~

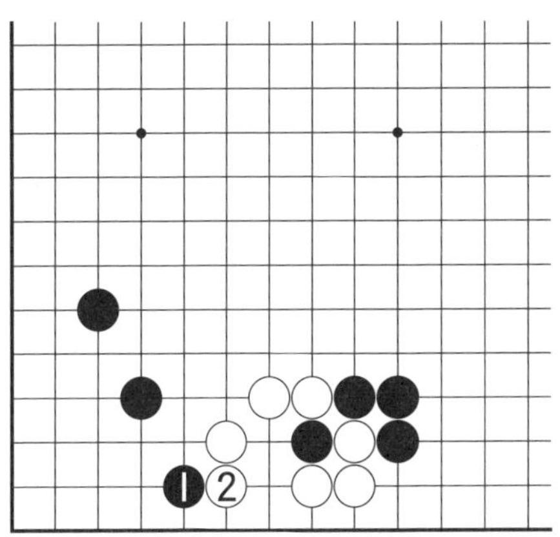

2도

## 2도 (귀의 활용)

흑도 하변에 모양을 갖춘 후 1과 2를 교환해서 활용하면 양쪽을 두므로 충분하다.

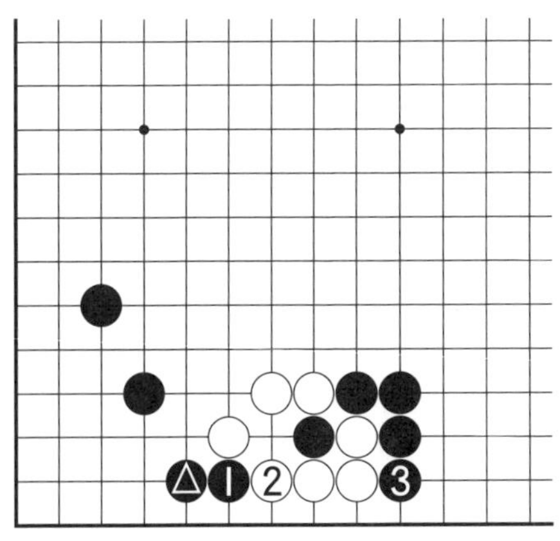

3도

## 3도 (미생)

흑▲에 백이 받지 않으면 흑이 1, 3으로 자체 진영을 공고히 하면서 백을 미생으로 몰 수 있다.

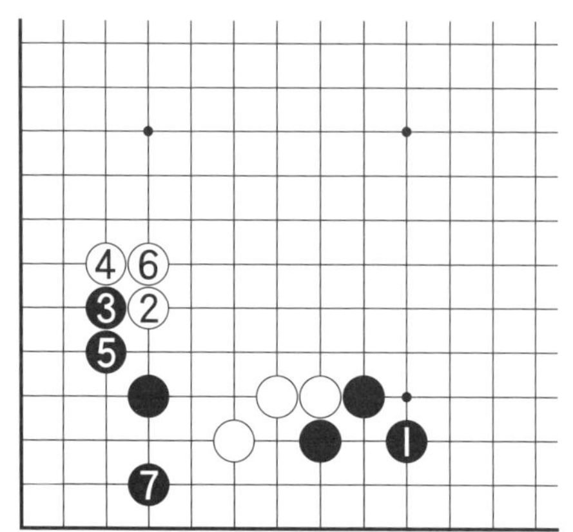

4도

## 4도 (변을 지키는 경우)

기본형 다음 흑1로 변을 지키면 양걸침 비슷한 백2로 협공하는 것이 능동적인 대응이다. 이때 흑이 3으로 붙인 후 7까지 귀에서 안정하는 것은 소극적이며 두터움을 허용한다. 따라서 백2 때 흑은 중앙으로 나가는 것이 우선인데~

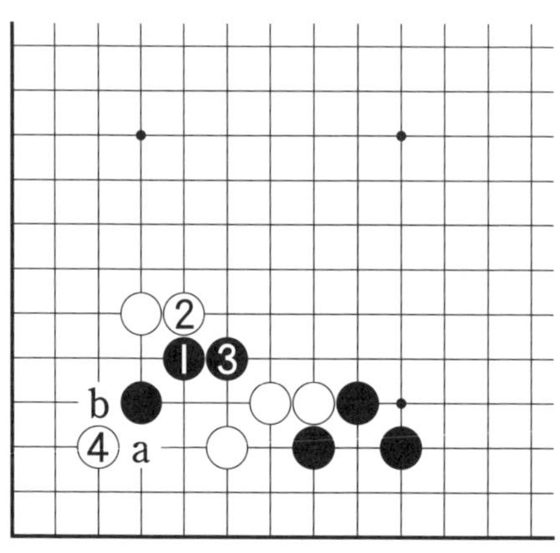

5도

## 5도 (느슨한 마늘모)

흑1의 마늘모 행마는 느슨하다. 백2로 밀린 후 4의 3삼침입이면 흑이 a와 b, 어느 쪽으로 막든 좋은 결과를 얻을 수 없다.

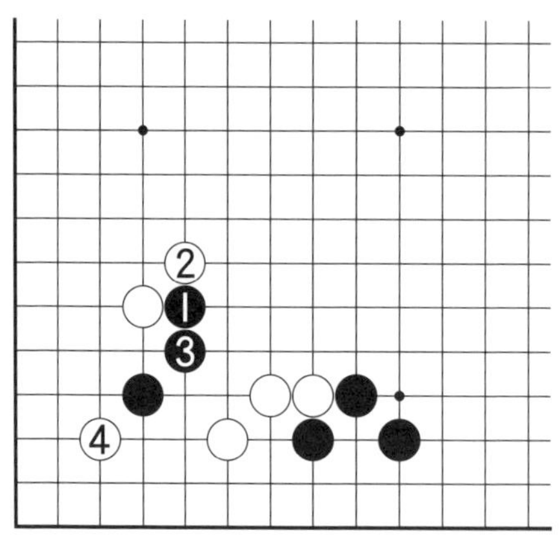

6도

## 6도 (상용수단)

4도 백2 때 흑1로 붙이는 것이 힘찬 행마이다. 그러면 백은 2로 젖힌 후 4로 침입하는 것이 모양을 정리해가는 상용수단이다.

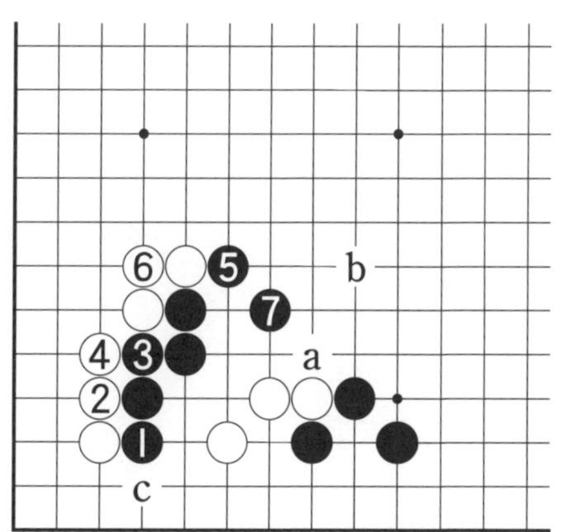

7도

## 7도 (최선)

이다음 흑1로 막은 후 7까지는 최선을 다한 수순이다.

흑은 백 석점을 잡았고(백a면 흑b) 백도 c의 젖힘이 선수로 실리가 충실해 서로 어울렸다.

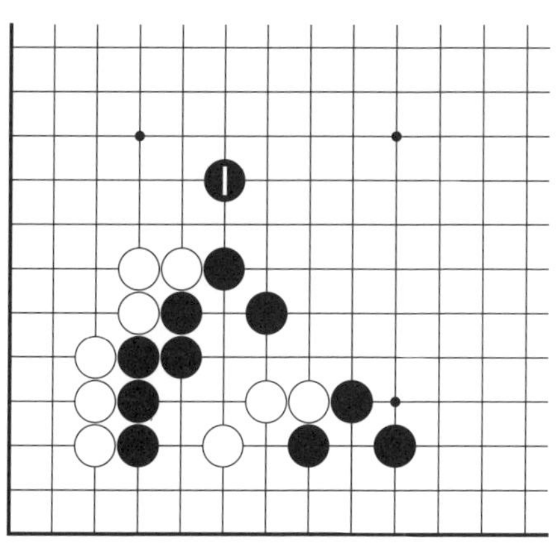

8도

## 8도 (일석이조의 대세점)

이 정석에서는 차후 흑1의 뜀이 대세점이다. 그러면 흑 진영이 중앙으로 부풀고 좌변 백진도 제한하여 일석이조의 효과를 얻는다.

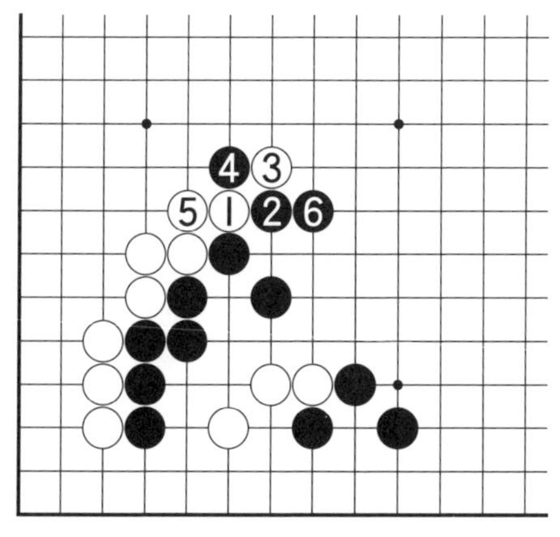

9도

## 9도 (이단젖힘)

그 전에 백은 선수이므로 웬만하면 1, 3으로 이단 젖혀 먼저 중앙으로 움직이는 것이 효과적이다. 흑4, 6으로 모양을 잡을 때~

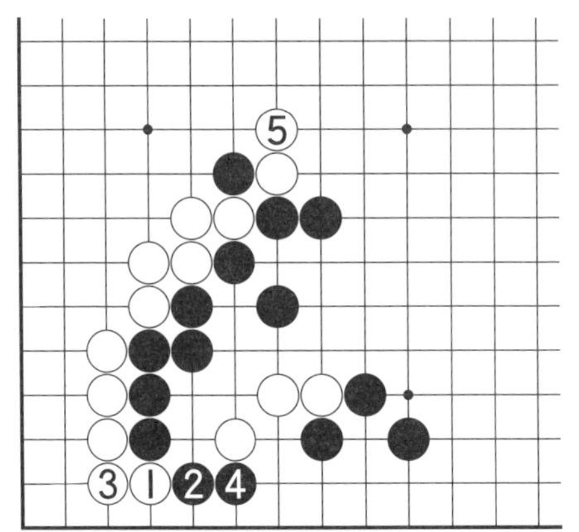

10도

## 10도 (백, 모양 구축)

백1, 3의 젖혀이음을 아낌없이 선수한 후 5로 좌변에 모양을 구축하면 흑 진영에 충분히 대항할 수 있다.

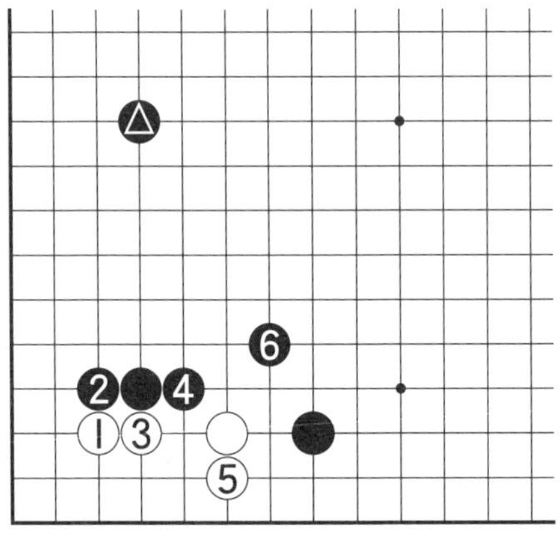

11도

## 11도 (봉쇄)

이번에는 변쪽에 흑△의 기착점이 있을 경우 백의 붙여끌기에 대해 알아본다.

참고로 백1로 침입하면 흑이 6까지 중앙을 봉쇄하는 흐름이 된다. 물론 백5로는 AI가 알려주는 수단도 있지만 주제가 아니므로 여기서는 생략한다.

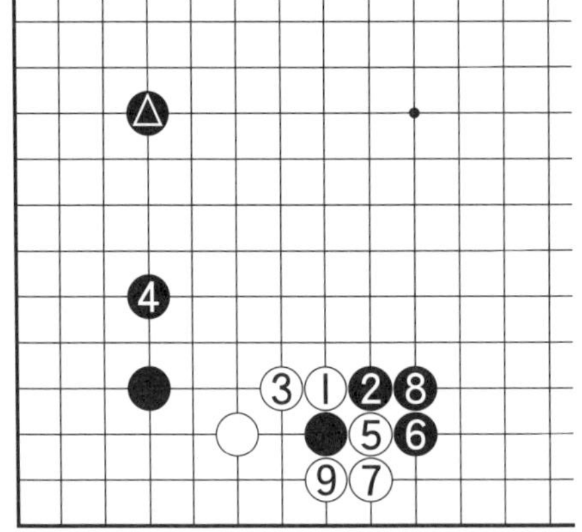

12도

## 12도 (세력 견제)

애초에 백이 봉쇄를 피하고 싶다면 1, 3의 붙여끌기도 일책이다. 흑4로 지키면 백은 5로 끊은 후 9까지 안정한다.

이 진행에서는 백의 붙여끌기가 △를 활용한 흑의 세력작전을 미리 견제한 효과가 있다.

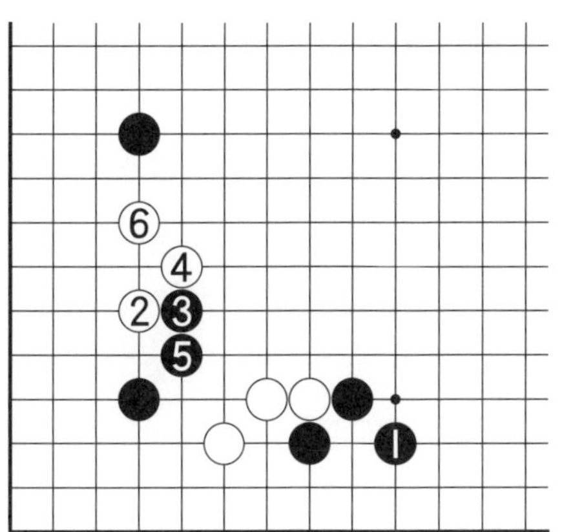

13도

### 13도 (협공하는 경우)

앞 그림 백3 때 흑1로 변을 지키면 백2로 협공하는 흐름이 된다. 이때도 흑3에 붙이면 백은 일단 4, 6으로 지켜둔다.

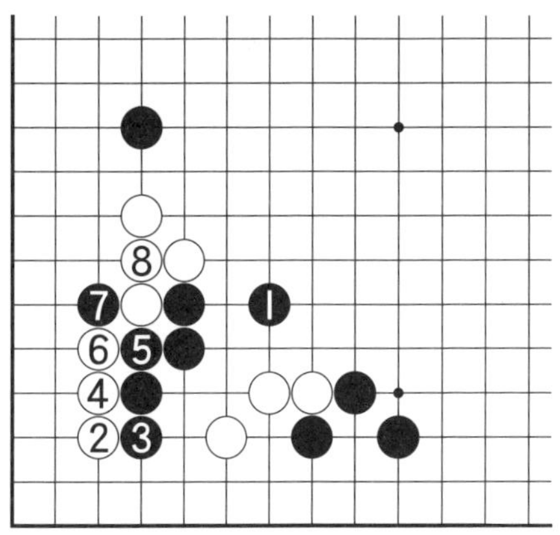

14도

### 14도 (단순한 이음)

이다음 흑1로 나갈 때 백2의 침입이 자연스럽다. 흑3으로 막은 후 5, 7로 단수칠 때 백8로 잇는 것은 단순한 생각이다.

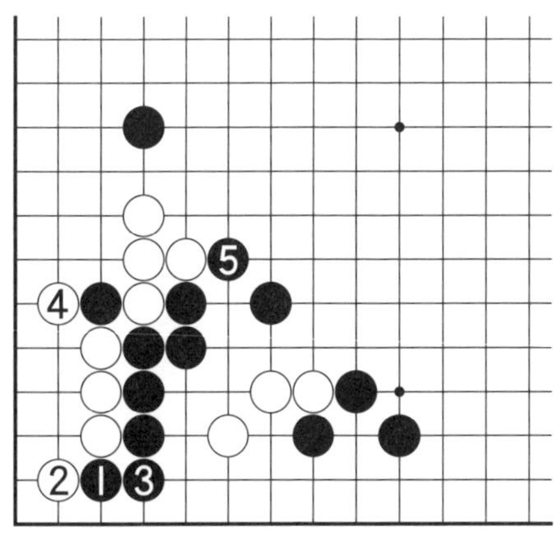

15도

### 15도 (선수 젖혀이음)

그러면 흑1, 3의 젖혀이음이 선수가 된다. 백4로 받아야 할 때 흑5로 지키면 백 석점을 잡은 하변 흑집이 충실해서 백이 불만이다.

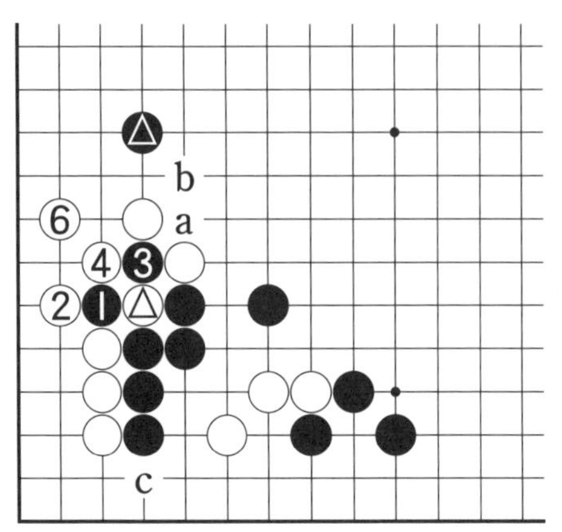

16도



## 16도 (되단수)

흑1로 단수칠 때 백2의 되단수가 교묘하다. 흑3으로 한점을 따내면 백4, 6으로 안정한다. 다음 흑a는 백b로 흑△가 다치며 c쪽은 백의 선수 권리가 되어 백의 만족이다.

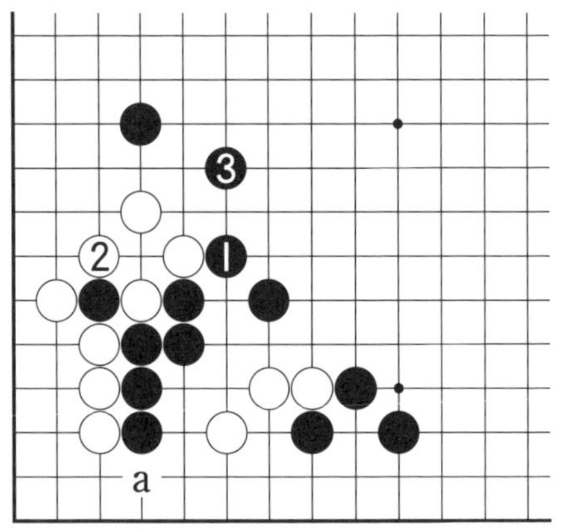

17도

## 17도 (선수 권리)

앞 그림 백2 때 흑1의 호구가 지금 상황에 맞는 행마이다. 그래야 백2로 따낼 때 흑3으로 봉쇄하는 자세라도 만들 수 있다.

어쨌든 타협이라고 해도 AI시대에는 a의 선수 권리를 가진 백의 실리가 좋다고 본다.

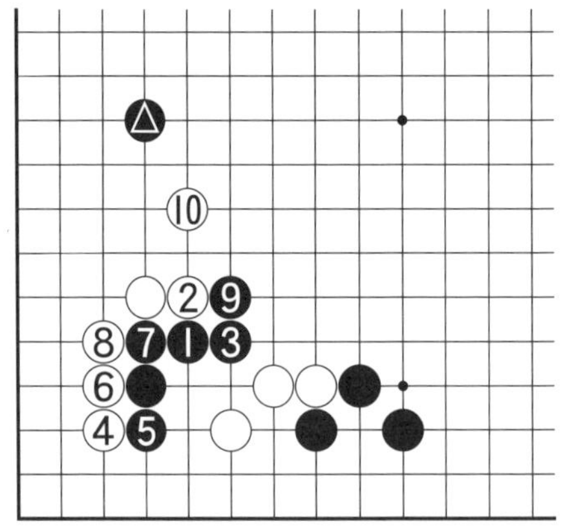

18도

## 18도 (백, 활발)

13도 백2 때 흑1의 마늘모로 가르며 나오는 것이 △가 대기한 지금 상황에서는 바람직하다. 그러나 백2로 밀고 4에 침입할 때 흑5로 하변에서 막는 것은 찬물을 끼얹는다. 이하 10까지 흑진이 위축된 만큼 백이 활발한 진행이다.

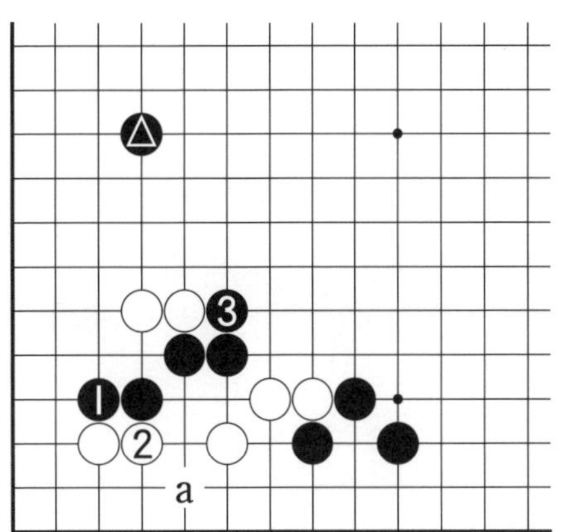

19도

## 19도 (흑, 충분한 싸움)

앞 그림 백4 때 흑1로 좌변에서 막아야 ▲의 기착점을 활용할 수 있다. 백2로 넘어도 a의 약점이 남으므로 흑은 3으로 꼬부리며 충분히 싸울 수 있다.

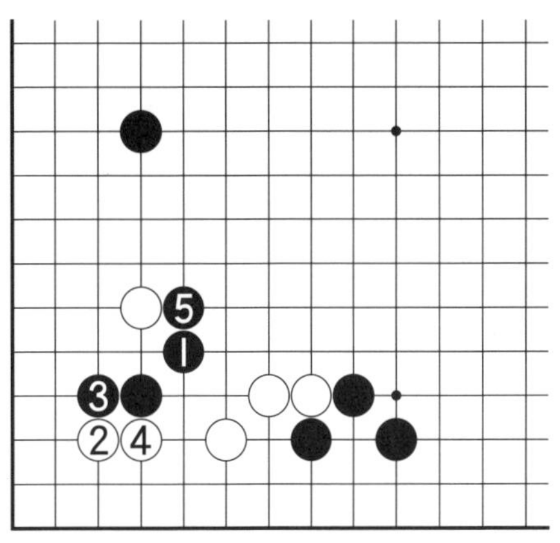

20도

## 20도 (변화)

흑1로 나갈 때 백2로 곧장 침입해도 흑3에 막은 후 5로 눌러가면 역시 흑이 충분한 싸움이다.

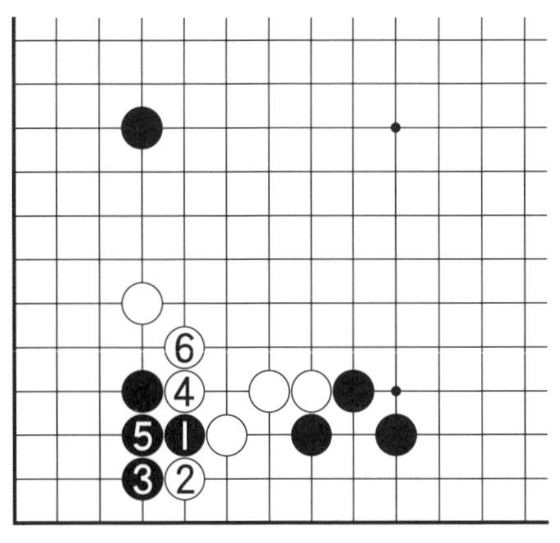

21도

## 21도 (흑, 불리)

참고로 흑1의 붙임은 귀를 방어하며 싸우겠다는 뜻인데, 백이 2로 젖힌 후 6까지 연결하면 두터워서 흑이 불리한 진행이다.

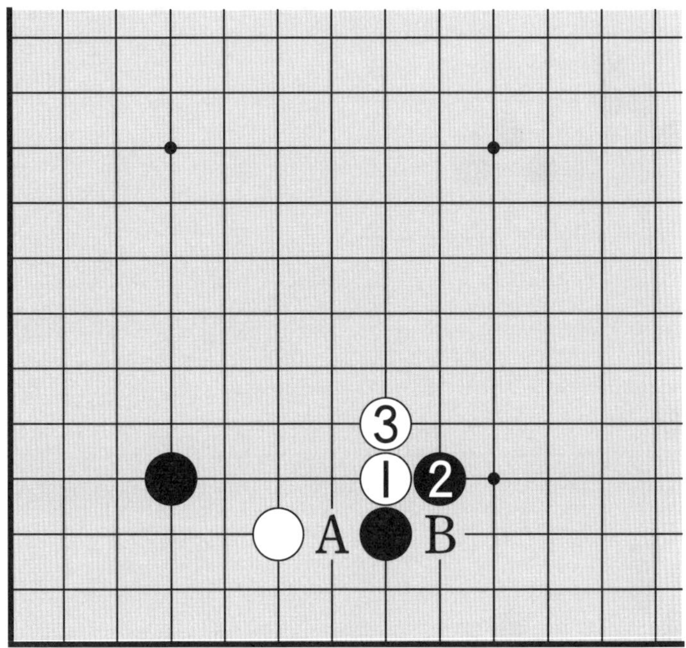

기본형

    흑의 한칸협공에 대해 백1, 3으로 붙여뻗는 것은 중앙을
중시하는 능동적 수단인데, 상대를 굳혀주는 의미도 있어
많이 사용하지는 않는다. 다만 의도적인 전략도 숨어있어
관련 변화를 숙지해두어야 한다.
    역시 귀와 변을 맞보는데 이처럼 백이 위로 향하면 흑은
A로 치받는 경우가 많고 상황에 따라 B로 이을 수도 있다.

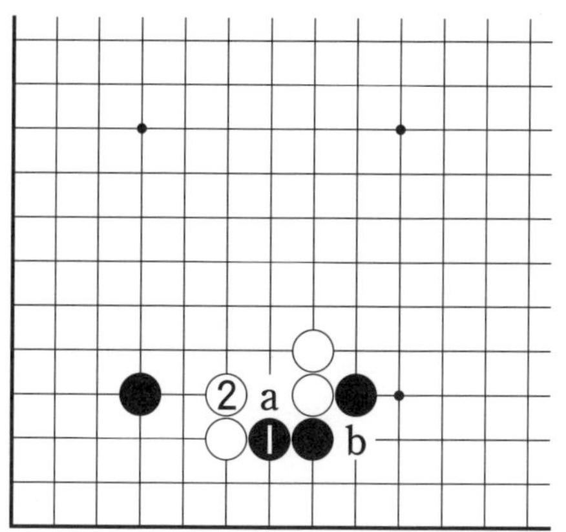

1도

## 1도 (치받는 경우)

기본형 다음 흑1로 치받으면 백2
는 당연하다.

　이때 흑a로 나가끊는 것은 b의
약점으로 성립하지 않는다.

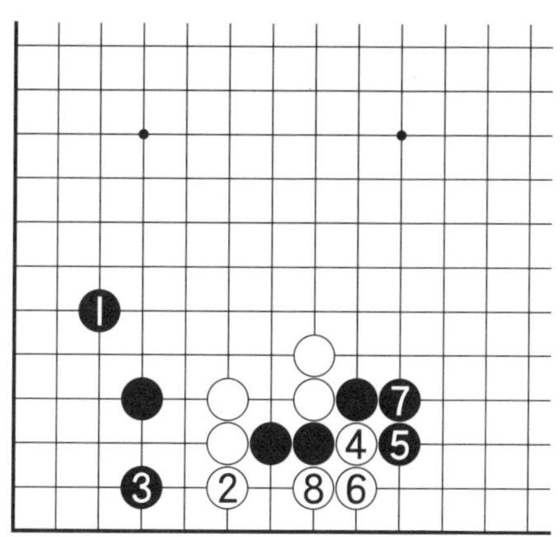

2도

## 2도 (백, 안정)

이다음 흑1로 평범하게 귀를 받으
면 백2의 내려서는 수로 귀와 변
을 맞본다. 흑3으로 귀를 지키면
백4로 끊은 후 8까지 두점을 잡고
안정해서 백이 두기 편하다.

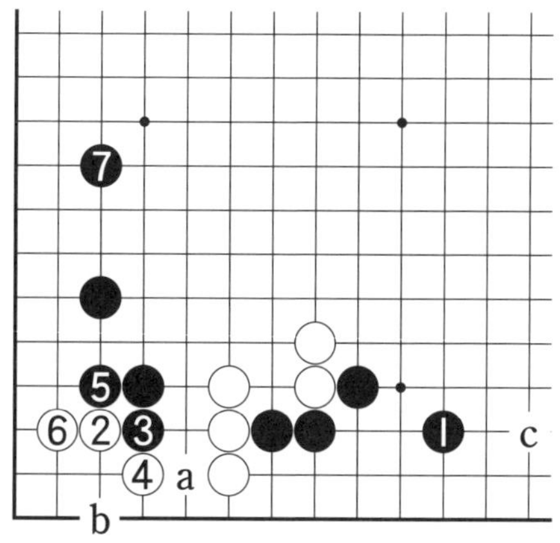

3도

## 3도 (백, 활발)

앞 그림 백2 때 흑1로 변을 살리
면 백2로 3三에 침입해서 6까지
귀를 부수고 산다(흑a면 백b).

　이 진행은 흑7로 벌리고 나서
상황에 따라 백이 c로 압박하든지
다른 곳에 선수 행사를 하면 활발
한 국면이다.

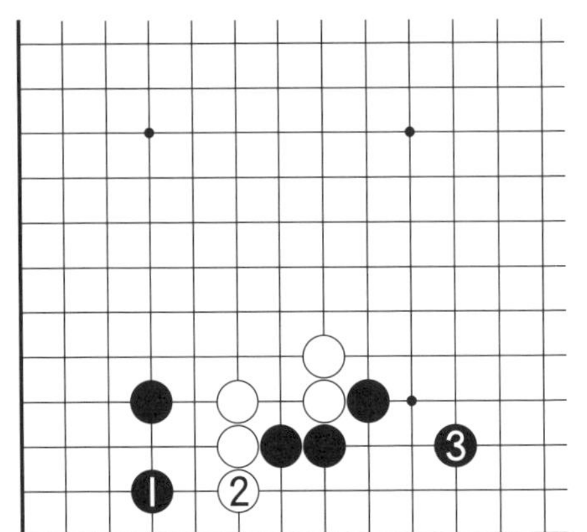

4도

### 4도 (능동적 행마)

되돌아가서 1도 백2 때 흑1로 귀쪽에 한칸 뛰는 것이 능동적 행마이다. 백2로 차단하면 흑3으로 벌려 귀와 변을 동시에 지키겠다는 뜻이다.

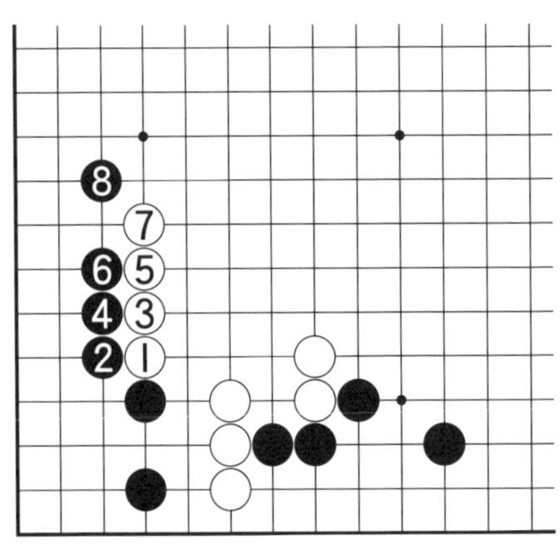

5도

### 5도 (흑, 우세)

이다음 백1로 붙인 후 8까지 되면 흑이 양쪽에서 근거를 마련해 백의 두터움을 능가한다.

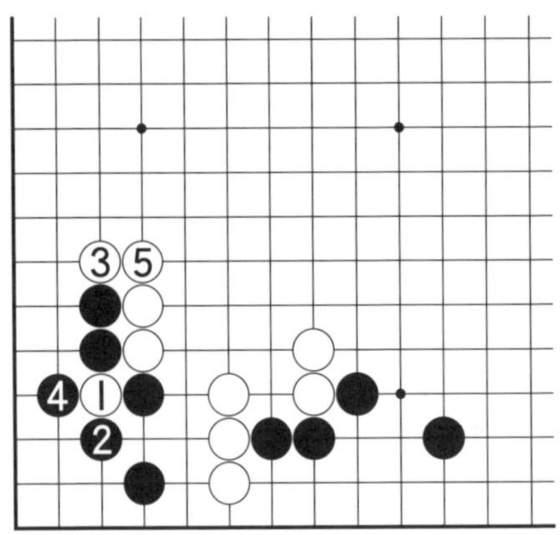

6도

### 6도 (백의 후수)

앞 그림 흑4 때 백1로 끊어놓고 3에 젖히는 것이 그나마 흑의 좌변 진출을 차단하는 효과가 있다.

흑4에 따내고 백5로 잇는 흐름이 되는데, 좌변을 틀어막아 앞 그림보다 백이 한결 낫지만 후수라는 점이 백의 불만이다.

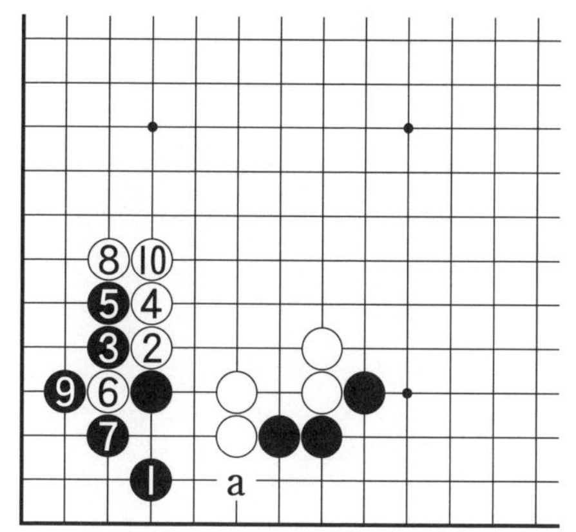

7도



## 7도 (효율적 발상)

되돌아가서 흑1에 백은 a로 차단하지 말고 2로 먼저 붙이는 것이 효율적 발상이다.

만일 흑3에 젖힌 후 10까지 된다면 앞 그림과는 차이가 있다.

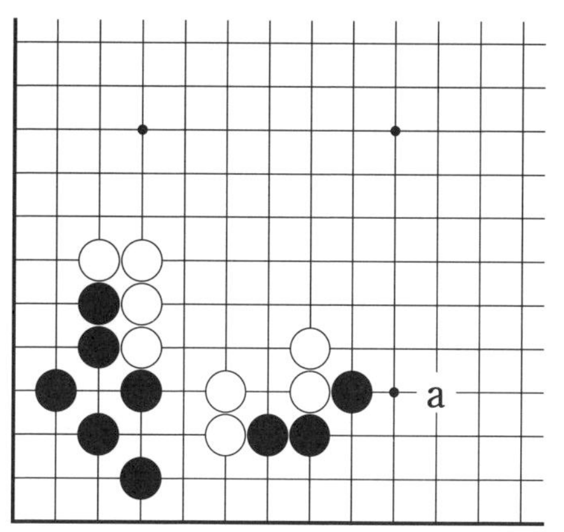

8도



## 8도 (흑, 불리)

이 모양에서는 하변에 흑의 벌림이 없으므로 백이 두면 a의 압박이 남아있는 만큼 흑이 불리하다.

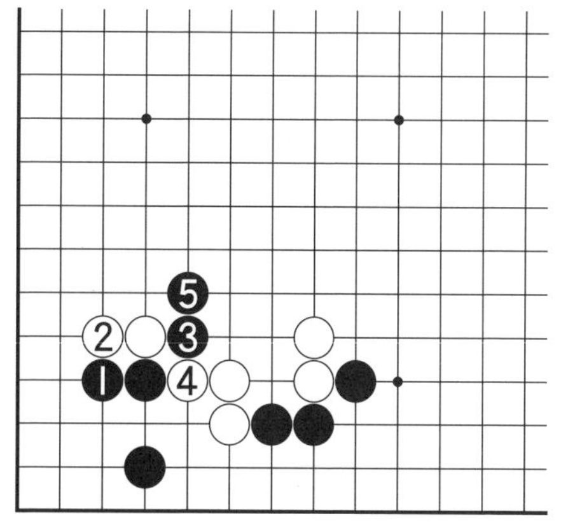

9도



## 9도 (흑, 유리한 싸움)

7도 백2 때 흑도 1로 물러서는 것이 백한테 리듬을 주지 않는 올바른 수단이다. 백2로 막으면 흑3, 5로 젖혀나가 이 싸움은 백이 시달릴 모양이다.

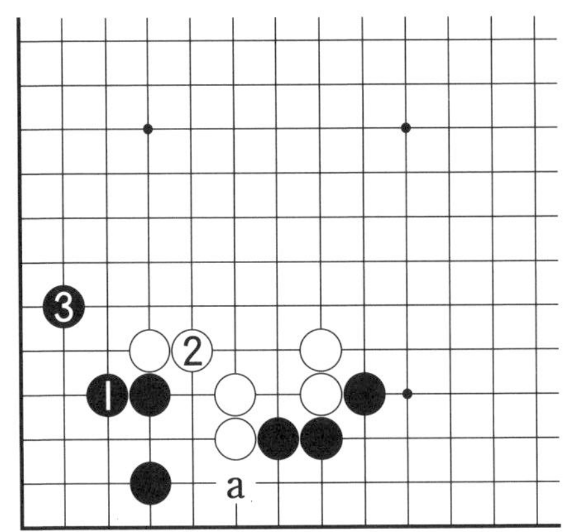

10도

## 10도 (흑, 만족)

흑1에 백2로 연결하면 안전하지만 흑3으로 진출하는 리듬을 준다. 하변도 a로 건너는 맛이 있어 걱정 없으니 흑의 만족이다.

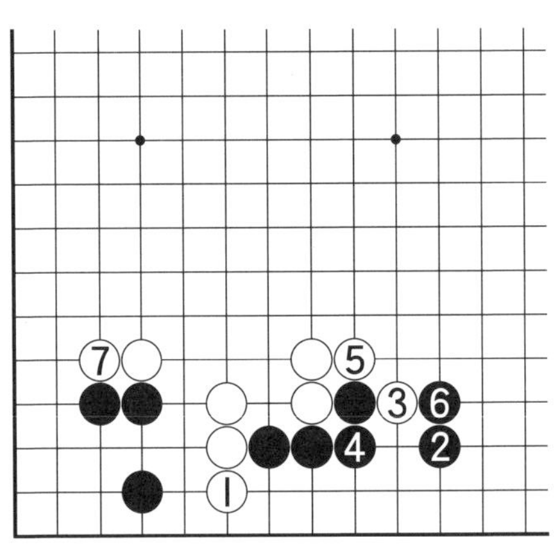

11도

## 11도 (의미심장한 활용)

이 시점에서 백1로 차단하며 동태를 살피는 것이 효율적 수단이다. 흑2로 벌리면 백3의 껴붙임이 의미심장한 활용인데 흑4, 6으로 지키면 백7로 틀어막는 것이 중요한 수순이다.

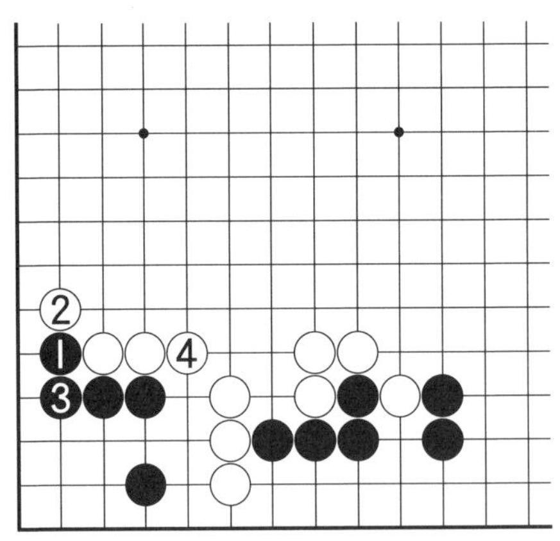

12도

## 12도 (백, 만족)

이다음 흑1, 3으로 귀를 돌보며 물러서는 것은 안일한 행동이다. 백은 유유히 4로 늘어 원하던 두터움이 완성됐으니 만족이다.

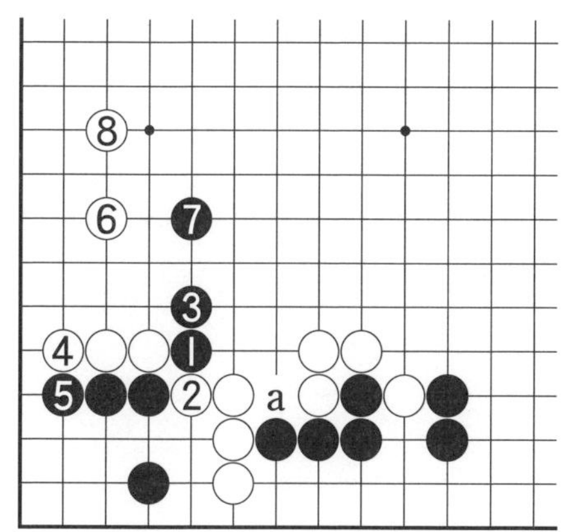

13도

### 13도 (기세의 싸움)

11도 다음 흑은 1, 3으로 젖혀나가 싸우는 것이 기세이다.

백4로 귀를 위협한 후 8까지도 서로 자연스런 공방이다. 이때 a 와 같은 단점은 나중 문제인데~

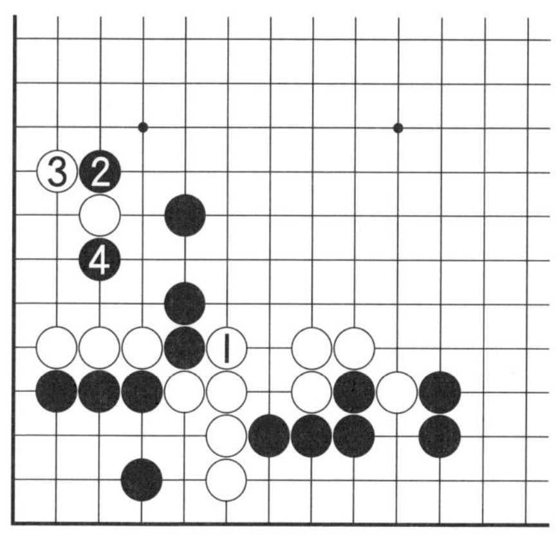

14도

### 14도 (좌변 압박)

앞 그림 흑7 때 백1로 이쪽 단점을 돌보면 흑2, 4의 붙임으로 좌변 백을 압박한다.

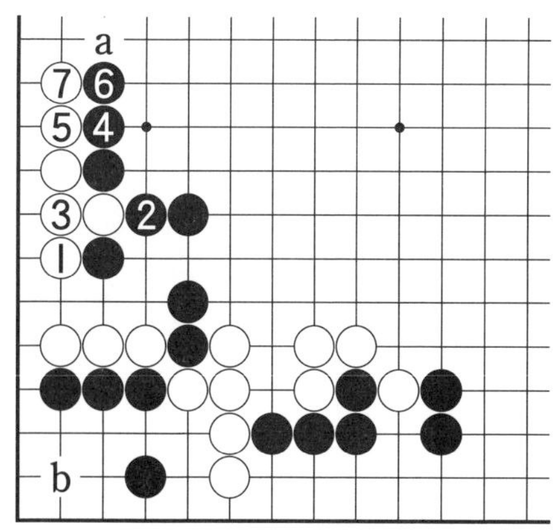

15도

### 15도 (백, 불만)

이다음 백1에 받을 때 흑2 이하로 눌러가면 백이 2선을 기어 불만이다. 백7 다음 흑은 상황에 따라 a 로 늘어 두텁게 두거나, b로 살고 좌변은 가볍게 정리해도 좋다.

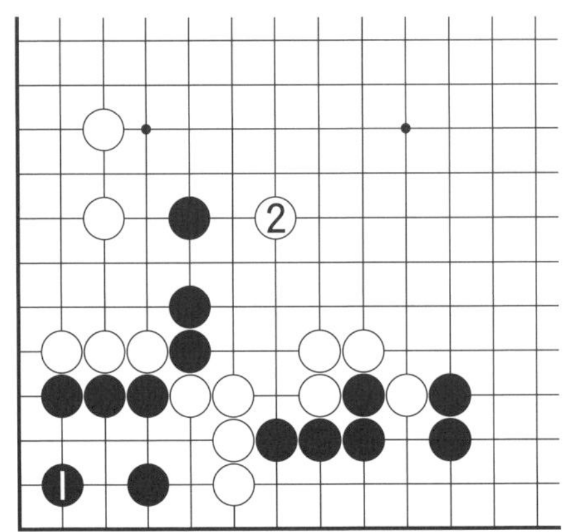

16도

## 16도 (백, 활발)

따라서 13도는 필연이다. 이제는 흑1로 귀를 지키는 것이 시급한데 백은 2로 선제공격을 가해서 활발하다.

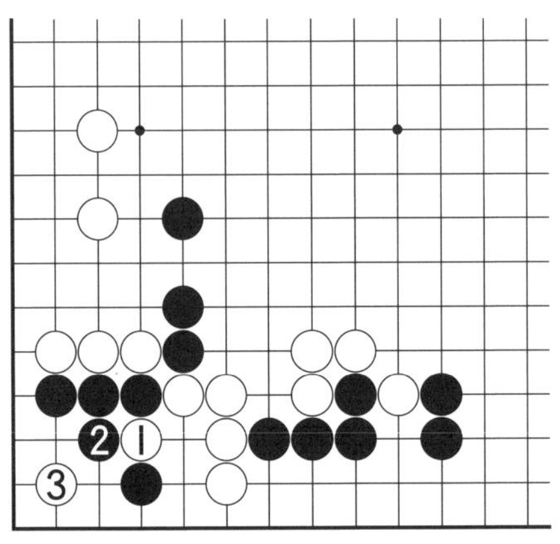

17도

## 17도 (흑, 죽음)

참고로 흑이 귀를 방치하면 백1, 3으로 치중해서 다음 흑이 어떻게 해도 살 수 없다.

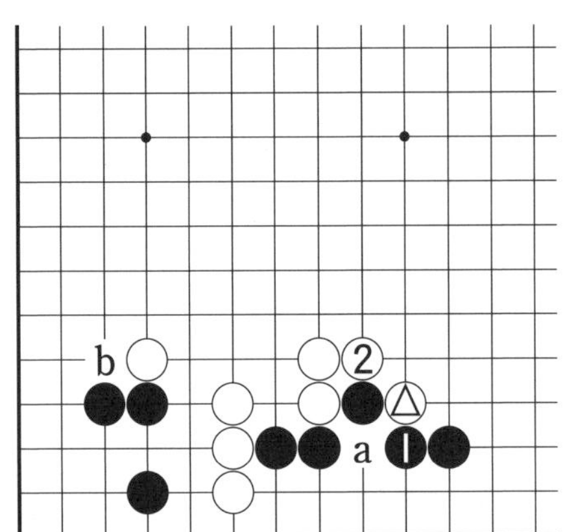

18도

## 18도 (흑의 변화)

거슬러 올라가 백△에 흑1로 받으면 백2로 단수한다.

이때 흑a로 이으면 백b로 막아 앞에서도 보았듯이 백이 활발한 흐름이 된다.

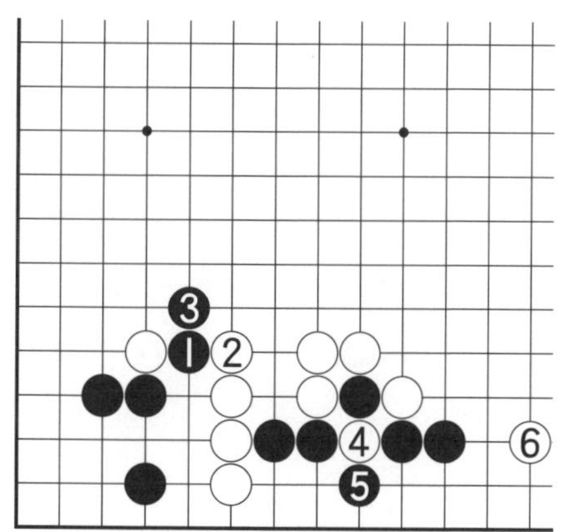

19도

## 19도 (하변 압박)

이때는 흑도 1, 3으로 돌파할 수 있지만 백도 4로 따내면 두텁고 상황에 따라 6으로 압박하면 싸움을 통해 국면을 리드할 수 있다.

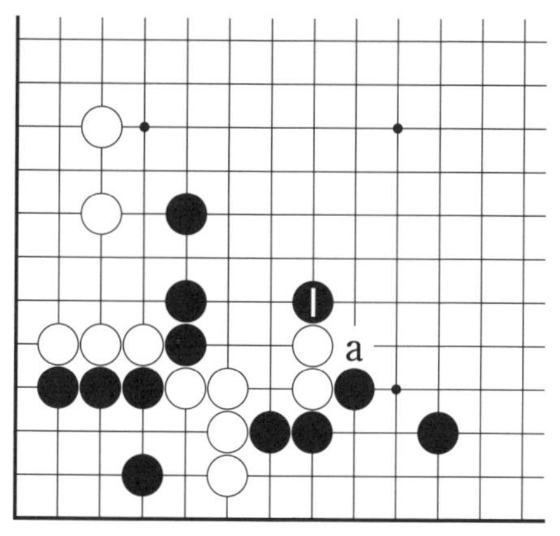

20도

## 20도 (교묘한 맥점)

앞서 하변에서 백이 활용한 효과는 무엇일까.

만일 그런 활용이 없이 좌변이 13도처럼 진행되었다면 흑1의 붙임이 교묘한 맥점이다. 백이 a로 막히면 대세에 밀리므로~

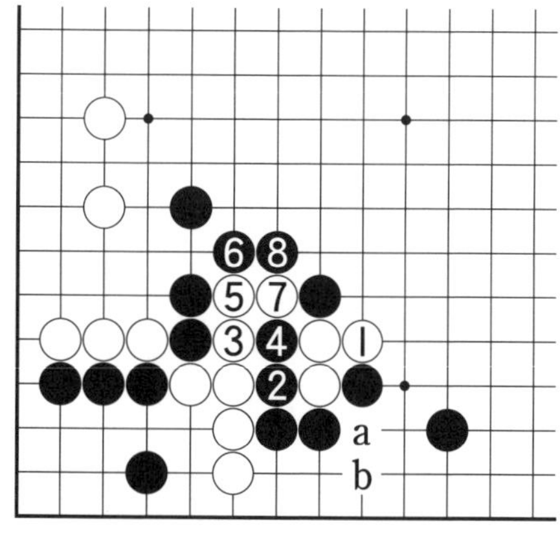

21도

## 21도 (요석 포획)

백1로 나가면 흑2로 뚫고나간 후 8까지 하변 백의 요석을 포획할 수 있다. 이때 백a는 흑b로 버틸 수 있다.

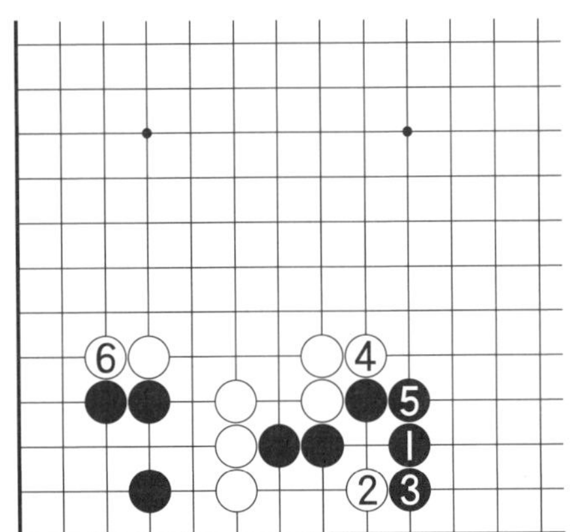

22도

## 22도 (호구 지킴과 활용)

이 시점에서 흑도 1의 호구가 일리 있는 지킴이다. 그래야 11도와 같은 활용을 피할 수 있는데 이때는 백2의 활용이 적절하다.

만일 흑3으로 차단하면 백4가 선수가 되므로 6으로 막고 당당히 싸울 수 있다.

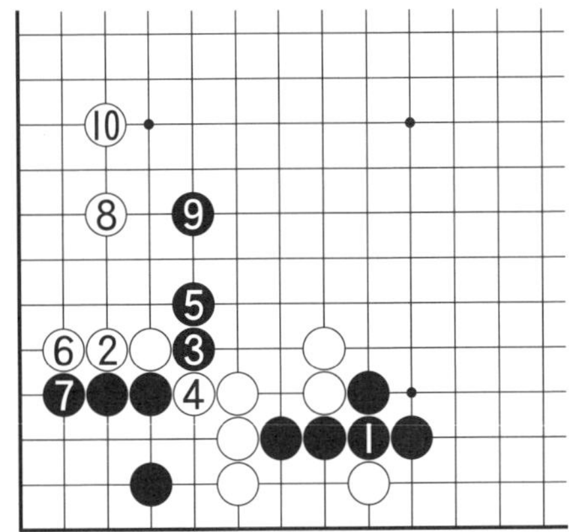

23도

## 23도 (현명한 이음)

앞 그림 백2 때 흑1로 잇는 것이 현명하다. 그래야 백2로 막으면 흑3으로 젖혀나가 싸우는 데 거칠 것이 없다. 이하 흑9 때 백10으로 받으면~

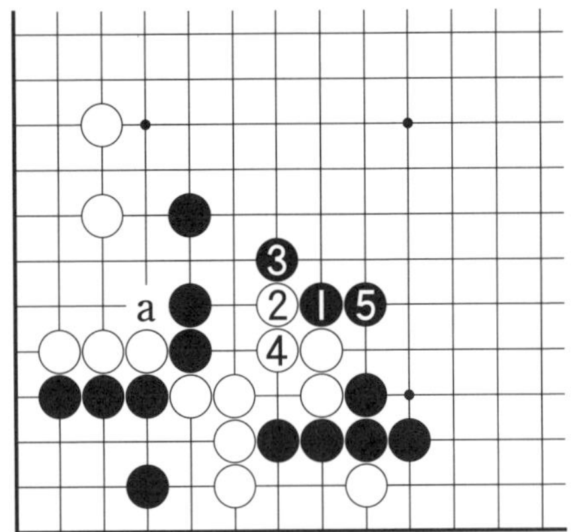

24도

## 24도 (맥점 작렬)

20도에서도 보았듯이 흑1로 머리에 붙이는 맥점이 작렬한다. 그러면 백은 하변 요석을 살리기 어렵다. 백2로 젖혀도 5까지 되는 정도인데 흑a가 선수라서 백이 순조롭게 빠져나가기 어렵다.

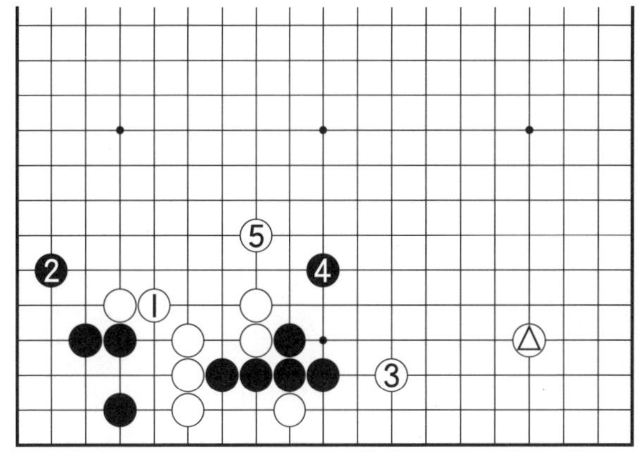

25도

## 25도 (안전)

이 정석은 백△의 배치에서 이해하기 편한데, 이 모양에서는 백도 1로 모양을 결정한 후 3으로 하변 흑을 압박하는 진행이 안전하다. 흑 4와 백5로 경합하며 이제부터의 싸움이다.

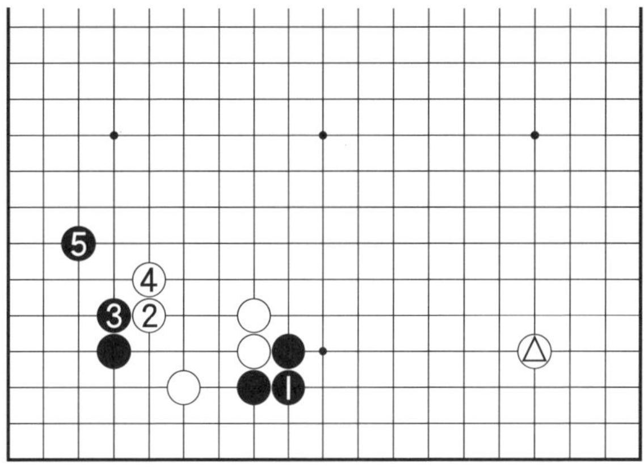

26도

## 26도 (행마의 리듬)

이번에도 편의상 백△의 배치를 가정하고, 기본형 다음 흑1의 이음도 때로는 시도할 수 있다. 백2로 씌우고 흑3, 5로 변에 진출하는 것이 행마의 리듬이다.

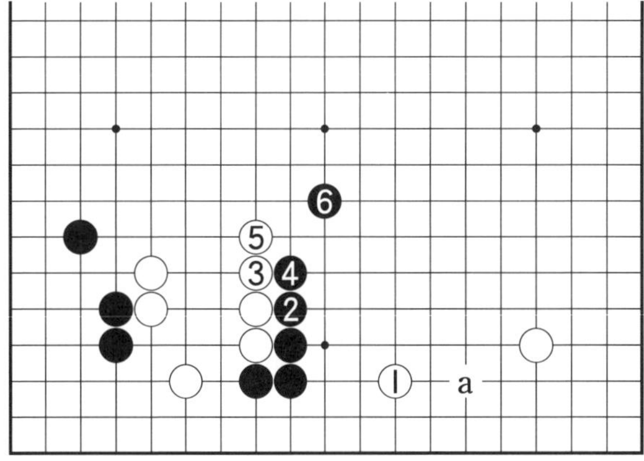

27도

## 27도 (흑, 활발)

이다음 백1로 하변에 다가서면 흑은 2로 밀어간 후 6까지 진출해서 활발하고 a의 침입도 남는다.

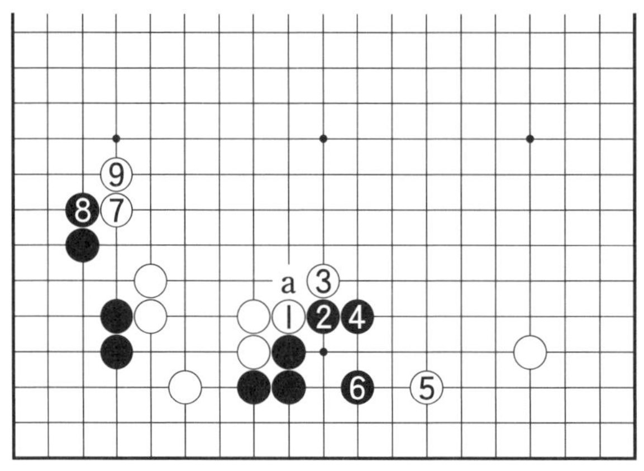

28도



## 28도 (두터운 꼬부림)

26도 다음 백은 1로 꼬부리는 편이 두텁다. 흑 2, 4로 나가면 백5로 하변을 견제한 후 7, 9로 씌워가는 정도로 백이 활발한 진행이다. 백7, 9는 a의 단점을 간접 보강하는 의미도 있다.

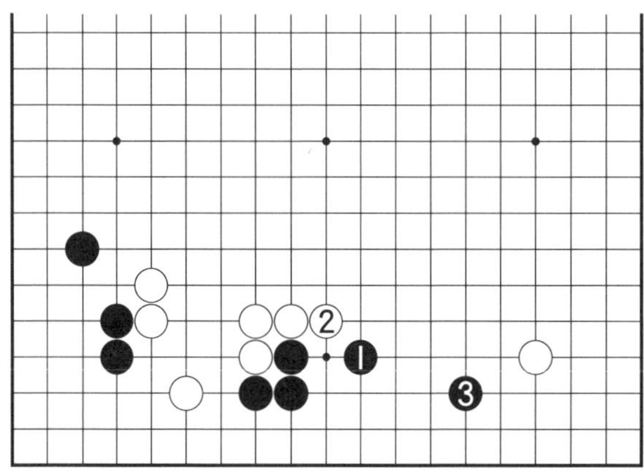

29도

## 29도 (백의 선택1)

백이 꼬부릴 때 흑1로 뛰는 것이 보통인데, 다음 백이 두텁게 두자면 2로 늘고 흑3으로 걸치는 진행이 예상된다.

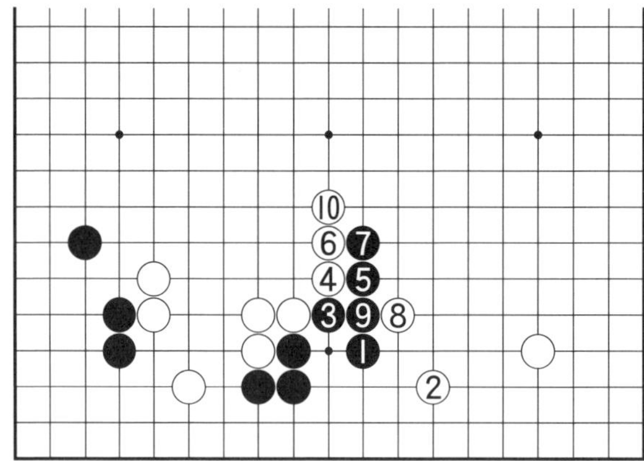

30도

## 30도 (백의 선택2)

흑1로 뜀 때 백2로 다가서는 수도 유력하다. 흑 3, 5로 두텁게 호구치며 나가겠지만 백도 8로 활용하며 10까지 앞서나가 충분하다.

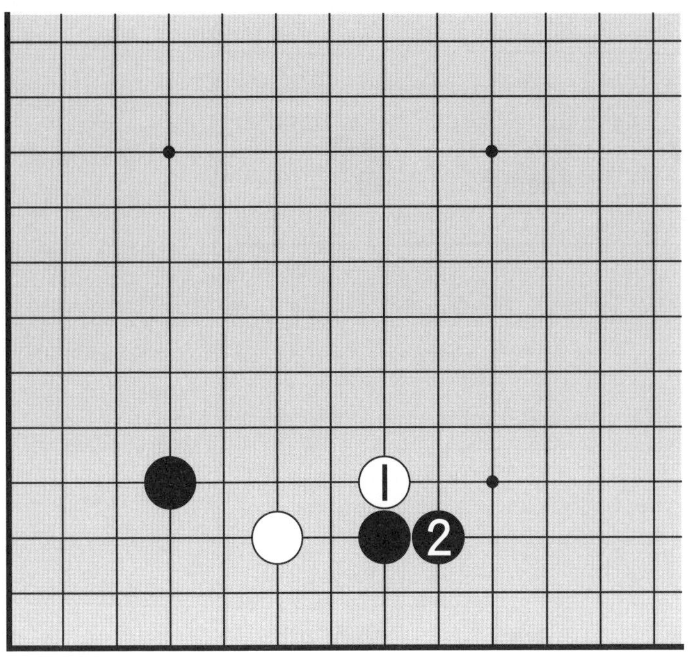

기본형

　　흑의 한칸협공에 대해 백1로 붙였을 때 흑2로 느는 것은
좀 느슨한 수이지만 주변 상황에 따라서는 유력하다. 양쪽
진영을 효과적으로 정리하기 위해 시도하는 경우가 대표적
인데 예를 들어보고 이에 대한 백의 대응책도 알아본다.

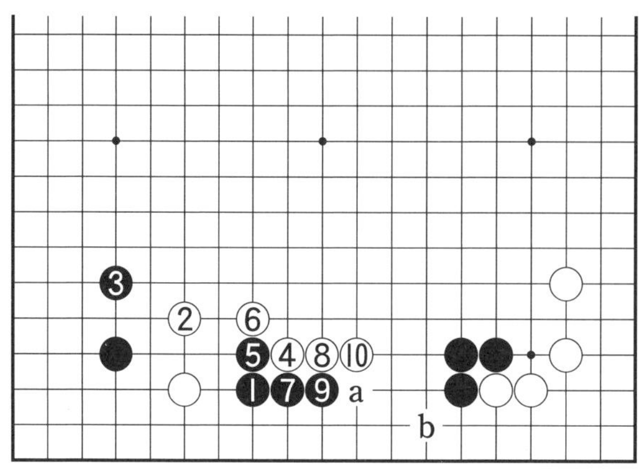

1도

## 1도 (씌움의 경우)

우하귀 모양은 이번 주제의 이해도를 높이기 위한 배경인데, 흑1의 한칸협공에 우선 백2, 4의 씌움이면 이하 백10 다음 흑이 a든 b든 하변 집을 공고히 해서 백이 실속이 없는 진행이다.

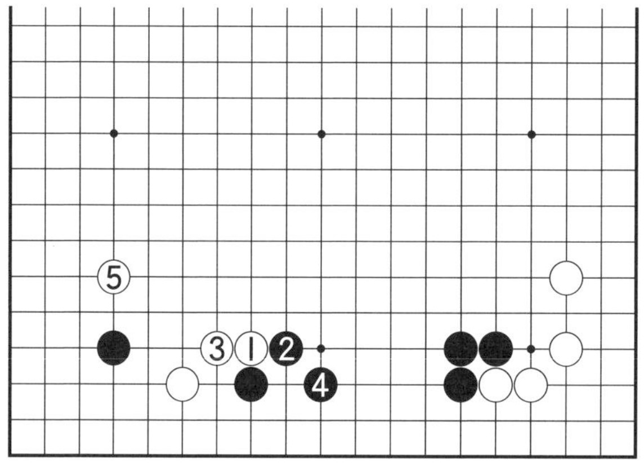

2도

## 2도 (응수타진의 의도)

백1의 붙임은 응수타진인데 흑의 반응에 따라 효율적 전략을 수립하겠다는 뜻이다. 이때 흑 2, 4면 하변은 견고하지만 백5의 협공이 제격이어서 상대 의도에 말릴 우려가 있다.

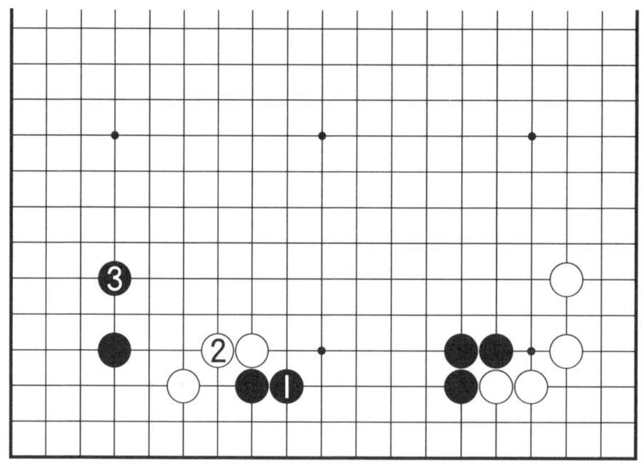

3도

## 3도 (백, 무거운 연결)

백의 붙임에 흑도 1로 늘어가는 것이 상황에 따른 유연한 대응법이다. 이때 백2로 연결하면 흑3으로 귀를 지키기만 해도 백만 무거운 모양이 된다.

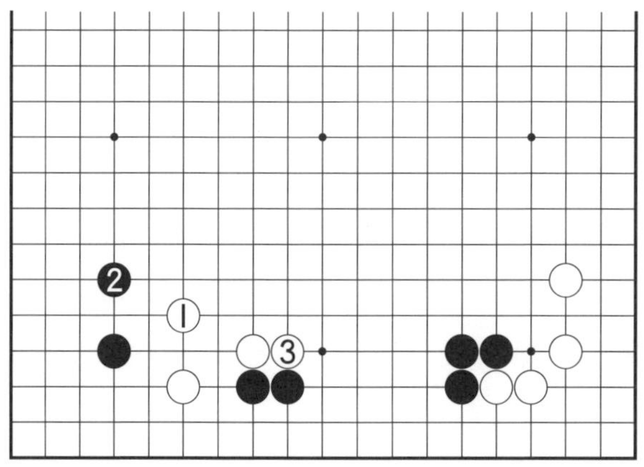

4도

## 4도 (효율적 행마)

이런 경우에 백은 1로 뛰고 3으로 눌러가는 것이 효율적 행마이다. 어쨌든 흑도 귀와 변, 양쪽을 두므로 불만이 없다. 문제는 이후의 운영인데~

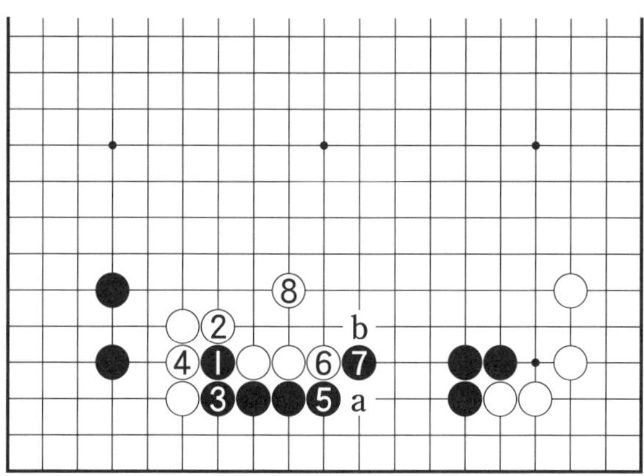

5도

## 5도 (흑, 거친 발상)

흑1, 3으로 이쪽부터 파고드는 것은 백의 모양을 무너뜨리겠다는 생각이지만 거친 발상이다. 그러면 백이 8까지 모양을 정비하고 나서 a나 b의 활용도 남아 두터운 결과이다.

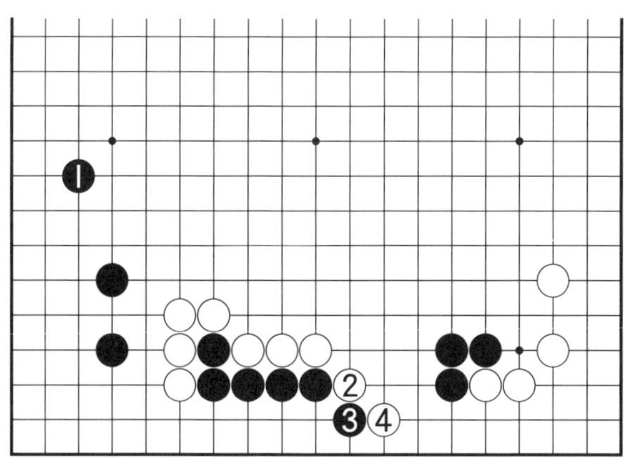

6도

## 6도 (통렬한 이단젖힘)

앞 그림 백6 때 흑1로 손을 돌려 좌변에 벌리면 백2, 4의 이단젖힘이 통렬해서 흑이 견딜 수 없다.

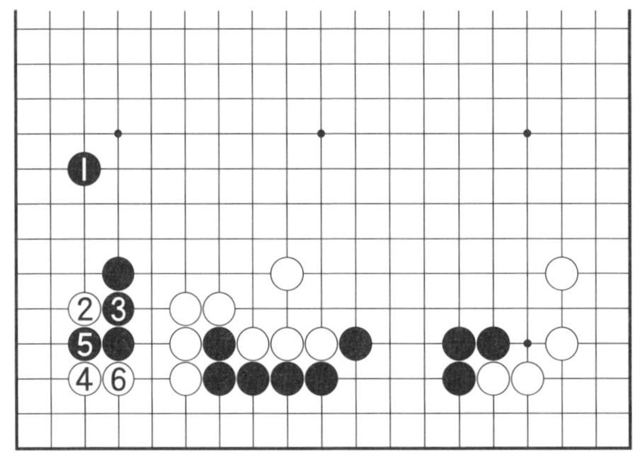

7도

## 7도 (백, 호조)

5도 흑이 하변을 보강한 다음 1로 벌리더라도 이제는 백2, 4로 귀에 침입하는 것이 크다.

흑5에 백6이면 귀의 주인이 바뀌면서 백의 순조로운 흐름이다.

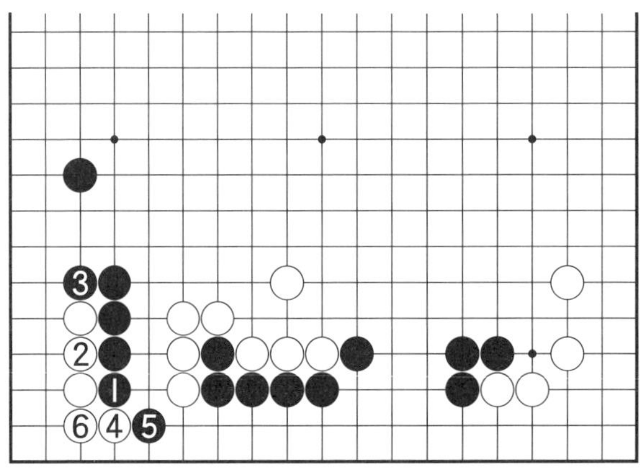

8도

## 8도 (흑진 파괴)

앞 그림 백4 때 흑1로 차단해도 백이 6까지 흑진을 한껏 파괴하며 살고나면 흑이 실속이 없다. 중앙 백은 두텁게 정비되어 공격받을 돌이 아니다.

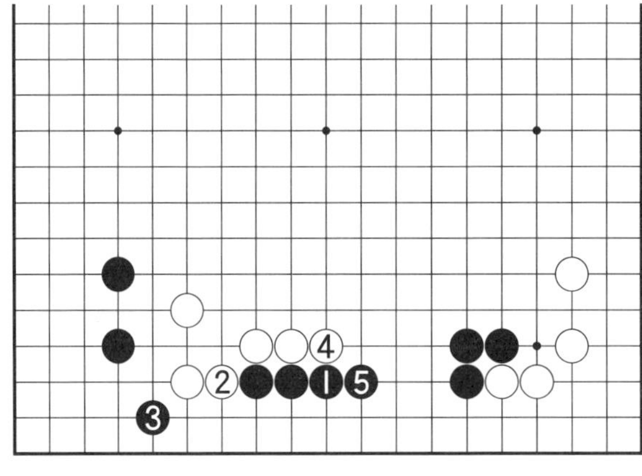

9도

## 9도 (온건책)

거슬러 올라가 4도 다음 흑은 하변부터 정비해야 한다. 우선 온건책이면 흑1로 늘어둔다.

백2는 수비의 요소이고 흑3도 공수를 겸하는 큰 곳이다. 백은 4로 두텁게 밀어 흑5를 강요하고 나서~

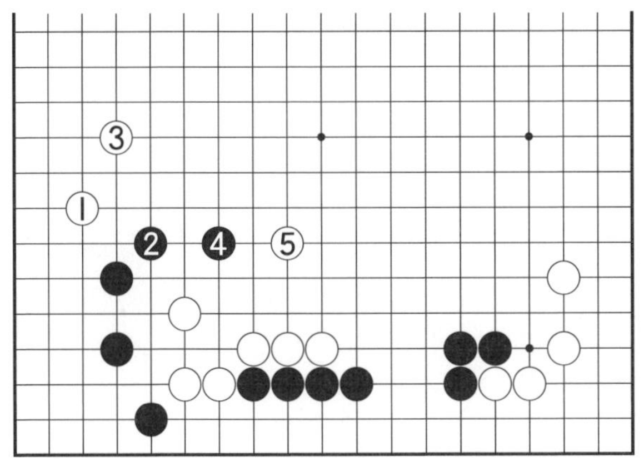

10도

## 10도 (어울린 싸움)

백1로 변에 걸치는 것이 자연스런 행마이다. 다음 5까지의 공방이면 서로 어울린 싸움으로 봐도 되겠다.

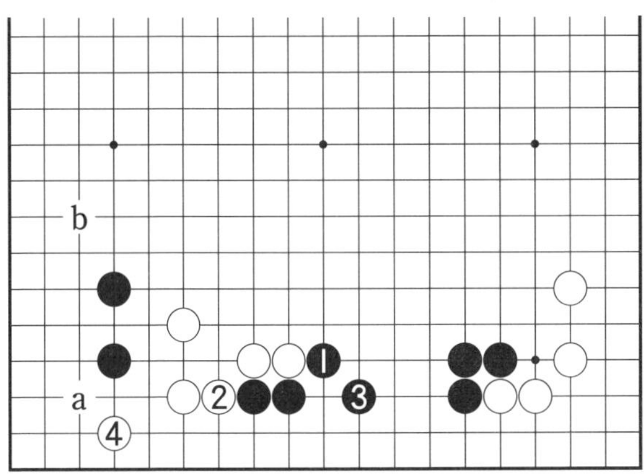

11도

## 11도 (백, 안정된 흐름)

4도 다음 흑1의 젖힘은 강공책이다. 역시 백2는 수비의 요소인데, 이때 흑3의 호구로 지키면 백4로 귀에 진입해서 백이 안정된 흐름이다(흑a면 백b가 요소).

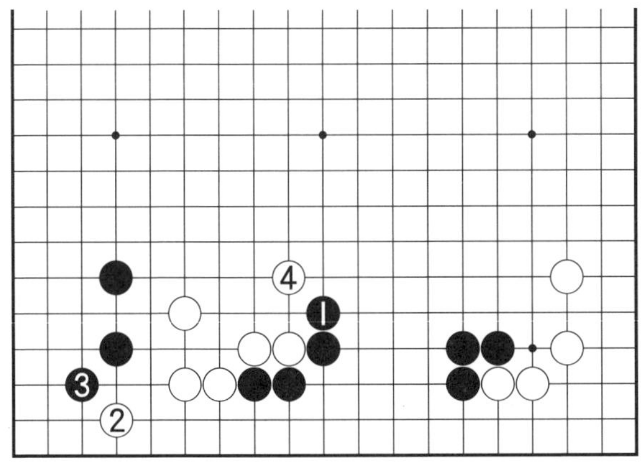

12도

## 12도 (힘찬 행마)

앞 그림 백2 때 흑1로 올라서는 것이 힘찬 행마이다.

백도 2로 들어간 후 4로 움직이는 것이 자연스런 행마이며 서로 이제부터의 싸움이다.

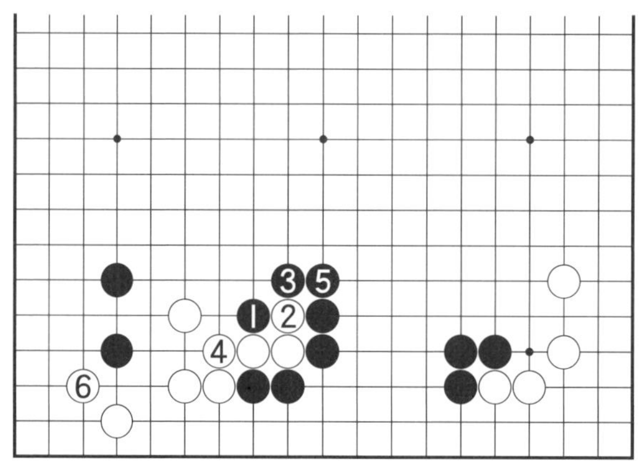

13도

## 13도 (성급한 활용)

앞 그림 백2 때 흑1의 활용을 서두르면 백2, 4 다음 흑5의 보강을 생략하기 어려워 후수가 된다. 그러면 백이 6으로 귀를 차지해서 실속이 좋다.

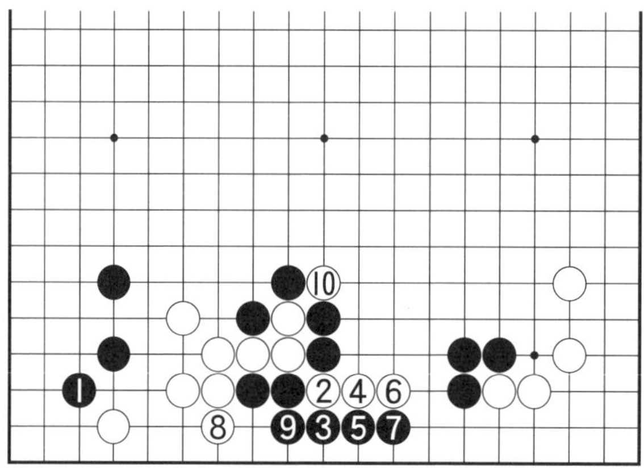

14도

## 14도 (통렬한 반격)

앞 그림 흑5 대신에 1로 귀를 받으면 백2로 끊어 8까지 활용하고 나서 중앙 10의 끊음이 통렬한 반격이다.

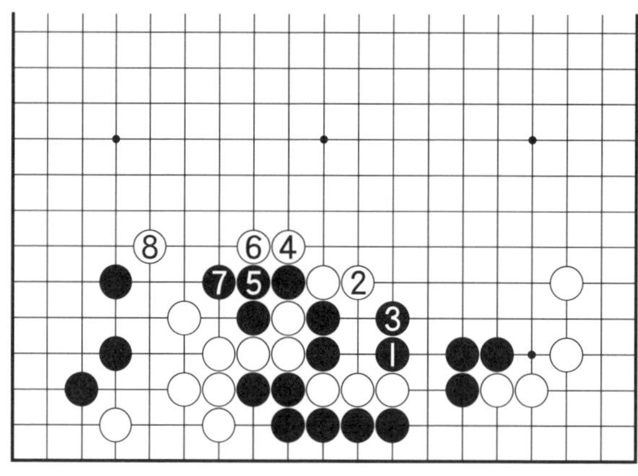

15도

## 15도 (넉점 잡힘)

이다음 흑1로 잡을 때 백2를 선수한 후 4, 6으로 몰고 8로 씌우면 흑 넉점이 꼼짝없이 잡힌 모습이다.

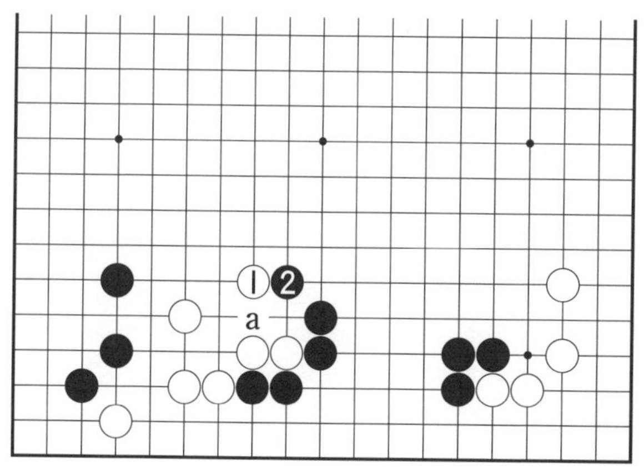

16도

## 16도 (허술한 지킴)

12도 백4 대신 1로 지키면 끊어지지는 않더라도 흑2의 붙임이 맥점으로 작용한다.

　다음 a의 급소가 노출되므로 백의 모양이 허술해진다.

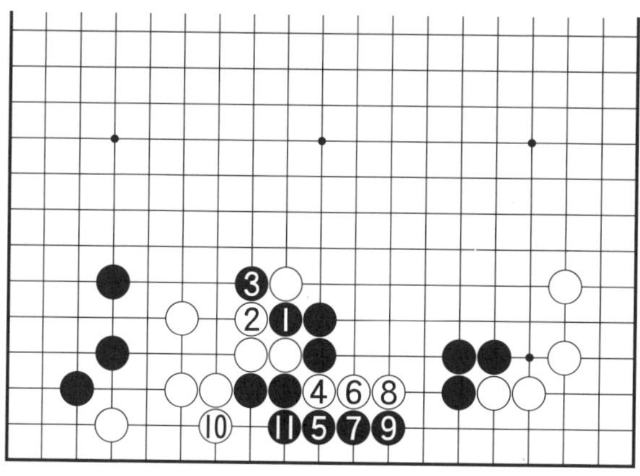

17도

## 17도 (백의 대응책)

12도에서는 흑1, 3으로 끊더라도 대응책이 있다. 백은 하변에서 4부터 끊어 11까지 활용하고 나서~

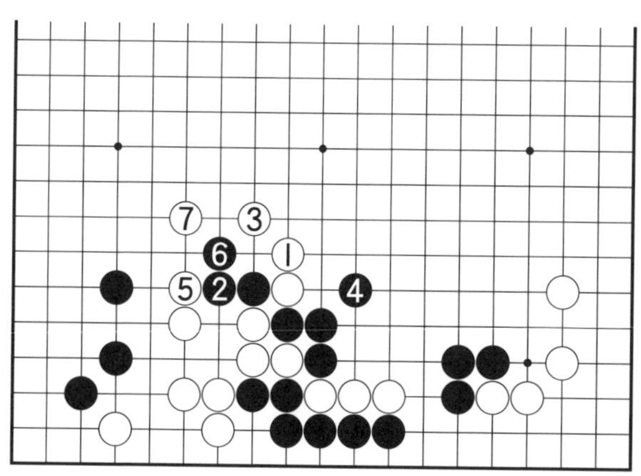

18도

## 18도 (왼쪽 잡힘)

일단 백1로 늘어둔다. 흑2로 나가면 백3의 마늘모가 좌우를 맞보는 요소이다. 흑4로 오른쪽을 보강하면 백5, 7로 알기 쉽게 씌워 왼쪽 흑 석점이 잡힌다.

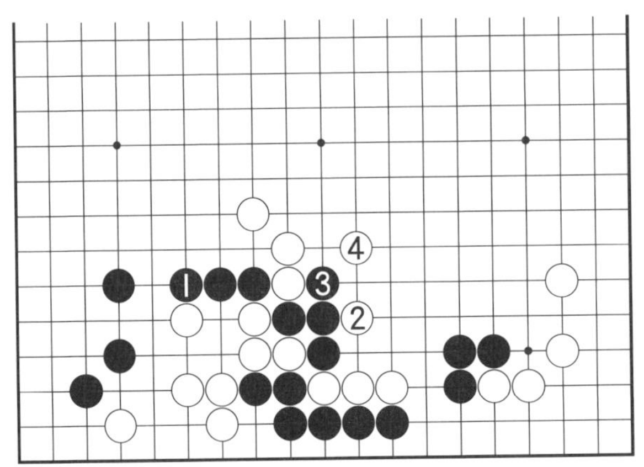

19도

## 19도 (오른쪽 잡힘)

앞 그림 백3 때 흑1로 달아나면 백2, 4의 장문이 교묘해서 이번에는 오른쪽 흑 넉점이 잡힌 모습이다.

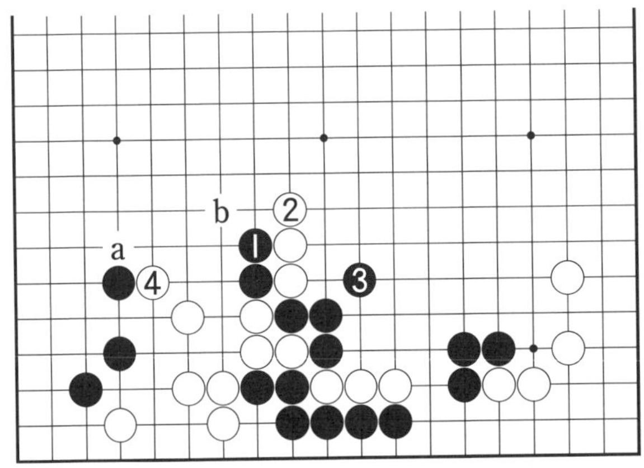

20도

## 20도 (맞보기 수습)

이 시점에서 흑1로 밀어가는 것이 그나마 잡히지 않는 방법이다.

그러면 백2로 늘고 흑3에 지킬 때 백4로 붙이면 a와 b를 맞보면서 백의 수습이 순탄하다.

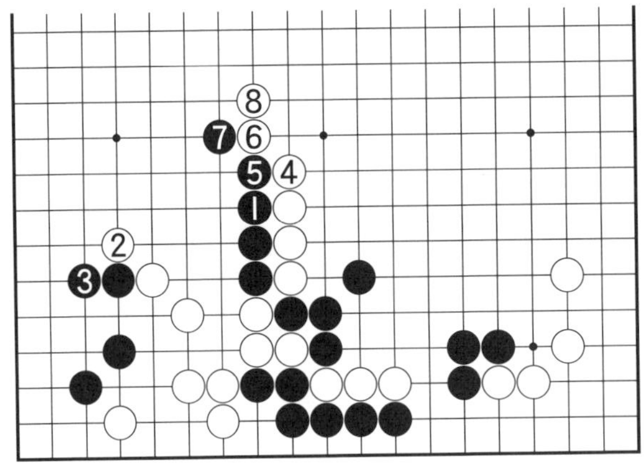

21도

## 21도 (백, 두터운 흐름)

이다음 흑1로 밀어가는 것이 시급한데 백2의 젖힘이 선수이며 4 이하 8까지 백이 앞서 진출하면 두터운 흐름이다.

이래저래 12도 다음 흑이 끊을 수 없음을 보여주었다.

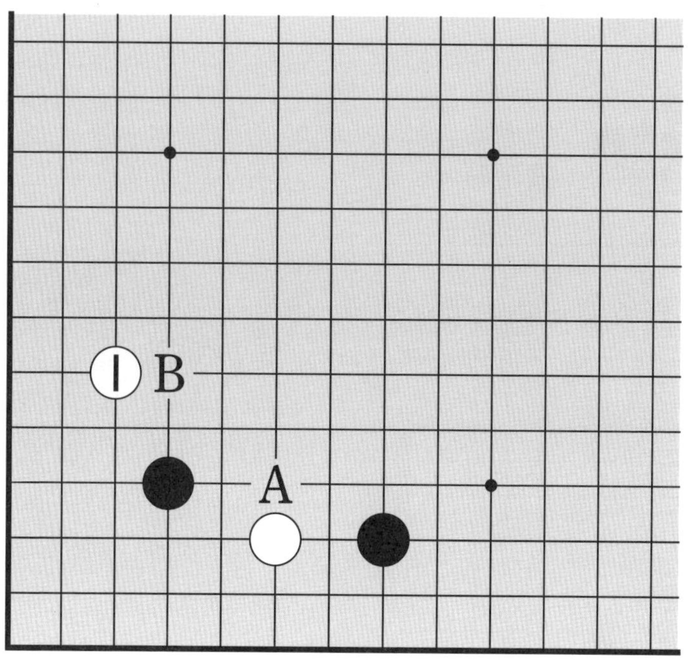


기본형

　　한칸협공에 양걸침은 싸움을 주도하려는 능동적인 발상인데, 우선 백1의 날일자 낮은 양걸침에 대해 알아본다.
　　흑은 A 또는 B의 붙임으로 대응하는 것이 상식인데, 하변 A의 붙임은 그동안 많이 두던 수단이고 좌변 B의 붙임은 AI시대 유행하는 발상이다. 흑이 강한 쪽인 A의 붙임부터 출발해본다.

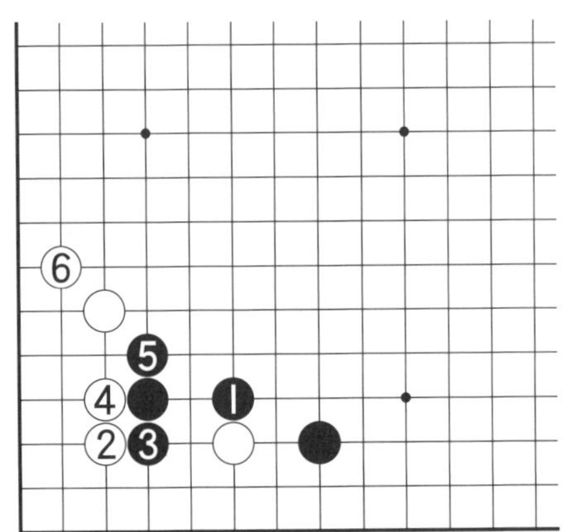

1도

## 1도 (간명책)

흑1로 하변에서 붙이면 백2의 3三 침입이 일단 간명하다.

흑도 알기 쉽게 두자면 3, 5로 한점을 제압하는데 백6의 마늘모 는 AI가 추천하는 지킴이다.

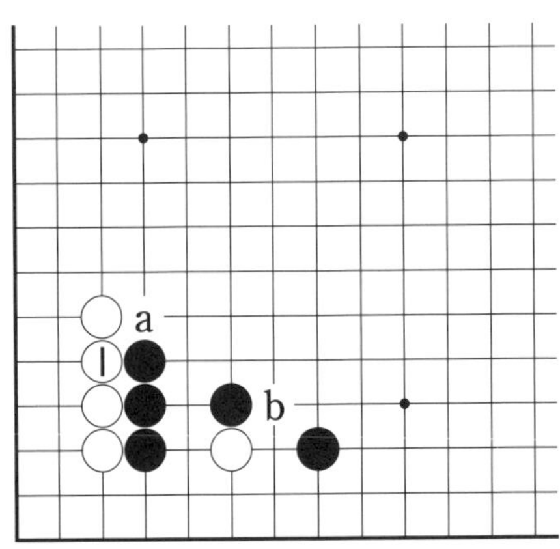

2도

## 2도 (꽉이음)

발은 느리지만 백1의 꽉이음도 그 동안 많이 두던 지킴이다.

이 수는 이후 백이 a로 두텁게 꼬부리고 b의 젖힘을 노릴 때 유 용하다.

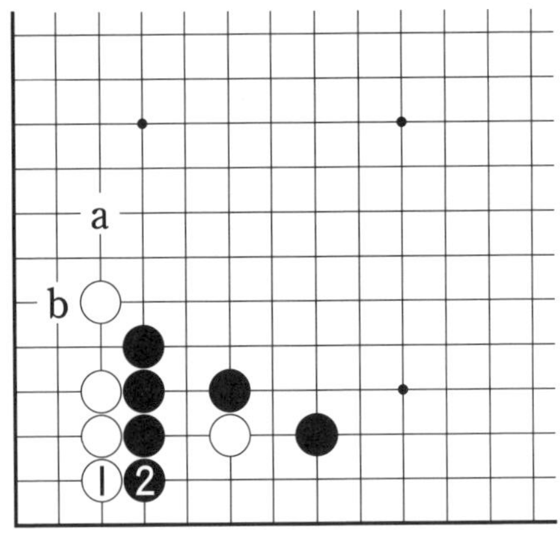

3도

## 3도 (엷은 행마)

백이 꼭 선수를 잡고 싶다면 1로 내려서서 흑2를 유도할 수 있다. 다만 귀의 백진이 엷어 흑a로 다 가설 때 백b의 수비가 필요하다.

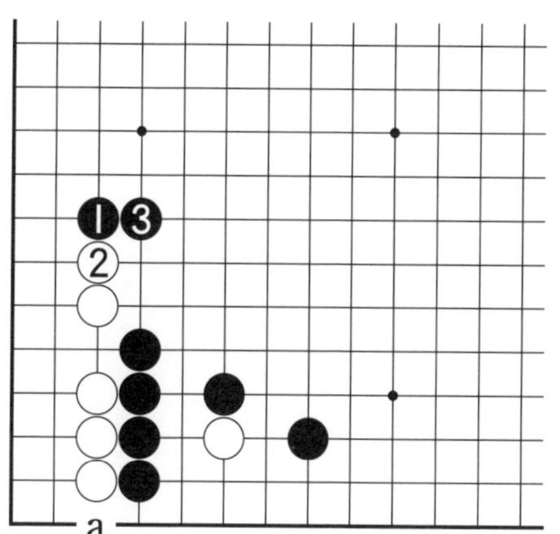

## 4도 (흑이 다가서는 경우)

가령 흑1로 다가설 때 백2로 임시 조치만 하고 손을 뺀다면 흑이 a로 1선을 젖힐 때 백이 대응하기가 괴롭다.

4도

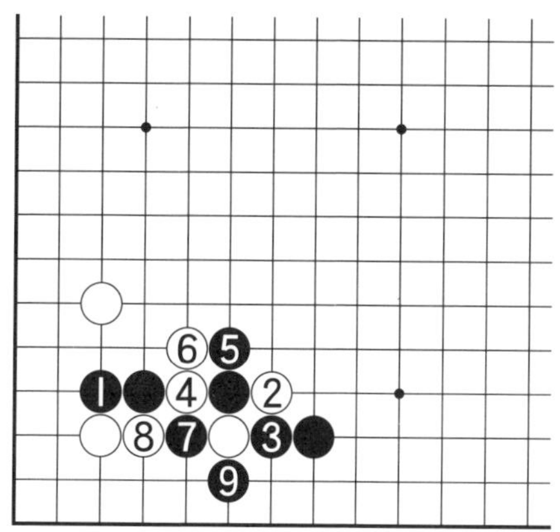

## 5도 (백의 도발)

1도 백2 때 흑1쪽에서 막으면 약간 수순이 어려워진다.

이때 백2, 4의 단수로 도발하며 백6으로 나가면 흑7, 9로 일단 한 점을 잡는 것이 두텁다.

5도

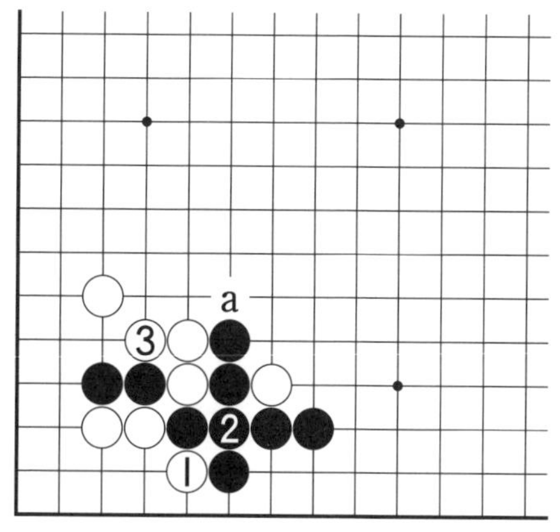

## 6도 (단수치고 잡는 경우)

이다음 백도 흑 두점을 잡을 수 있는데 두 가지 방법이 있다.

백1로 단수친 후 3으로 잡으면 귀의 실리를 최대한 지킬 수 있지만 차후 a쪽 젖힘이 약해져서 흑이 더욱 두터워진다.

6도

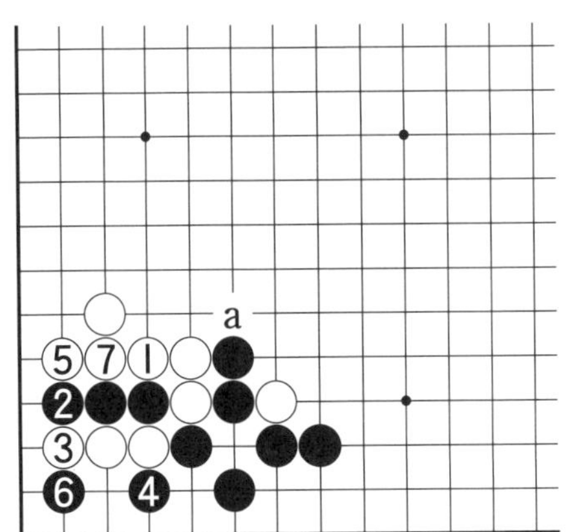

7도

## 7도 (귀의 조임으로 실리 잠식)

5도 다음 백1로 그냥 잡으면 차후 a로 젖힐 때 힘이 생기지만 흑2로 키운 후 4, 6으로 백진을 조이면 귀의 실리가 잠식된다.

어쨌든 5도로 진행되면 백이 실리든 두터움이든 상대적으로 내세울 것이 없어 불만이다.

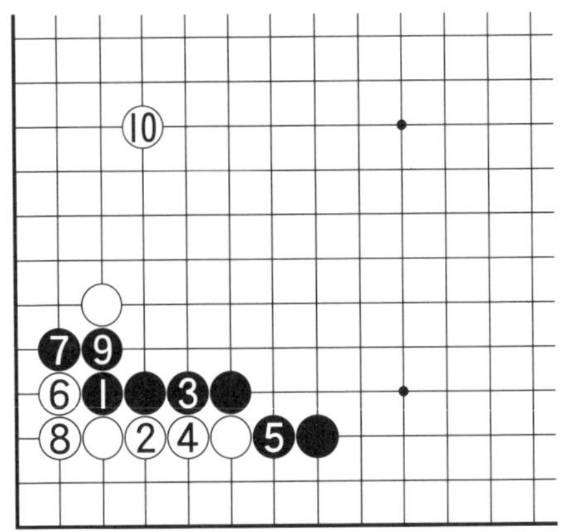

8도

## 8도 (정석의 과제)

그렇다면 흑1에는 백2가 무난하다. 흑3에 백4로 이으면 흑5로 막는 것이 두터운데 백은 6, 8의 젖혀이음을 선수한 후 10으로 흑진을 견제해서 충분하다. 흑은 두터움 활용이 이 정석의 과제이다.

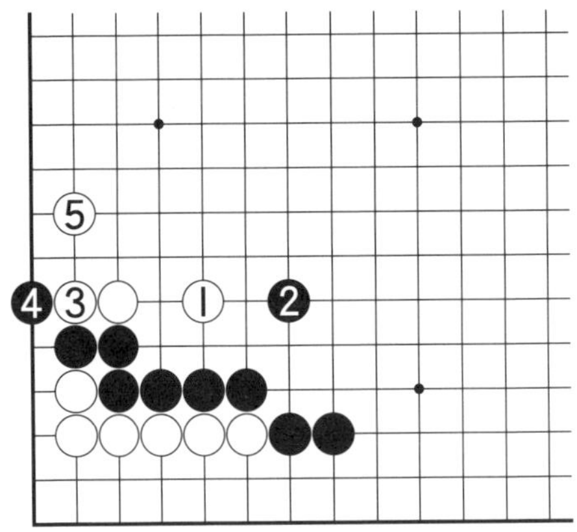

9도

## 9도 (백의 일책)

앞 그림 백10 대신 1로 이쪽을 결정해가는 것도 일책이다.

흑2는 요소이고 백3, 5로 모양을 정리하는 것이 후속 수단이다.

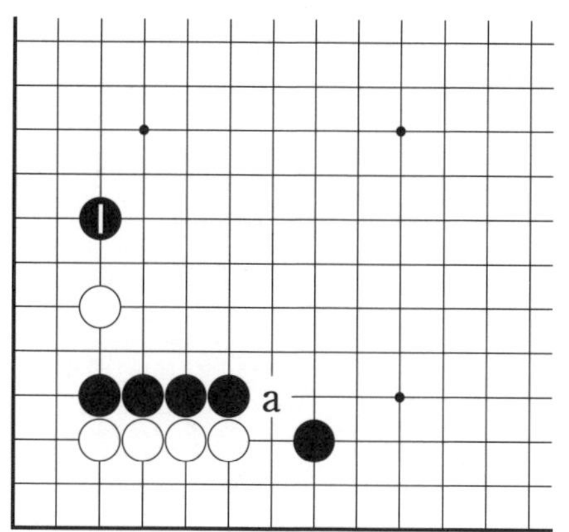

10도

### 10도 (주도적 착상)

이 시점에서 흑1의 협공은 주도적 착상이다. 그러면 중앙이 엷어 백 a로 젖히는 노림이 남지만 AI는 흑도 충분히 싸울 수 있다고 본다.

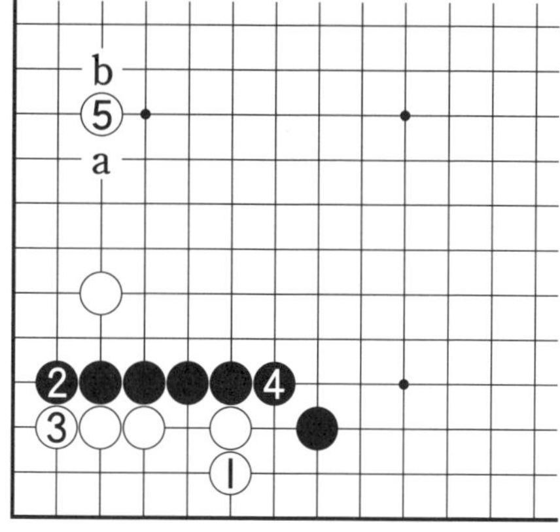

11도

### 11도 (용의주도한 수단)

8도 백4 대신 1의 차렷 자세로 지키면 흑2를 선수해놓고 4로 이어 두는 것이 용의주도한 수단이다.

이때 좌변 백은 두터운 흑진을 의식해서 5의 세칸벌림이 적절한 간격이다. 만일 백a의 두칸벌림이면 흑b로 다가올 때 쫓길 염려가 있다.

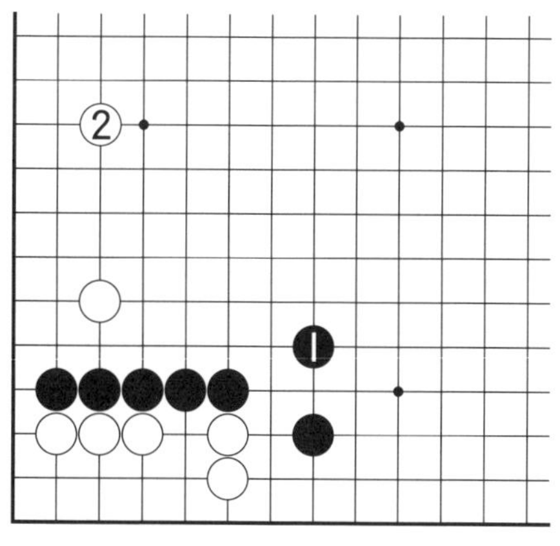

12도

### 12도 (탄력적 지킴)

앞 그림 흑4 대신 1의 뜀도 AI가 추천하는 탄력적인 지킴이다.

역시 백2로 세칸 벌리며 흑세를 견제하면 서로 어울렸다.

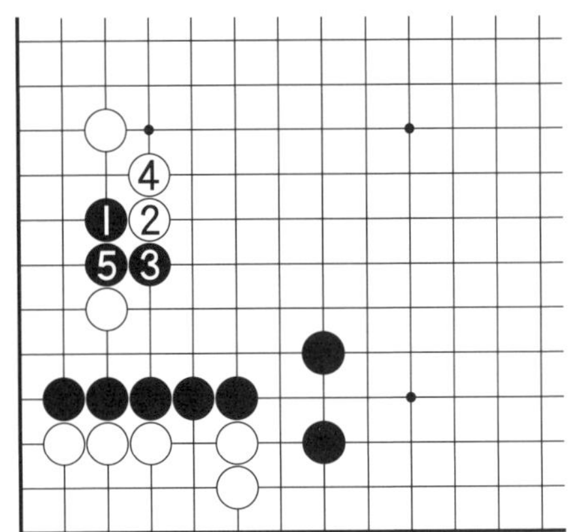

13도

## 13도 (옹졸한 침입)

참고로 이다음 흑1은 옹졸한 침입이다. 백2로 붙여 5까지 되면 흑이 중복된 모습 아닌가.

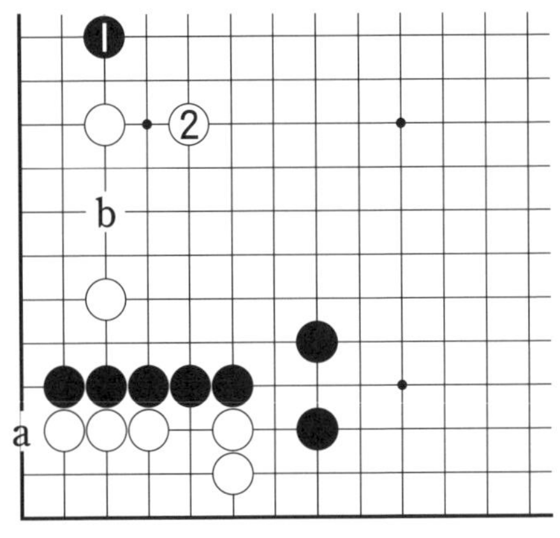

14도

## 14도 (자연스런 행마)

좌변은 흑이 둔다면 1로 다가서고 백2로 지키는 것이 자연스럽다.

사실 백2로 보강했지만 흑a가 선수인 점을 감안하면 b의 약점이 여전함도 염두에 둔다.

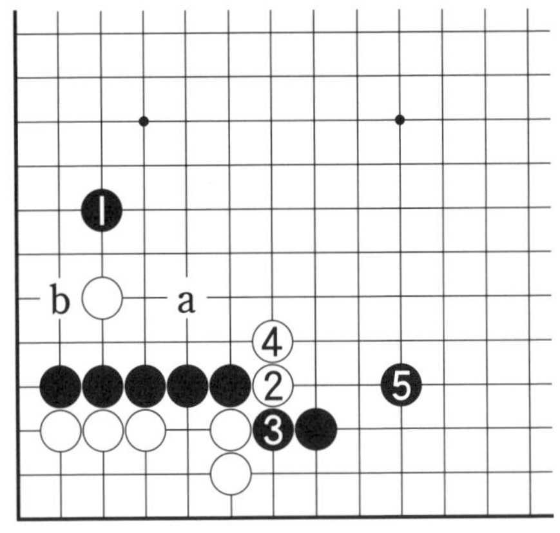

15도

## 15도 (협공)

흑이 연결하지 않고 발빠르게 1의 협공도 주도적 착상이라 했다.

백2로 약점을 젖혀나가면 흑이 5까지 싸울 수 있다는 계산이다. 다음 백a로 위협하면 흑b로 견딜 수 있다.

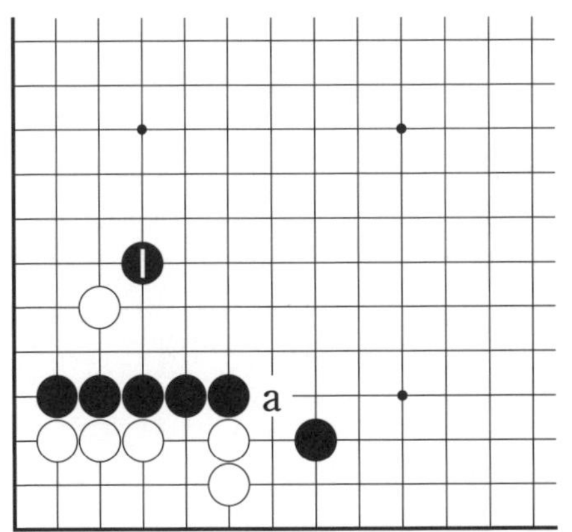

16도

### 16도 (어깨짚음)

흑이 협공 대신 중앙을 중시하면 1로 어깨짚을 수도 있다. 역시 a 의 약점은 불씨로 남아있지만 그 건 나중 문제이다.

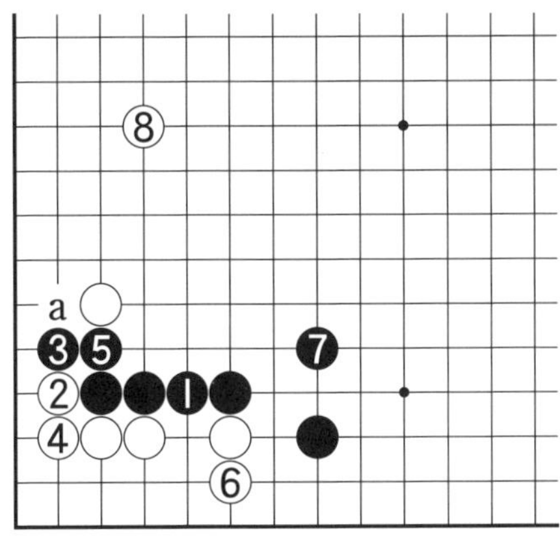

17도

### 17도 (재치 있는 젖힘)

흑1에 백이 이쪽을 잇지 않고 2의 젖힘은 재치 있는 노림이다. 흑3, 5로 이으면 백6으로 지킨 다음 8 로 흑진을 견제해서 백의 뜻대로 이다. 백이 귀를 최대한 키웠고 a 의 활용도 남아 만족이다.

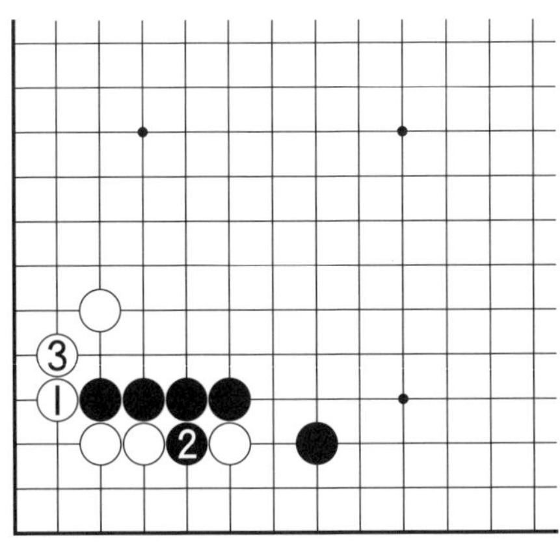

18도

### 18도 (흑의 반격)

백1의 젖힘에는 흑2로 뚫는 것이 상대 의도를 거스르는 반격이다. 백3으로 넘어가지만 흑도 하변이 두터워져 충분하다. AI는 서로 어 울린 변화라고 본다.

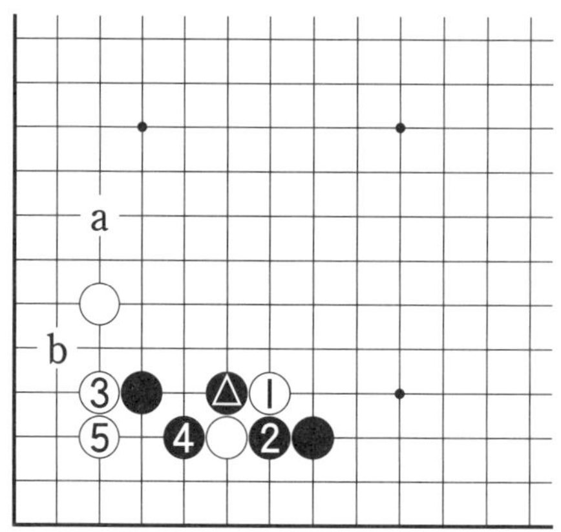

19도

## 19도 (백의 의도)

되돌아가서 흑△로 붙일 때 백1로 젖힌 후 3의 붙임은 흑4의 후퇴를 유도해서 백5로 귀에 순조롭게 진입하려는 의도이다.

그러면 흑a로 압박해도 b의 치중이 성립하지 않는 만큼 백의 모양은 안정적이다.

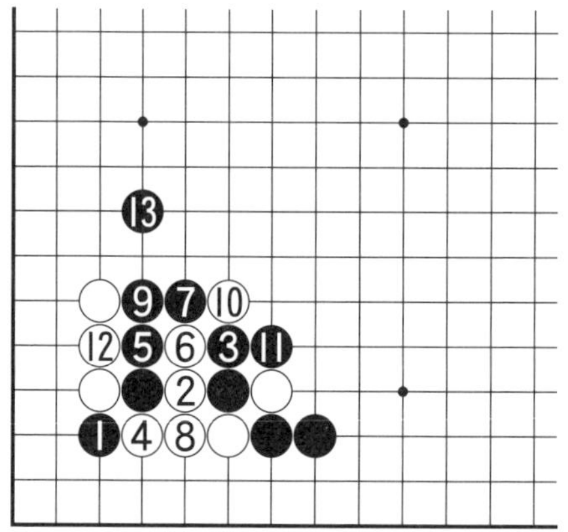

20도

## 20도 (기세의 진행)

앞 그림 백3 때 기세로는 흑1의 젖힘이 당연하다. 백2, 4로 치고 나간 후 13까지는 필연이다.

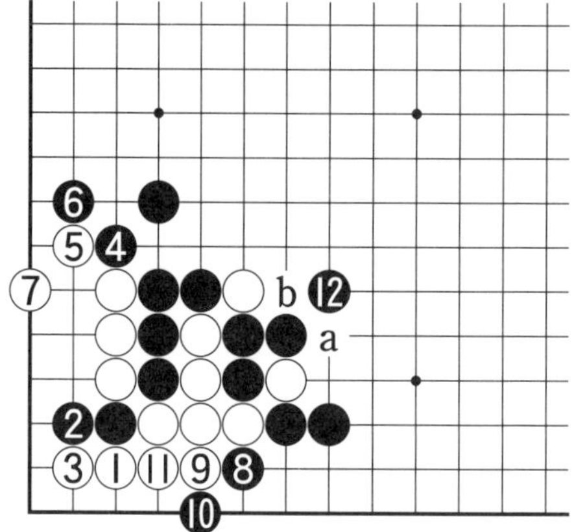

21도

## 21도 (흑, 두터움)

이다음 백1, 3으로 잡으며 귀를 결정하면 흑은 4, 6과 8, 10으로 좌변과 하변을 모두 선수 활용할 수 있다. 그리고 흑12로 지켜 전체를 봉쇄하면 중앙 두터움이 백의 실리를 능가한다.

흑12로는 주변 상황에 따라 a 또는 b의 지킴도 가능하다.

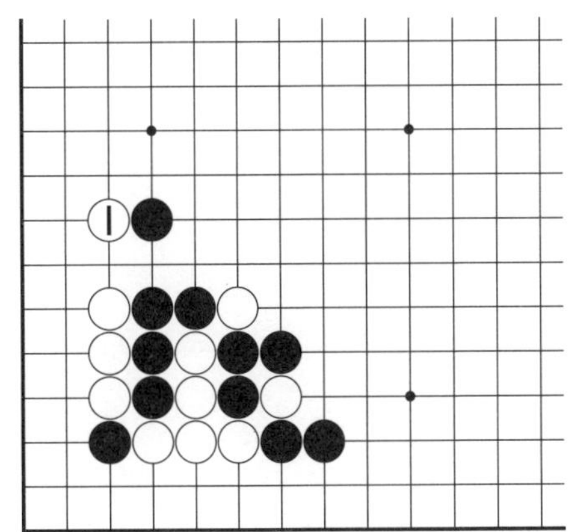

22도

## 22도 (복잡한 싸움)

20도 다음 백은 1로 붙여 싸움을 모색할 수 있는데 국면이 매우 복잡하므로 **원포인트 레슨**에서 핵심 변화만을 다루기로 한다.

어쩌면 백이 원할지도 모르는 이런 싸움을 피하려면~

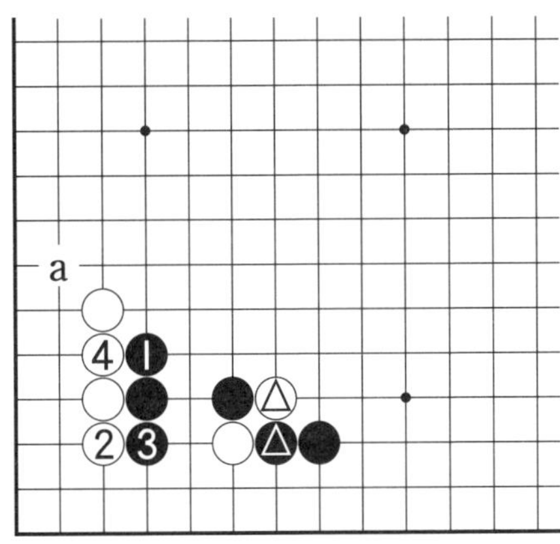

23도

## 23도 (흑, 간명책)

흑도 간명한 대응책이 있다. 19도 백3 때 흑1로 늘고 4(또는 a)까지의 수순을 밟는다. 그러면 1도나 2도의 정석에서 백△와 흑▲가 미리 교환된 결과이니 흑이 나쁠 리 없다. 백도 19도 1, 3을 함부로 결행할 수 없음을 알 수 있다.

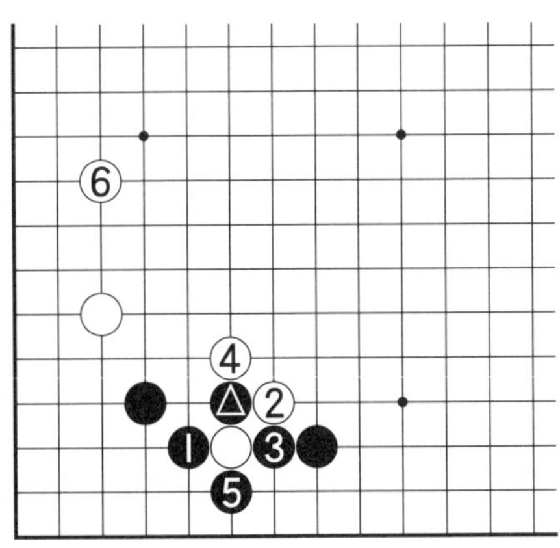

24도

## 24도 (백이 손을 빼는 경우)

AI시대에는 흑▲로 붙일 때 백이 손을 빼는 경우도 많다.

이후 흑1로 한점을 제압하면 백은 2, 4를 활용한 후 6으로 벌린다. AI가 보여주는 변화이다.

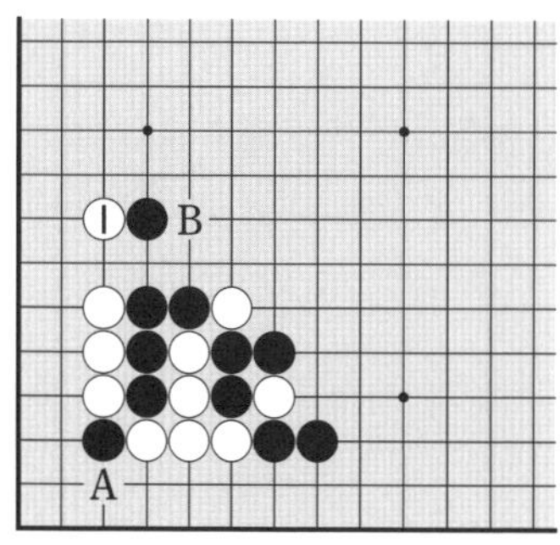

### 🔲 장면

이 장면에서 백1로 붙이면 최선의 변화는 무엇인지 핵심만 알아두자.

우선 흑은 A로 느긋하게 손을 돌릴 수 없는 것이 고민이다. 그러면 백B의 급소로 흑의 파탄이다.

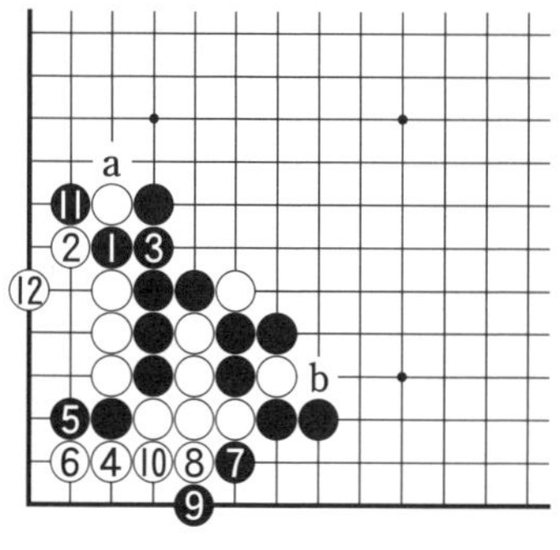

### 1도 (흑, 양쪽 약점)

그렇다고 흑1, 3으로 보강부터 하면 백4, 6으로 귀를 잡고 나서가 문제이다. 이하 백12 다음 a와 b의 양쪽 약점으로 흑이 불리한 진행이다.

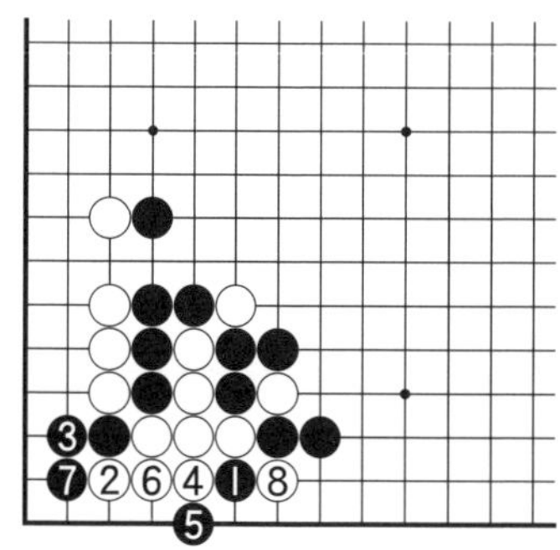

### 2도 (귀의 공작)

흑1의 젖힘이 여유를 주지 않는 대응 수단인데 이하 8까지 필연이다. 이렇게 귀에서 공작을 해놓은 다음~

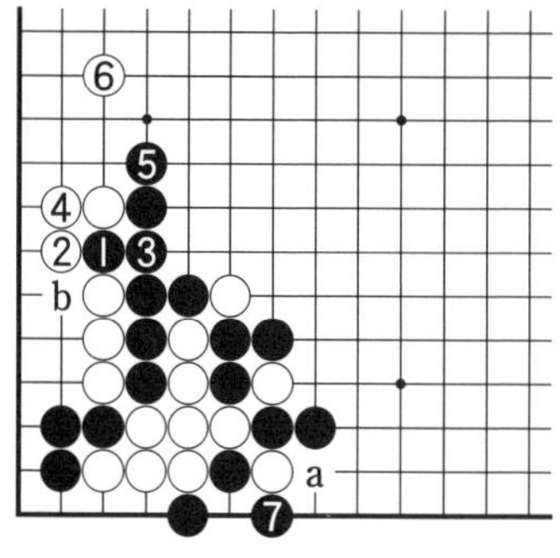

### 3도 (바꿔치기 가능성)

이제 흑1, 3으로 보강하는 것이 수순의 묘이며 6까지 좌변이 자연스레 결정된다. 다음 흑7의 패가 관건이며 백은 a의 자체 팻감으로 여유가 있지만, 흑은 b의 팻감을 활용해 바꿔치기로 타협할 가능성이 높다.

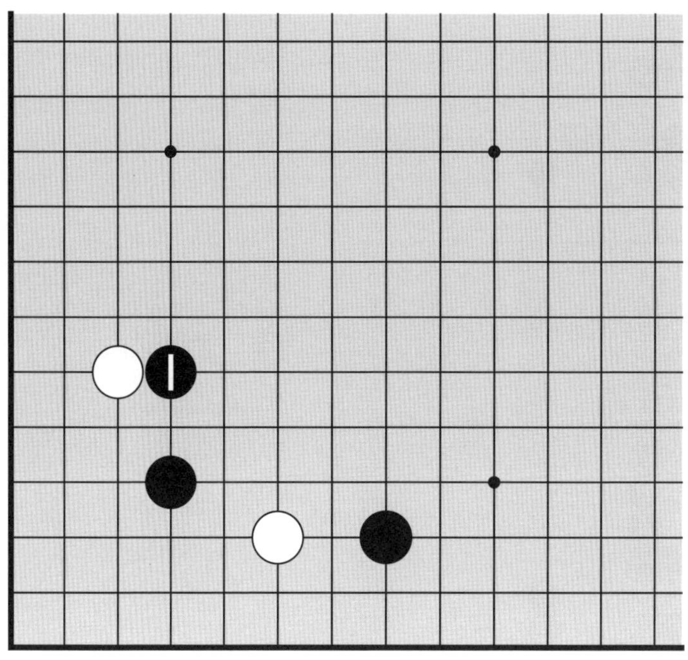

기본형

　　한칸협공의 낮은 양걸침 정석에서 AI시대에는 흑1로 상
대편이 강한 쪽에 붙이는 경우가 많아졌다.
　　이전에는 거의 두지 않았던 수단인데 그만큼 국면을 바
라보는 안목이 넓어졌음을 반증한다. 여기서는 AI가 알려
주는 핵심 변화에 대해 알아본다.

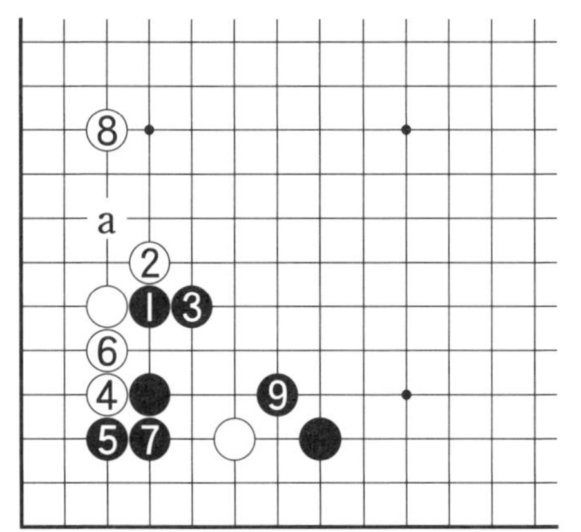

1도

## 1도 (젖히고 붙임)

흑1에는 백2의 젖힘은 필연이고 4로 붙이는 것이 일책인데 이하 9까지는 AI도 인정하는 간명한 정석이다. 상황에 따라 백8로는 a의 호구도 견고한 지킴이다.

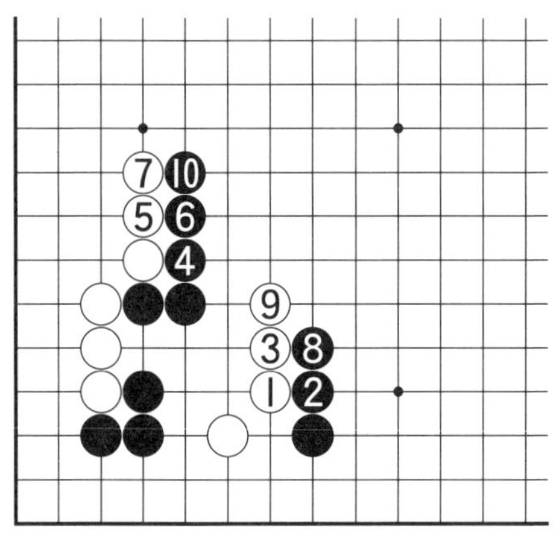

2도

## 2도 (성급한 나감)

앞 그림 흑7 때 백이 좌변을 지키지 않고 1로 나가는 것은 성급한 행동이다. 흑이 2 이하 10까지 양쪽을 밀어가면~

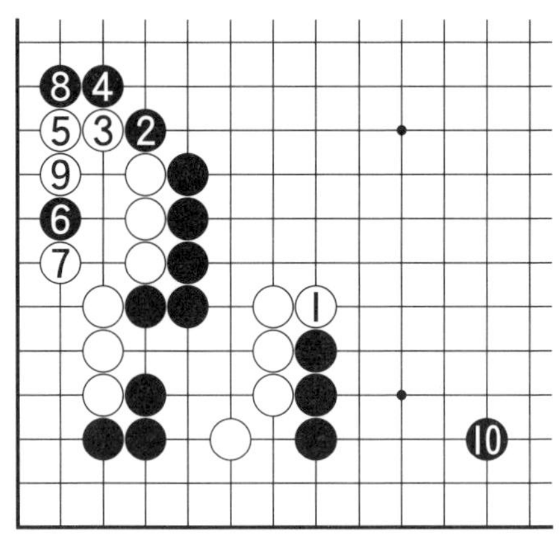

3도

## 3도 (흑, 우세)

하변 백1의 꼬부림이 시급한데 좌변 흑2, 4의 이단젖힘이 통렬하다. 흑이 8까지 선수 활용하며 10으로 벌리면 우세한 흐름이라고 AI가 규정한다.

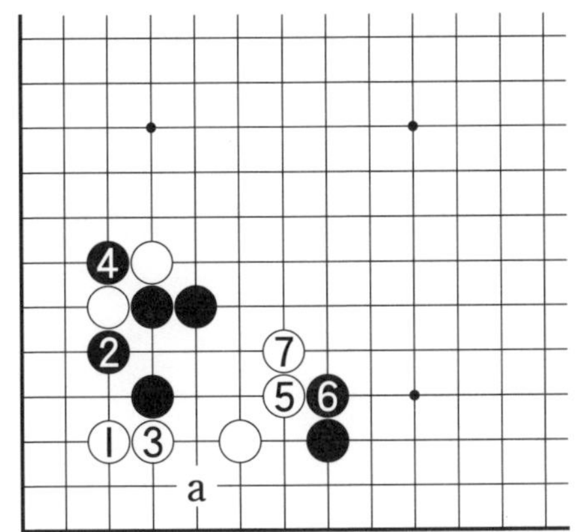

4도

## 4도 (젖히고 3三침입)

1도 흑3 때 백1의 3三침입도 생각할 수 있다. 흑2는 당연한 막음이고 백3으로 넘는 것은 생각을 요한다. 흑4로 잡을 때 a의 약점이 남은 백은 5로 지켜야 하는데 흑6, 백7로 밀리면 보통은 흑이 활발하다.

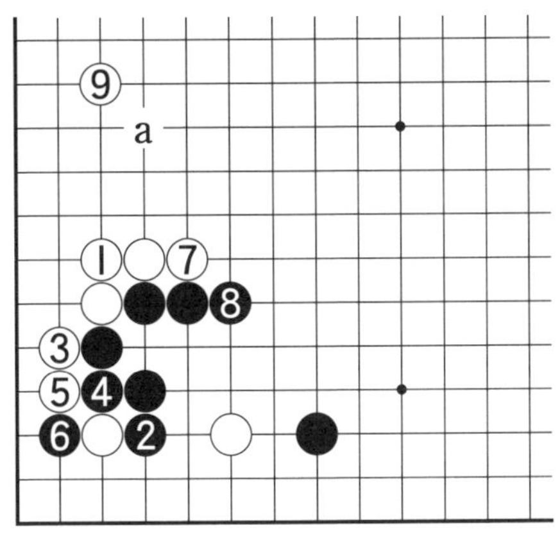

5도

## 5도 (무난한 진행)

앞 그림 흑2 때 AI는 백1의 이음을 추천한다. 이때 흑2로 막으면 백3, 5로 들어간 후 9까지 무난한 진행이다. 상황에 따라 백7로는 밀어놓지 않고 a로 벌릴 수도 있다. 실전에 많이 등장하는 AI시대 신정석이다.

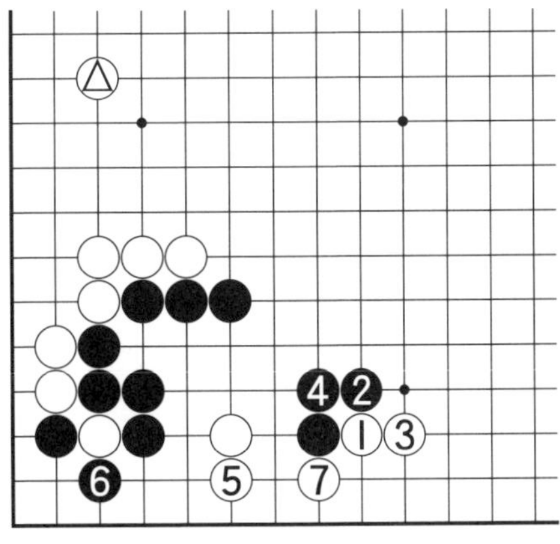

6도

## 6도 (교란책)

이 정석에서는 흑진의 허술한 면도 보아야 한다. 나중의 일이지만 백1의 붙임은 그 틈을 파고든 교란책이다.

보통은 흑2, 4로 지키지만 백5가 귀에 선수로 들어 7로 넘을 수 있다. 백은 △로 벌리기 전에 즉각 이런 식으로 준동하기도 한다.

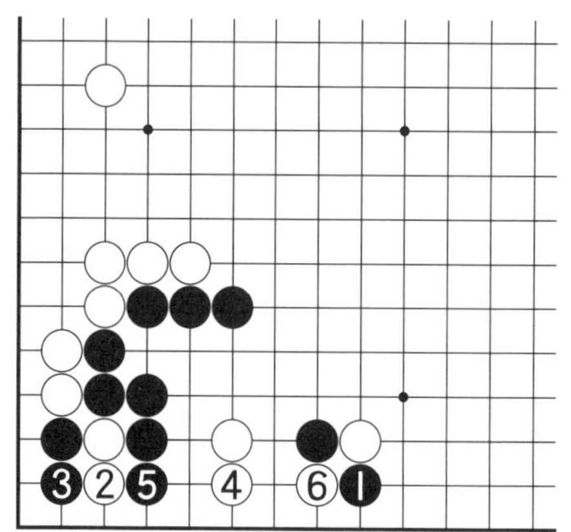

7도

### 7도 (백의 타개)

5도 다음 흑1로 아래로 젖혀도 백2와 흑3을 교환하면 백4가 확실한 선수가 되니 6의 끊음으로 백의 타개가 가능하다.

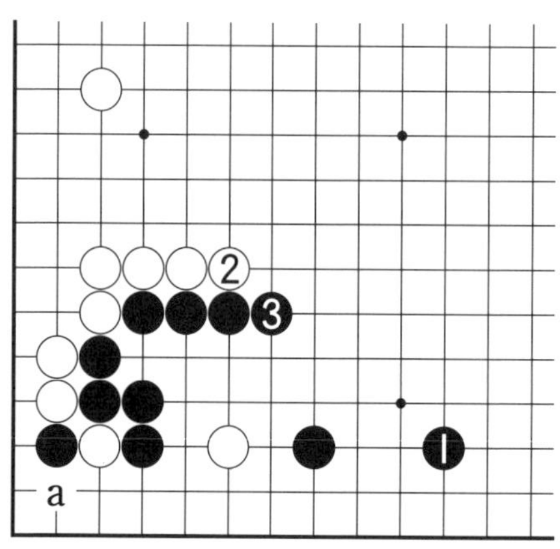

8도

### 8도 (진영의 완성)

흑도 진영을 완성하려면 1의 벌림이 후수이지만 가치가 있다. 이런 경우 백은 2로 밀어놓고 a의 활용을 노리면서 둔다.

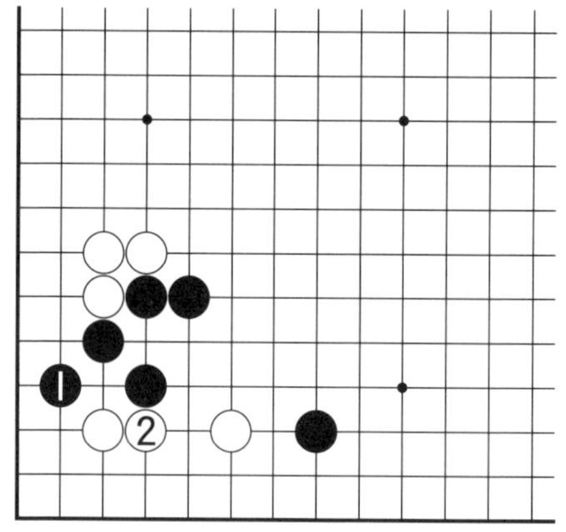

9도

### 9도 (좌변에서 차단)

5도 흑2로 막는 대신 좌변에서 1의 마늘모 차단은 싸우면서 모양을 정리하려는 뜻이다. 백2로 넘을 때 흑의 운영이 중요한데~

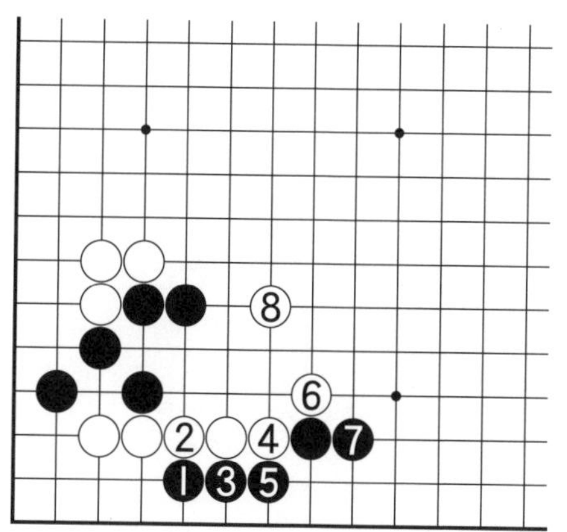

10도

## 10도 (백, 활발)

당장 흑1로 치중해서 공격하는 것은 성급하다. 백은 2로 이은 후 8까지 자연스럽게 좌변 흑을 공격해서 활발하다.

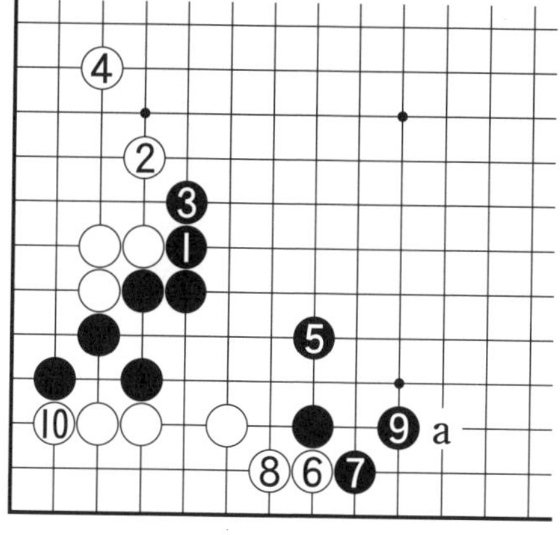

11도

## 11도 (실리와 세력 대결)

9도 다음 흑이 두텁게 두자면 1, 3을 선수한 후 5로 포위한다. 백은 6으로 붙인 후 10까지 재빨리 살아두는 진행이 간명하다.

서로 실리와 세력으로 나뉘며 타협된 모습이다. 참고로 모양에 구애받지 않는 AI는 흑9 대신 a로 폭을 넓히기도 한다.

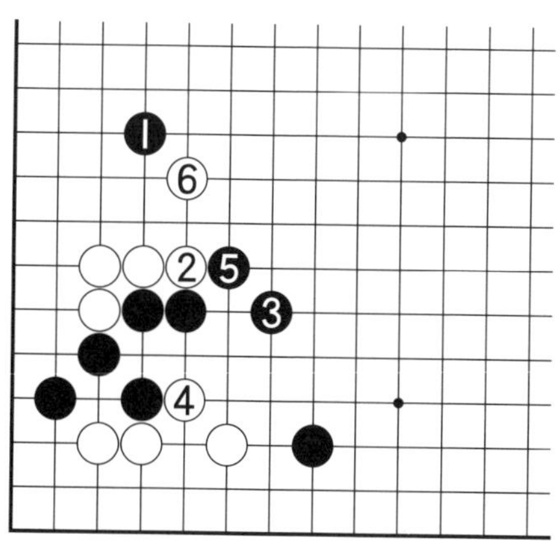

12도

## 12도 (협공 이후)

9도 다음 흑이 실리를 허용하기 싫다면 1로 협공해서 싸운다. 그러면 6까지 정도가 자연스런 공방이며 이후의 싸움 방법은 주변 상황에 달려있다.

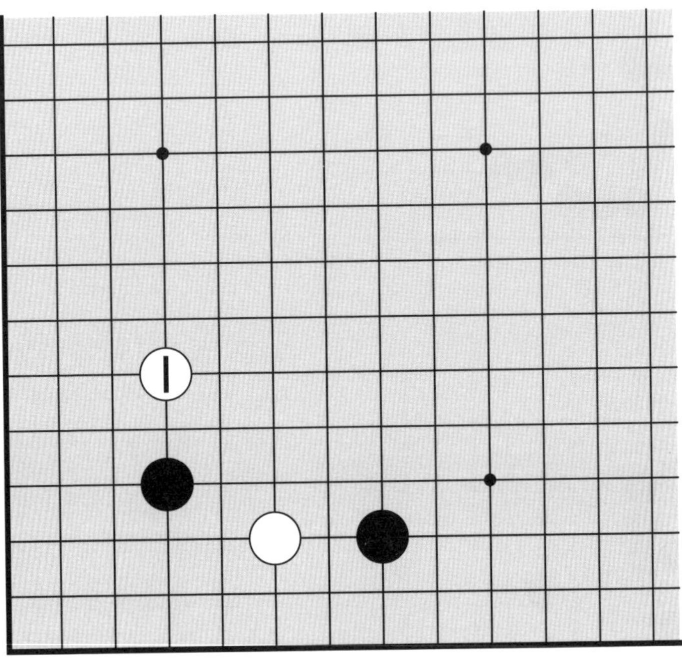

기본형

　이번에는 양걸침의 마지막 관문인 백1의 한칸 높은 양걸침에 대해 알아본다. 이렇게 높게 걸치면 낮은 양걸침에 비해 변화가 극히 제한된다. 그만큼 백도 꼭 필요한 경우에 시도하는 것이 바람직하다.

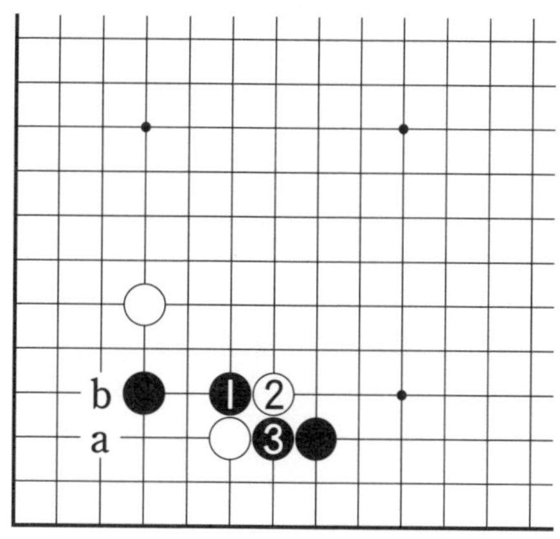

1도

## 1도 (필연)

높은 양걸침에서는 흑1에 백2의 젖힘과 흑3의 끊음까지 거의 필연이다.

여기서 백의 선택이 중요한데, 우선 a로 3三에 들어가면 흑b로 막을 때 백의 대응이 다음 그림과 비슷한 흐름이 되므로 참고하기 바란다.

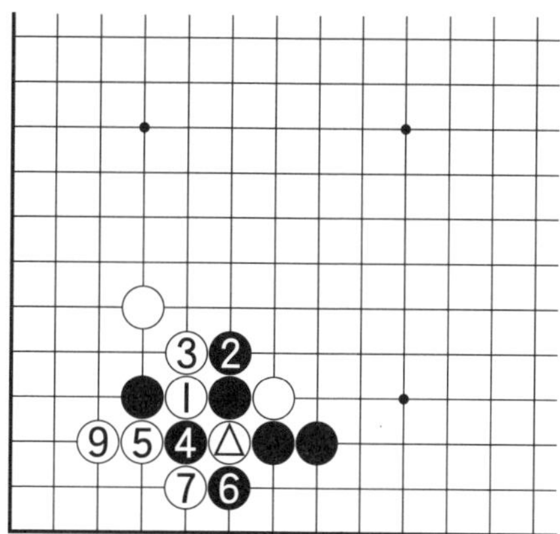

2도



## 2도 (치고 나가는 경우)

이다음 백1, 3으로 치고 나가더라도 미련없이 흑은 4, 6으로 두텁게 한점을 잡고 백은 7의 단수를 결정한 후 9에 늘어 귀를 차지하는 흐름인데~

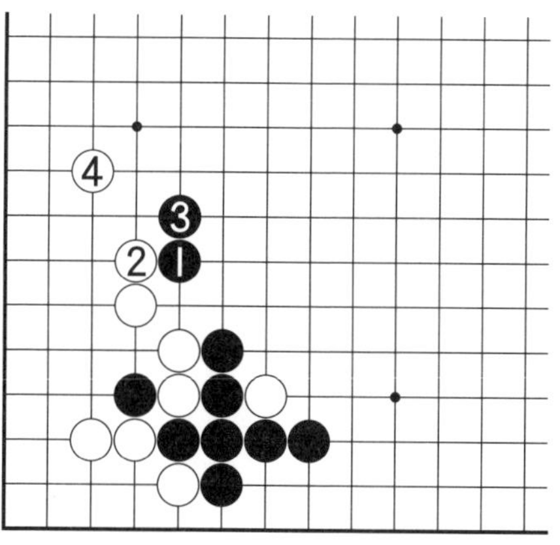

3도

## 3도 (흑, 두터움)

이다음 흑1의 씌움이 요소이며 백2, 4로 자세를 잡으면 일단락이다. 이 진행은 흑의 두터움이 돋보이는 만큼 백은 실리가 마음에 들더라도 이런 식으로 두는 것은 바람직하지 않다.

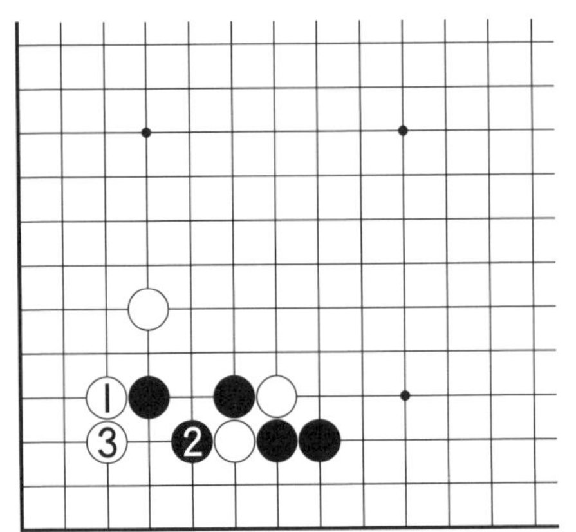

4도

## 4도 (핵심 수순)

1도 흑3 때 백1의 붙임이 이 모양에서의 핵심 수순이다. 흑은 2로 한점을 잡고 백은 3으로 귀에 진입하는 흐름이 되는데 서로 귀와 변을 차지해서 어울렸다.

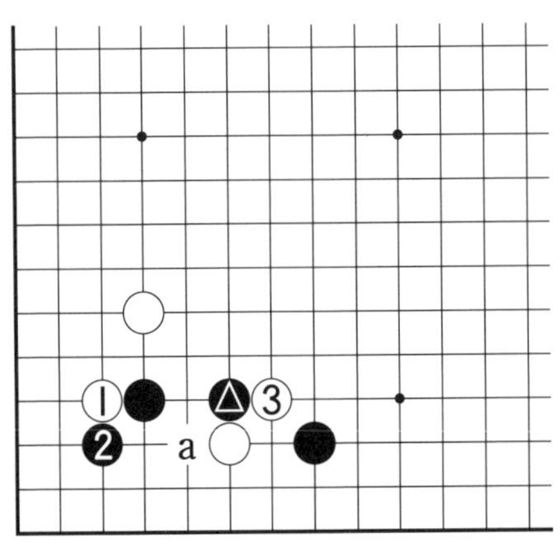

5도

## 5도 (노림수)

되돌아가서 흑▲에 백1로 먼저 붙이는 것은 노림수에 가깝다. 이때 흑이 a로 물러서면 당하므로 당연히 2로 젖혀야 한다. 백3으로 젖힐 때가 흑의 두 번째 관문이다.

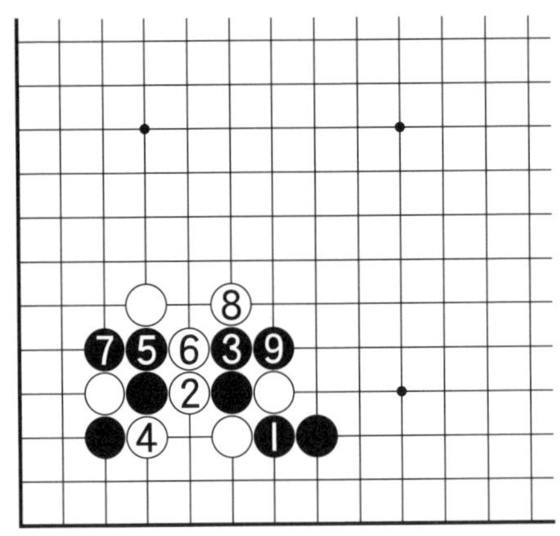

6도

## 6도 (관통)

이다음 흑1로 끊으면 백의 노림에 걸려든다. 백2, 4로 단수치고 나가서 9까지 관통하면 흑이 망가진 모습이다.

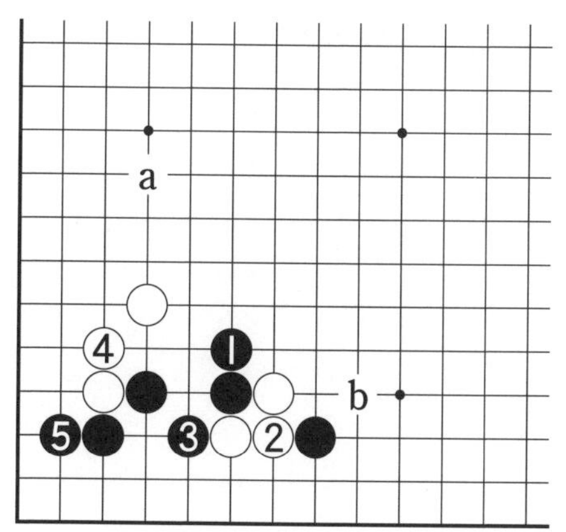

7도

### 7도 (흑, 유리)

5도 다음 흑1로 느는 것이 유연한 대응책이다.

백2로 이으면 흑3, 5로 귀를 차지한 후 a와 b의 공격을 맞보는 흐름이므로 흑이 단연 유리하다.

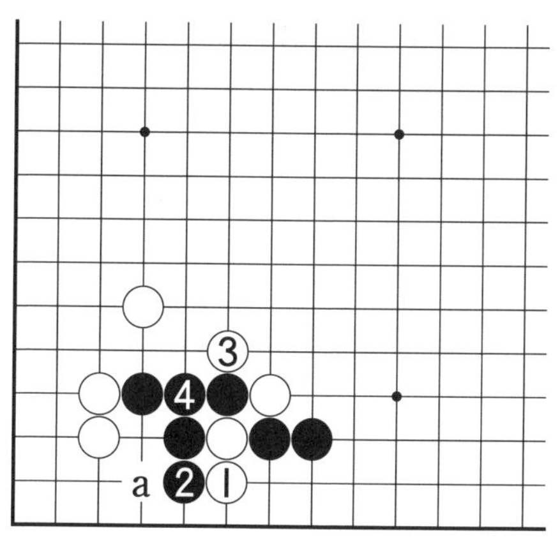

8도

### 8도 (백의 활용)

4도의 정석으로 돌아가서 백은 차후 1로 키운 후 3의 단수를 활용하고 a의 권리를 남기는 것이 이곳을 정리하는 요령이다.

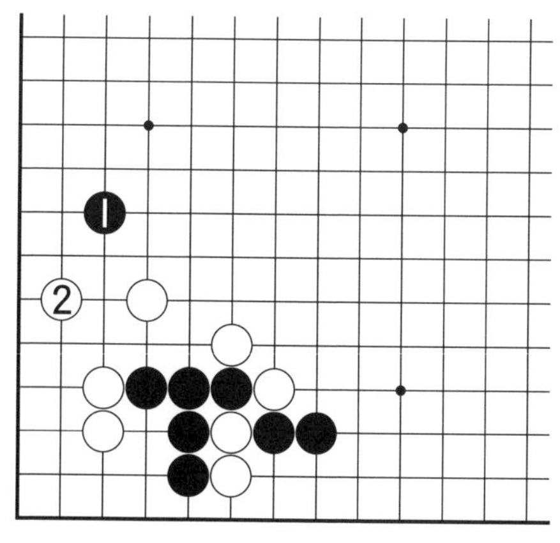

9도

### 9도 (흑의 활용)

흑도 백이 좌변에 벌리기 전에 1로 다가서면 활용이 된다. 백은 2로 뛰어 지키는 것이 탄력적인 수비이다.

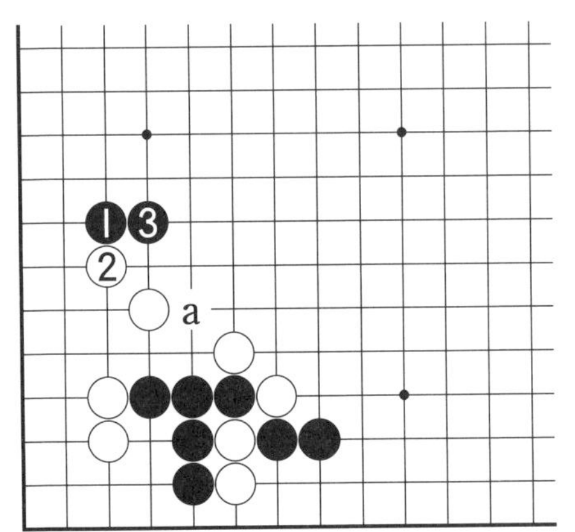

10도

## 10도 (봉쇄하는 맛)

흑1로 다가설 때 백2의 붙임을 선수하고 손을 빼겠다는 발상은 시급한 상황이 아니라면 찬성할 수 없다. 흑3 다음 a의 봉쇄가 남아서는 백이 좋을 리 없다.

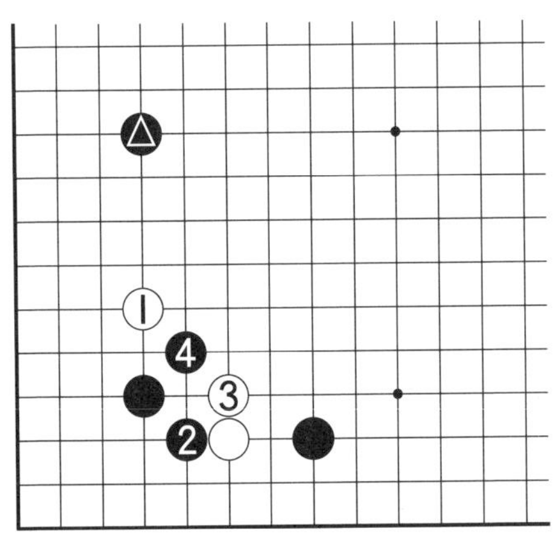

11도

## 11도 (기착점이 있는 경우)

처음으로 돌아가서, 흑▲의 기착점이 있는 경우 백1의 높은 양걸침은 바람직하지 않다.

흑은 2, 4로 가르고 나와 싸우는 것이 강수이다.

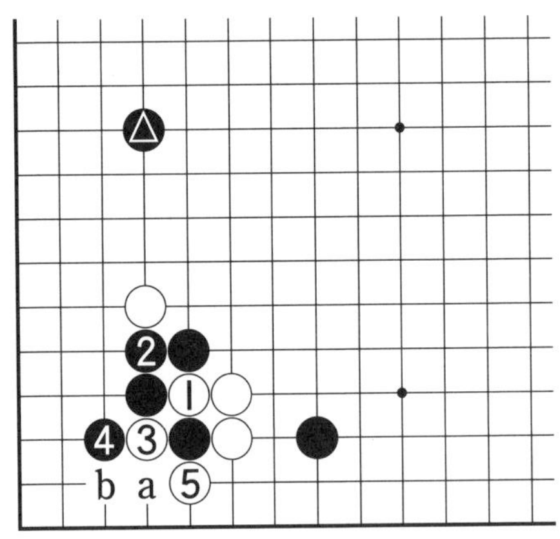

12도

## 12도 (흑, 충분한 싸움)

이다음 백1, 3으로 한점을 잡으면 흑이 4 다음 a와 b, 어디를 선택해도 ▲를 배경으로 충분한 싸움이다.

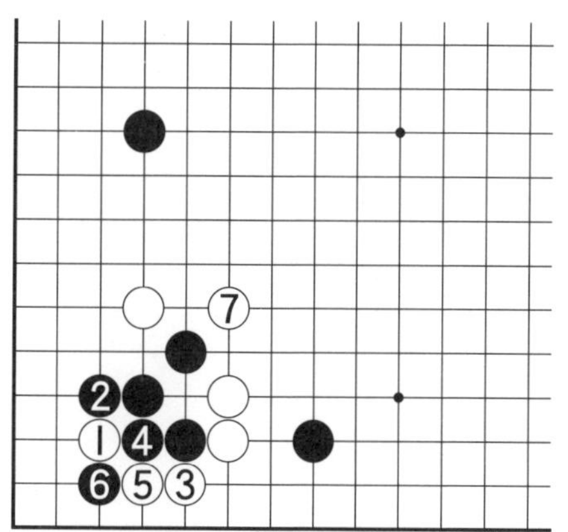

13도

### 13도 (3三침입의 경우)

11도 다음 백1의 3三침입은 흑2
로 막으면 백3, 5로 진입한 후 7
로 씌우겠다는 뜻인데~

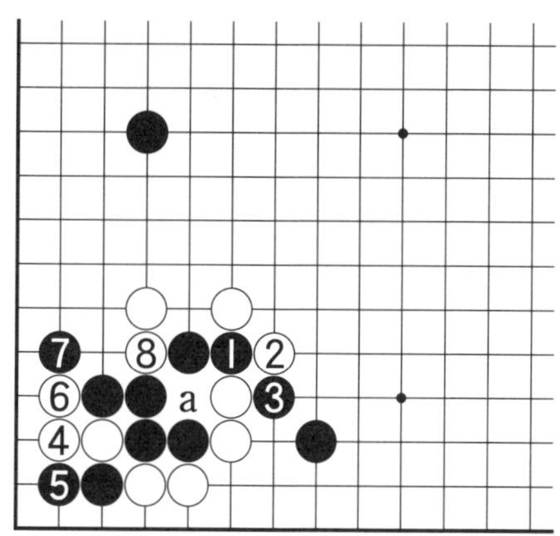

14도

### 14도 (매서운 반격)

이때 흑1, 3으로 무작정 끊는 것
은 백4, 6으로 키워 나오는 반격
이 매섭다. 흑7에 백8로 찌르면
흑a로 이을 수 없으므로 중앙 요
석 두점을 잡은 백이 만족이다.

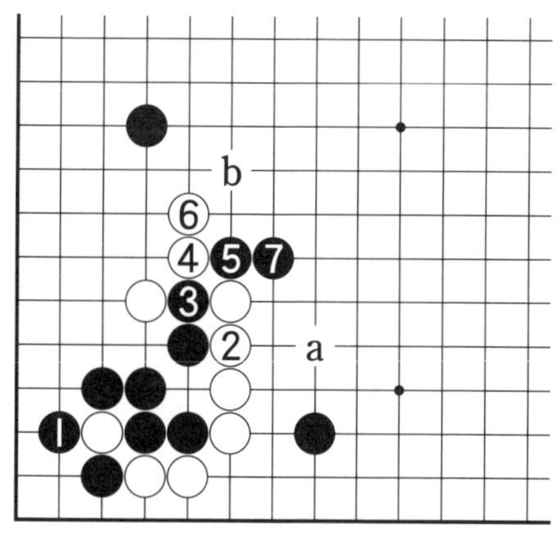

15도

### 15도 (귀를 지킨 후 끊음)

13도 다음 흑은 중앙을 내버려두
고 1로 귀의 한점을 잡는 것이 우
선이다. 그러면 백2로 잇더라도
흑3, 5로 나와끊는 것이 통렬하
다. 백6에 흑7이면 a와 b를 맞보
기로 백이 아주 불리한 모습이다.

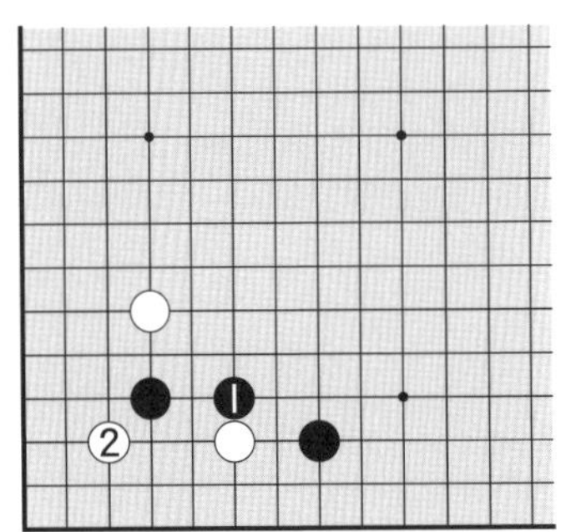

### ▦ 장면

화점 한칸협공에서 흑1로 붙일 때 백이 2로 즉각 3三에 침입하면 흑이 어떻게 대처할지 생각해보자.

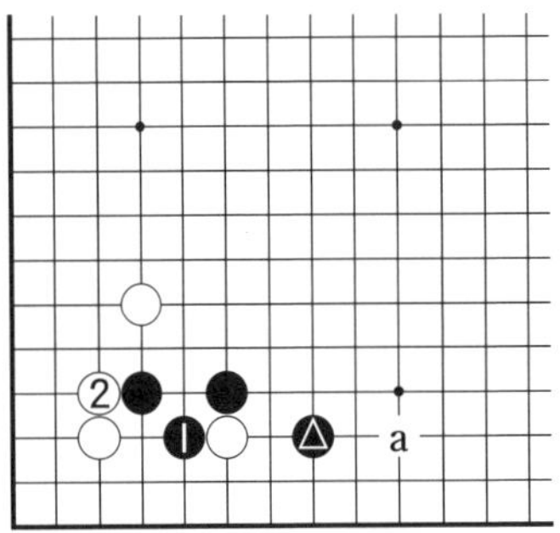

### 1도 (흑, 불리)

흑1과 백2로 되는 것은 흑▲의 위치가 중복에 가깝고 백a로 다가설 때도 이용당할 여지가 남아 보통은 흑이 불리하다.

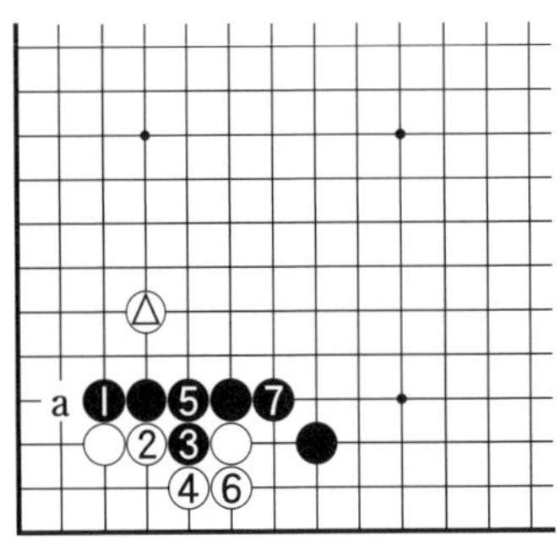

### 2도 (흑, 두터움)

흑이 1쪽에서 막은 후 7까지 견실하게 연결만 해도 두터운 흐름이다.

　백은 ▲의 위치가 높은 만큼 a의 젖힘을 섣불리 둘 수 없으니 불만이다.

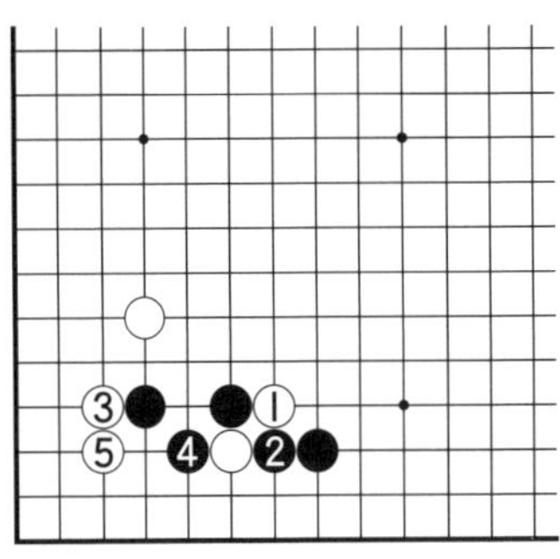

### 3도 (올바른 수순)

따라서 이 정석에서는 백도 1의 젖힘을 먼저 활용한 다음 3, 5로 귀에 진입하는 것이 올바른 수순이었다.

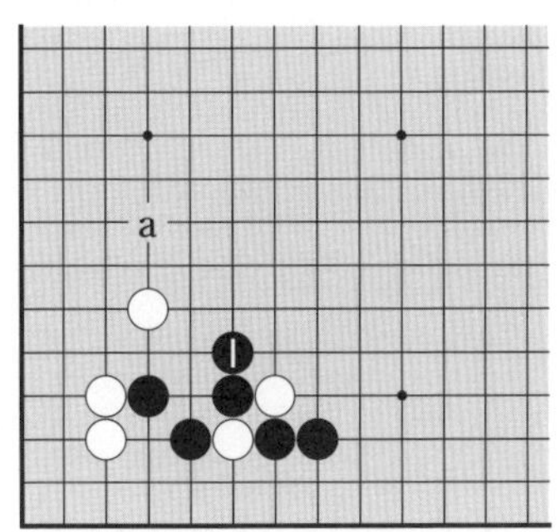

### ▦ 장면

이 정석에서 흑1은 상대의 활용을 피해 두텁게 두려는 뜻이다. 그러면 백a로 지키는 것이 견실한데, 만일 손을 빼면 흑의 효과적인 노림은 무엇인지 생각해보자.

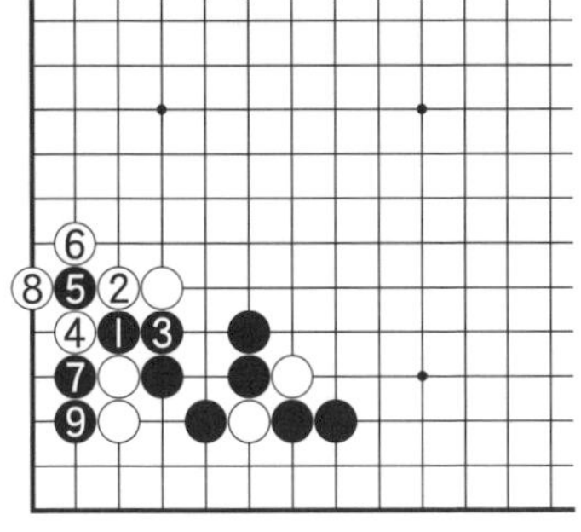

### 1도 (흑, 불만)

흑1의 젖힘이 강하지만 백2, 4로 넘어가는 유연한 수비가 기다린다.

흑5로 끊으면 9까지 귀의 두점을 잡을 수 있지만 후수이고 백도 두텁게 정비되어 흑이 불만이다.

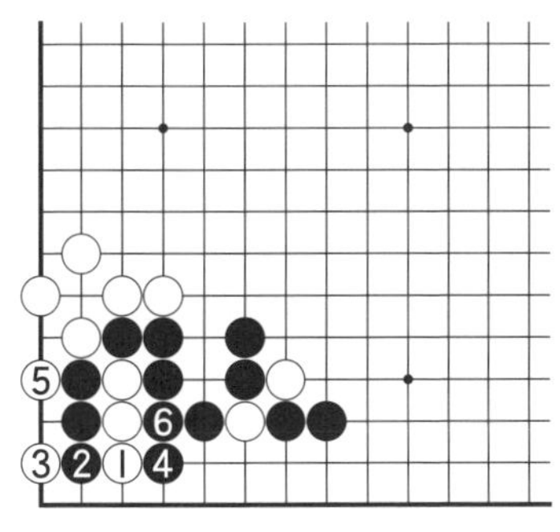

### 2도 (귀의 끝내기 맥점)

귀의 흑집도 백1로 키운 후 3의 맥점을 구사하면 6까지 놓고 따내는 끝내기를 당하여 보기보다 크지 않다.

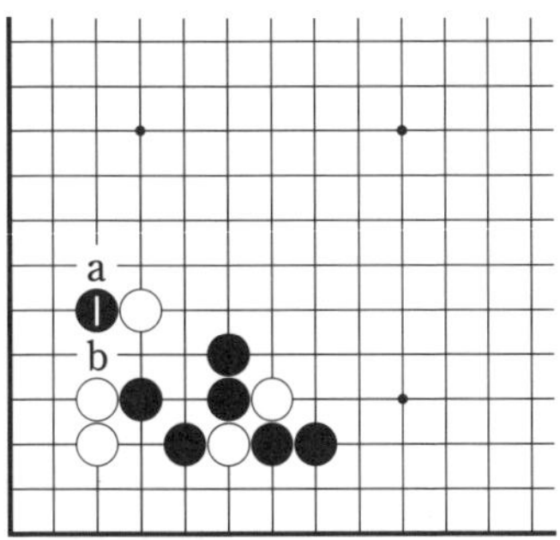

### 3도 (효과적 공략법)

흑1의 붙임이 상대의 허를 찌르는 효과적 공략법이다.

백이 a로 젖혀 싸우는 것은 부담이 되므로 b로 물러나는 것이 무난한데, 그러면 흑이 좌변에서 국면을 주도하는 흐름이다.

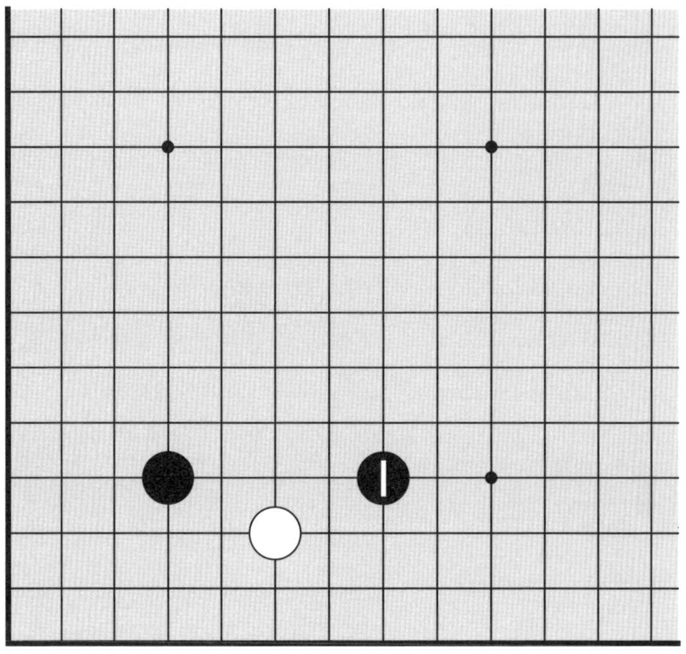

기본형

　화점 걸침에 흑1의 한칸높은협공은 낮은 협공에 비해 중앙 두터움을 중시한다. 더불어 상대의 어려운 대응을 사전에 제한하고 정해진 길로 몰아가려는 뜻도 있다.
　실리에는 취약해서 많이 두지는 않지만 위협적인 노림도 숨어있어 백도 방심은 금물이며, 여기서는 핵심 변화에 대해 알아본다.

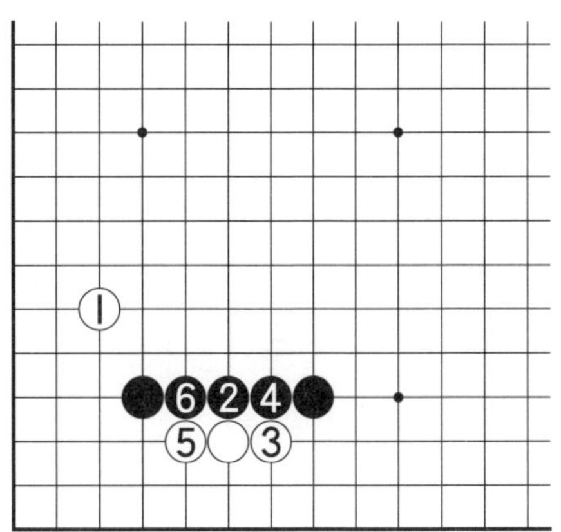

## 1도 (철벽)

한칸높은협공에서는 우선 백1과 같은 양걸침은 시도하기 어렵다. 흑2로 막는 자세가 단단한데 만일 백3, 5로 움직여 흑이 6까지 봉쇄라도 하면 백은 흑의 중앙 철벽에 숨이 막힐 지경이다.

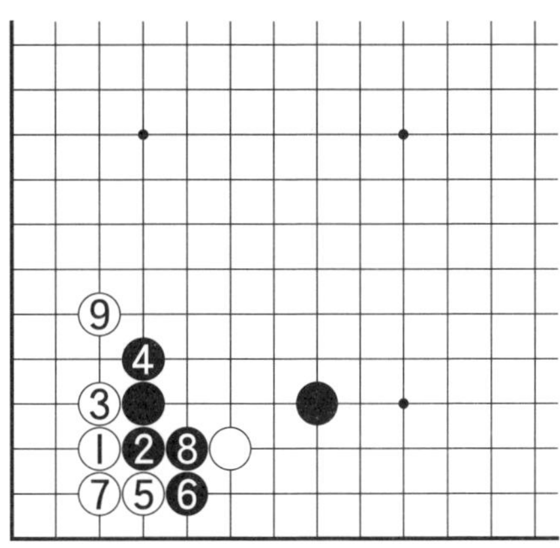

## 2도 (3三침입)

일단 백1의 3三침입이면 간명하다. 흑2로 막은 후 9까지는 필연이다. 백은 귀의 실리를 차지하고, 흑은 두텁게 정비해서 타협한 모습이다.

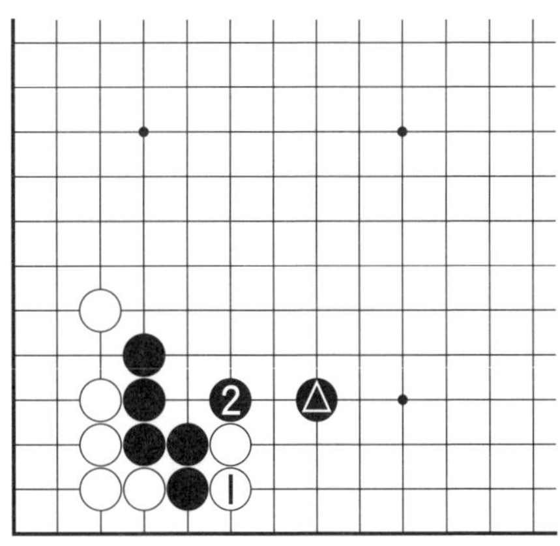

## 3도 (흑의 장점)

이 정석에서 흑은 실리가 취약해도 백1로 움직일 때 흑2로 막는 힘이 강한 것은 장점이다.

이때 흑▲가 2와 합동으로 역할을 톡톡히 한다.

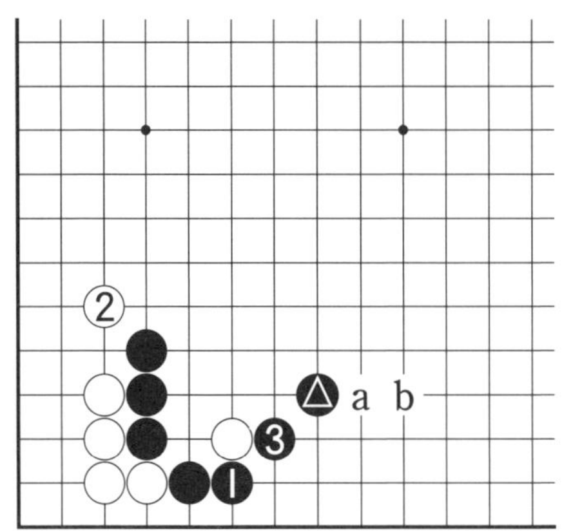

4도

### 4도 (흑, 중복)

이 정석의 과정에서 요즘 AI가 권하는 흑1의 보강은 적용되기 어렵다. 백2 다음 흑3으로 또 지켜야 하니 흑의 모양이 중복에 가깝다. 이 수순은 흑△가 a나 b에 있을 때 효과적이다.

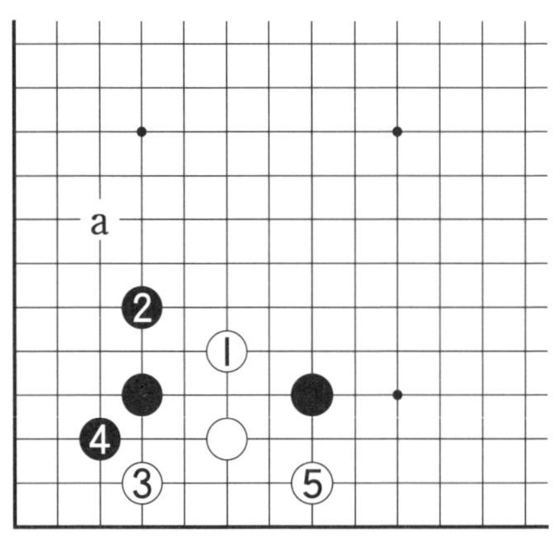

5도

### 5도 (중앙으로 뛰는 경우)

처음으로 돌아가서, 백1의 뜀은 귀의 실리보다 중앙 진출을 원하는 발걸음이다. 흑2로 받고 나서 5까지는 기본 정석이다.

다음 흑이 좌변을 벌리면 후수이지만 아주 무난하며, 손을 빼면 백a의 다가섬이 노출된다.

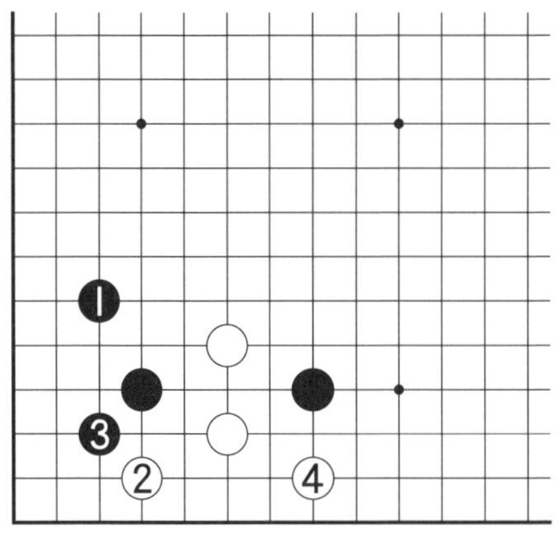

6도

### 6도 (안정적 날일자받음)

흑이 선수로 무난하게 두자면 처움부터 1의 날일자로 받고 백2, 4에 손을 빼는 것도 안정적이며 발빠르다.

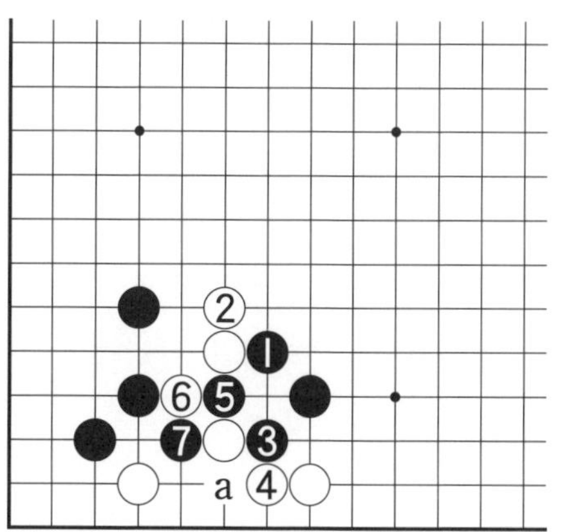

7도

## 7도 (위협적인 노림)

5도에서는 하변에 흑의 위협적인 노림이 숨어있다. 흑1로 붙이면 백2로 늘게 되고 이때 흑3 이하 7로 패를 거는 수단이 그럴듯하다.

만일 이 패를 흑이 이겨서 a로 아래 한점을 따내게 되면~

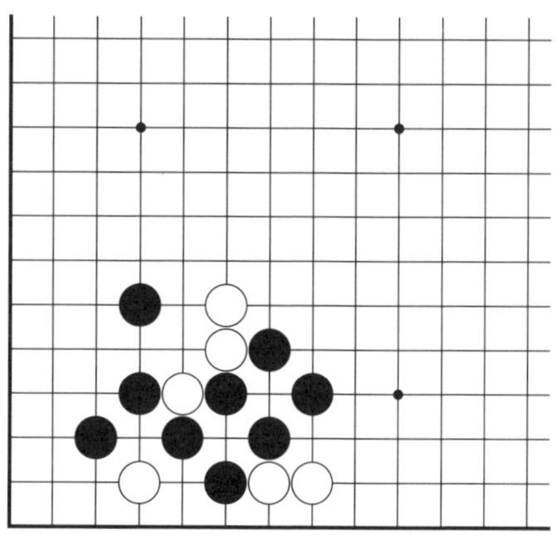

8도

## 8도 (흑승인 패의 결과)

이런 모양이 된다. 보다시피 백의 진영이 초토화되고 대규모 흑집과 세력이 형성된다. 물론 백이 패를 이겨도 상당한 성과를 얻게 되므로 흑도 함부로 이 패를 걸 수 없다. 어쨌든 흑이 시도할 수 있는 패이므로 백도 조심해야 한다.

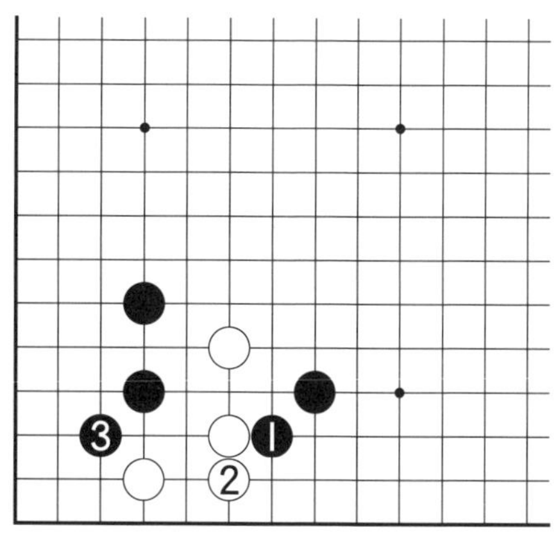

9도

## 9도 (하변 활용의 경우)

5도 백3 때 흑1의 붙임은 하변을 중시한 활용이다. 백2로 받으면 흑3으로 귀를 지켜 일단 흑의 의도대로 된 모습인데~

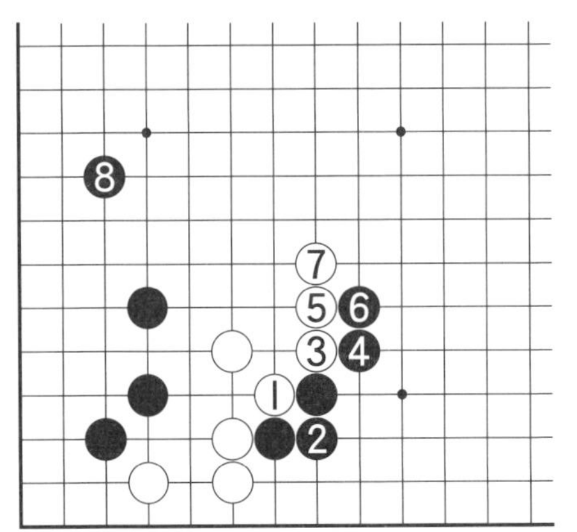

10도

## 10도 (무난한 진행)

이다음 백도 1, 3으로 모양을 갖추며 두텁게 둘 수 있다.

이하 8까지 무난한 진행인데, 백이 근거는 빈약하지만 하변 흑을 노리며 두터움을 살리면 균형을 맞출 수 있다.

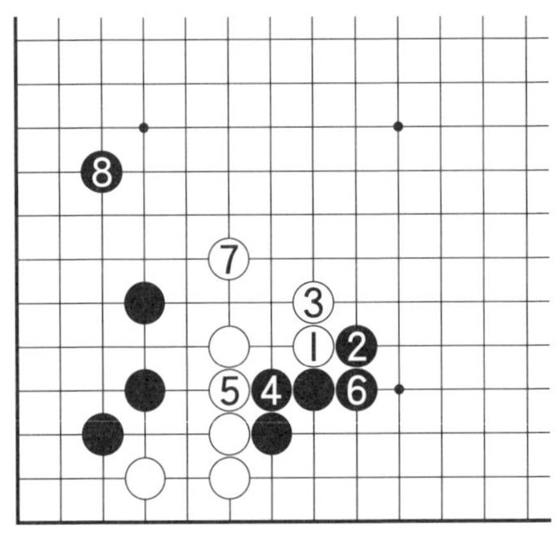

11도

## 11도 (백의 변화)

9도 다음 백1의 붙임부터 두면 흑2, 4의 요소를 선수한 후 6으로 잇고 백7로 모양을 정비하는 수순이 자연스럽다. 다음 흑8로 벌리면 앞 그림과 비슷한 흐름이다.

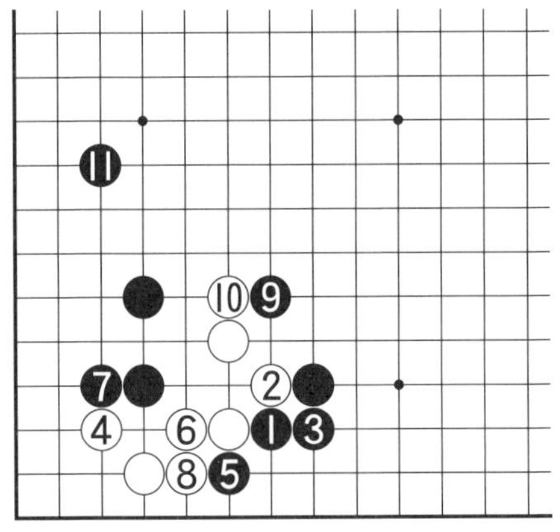

12도

## 12도 (귀와 변의 대결)

10도와 11도는 흑의 의도일지 모른다. 흑1에 백이 상대의 의도대로 두기 싫다면 2를 선수한 후 4로 귀에 들어간다. 흑은 5 이하 9를 선수한 후 11로 좌변을 지키는 흐름이 자연스럽다. 흑이 양쪽 변을 처리했지만 백도 귀를 차지하고 선수이니 서로 어울렸다.

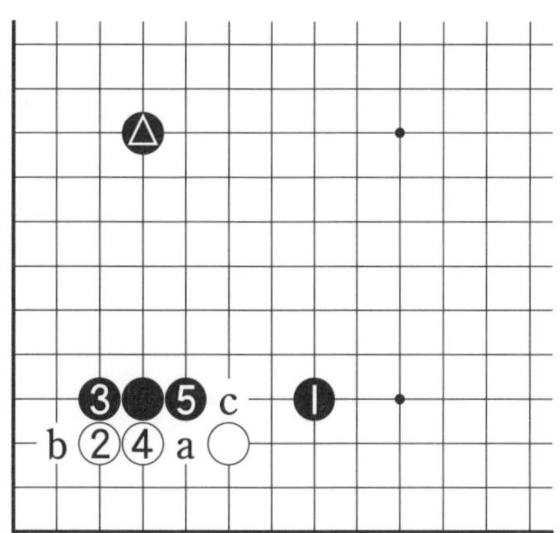

13도

## 13도 (기착점이 있는 경우)

흑▲의 기착점이 있는 경우 흑1의 한칸높은협공에 백은 중앙에 나가도 되지만 2로 침입하면 일단 흑은 3쪽에서 막는 것이 당연하다.

다음 흑5 때 백은 a 또는 b를 선택할 수 있고, c는 좋은 수단이 아닌데 왜 그런지 알아본다.

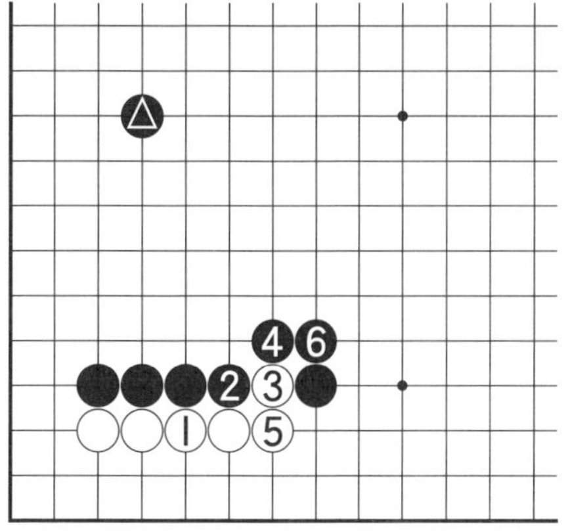

14도

## 14도 (실리와 세력 대결)

앞 그림에 이어서, 백1로 이으면 흑2로 막고 백3의 끼움에는 흑4, 6으로 위에서 단수치고 잇는 것이 흑▲의 세력을 살리는 길이다.

전형적인 흑의 세력과 백의 실리 대결이다.

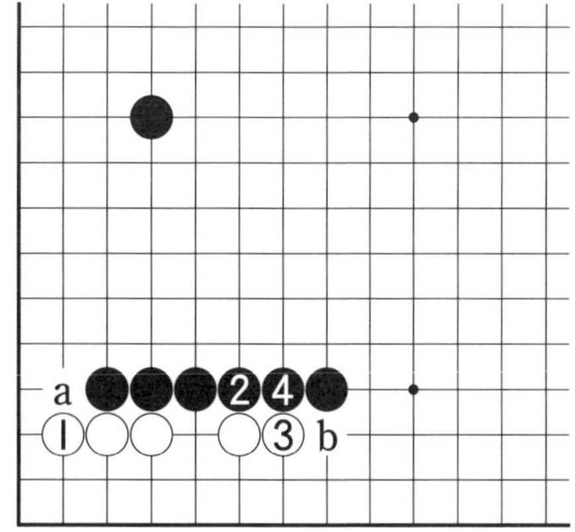

15도

## 15도 (일장일단)

13도 다음 백1로 내려서면 흑2, 4로 틀어막는 것이 세력을 살리는 길이다.

이 진행에서는 백이 귀쪽 a로 나가는 길이 열려있는 대신 변쪽 b로 나가기는 순조롭지 않다. 앞 그림과는 일장일단의 관계이다.

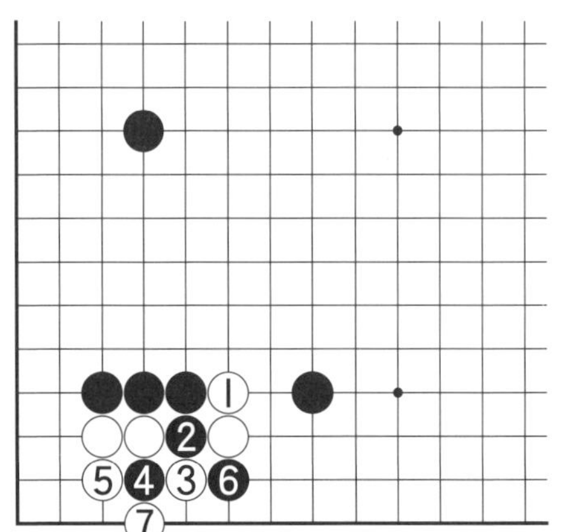

16도

## 16도 (올라서는 경우)

이번에는 백1로 올라서는 수단이
다. 흑은 2, 4로 나가끊는 것이 상
용 수단이며 7까지 필연이다.

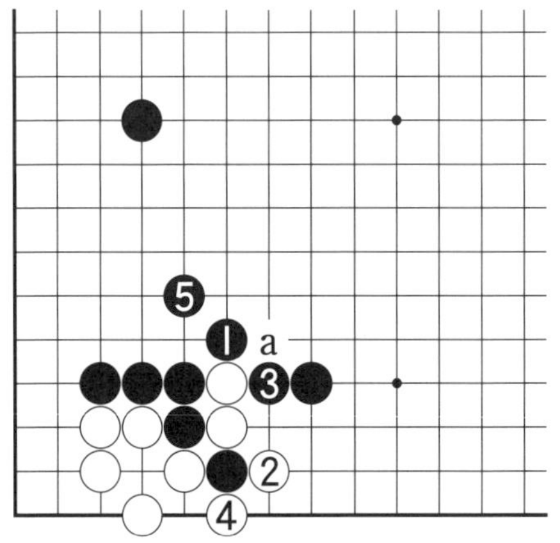

17도

## 17도 (백, 불만)

이다음 흑은 1, 3으로 중앙을 틀
어막은 후 5로 좌변 쪽을 지켜도
중앙 세력에 약점이 없는 것이 장
점이다. 백은 a로 끊을 수 없는 것
이 불만이다.

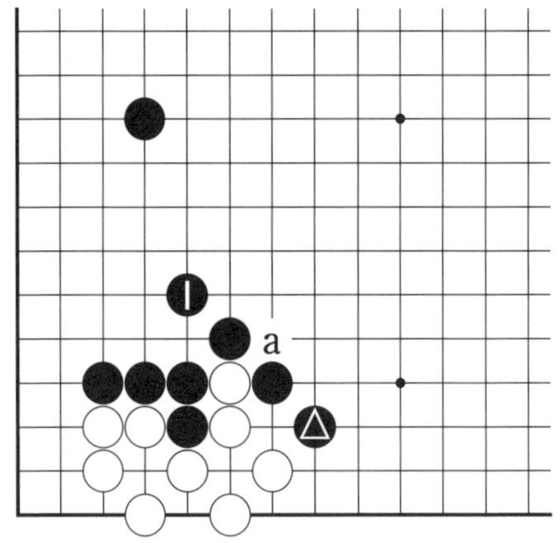

18도

## 18도 (한칸협공과 비교)

참고로 흑▲의 한칸협공인 경우라
면 앞 그림과 같은 모양에서 흑1
로 지키면 백이 a의 끊음을 노릴
수 있다. 앞 그림은 이런 맛이 없
으니 백의 불만이었다.

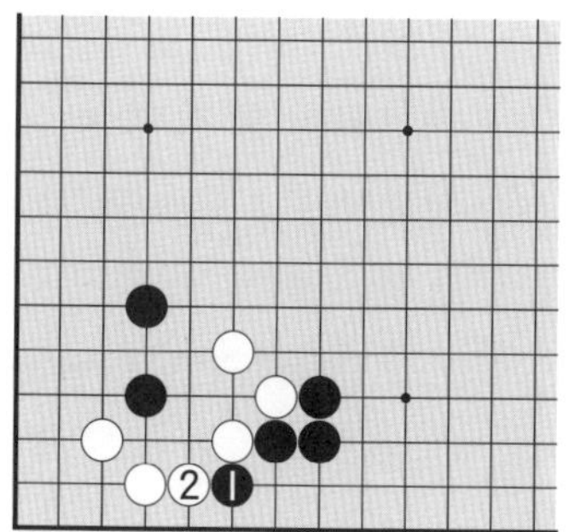

### 장면

이 장면에서 흑1로 젖힐 때 백이 늦추지 않고 2로 막는 것은 적극적 대응인데 이후 어떤 변화가 일어나는지 알아보자.

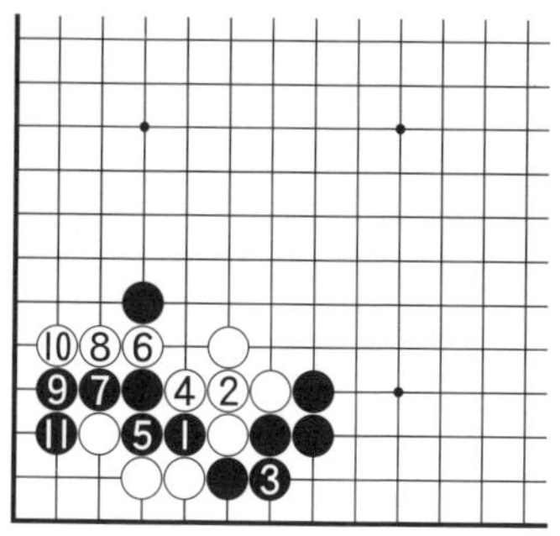

### 1도 (백, 불리)

우선 흑1로 끊고 3으로 잇는 것은 당연하다. 다음 백의 선택이 초점인데 4, 6으로 몰고 11까지 좌변을 뚫는 것은 귀의 실리를 허용해서 백이 불리하다.

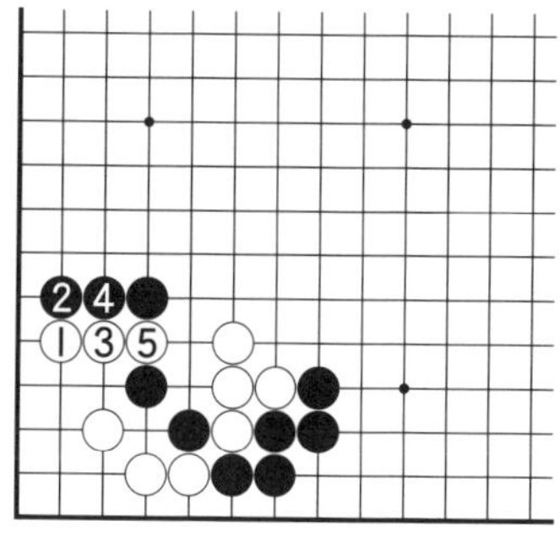

### 2도 (흑, 불리)

앞 그림 흑3 때 백1의 날일자 진출이 상황에 맞는 행마이다.

　이번에는 흑의 선택이 초점인데 단순히 2로 막는 것은 백3, 5로 두점이 잡혀 흑이 불리하다.

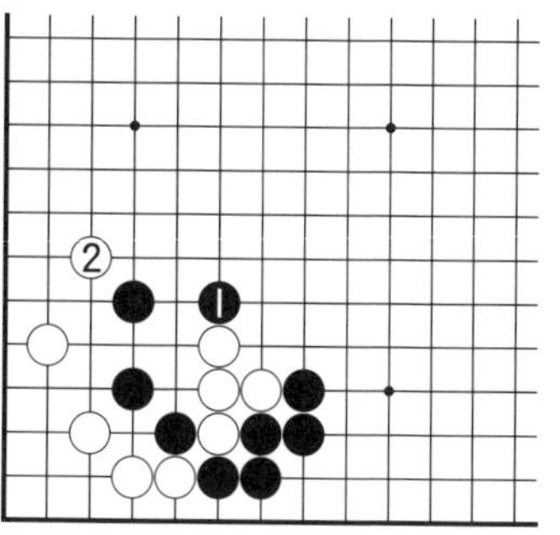

### 3도 (모양의 급소)

이 시점에서 흑1의 붙임이 모양의 급소이다. 이때 백이 중앙에서 맞대응하면 무거워질 우려가 크므로 손을 빼고 2의 좌변 진출이 현실적이다. 백이 실리에 민감하면 이렇게 둘 수 있는데 흑도 두터운 흐름이므로 서로 어울렸다.

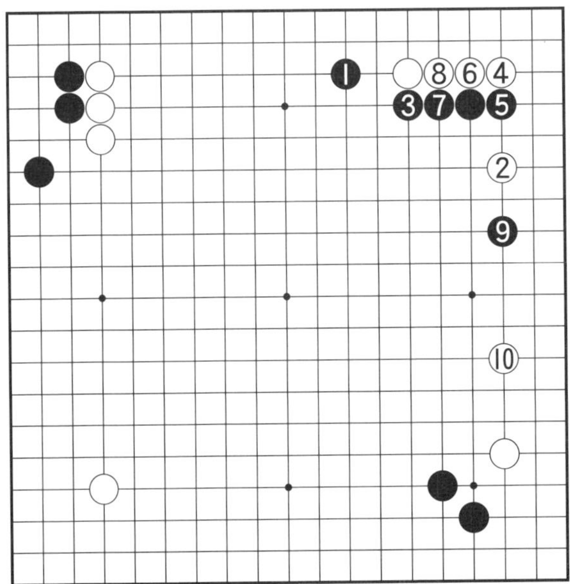

실전 1

## 실전 1

좌상귀는 AI시대를 상징하는 대표 정석인데, 초점은 이를 배경으로 우상귀 흑1의 한칸협공에 백2로 양걸침했다. 흑3에 백4로 침입한 후 9까지 AI도 인정하는 변화이다. 백은 10으로 벌리며 우하귀와 연동해서 일단 손을 돌렸다.

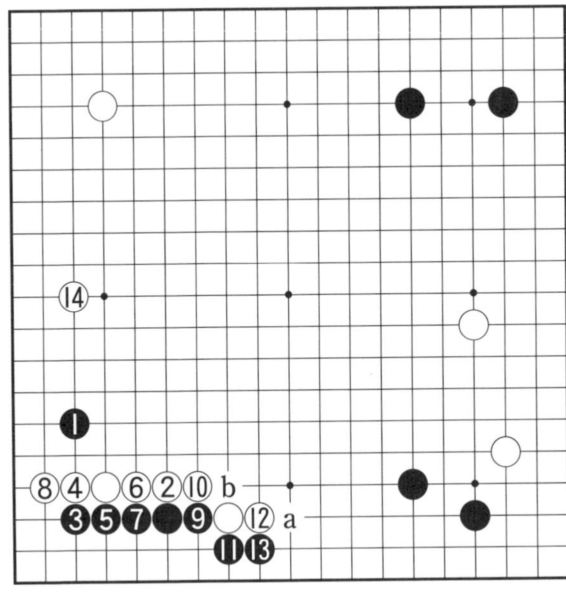

실전 2

## 실전 2

초점은 좌하귀인데 이 포석에서도 흑1로 양걸침한 후 7까지는 앞 실전과 같은 흐름이다.

이번에는 백8로 귀를 위협하고 흑9 이하 13 때 백14의 세칸협공은 좌상귀에도 영향을 주기 위함이다. 다만 백이 하변에서 손을 뺐으므로 a나 b가 흑의 노림으로 남아있다.

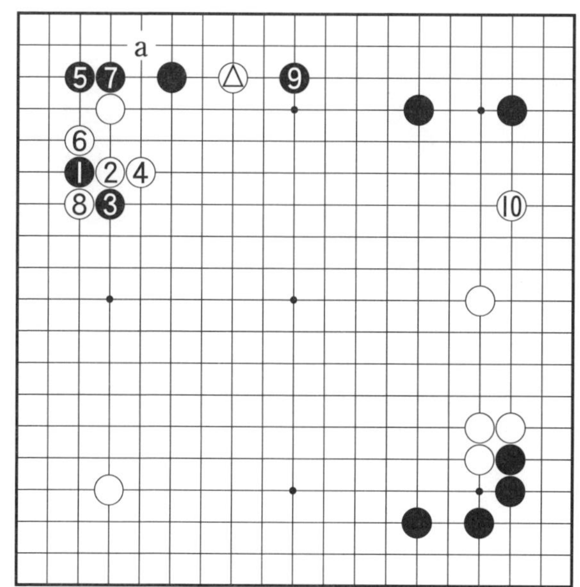

실전 3

## 실전 3

우하귀는 널리 알려진 소목 정석이다. 좌상귀가 초점인데 흑1에 백2 쪽으로 붙이면 이하 8 까지는 상용 수단이다. 다만 백△로 인해 a의 단점이 노출되는 만큼 흑9의 벌림은 이를 대비하면서 상변도 구축하려는 뜻이었고, 백은 10 으로 우변을 개척했다.

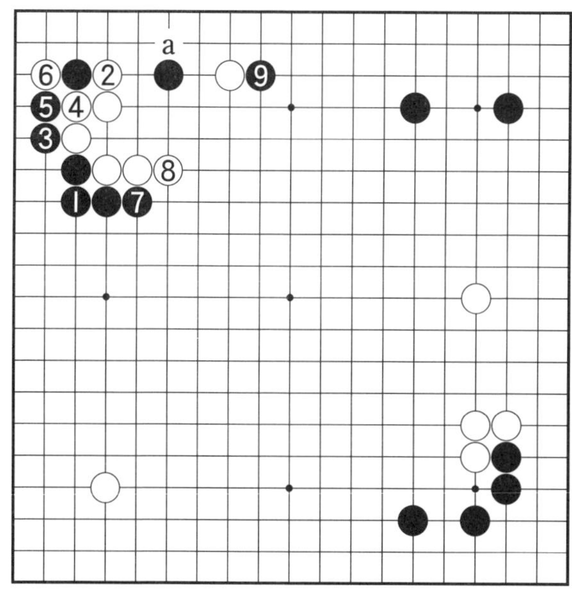

참고도

## 참고도 (AI 추천)

실전 백6 때 흑1로 잇고 8까지는 AI가 추천하는 변화이다. 백이 귀와 변을 제압해서 마냥 좋아할 일만은 아닌 것이 AI 는 즉각 흑9로 준동하는 맛을 노리라고 일러준다. 흑은 a가 귀에 선수로 작용함으로 이런 변칙수가 가능한데 이제부터 우열은 서로의 전투력에 달려있다.

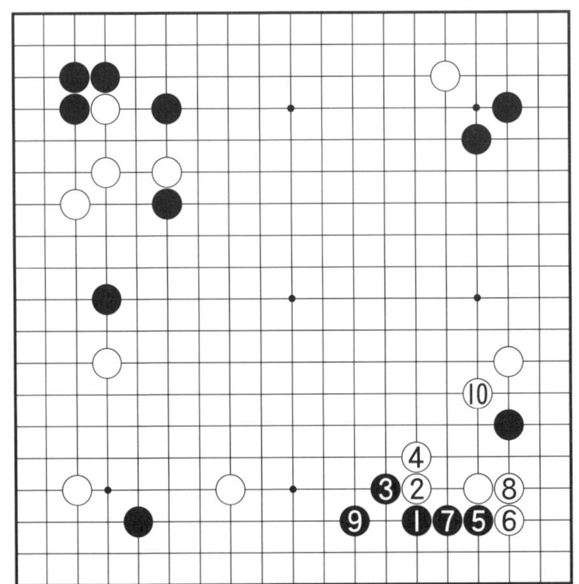

실전 4

**실전 4**

포석이 어지럽게 짜여 있는 것이 자유분방을 추구하는 AI시대답다.

초점은 우하귀인데 흑1의 양걸침에서 백2에 흑3, 5로 붙인 후 10까지 되면 아주 무난한 정석이다. 서로 사이좋게 두자면 이런 변화도 구사할 만하다.

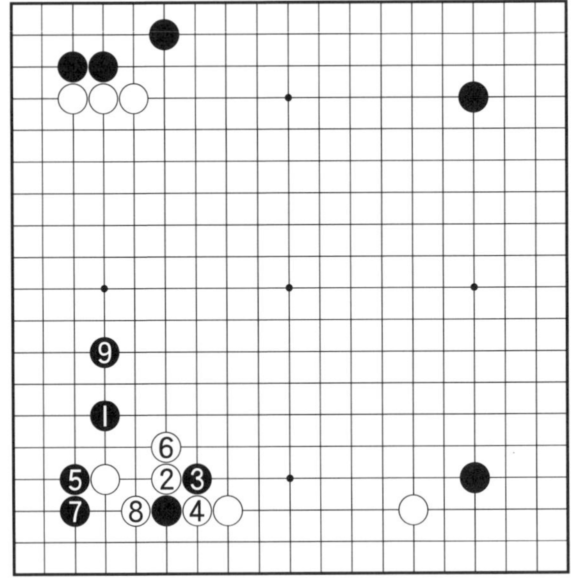

실전 5

**실전 5**

전형적인 화점 포석이다. 좌하귀 한칸협공에서 흑1은 높은 양걸침인데 백2 이하 8까지는 거의 필연적인 정석이다. 이 과정에서 백6은 두터움을 중시하는 수단이며 흑9의 한칸 지킴도 분란을 주지 않는 안정적 보강이다.

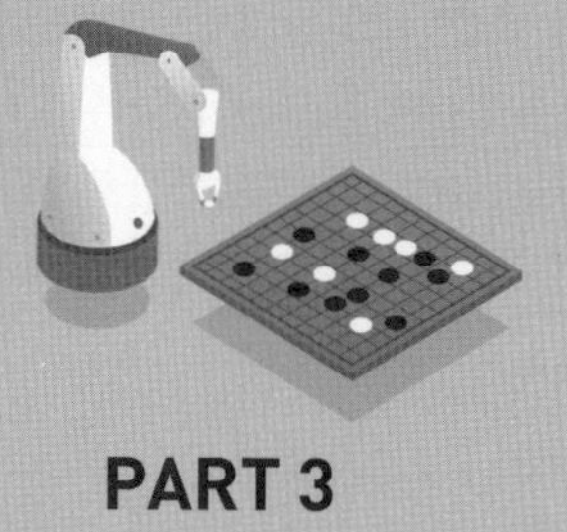



# 두칸의 협공

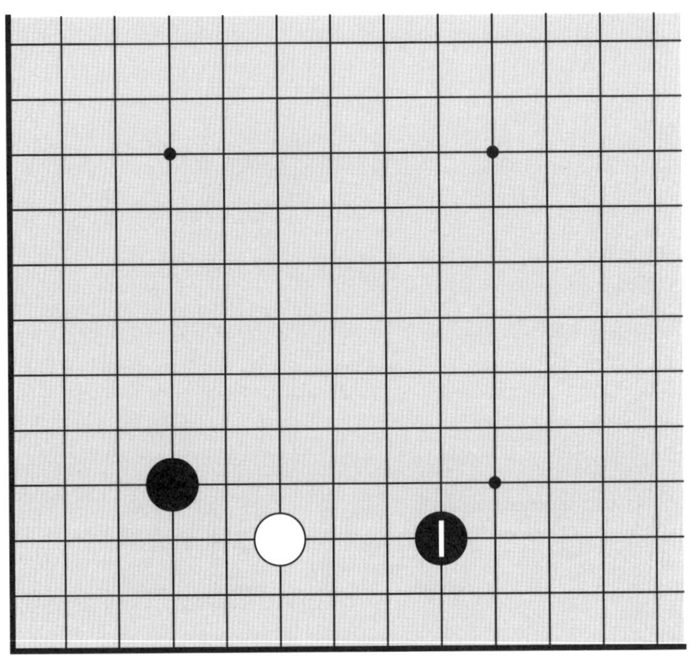

기본형

　화점 걸침에 흑1의 두칸협공은 일단 급하지도 느슨하지도 않은 3선의 안정된 지점이다. 한칸협공과 발상은 비슷해도 상대적으로 여유가 있는 만큼 풀어가는 사고방식이 달라져야 한다. 여기서는 두칸협공의 핵심에 대해 알아보며, 세세한 변화는 두칸높은협공을 참고한다.

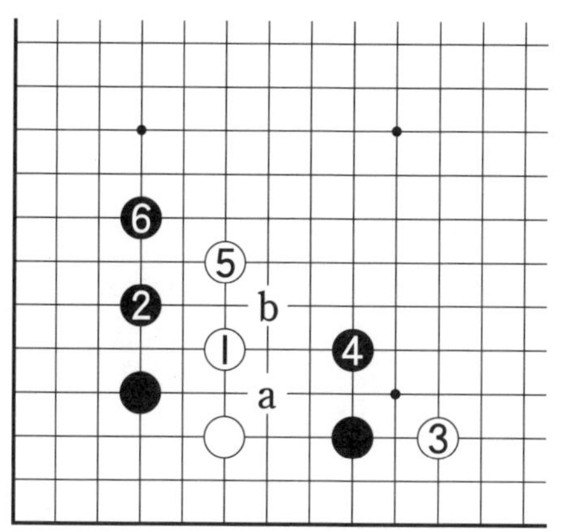

1도

### 1도 (백, 불리)

두칸협공에서도 백1로 뛴 후 3으로 같이 협공하는 것이 가능할까.

서로 6까지 한칸 뛰는 경쟁이 되었을 때 흑이 a와 b로 선수활용하는 여유가 있는 만큼 백이 한칸 협공에서 두었던 방식을 적용하면 불리하다.

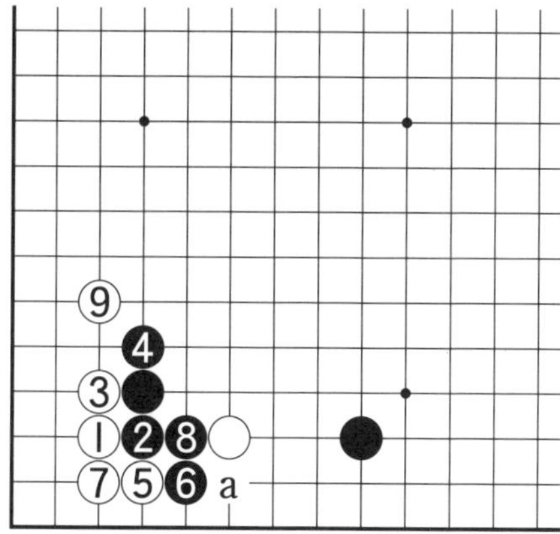

2도

### 2도 (비효율적 이음)

백1의 3三침입이면 가장 알기 쉽다. 흑2의 차단은 당연하고 이하 9까지 잘 알려진 정석이다.

다만 그동안 많이 두던 흑8의 이음은 백이 a로 준동하는 수단이 남아 흑의 모양이 비효율적이라는 것이 AI시대의 관점이다. 따라서 이 정석은 주변 상황에 따라서만 사용하는 것이 현명하다.

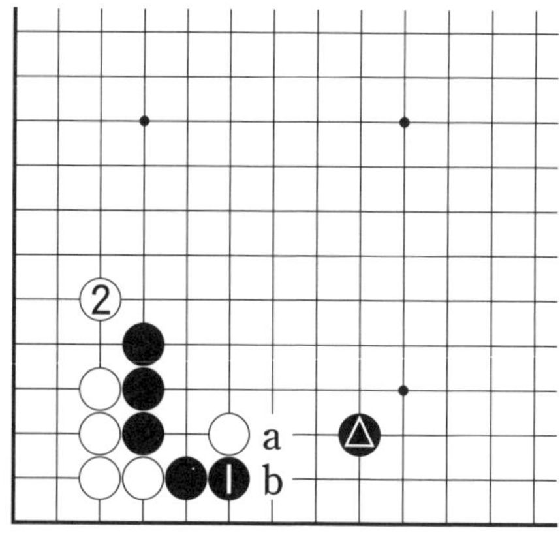

3도

### 3도 (진화된 수비법)

지금은 흑1로 늘어서 보강한 다음 손을 빼는 것이 두칸이라도 흑▲로 낮을 때의 대응법이다. 이후 백 a로 움직이면 흑b로 넘어가서 별일 없다는 뜻인데 AI시대의 진화된 수비법이라 생각해도 좋다.

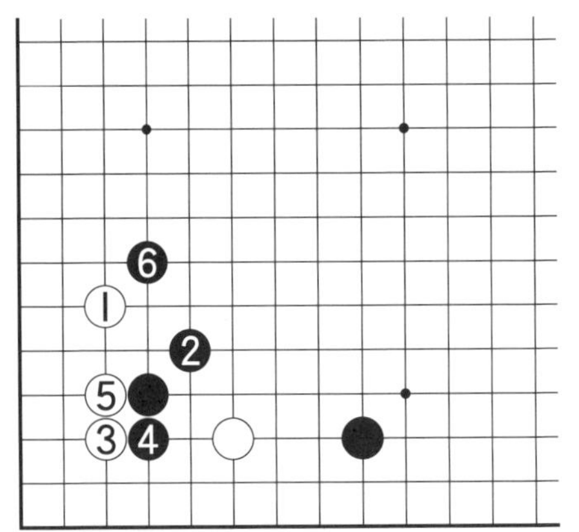

4도

### 4도 (흑, 나약)

백1의 양걸침은 싸움을 마다하지 않는 능동적인 수단이다.

이때 흑2의 마늘모 진출은 나약하다. 백3으로 3三에 침입하면 흑4로 막고 6으로 모양을 키우려는 뜻이겠지만~

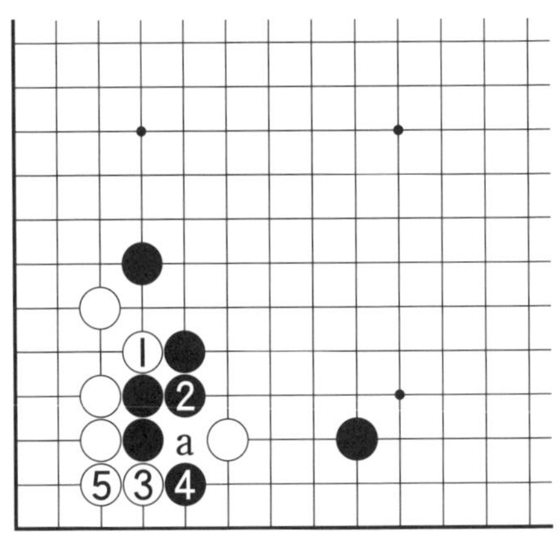

5도

### 5도 (백, 만족)

백1의 호구가 급소이고 3, 5로 젖혀 이으면 흑의 모양이 엷다.

흑이 a로 또 이어야 한다면 중복이며 맛도 남지 않는가. 그동안 백은 알찬 실리를 얻어 만족이다.

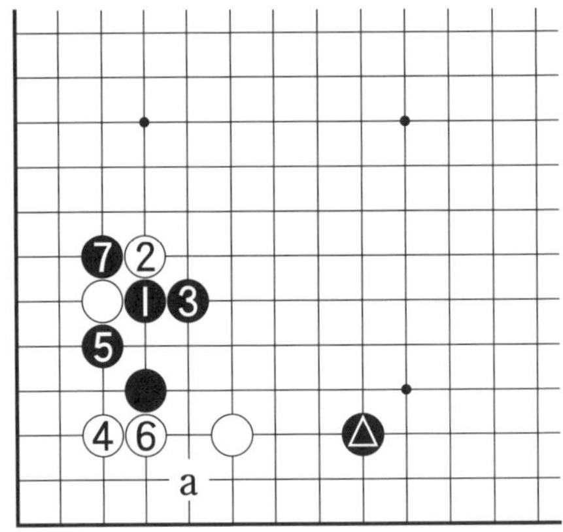

6도

### 6도 (흑, 불만)

흑도 출발은 양걸침 어딘가에 붙이는 것이 좋은데 방향이 중요하다. 흑1로 내 편(▲)이 있는 반대쪽에 붙이면 백2, 4의 수순으로 귀에 침입해서 7까지 변화가 일어난다. 그러면 흑의 불만인 것이 ▲의 위치가 귀의 백에 위협이 되지 않아 a의 노림도 없다.

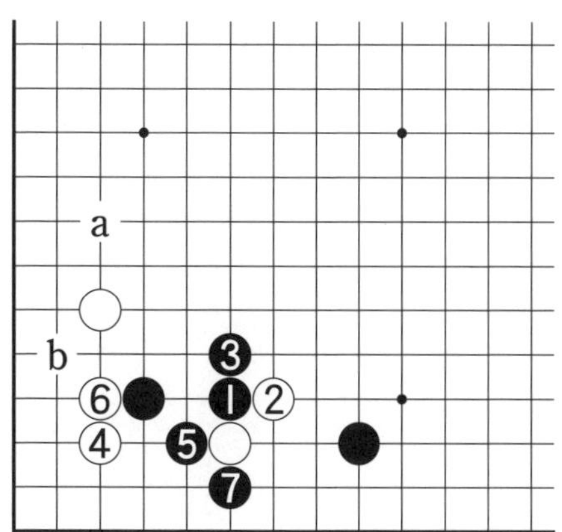

7도

## 7도 (내 편에 붙임)

흑1로 내 편이 있는 쪽으로 붙이는 것이 풀어가기 좋다. 이번에도 백2, 4의 수순을 밟으면 흑은 5, 7로 하변을 제압해서 두텁고 차후 a로 압박할 때 b의 치중도 노릴 수 있다. 백도 선수로 귀를 차지했으니 서로 어울리는 진행이다.

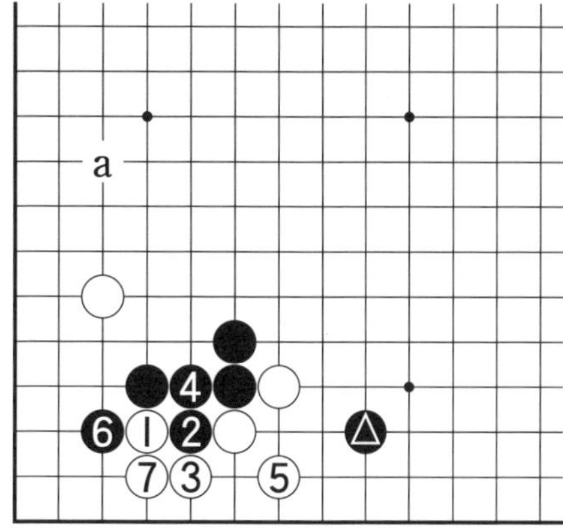

8도

## 8도 (흑, 불리)

앞 그림 흑3 때 백은 1의 붙임으로 변화를 구할 수 있다.

이때 흑2, 4로 끼워 이으면 이하 7까지 백의 모양이 정비되며 흑은 ▲의 위치가 이상하다. 흑▲가 a쪽에 있더라도 미흡한 터에 이 그림은 아주 불리하다.

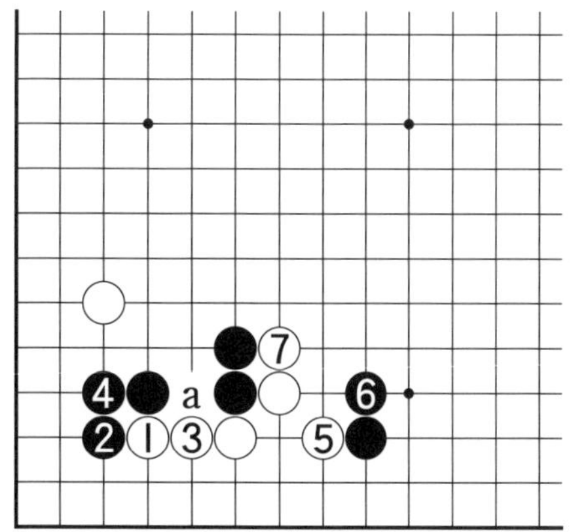

9도

## 9도 (어려운 싸움)

백1로 붙일 때는 흑도 2, 4로 귀를 지키는 것이 현명하다.

뒤가 어렵지만 백은 5, 7로 근거를 마련해 나가며 a의 끊는 맛을 노리는 것이 일책인데, 흑도 귀를 토대로 충분히 싸울 수 있다.

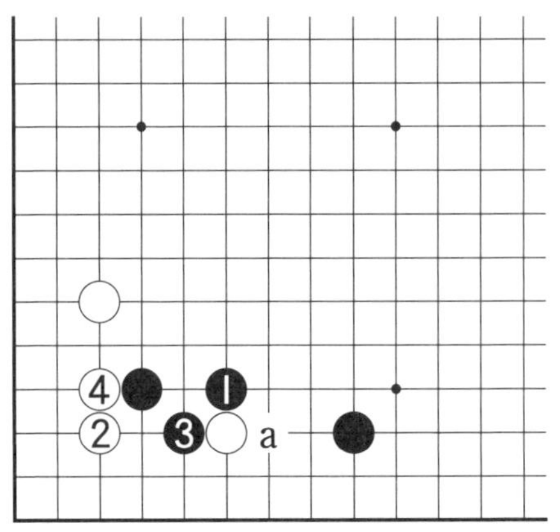

10도

## 10도 (각자의 길)

흑1에 백도 어려운 싸움을 피하자면 2로 침입하는 것이 순탄하다. 이때 무난하게 두자면 흑3과 백4로 각자의 길을 간다.

물론 귀의 실리를 깔끔하게 차지한 백이 나쁠 리 없다. 다음 흑a로 한점을 잡으면 단단하지만 느슨하고, 여기를 방치하면~

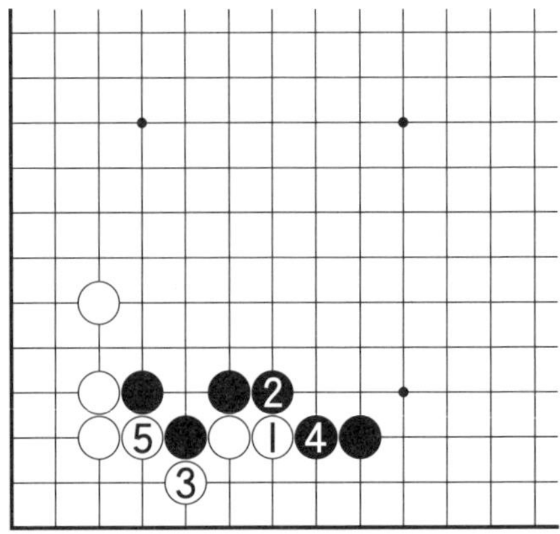

11도

## 11도 (백의 실리)

백1로 움직이는 맛이 생긴다. 흑2로 중앙을 차단하면 백3, 5로 넘어가서 백의 실리가 제법 알차다.

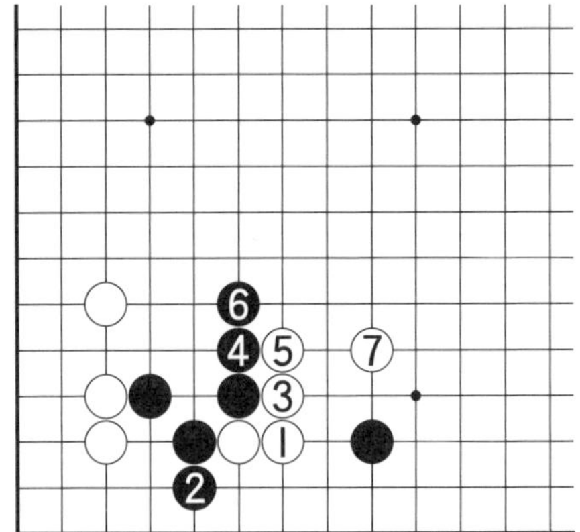

12도

## 12도 (흑진 돌파)

백1에 흑2로 넘어가지 못하게 차단하면 이번에는 백3으로 나가며 7까지 흑진을 갈라서 백이 충분히 싸울 수 있다.

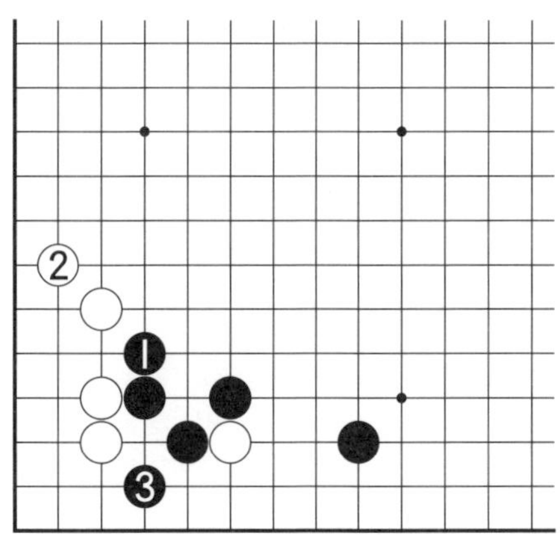

13도

### 13도 (능률적 지킴)

10도 다음 흑이 하변을 지키려면 능률적인 방안을 찾아야 한다.

흑1로 중앙을 두텁게 한 후 3으로 귀를 엿보는 것이 일책이며 1과 2를 교환하지 않고 흑3으로만 둘 수도 있다. AI시대의 정석으로 간주해도 좋다.

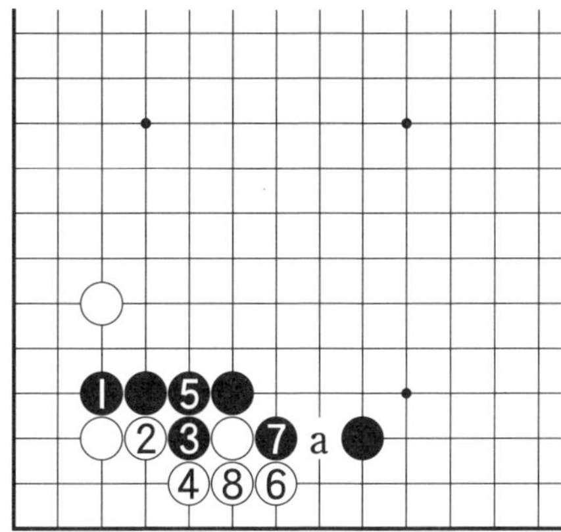

14도

### 14도 (실리와 세력 대결)

10도 백2 때 흑1로 좌변 쪽의 차단은 바깥을 봉쇄하면서 넓게 두려는 뜻이다. 백2에는 흑3으로 끼운 후 8까지 필연이며 전형적인 백의 실리와 흑의 세력 대결이다.

다음 a의 약점을 어떻게 바라보느냐가 중요한데~

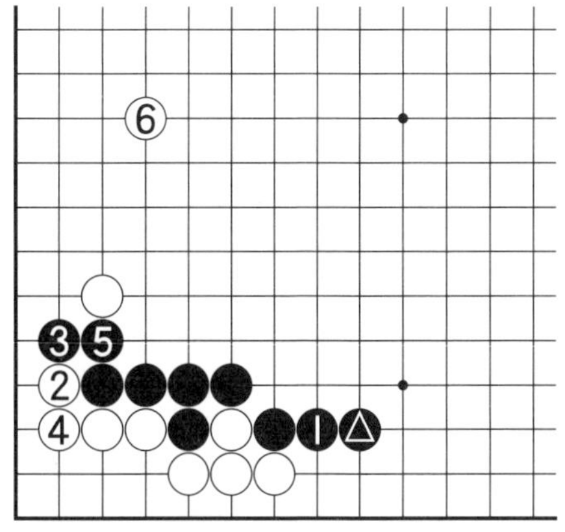

15도

### 15도 (흑, 불만)

흑1로 약점을 잇는 것은 단단하지만 발이 느리다. 백이 2, 4의 젖혀이음을 해치우고 6으로 세력을 견제하면 흑의 불만이다.

그러고 보면 흑▲가 제 구실을 못하고 있지 않은가.

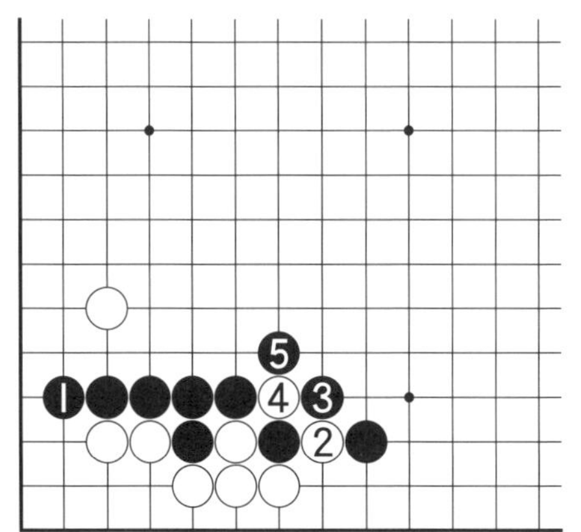

16도

### 16도 (방어의 기술)

14도 다음 흑1로 귀를 엿보는 것이 능동적 수단이다. 백2로 약점을 건드리면 흑3, 5로 봉쇄하는 것이 방어의 기술이다.

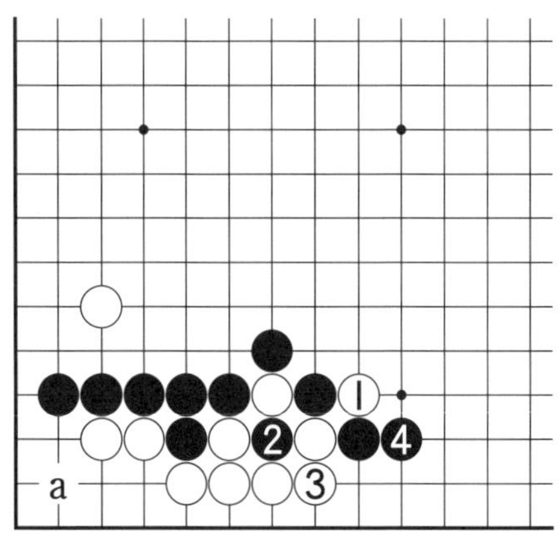

17도

### 17도 (백, 불리)

이다음 백1로 끊더라도 흑은 2를 선수한 후 4로 늘어 버틸 수 있다. 그러면 흑a로 귀를 추궁하는 수단이 남아 백이 불리한 흐름이다.

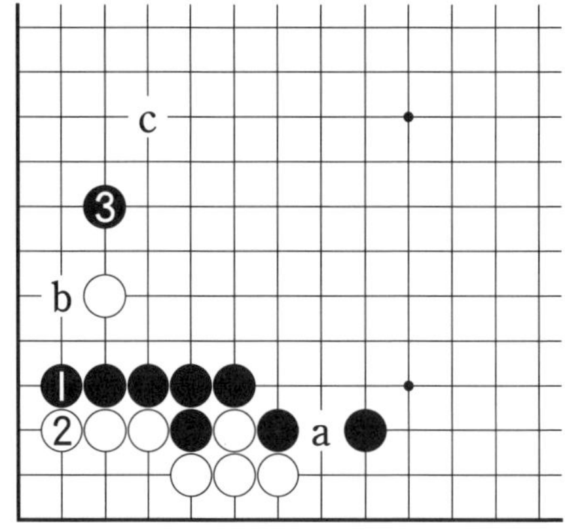

18도

### 18도 (현명한 받음)

백은 a쪽 패에 자신이 없다면 그냥 놔두고, 흑1에는 백2로 받아두는 편이 현명하다. 다음 흑이 좌변 백을 협공하는 흐름이 되는데, 흑3은 b의 건넘도 보는 현실적 구상이고, 흑c는 판을 넓게 사용하려는 미래적 구상이다. 어쨌든 이런 진행이면 서로 어울렸다.

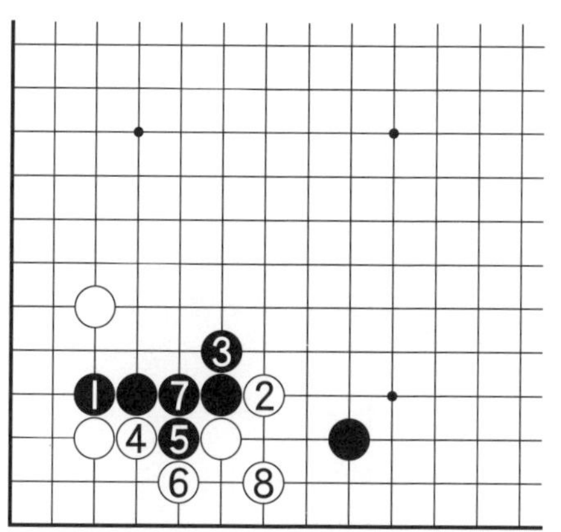

19도

### 19도 (흑, 참담한 결과)

흑1에 백이 봉쇄를 파하자면 2의 젖힘을 둘 수 있다. 이때 흑3에 뻗으면 백4 이하 8까지 순식간에 백이 귀를 차지하고 중앙도 모양을 갖추며 돌파한다. 흑이 8도보다도 못한 참담한 결과가 되었다.

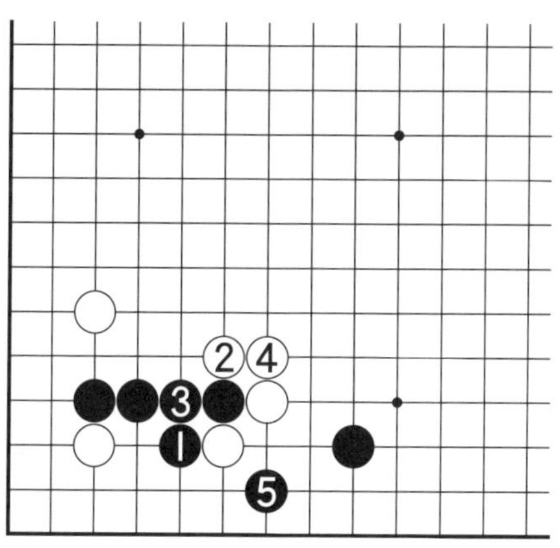

20도

### 20도 (편안한 연결)

앞 그림 백2 때 흑은 1로 막고 버텨야 한다.

백2로 단수는 얻어맞지만 4로 이어주면 흑5로 귀와 변을 연결해서 흑이 편안한 흐름이다.

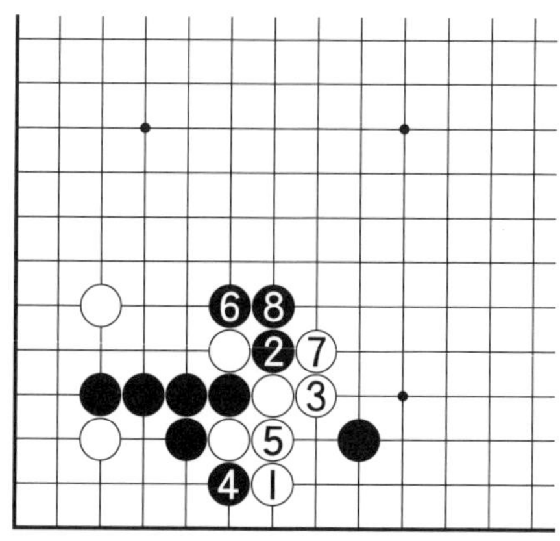

21도

### 21도 (필연적 싸움)

앞 그림 흑3 때 백도 1로 흑의 연결로를 차단하고 봐야 한다.

흑2의 끊음은 기세이며 이하 8까지 필연적으로 싸움이 벌어지는데 특별한 상황이 아니라면 백이 굳이 이런 식으로 어렵게 둘 필요는 없다.

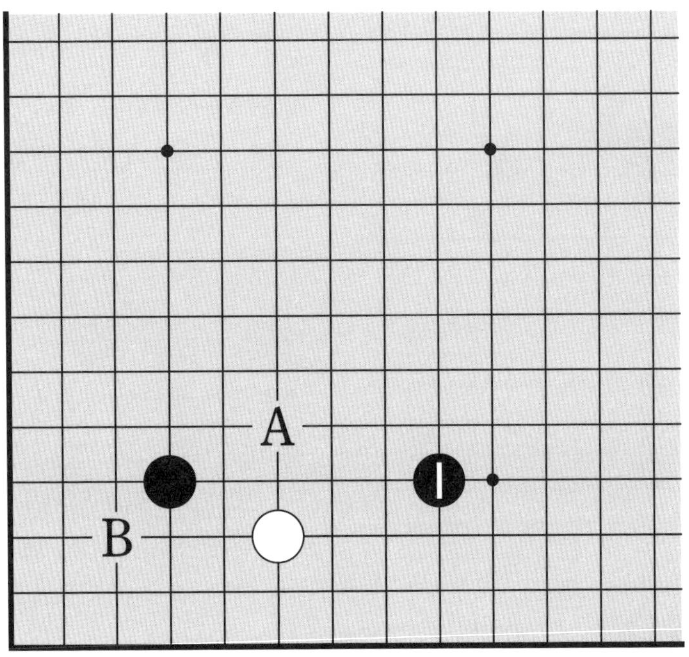

기본형

　　화점 걸침에 흑1의 두칸높은협공은 낮은 두칸협공에 비해 중앙 두터움을 중시한다. 변화도 다양한데, 여기서는 우선 백이 A로 뛰거나 B로 침입하는 수단에 대해 알아본다.
　　미리 말하자면 특별한 상황이 아니라면 A의 뜀은 거의 두지 않고 B의 침입이 일반적이다.

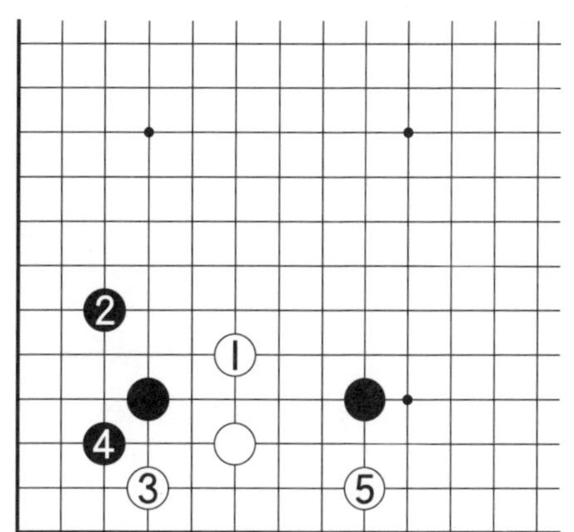

1도

## 1도 (백, 엷음)

백1로 중앙에 뛰면 흑2로 받은 후 5까지 예전에 많이 두던 정석 변화이다.

지금은 백의 낮은 자세로 안정한 모양이 엷다고 해서 특별한 상황이 아니면 거의 두지 않는다.

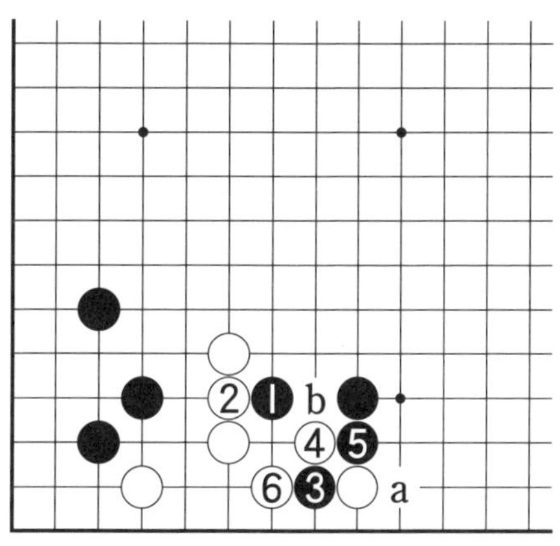

2도

## 2도 (활용하는 맛)

백의 모양에는 흑1, 3으로 추궁하는 수단이 남아있다. 백4, 6으로 한점을 잡을 때 흑은 상황에 따라 a나 b로 활용할 수 있다.

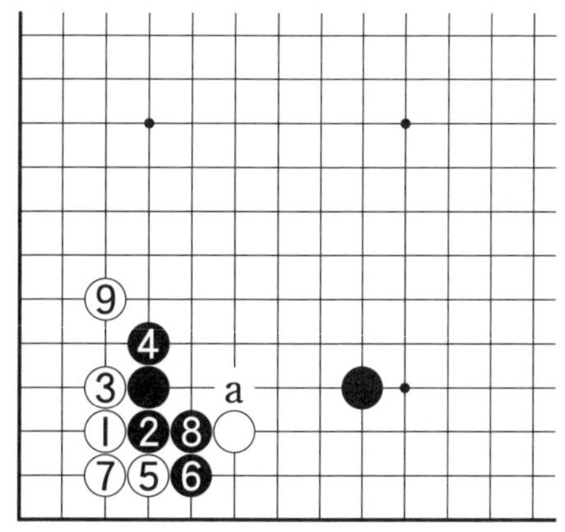

3도

## 3도 (간명한 3三침입)

백1의 3三침입이면 간명하다. 그러면 흑2로 막은 후 9까지 그동안 많이 두던 수순으로 전형적인 흑의 세력과 백의 실리 대결이다.

다음 흑이 a로 두면 모양이 완전하지만 발이 느려 불만이므로 손을 빼는 것이 보통이다.

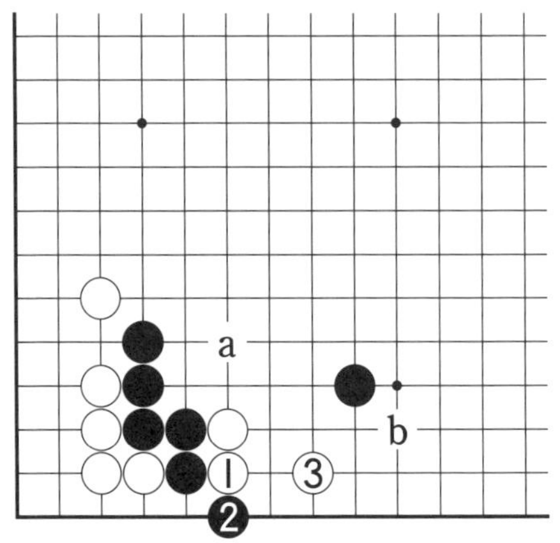

4도

## 4도 (준동하는 맛)

다만 흑의 모양에는 백1로 준동하는 뒷맛이 남아있다. 흑2로 차단하면 백3으로 뛴 다음 a와 b를 맞보기로 흑의 진영을 괴롭힌다.

흑은 앞 그림에서 지키자니 발이 느리고 놔두자니 이런 맛이 있어 부담인데~

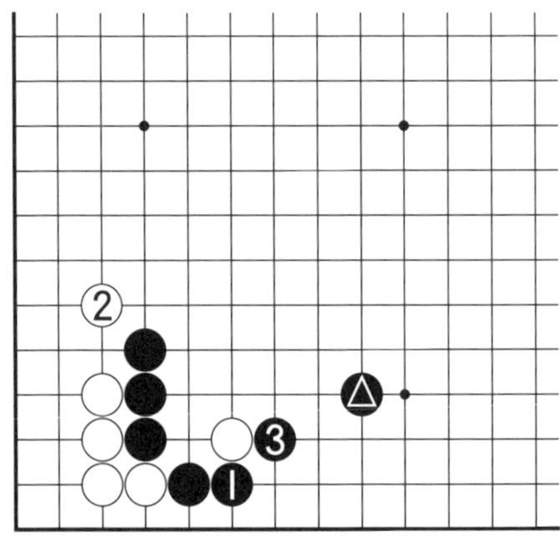

5도

## 5도 (완전무결)

흑▲의 두칸높은협공에서 사실 AI가 추천하는 흑의 지킴은 1, 3의 수순인데 후수이지만 흑의 진영이 두텁고 완전무결하다.

꼭 선수가 필요한 경우에는 3도, 그렇지 않다면 이 그림이 안정적임을 기억해둔다.

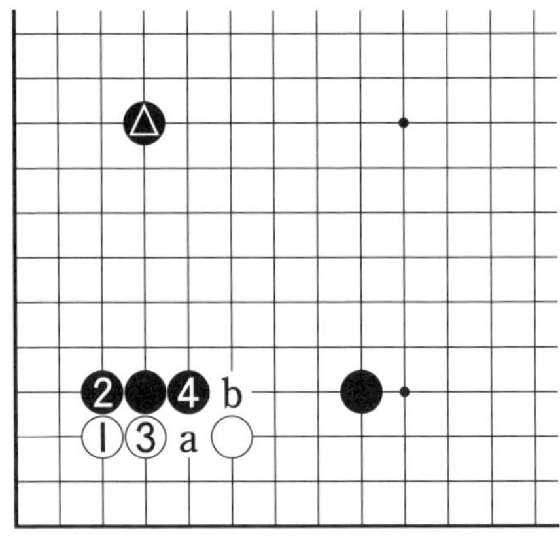

6도

## 6도 (기착점이 있는 경우)

흑▲의 기착점이 있는 경우에 백1의 침입이면 흑은 2쪽에서 막아야 세력을 살릴 수 있다. 흑4 다음 백은 a와 b를 선택할 수 있는데 이후 변화를 알아본다.

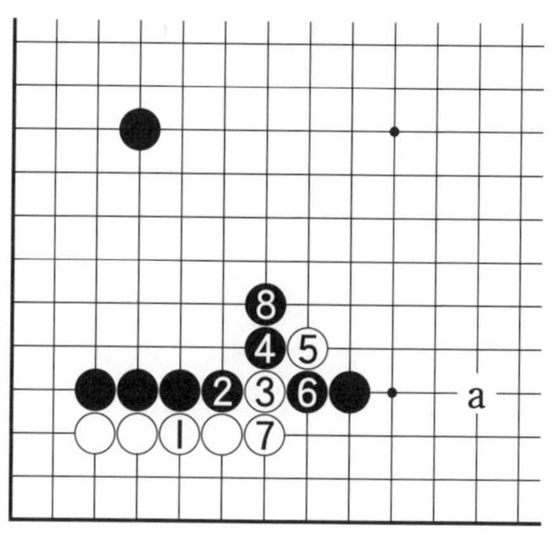

7도

## 7도 (잇는 경우)

백1로 이으면 흑2로 막는 것은 당연한데 백3, 5의 이단젖힘은 흑의 진영에 흠집을 내려는 상용 수단이다. 흑이 6, 8로 정비하면 정석이 일단락된다.

차후 백은 5의 한점을 직접 움직이기가 부담이면 a 부근에서 활용하는 것이 현명하다.

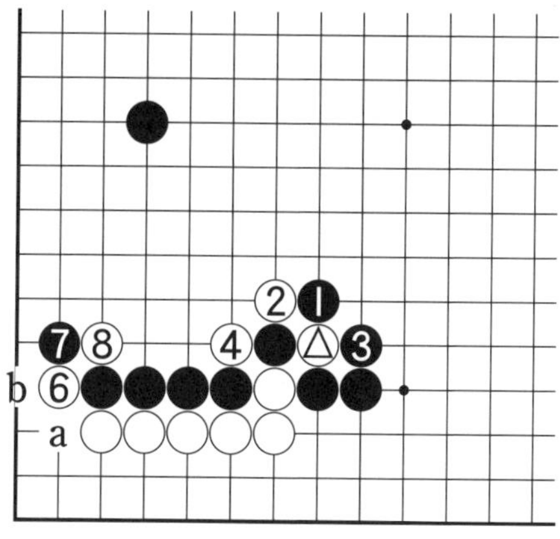

8도



## 8도 (좌변 파괴)

정석 과정에서 흑1로 한점을 축으로 잡는 것은 무모한 발상이다. 백은 2, 4로 뒤에서 단수치는 수순이 교묘한데 흑5로 이으면 백6으로 젖히고 8로 끊는 것이 결정타이다. 흑a로 한점을 잡아도 백b로 키운 후 흑 넉점을 조이면 흑이 살더라도 좌변이 크게 파괴된다.

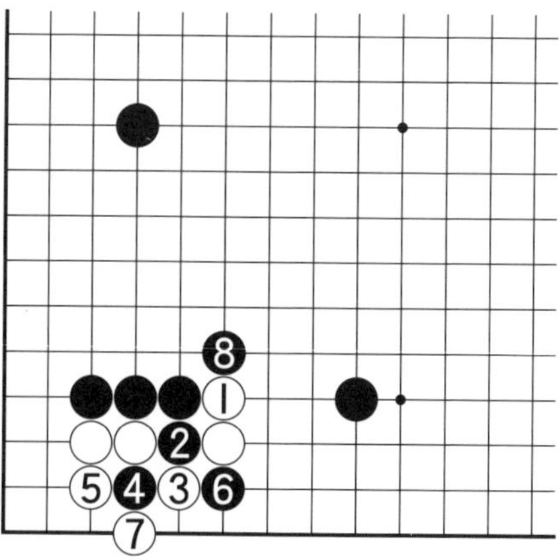

9도

## 9도 (올라서는 경우)

6도 다음 백1로 올라서면 흑2, 4로 나가끊은 후 7까지는 상용 수순이며 흑8로 젖힐 때 백의 다음 수가 중요하다.

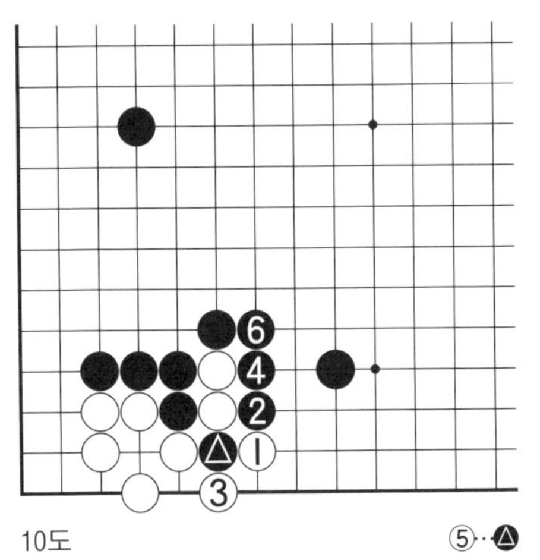

10도

### 10도 (흑, 두터움)

이때 백1로 한점을 그냥 잡는 것은 흑2로 끊어 단수치는 것이 교묘하다. 백3으로 따낼 때 흑이 4로 마저 단수친 후 6으로 이으면 후수이지만 두텁다.

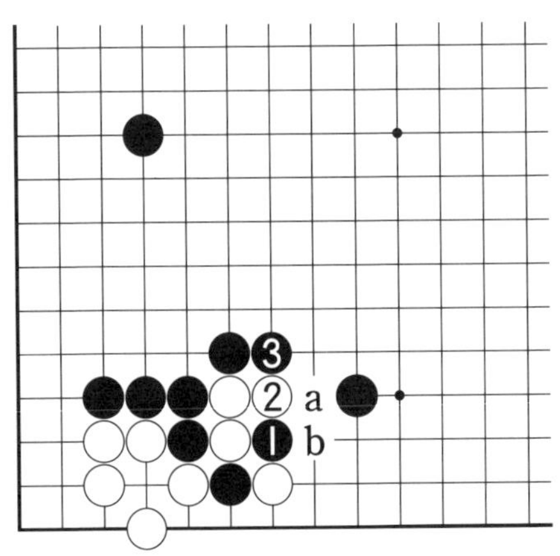

11도

### 11도 (백, 불리)

흑1에 백2로 나가도 흑3에 막으면서 단수치면 다음 백이 a로 나가든 b로 잡든 좋을 리 없다.

백a는 흑이 중앙을 막고 손질해서 후수이지만 매우 두텁고, 백b는 흑a가 선수가 되어 만족이다.

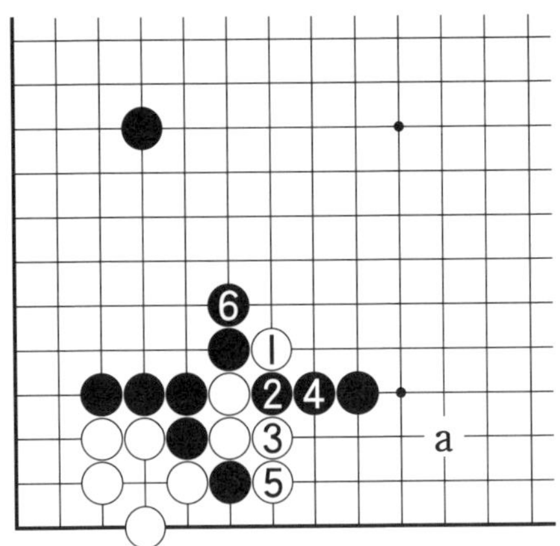

12도

### 12도 (비효율적 두터움)

9도 다음 백1의 젖힘이 흑의 진영에 흠집을 낸다는 뜻에서 정수이다. 이때 흑2, 4로 끊고 바로 잇는 것은 약간 성급하다.

백5와 흑6으로 서로 정돈하고 나서 보면 a쪽이 열린 만큼 흑의 세력이 비효율적이다.

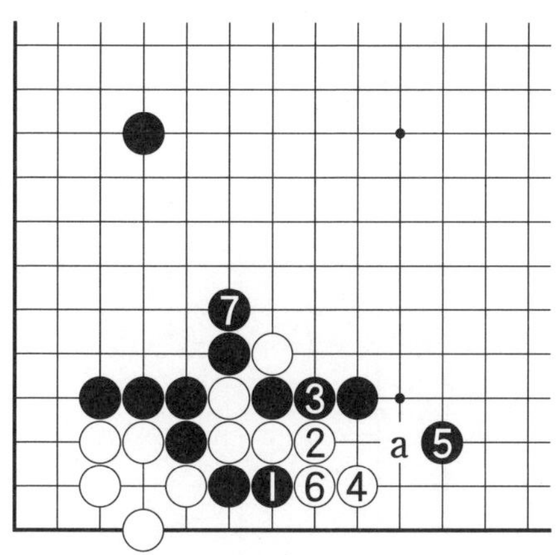

13도

## 13도 (행마의 기술)

앞 그림 백3 때 흑1, 3으로 단수 치고 잇는 것이 행마의 기술이다. 백4의 마늘모도 수비 기술이며 흑5의 날일자 포위가 교묘하다.

백6과 흑7로 지키면 일단락인데 서로 최선을 다한 정석 수순이다. 이 모양에서는 백a로 변쪽을 끊을 수 없는 것이 흑의 자랑이다.

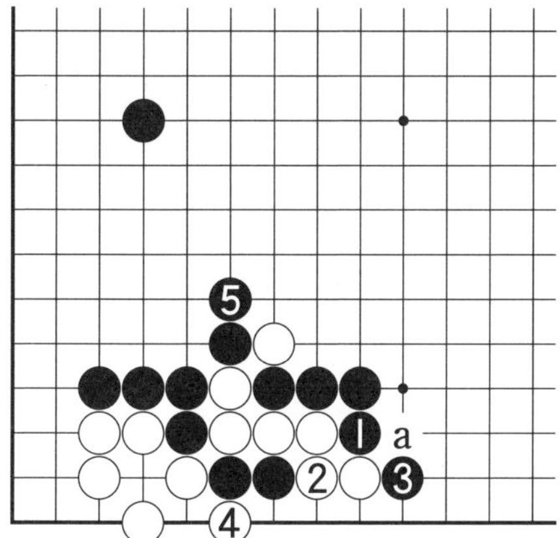

14도

## 14도 (흑의 약점)

앞 그림 백4 때 흑이 행마의 기술을 모르면 1, 3의 선수를 해치우고 5로 지킬 것이다. 그러면 a의 약점이 남은 흑이 내내 불안한 모습이다.

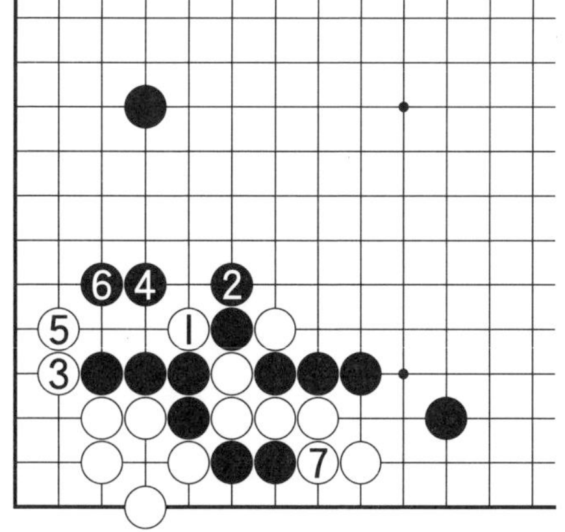

15도

## 15도 (백의 후수)

13도 흑5 때 백이 1로 단수치고 3으로 젖히면 6까지 좌변을 조금 파괴할 수 있지만 어차피 백7로 지키면 후수가 되는 만큼 이득이 없다.

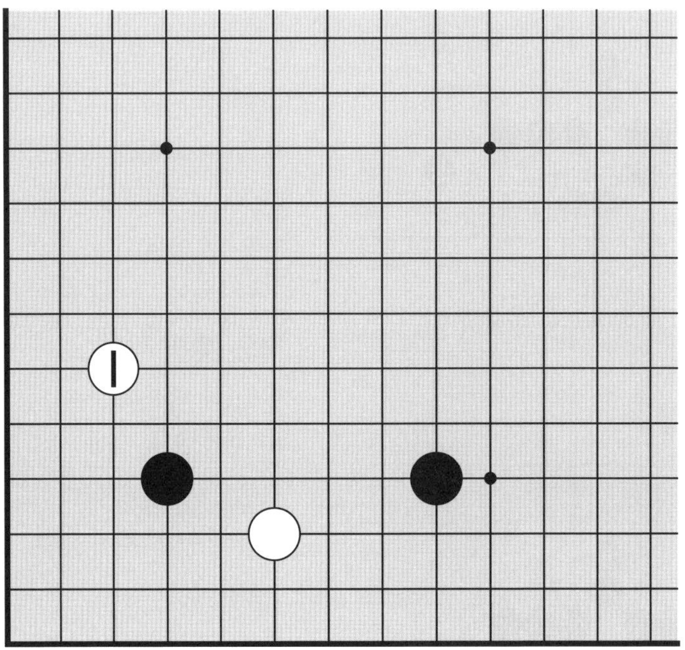

기본형

흑의 두칸높은협공에서 백이 능동적으로 두자면 양걸침을 하는데 공간을 넓게 사용하겠다는 뜻이다.

양걸침이라도 상황에 따라 날일자의 낮은 양걸침과 한칸의 높은 양걸침을 생각할 수 있는데, 우선 변을 중시하는 백1의 낮은 양걸침에 대해 알아본다.

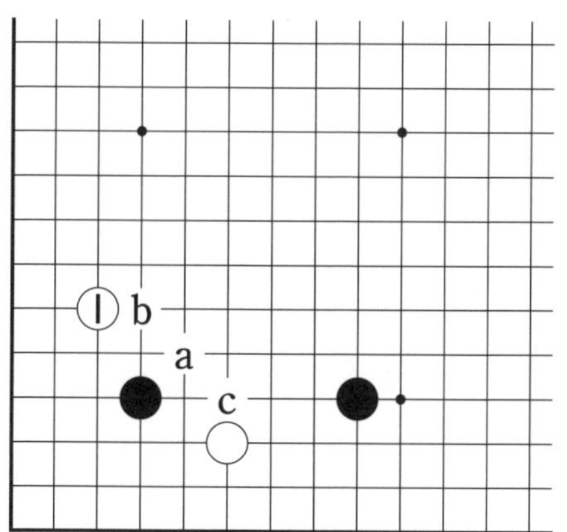

1도

## 1도 (양걸침에 대응법)

백1의 양걸침이면 흑의 대응은 a
~c의 셋 중 하나이다. 미리 말하
자면 흑a의 마늘모는 두칸협공에
서도 배웠듯이 실리가 취약해서
선택하기 어렵다. 따라서 흑b와 c
의 붙임으로 선택이 좁혀지는데~

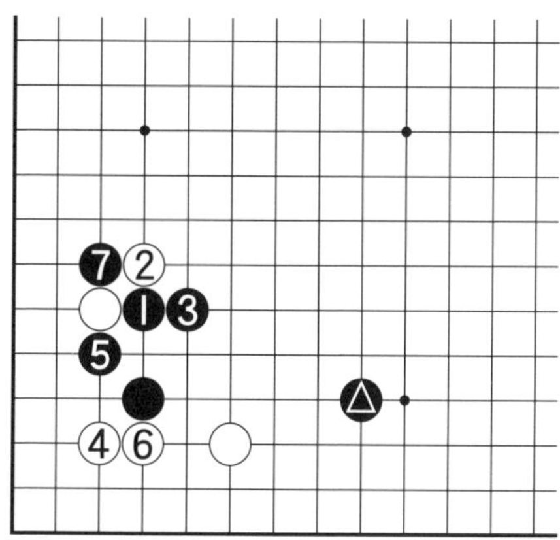

2도

## 2도 (백, 편하게 안정)

흑1로 상대가 강한 쪽에 붙이는
것은 백2, 4로 젖히고 3三에 침입
하는 수순을 기억해두면 간명하
다. 이하 7까지 필연인데, 그러고
보면 흑▲의 역할이 약해서 귀에
서 편하게 안정한 백이 기분 좋은
흐름이다.

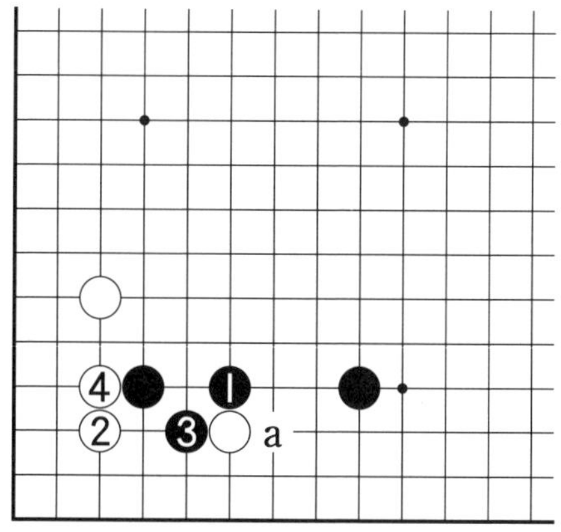

3도

## 3도 (간명책)

흑은 내 편이 있는 1쪽으로 붙이
는 것이 올바른 방향이며 여기서
부터 여러 갈래의 변화가 일어난
다. 우선 백2의 3三침입에 흑3으
로 하변을 막는 것은 간명한 수단
이며 백은 4로 실리가 충실하다.
다음 흑이 a로 지키는 것은 견실
하지만 발이 늦다.

## 4도 (준동하는 수단)

흑이 하변을 지키지 않으면 백1로 준동하는 수단이 남아 개운하지 않다. 흑2로 막으면 백3으로 넘은 후 7까지 흑의 진영을 파헤치며 백의 실리가 불어난다.

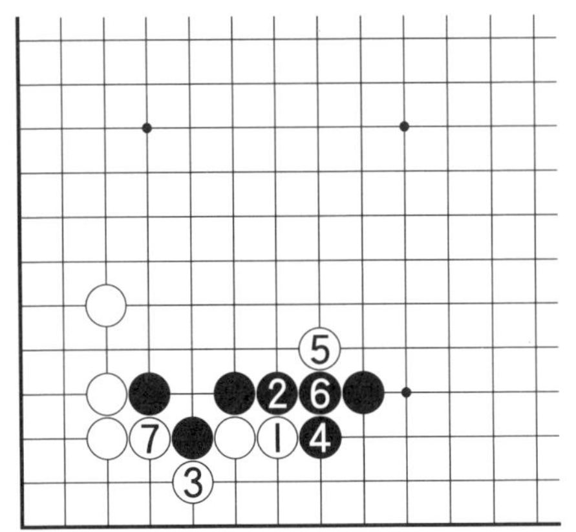

4도

## 5도 (능동적 지킴)

3도 다음 흑1로 중앙을 두텁게 하고 3으로 귀를 엿보는 것은 두칸 협공에서도 보았던 수순인데 하변을 능동적으로 지키려는 뜻이다.

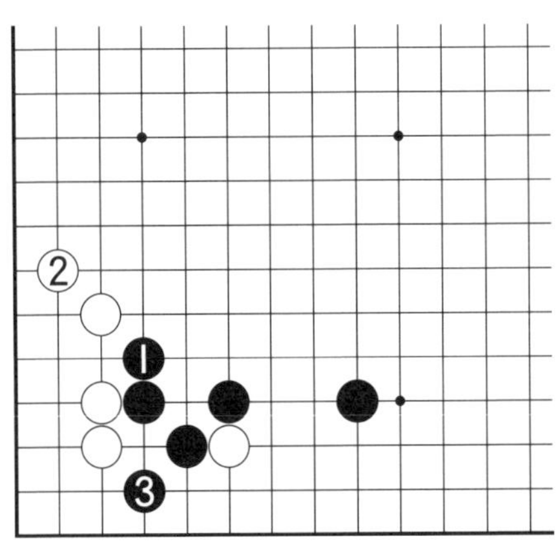

5도

## 6도 (귀에서 선수 이득)

흑1 때 백2, 4는 좌변에서 지키지 않고 귀에서 선수로 실리 이득을 보겠다는 뜻이다.

흑은 5로 한점을 잡으며 두터워졌지만 지역이 협소해서, AI는 백이 충분히 둘 수 있다고 진단한다.

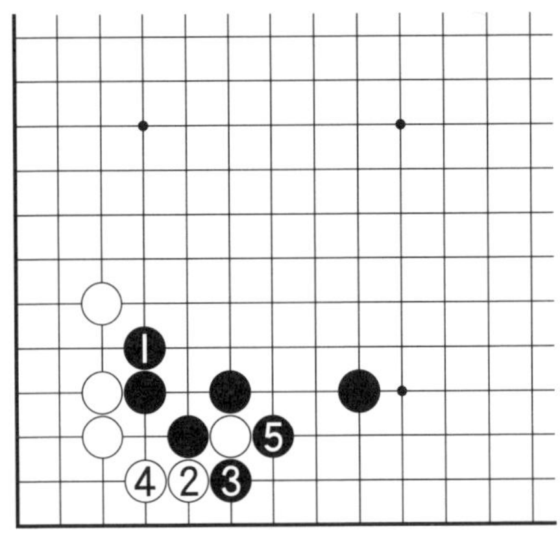

6도

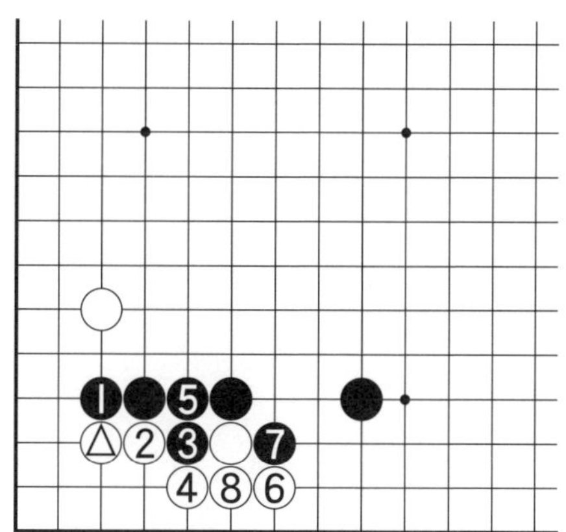

7도

## 7도 (필연적 수순)

백△의 침입에 흑1로 좌변 쪽에서 막는 것은 넓은 공간을 활용하려는 뜻이다.

하변에서 백2 이하 8까지는 많이 두는 필연적 수순이다. 다음 흑이 세력을 어떻게 활용하느냐가 중요한데~

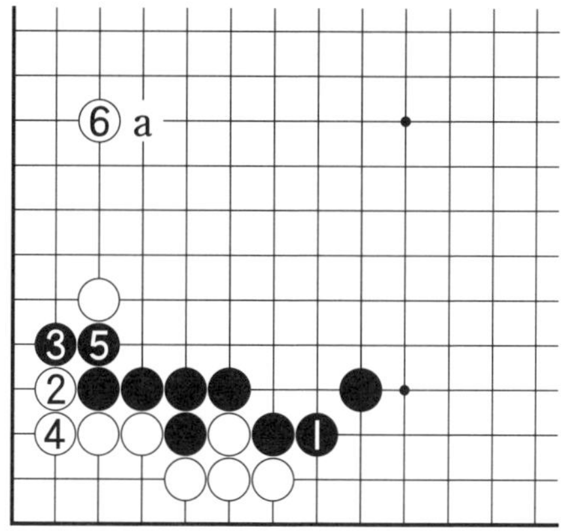

8도

## 8도 (백, 만족)

흑1로 하변부터 정비하면 백은 2, 4로 귀를 결정한 후 6(또는 a)으로 세력을 견제해서 만족이다.

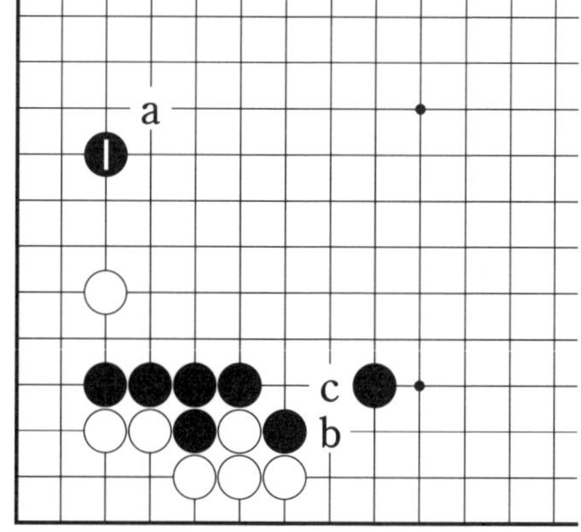

9도

## 9도 (세력과 실리 대결)

7도 다음 흑1로 먼저 협공하는 것이 세력을 살리는 길이다. 흑1은 a로 멀리서 포위하는 것도 유연한 구상인데 전형적인 흑의 세력과 백의 실리 대결이다.

참고로 백b면 흑c로 막아 중앙이 뚫릴 염려는 없다.

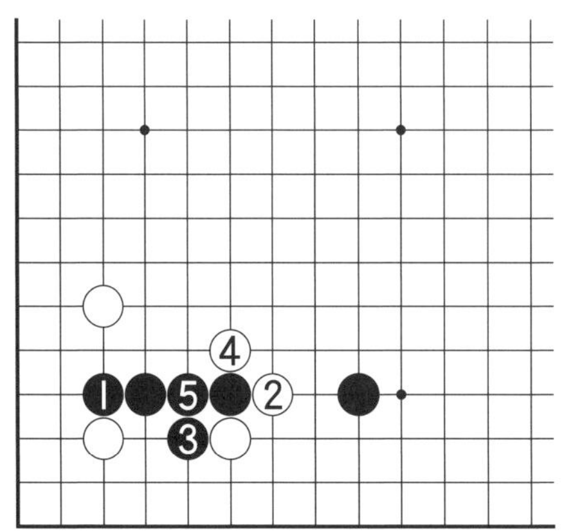

10도

## 10도 (복잡한 싸움)

흑1에 백이 중앙으로 나가고 싶다
면 2로 젖히는데, 그러면 흑3으로
막고 5의 이음은 필연이며 이후
복잡한 싸움은 피할 수 없다.

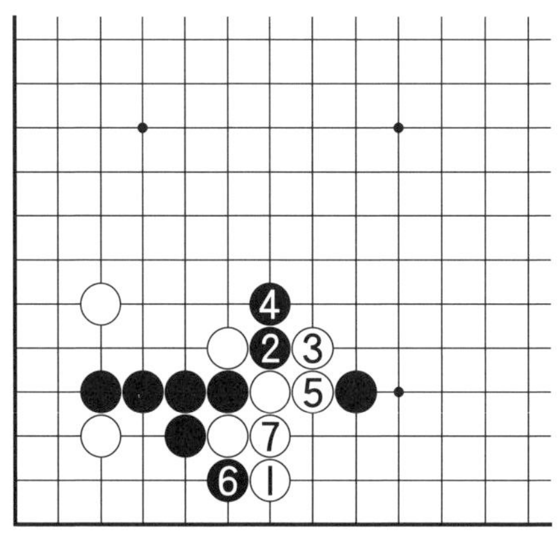

11도

## 11도 (예상 진행)

이다음 백1의 호구 행마는 모양을
갖추는 상용 수단이고, 흑2로 끊
은 후 7까지 예상되는 진행인데,
특출한 전투력이 없다면 백이 굳
이 이런 식으로 어렵게 견디는 싸
움은 바람직하지 않다.

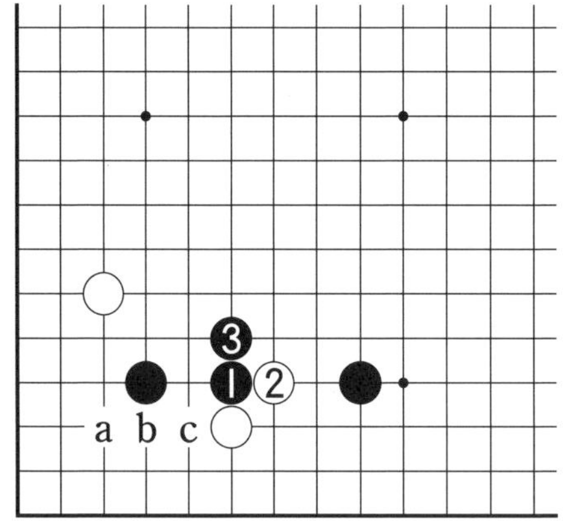

12도

## 12도 (먼저 젖히는 경우)

되돌아가서 흑1의 붙임에 백2로
먼저 젖히면 흑3의 뻗음은 필연이
다. 다음 백은 a~c의 세 자리를
모두 선택할 수 있다.

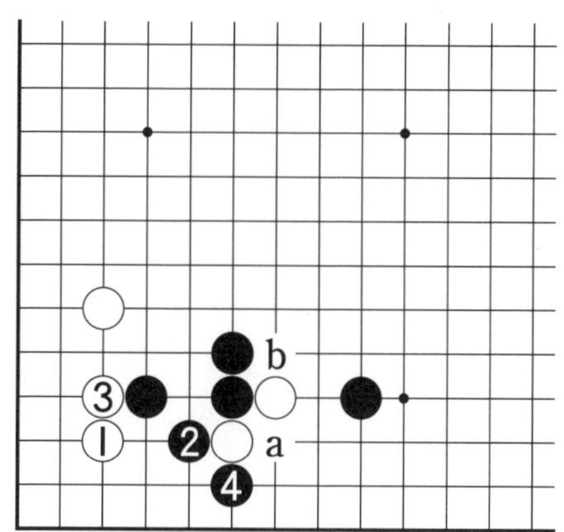

13도

### 13도 (3三침입의 경우)

백1의 3三침입이면 흑2, 4의 수비는 필연인데, 흑의 두터움과 백의 실리로 어울렸다.

참고로 흑4로 a나 b로 두면 보통 손해이다(a로 잡으면 허술하고 b로 막으면 귀와 변에서 활용당해 집이 빈약해진다).

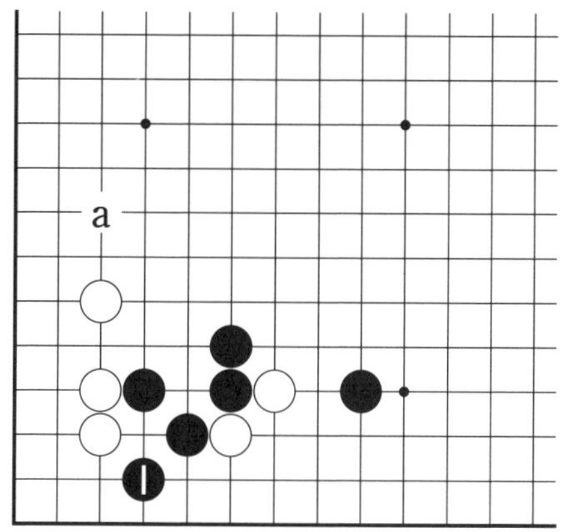

14도

### 14도 (능동적 지킴)

앞 그림 흑4 대신 1로 귀를 엿보는 수는 AI가 추천하는 능동적 지킴이다.

차후 흑a로 압박하면 백을 미생마로 몰아갈 수 있고, 하변에서 백이 움직여도 싸움에서 압도할 수 있다는 뜻이다.

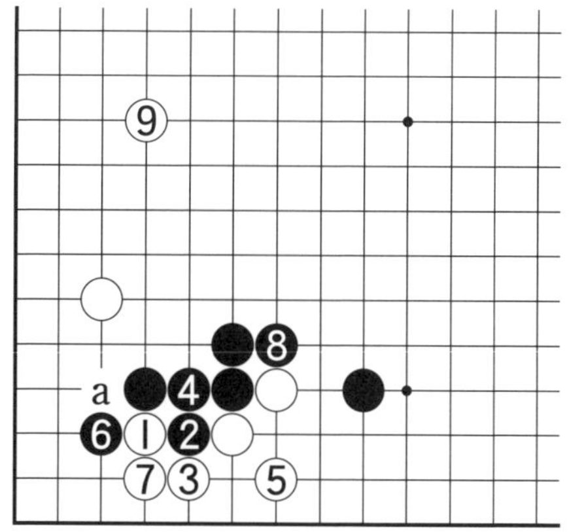

15도

### 15도 (흑, 불리)

12도 다음 백1의 붙임은 하변에서 모양을 갖추려는 뜻이다.

이때 흑2, 4로 끼워잇는 것은 8까지 결정되고 나서 백9로 벌리면 흑이 양쪽 모양을 허용하고 a의 약점도 남아 불리하다.

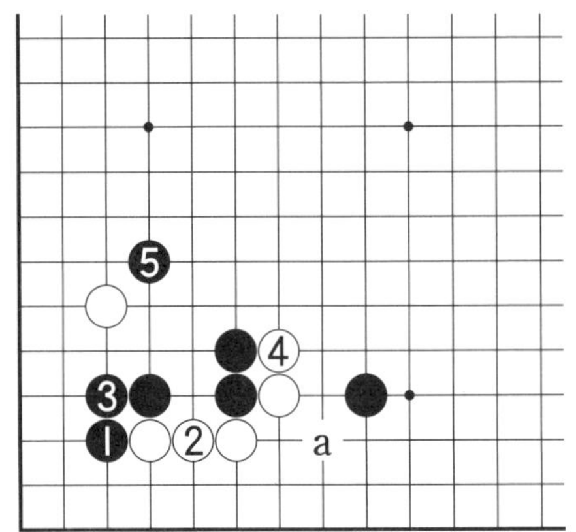

16도

## 16도 (싸우는 흐름)

흑은 1로 귀에서 막는 것이 정수
이다. 그러면 백은 2, 4로 중앙에
진출하고 흑은 5로 한점을 압박하
며 싸우는 흐름이 된다.

　AI는 다음 백이 안정적으로 두
자면 a로 근거부터 확보하라는 지
침을 준다.

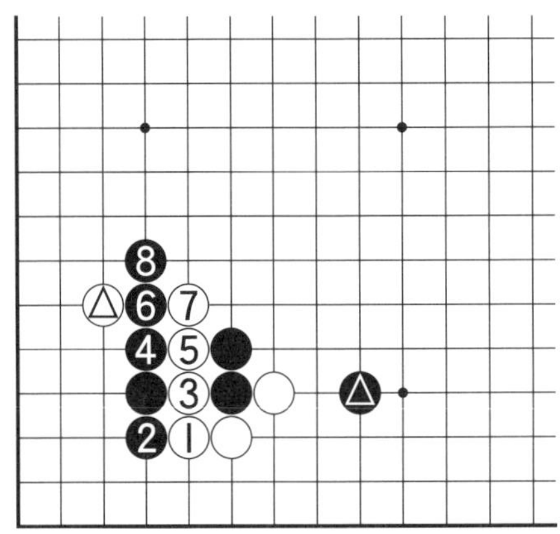

17도

## 17도 (흑, 만족)

12도 다음 백1로 호구자리에 들어
가는 것은 예전에 많이 두었던 수
단이다. 흑2의 막음은 당연한데
백3은 귀를 끊으려는 뜻이지만 흑
4로 늦추며 8까지 되면 자연스럽
게 백△도 제압한 흑의 실리가 크
다. 이때 흑△도 백의 세력을 견제
하는 구실을 한다.

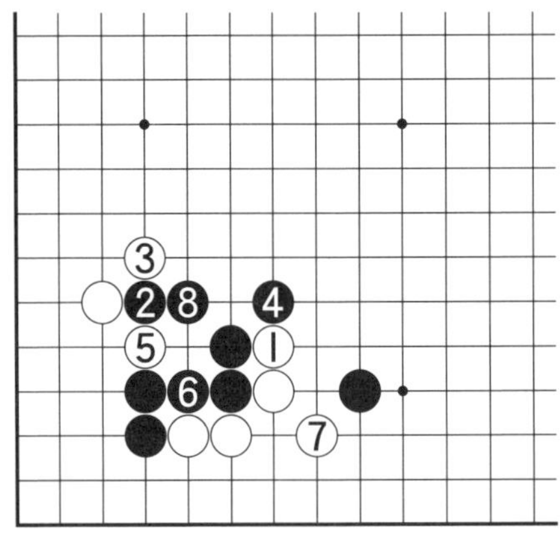

18도

## 18도 (기본적 수순)

백은 1로 진출하는 것이 정수이고
흑은 2, 4의 수순으로 젖히는 것
이 행마의 요령이다. 이하 8까지
도 기억해둘 기본적 수순이다.

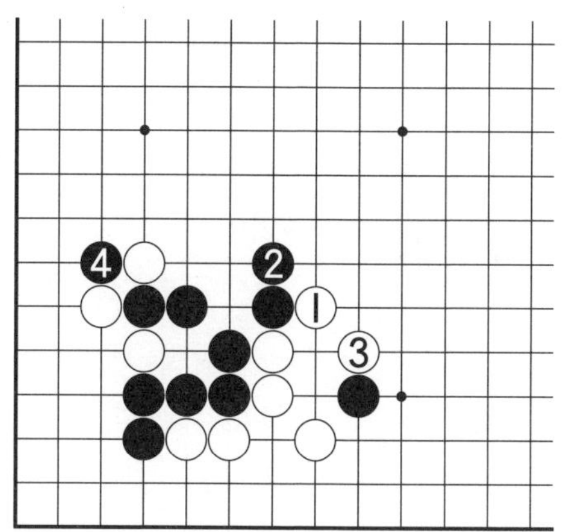

19도

## 19도 (무난한 타협)

이다음 백은 1, 3의 호구 정비가 두터운 수단이며, 흑도 4로 끊어 좌변을 제압하면 서로 무난한 타협이다.

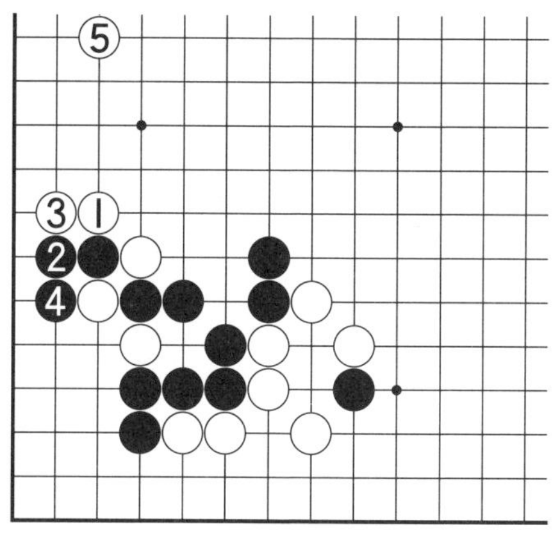

20도

## 20도 (백의 활용1)

좌변 흑의 진영에서는 백1, 3의 활용이 남아있다. 흑4에는 백5로 벌려 근거를 갖춘다.

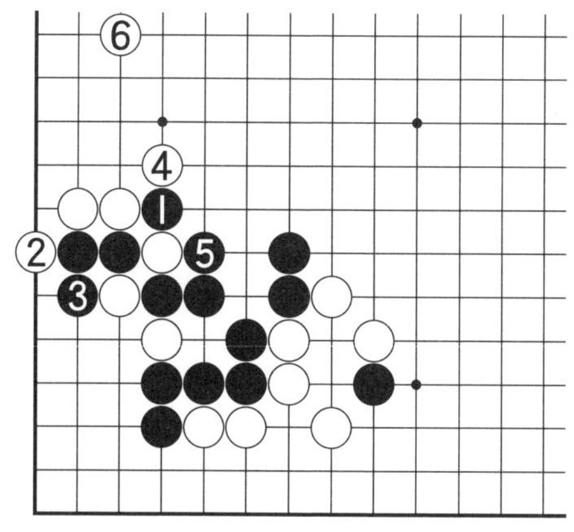

21도

## 21도 (백의 활용2)

앞 그림 백3 때 흑1로 중앙 쪽을 단수치면 백2, 4로 양쪽에서 단수 친 후 6에 벌리는 것이 최선의 활용이다. 20도와 21도는 그동안 많이 알고 있던 활용법인데~

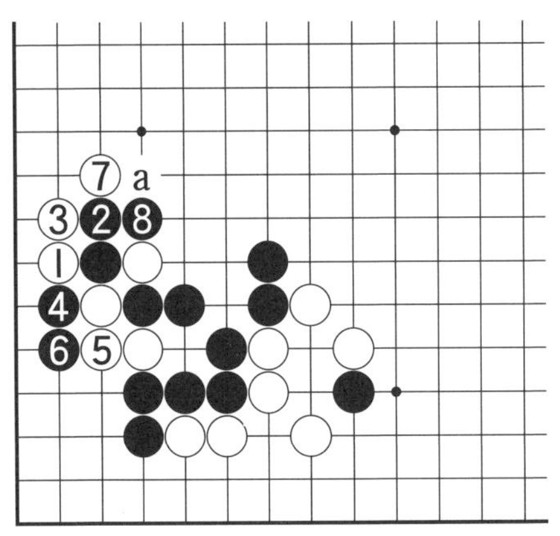

22도

## 22도 (진화된 활용법)

19도 다음 백1, 3으로 단수치며 기어나가는 것이 AI가 가르쳐주는 진화된 활용법이다.

흑4, 6으로 석점을 잡으면 백7로 변에 고개를 내밀며 a로 밀어가는 것도 보장되니 교묘한 활용임에는 틀림없다. 흑은 이런 변쪽 두터운 활용이 싫다면~

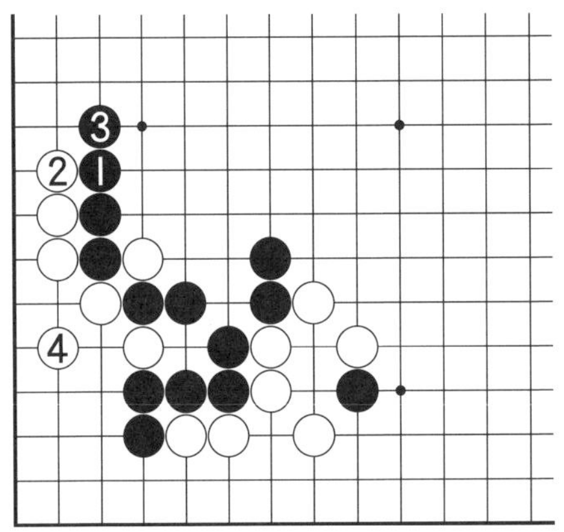

23도

## 23도 (안에서 삶)

흑1, 3으로 늘어서 선수로 세력을 쌓고, 백은 4로 안에서 사는 모양을 마련한다.

지금까지 흑의 진영에서 여러 활용을 보여주고 있지만 백은 주변 환경에 따라 선택하면 되겠다.

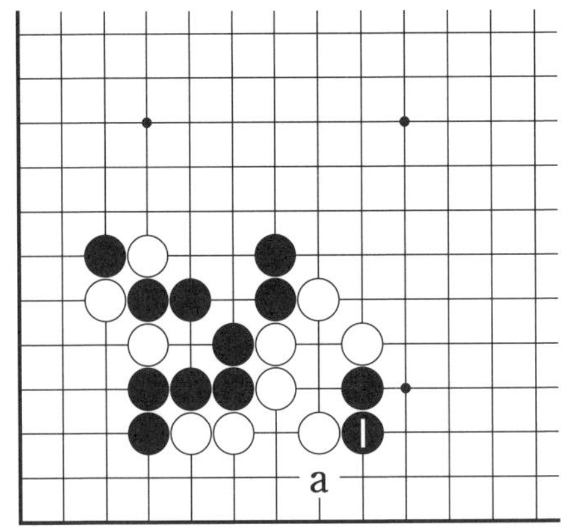

24도

## 24도 (흑의 위력적인 활용)

하변 백의 진영에서는 흑1로 막는 것이 a의 젖힘까지 선수로 보장되니 위력적인 활용이다.

흑1에 백도 a로 받는 것이 안전하지만 굴복이나 다름없다.

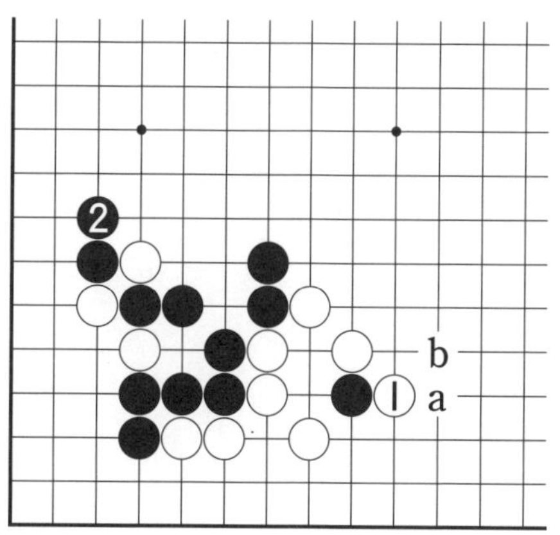

25도

## 25도 (진영의 완성)

이 정석에서 이후 활용하는 부담을 없애려면 백1과 흑2로 서로 보강하면 무난하며 진영이 완성된다. 참고로 백1은 주변 상황에 따라 a나 b의 보강도 능동적이다.

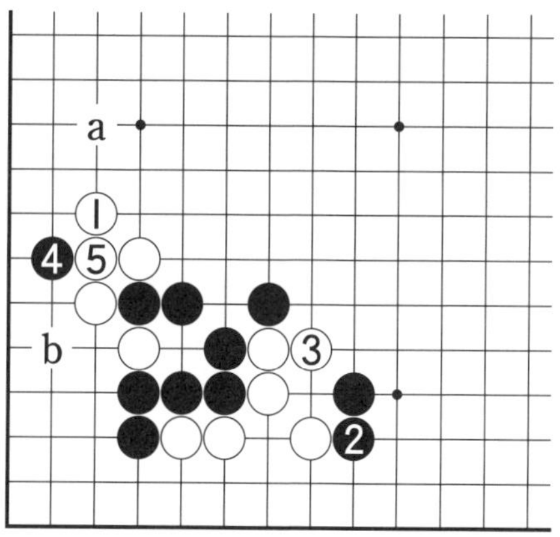

26도

## 26도 (교묘한 응수타진)

18도 다음 백1의 호구로 좌변부터 지키면 흑은 2로 하변에서 공격 태세를 취한 다음 4의 응수타진이 교묘하다. 백5로 잇는 것이 무난한데 그러면 흑은 a로 좌변 백을 압박하든가, b로 근거부터 마련하고 좌변과 하변 백을 노리며 두면 편안한 흐름이다.

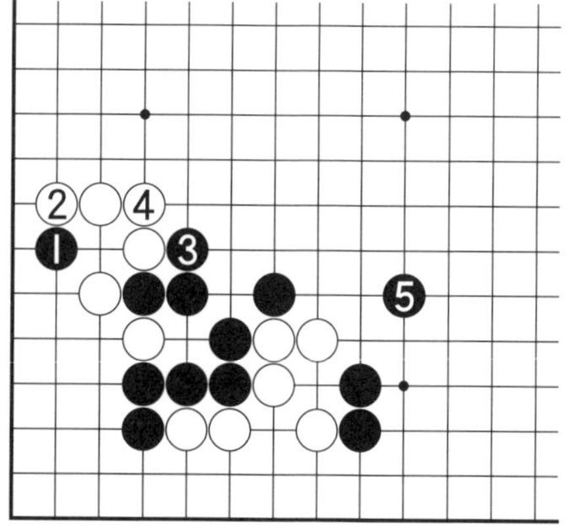

27도

## 27도 (중앙 봉쇄)

흑1 때 백이 능률적으로 둔다고 해서 2로 막으면 흑3이 선수가 되고 5로 포위한다.

그러면 백이 중앙으로 탈출하기 어렵고 안에서 겨우 산다 해도 두 터움을 허용해서 불리하다.

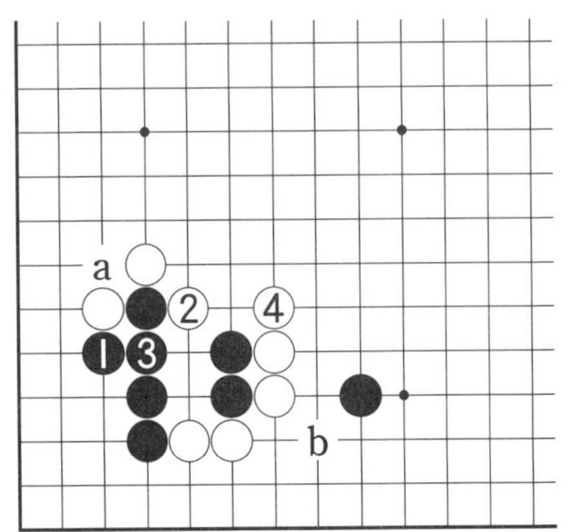

28도

## 28도 (흑의 일책)

거슬러 올라가 18도 백3 때 흑1로 막고 귀의 실리로 돌아서는 것도 일책이다. 백2, 4로 중앙이 강화 되지만 대신 흑은 a로 한점을 잡 거나 b쪽을 엿보며 하변을 돌보면 서 대항하면 충분하다.

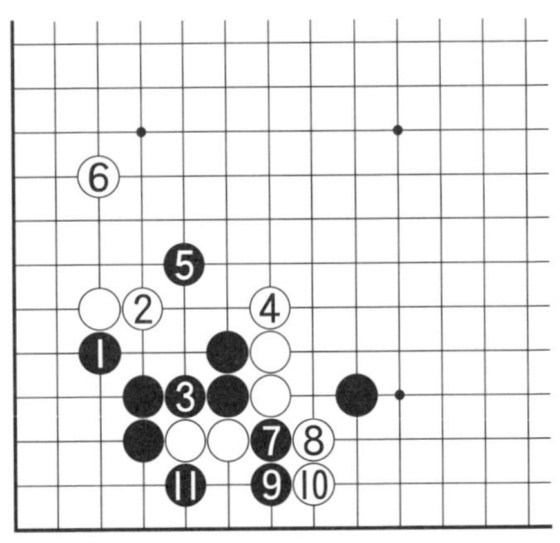

29도

## 29도 (간명책)

흑이 싸움을 피하기 위함이면 단 순히 1, 3으로 귀의 지킴도 간명 책이다. 백4에는 흑5로 중앙에 교 두보를 세운 뒤 7 이하 11까지 두 점을 잡아서 충분하다.

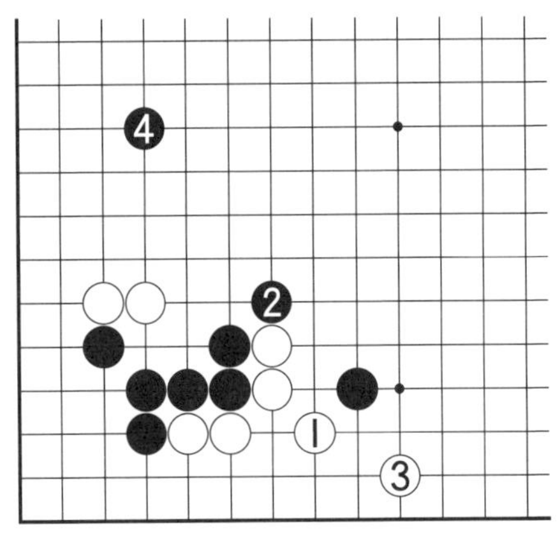

30도

## 30도 (흑, 활발)

앞 그림 흑3에 백1로 하변을 지키 면 흑2의 젖힘이 중앙 요소이고 백3으로 안정할 때 흑4로 협공해 서 활발한 흐름이다.

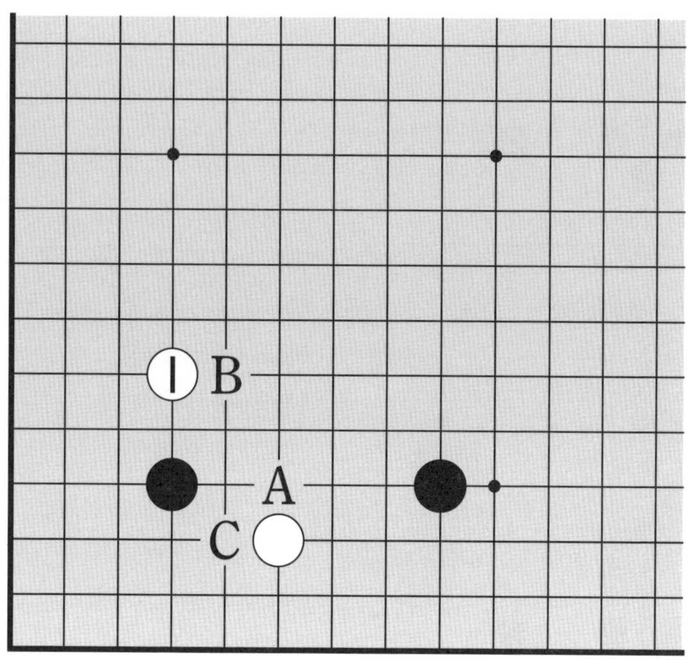


기본형

이번에는 흑의 두칸높은협공에서 백1의 한칸 양걸침에 대해 알아본다. 높은 양걸침인 만큼 중앙을 중시한 수단인데 이때는 흑이 A~C의 세 군데 붙임을 모두 둘 수 있다.

특히 AI시대에는 그동안 주목받지 못했던 흑B의 붙임이 능동적 대응으로 각광받는다.

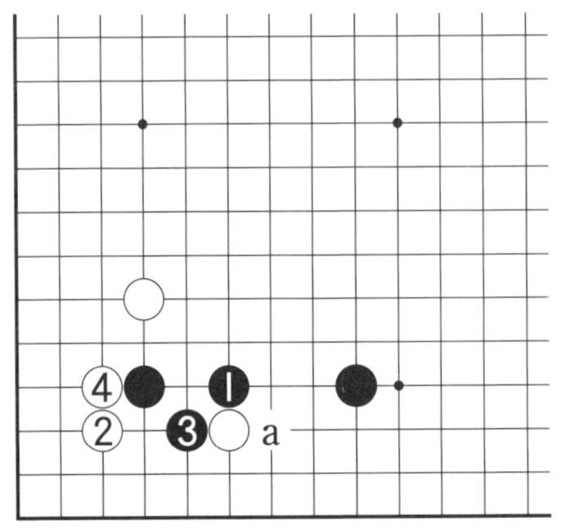

1도

### 1도 (간명책)

높은 양걸침에 대해 흑은 내 편이 있는 쪽인 1의 한칸 붙임을 그동안 가장 많이 두었다.

백2로 3三에 즉각 침입할 때 흑 3의 호구 막음은 간명책으로 백4로 넘어간 후 손을 돌리겠다는 뜻인데, 상황에 따라서는 a의 지킴도 단단하지만 발이 늦다.

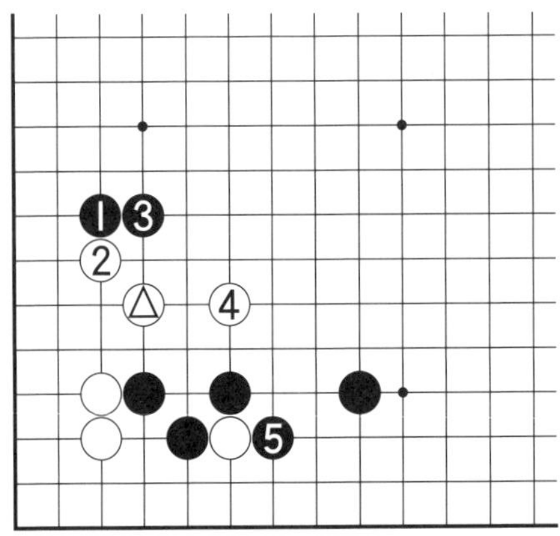

2도

### 2도 (흑의 리듬)

백△로 높을 때는 이후 흑1의 다가섬이 백의 근거를 위협하는 좋은 자리이다. 백2, 4로 방어하면 흑이 5로 자연스럽게 한점을 잡는 리듬이 생겨 하변도 지킨다.

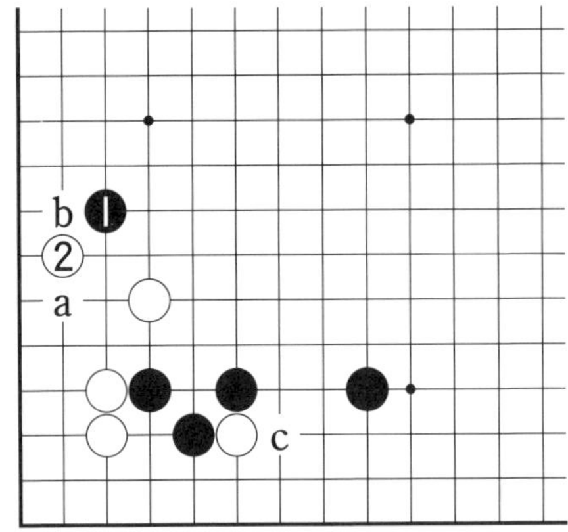

3도

### 3도 (날일자 수비의 장점)

흑1에 그동안 백a로 한칸 지킴을 많이 두었는데 AI는 백2로 적극적인 날일자 수비를 권장한다. 흑b로 막으면 백이 손을 뺄 수 있는 것이 장점이다. 이때도 흑c의 손질은 단단하지만 발이 늦다.

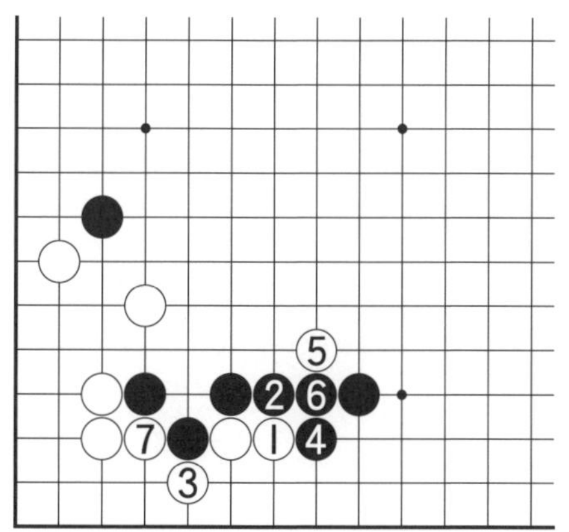

4도

## 4도 (하변 파괴)

하변 흑진에는 백1로 움직이는 맛이 남아있다. 흑2로 막으면 백3으로 넘고 5를 활용한 후 7까지 하변을 부순 실리가 알차다.

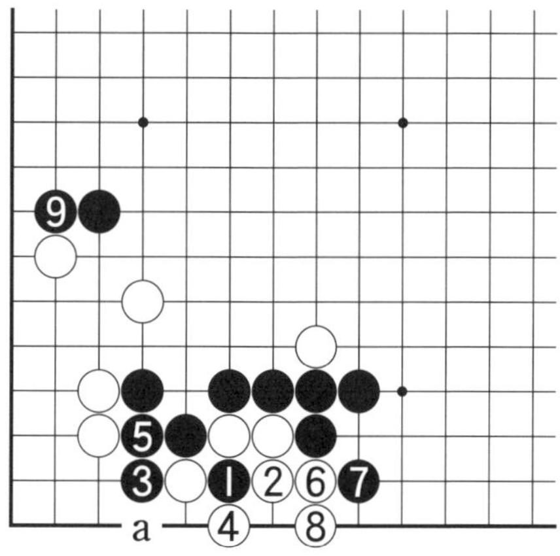

5도

## 5도 (위험한 발상)

앞 그림에서 백이 선수를 잡기 위한다면 마지막 7의 단수를 생략하는데, 흑1로 반격하는 경우 백2로 잡는 것은 위험한 발상이다. 이후 8까지 귀와 연결이 차단되며 겨우 살아야 하는데 흑9로 막으면 a도 선수인 만큼 좌변 백이 갑자기 엷어지며 앞길이 험난하다.

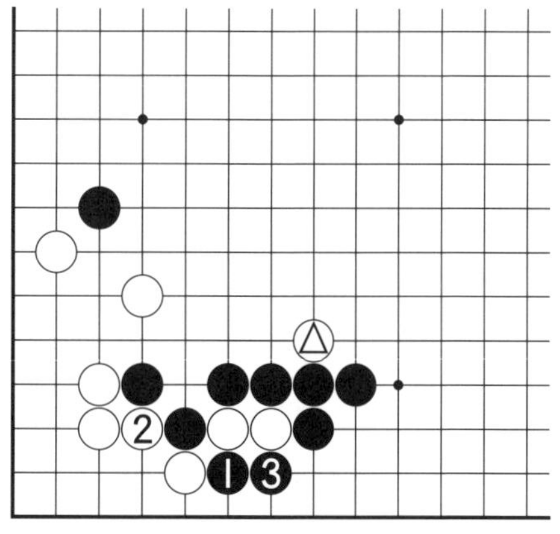

6도

## 6도 (폭넓은 발상)

흑1에 백은 2로 두점을 버리고 두는 것이 현명하다.

　이곳은 백△와 더불어 활용에 뜻을 두고 선수로 앞서가는 것이 폭넓은 발상이다.

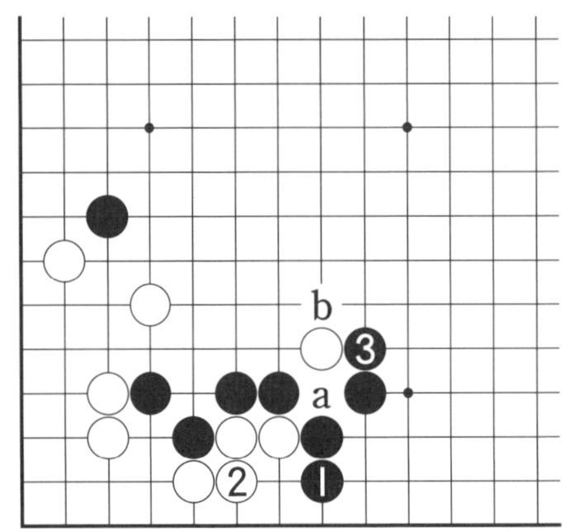

7도

## 7도 (두터운 반발)

4도 백5 때 흑은 1, 3으로 두텁게 반발할 수도 있다. 백도 하변은 정리되었으니 여기서 손을 돌려도 된다. 참고로 백a로 끊으면 흑b로 왼쪽은 버리고 더욱 두터워지니 백은 득보다 실이 크다.

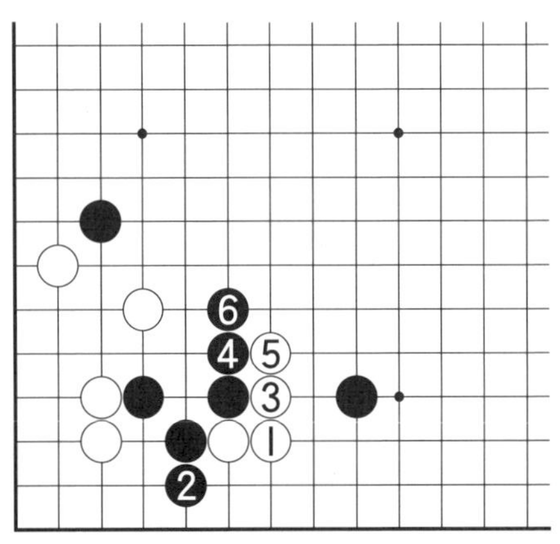

8도

## 8도 (하변 싸움)

백1로 움직일 때 처음부터 흑2로 귀와 차단하면 하변에서 싸움이 일어난다. 백이 강한 싸움을 원한다면 3, 5로 밀어나가는 것이 보통인데 백도 미생이므로 앞날을 예측할 수 없다.

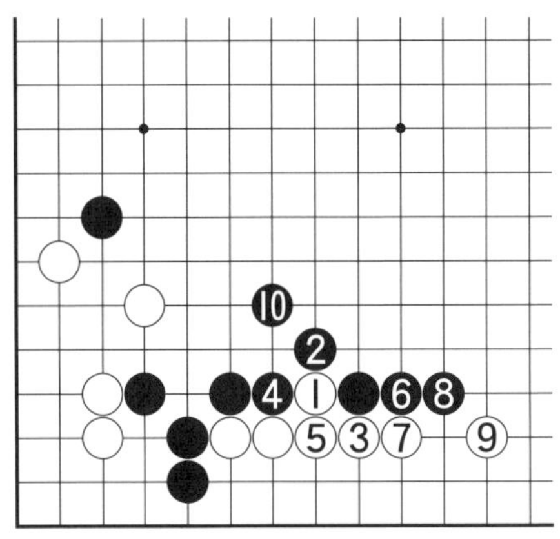

9도

## 9도 (실속 행마)

백은 중앙으로 나가 싸우지 않고도 1, 3으로 변으로 비켜 가면 간명하다. 이하 9까지 된다고 볼 때 백의 실속 행마가 그럴듯하다. 흑은 중앙이 불완전해서 10으로 또 지켜야 하니 불만이다. AI가 가르쳐주는 백의 대응법이었다.

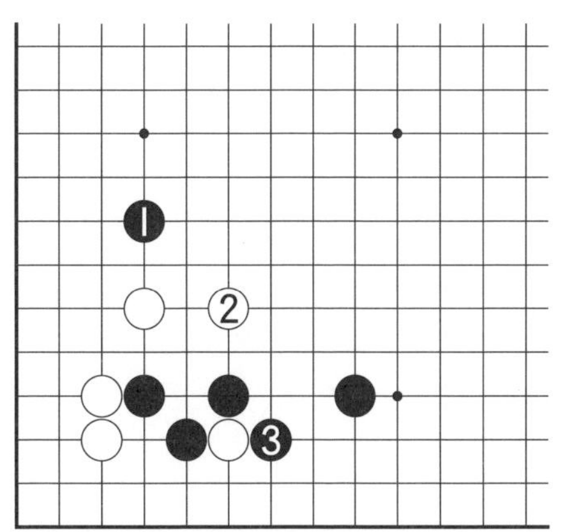

10도

## 10도 (흑의 일책)

되돌아가서 흑1로 높게 다가서면 백2에 흑3으로 자연스럽게 한점을 잡을 수 있다. 흑이 하변을 꼭 지키고 싶다면 이런 진행도 일책이다. 대신 흑1이 근거가 없다면 무거울 염려도 있다.

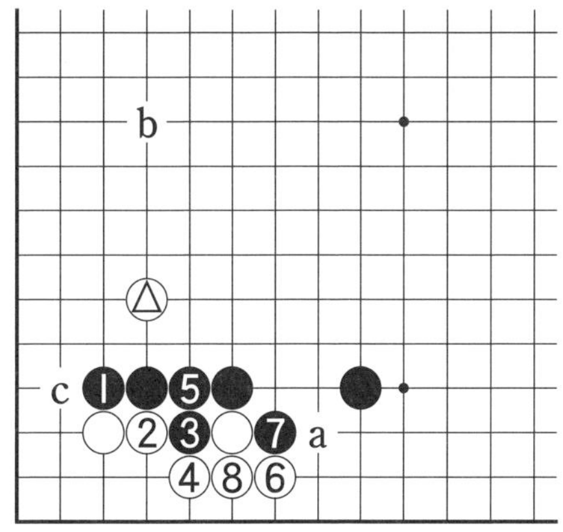

11도

## 11도 (흑의 의도)

1도 백2 때 흑1로 좌변 쪽에서 막으면 능동적이지만 복잡한 변화가 기다린다. 이때 백2로 넘으면 8까지는 기본적 수순인데 흑의 의도나 다름없다.

다음 흑이 a로 늘든 b로 협공하든 백은 △의 높은 위치가 귀의 진영에 별로 도움이 되지 않는데 c의 활용이 거북하기 때문이다.

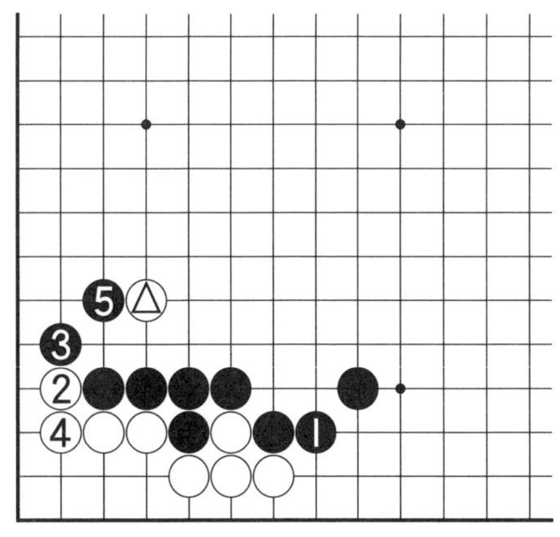

12도

## 12도 (효과적 제압)

가령 흑1로 늘 때 백2, 4로 귀를 결정하면 흑5로 호구치는 자세가 백△의 제압도 겸해서 아주 효과적이다. 일거에 흑의 세력이 압도하는 모양이다.

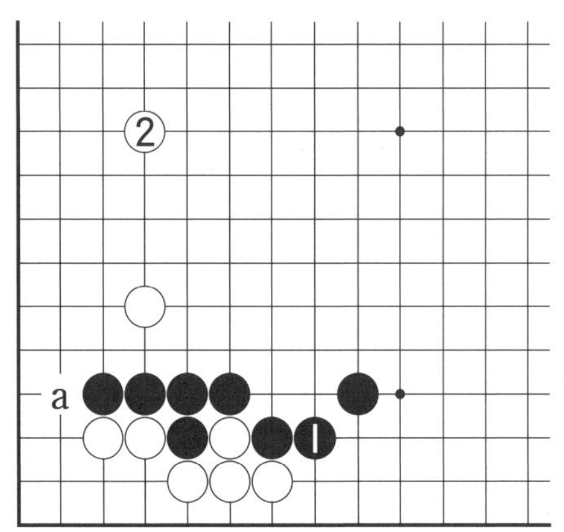

13도

## 13도 (백, 엷음)

흑1에는 백2로 벌리는 편이 낫겠지만 흑a가 귀에 선수로 작용하므로 백은 귀도 축소되고 좌변도 엷은 모양이다.

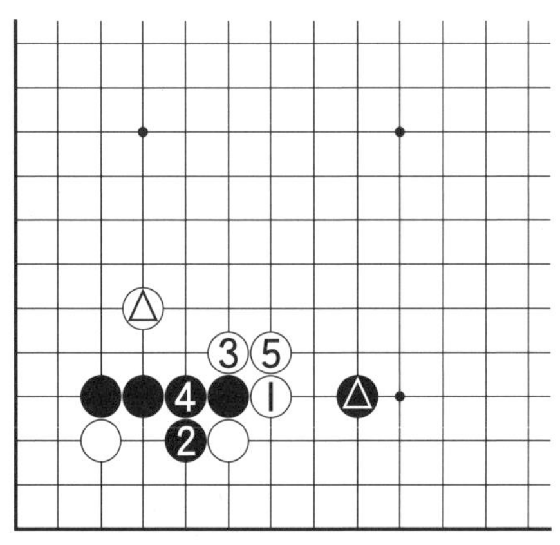

14도

## 14도 (백의 대응책)

이 시점에서 백도 귀의 연결 대신 1의 젖힘이 대응책이다.

이때 흑2로 막는 것은 백3, 5로 잇는 자세가 △와 어울린다. 흑은 ●도 고립되어 불만이다.

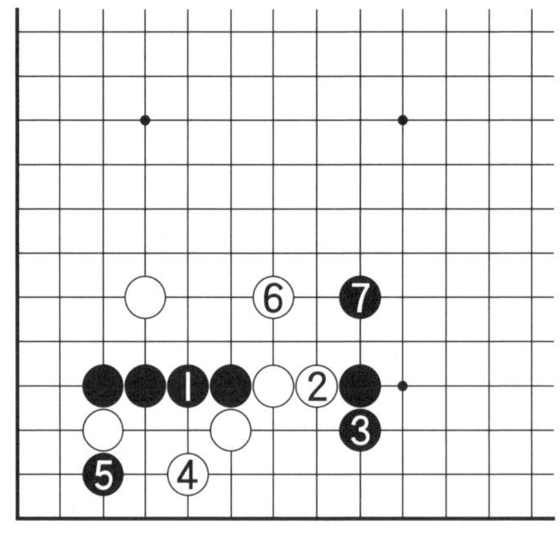

15도

## 15도 (많이 두던 이음)

흑1의 이음이 귀를 차단하면서 중앙도 고려한 수로 그동안 많이 두었다. 다음 백2로 치받은 후 7까지 많이 나왔던 변화이다.

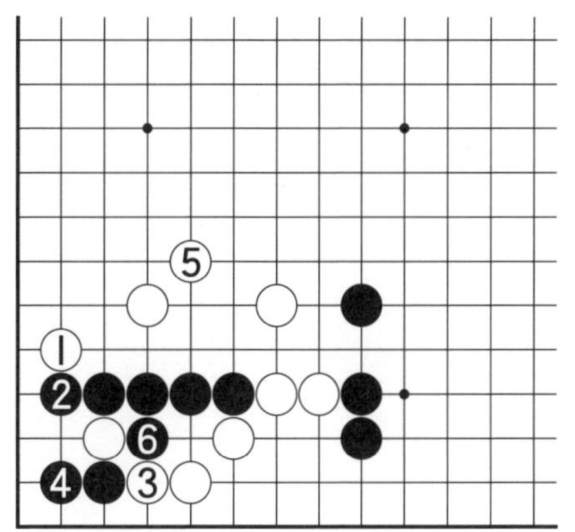

16도

## 16도 (모양의 정비)

이다음 백1~흑6까지는 백이 귀를 위협하면서 모양을 정비하는 과정이다. 흑도 후수이지만 귀를 토대로 중앙에서도 힘을 내므로 서로 어울렸다.

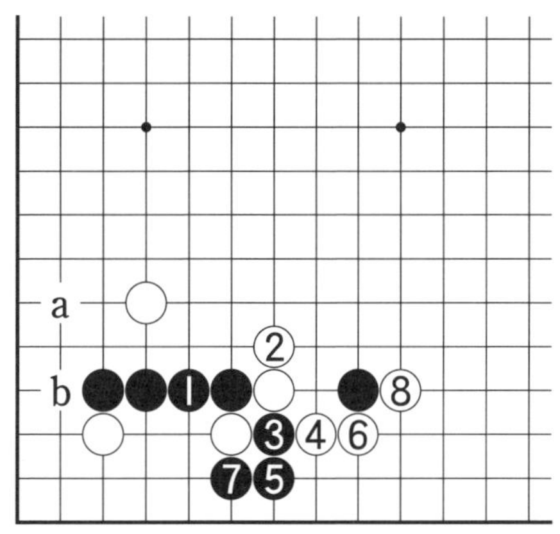

17도

## 17도 (올라서는 변화)

흑1에 백2로 올라서는 수도 있다. 흑3으로 끊으면 백4 이하 8까지 이번에는 후수이지만 하변 백이 두텁다.

흑도 실리로 대항해서 타협 흐름인데 귀에는 백a가 활용이 되든지 b로 젖히는 뒷맛이 남아있다.

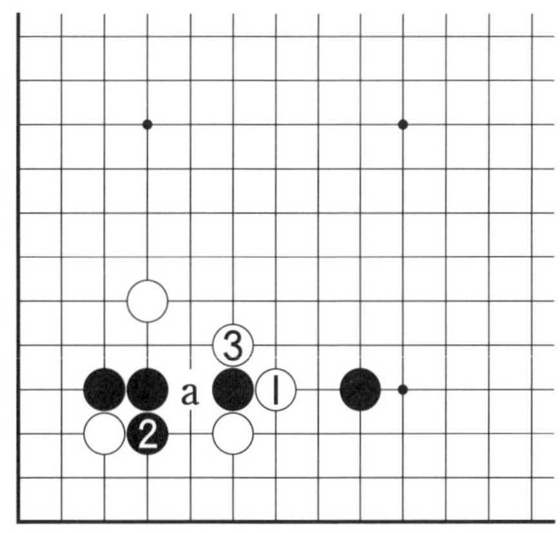

18도

## 18도 (유력한 대응)

거슬러 올라가 백1에는 흑2로 귀를 확실히 제압하는 것이 AI가 알려주는 유력한 대응이다.

백3의 단수를 맞더라도 흑은 a에 잇지 않고 손을 돌려도 되는 장점이 있다.

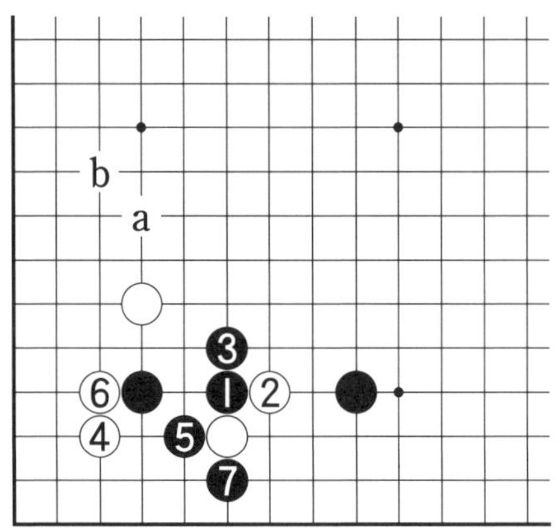

19도

### 19도 (백, 미흡)

애초 흑1의 붙임에 백2로 먼저 젖힌 후 4로 3三에 침입하면 흑은 5, 7로 하변을 두텁게 정비한다.

백은 모양이 엷어 a나 b의 지킴이 필요한데, 후수로 지켜도 좋을 때가 아니면 이 진행은 백의 발이 늦다.

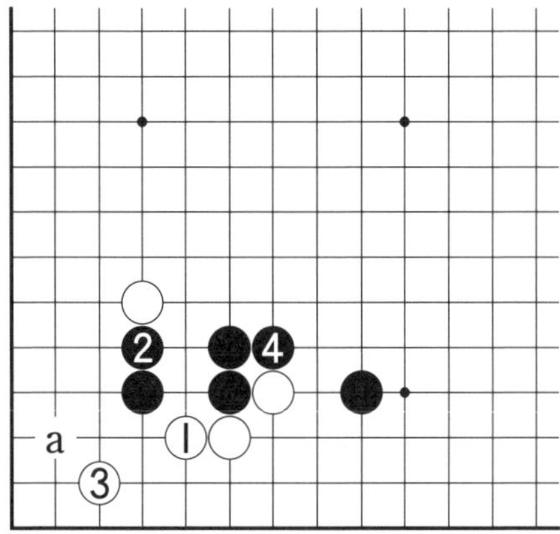

20도

### 20도 (백, 빈약한 모양)

백이 젖힌 다음에는 1로 진입하는 것이 보통이다.

흑2로 지킬 때 백3의 날일자 행마는 예전에 많이 두던 수인데 AI는 흑이 4로 눌러막아서 두텁다고 진단한다. 차후 흑a로 압박하면 백의 모양도 빈약하다.

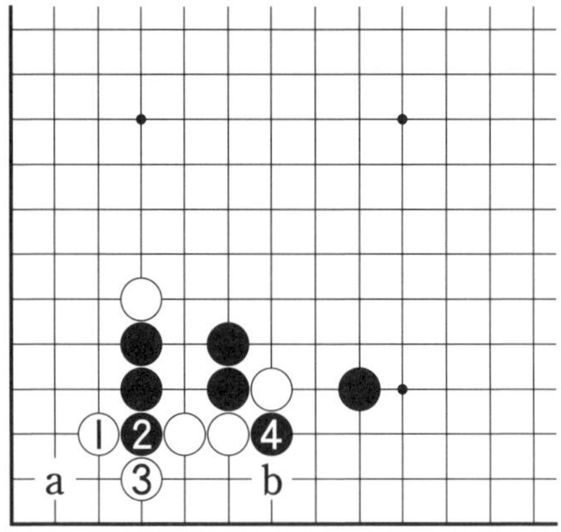

21도

### 21도 (과감한 3三침입)

앞 그림 백3 대신 AI는 1로 과감히 3三에 뛰어들라는 지침을 준다. 백의 모양이 허술해서 흑2, 4로 끊을 때가 문제인데 백이 맞대응하지 말고 손을 빼는 것이 좋다고 한다. 그렇지 않고 백a로 지키면 흑b로 흑의 두터움만 살아난다는 뜻이다.

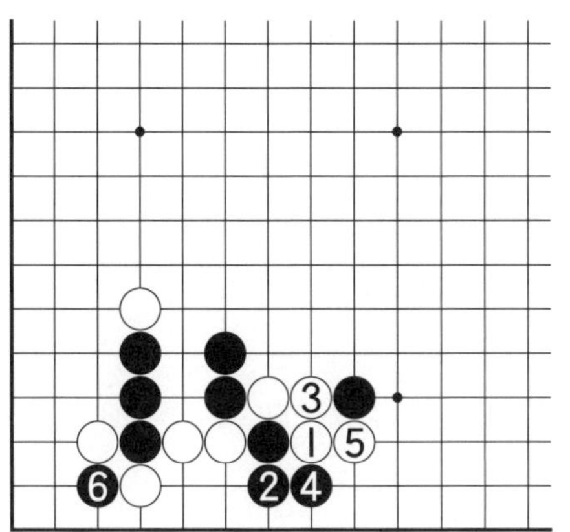

22도

## 22도 (백, 위험한 발상)

이다음 백1, 3으로 이곳에서 끝장을 보려는 것도 위험한 발상이다. 흑은 4로 하나 밀고난 후 6으로 끊어 추궁한다.

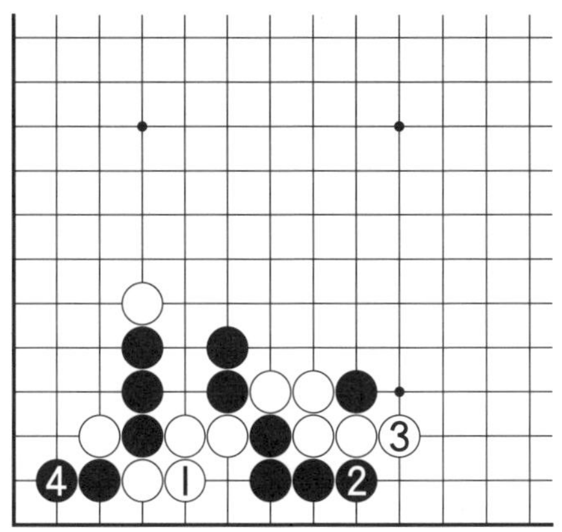

23도

## 23도 (흑승)

이때 백1로 이으면 흑2로 밀어 수를 늘린 후 4로 늘어 하변 백과의 수상전은 흑승이다.

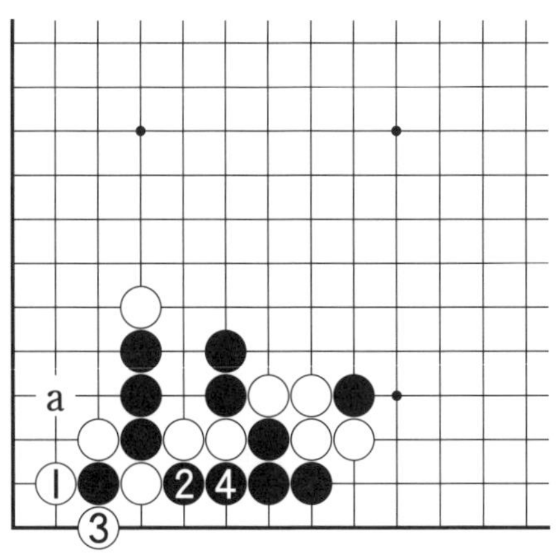

24도

## 24도 (흑, 성공)

22도 다음 백1로 한점을 잡아도 흑2, 4로 백의 요석 두점이 잡혀 흑의 성공이다. 흑a도 선수인 만큼 백의 불리는 자명하다.

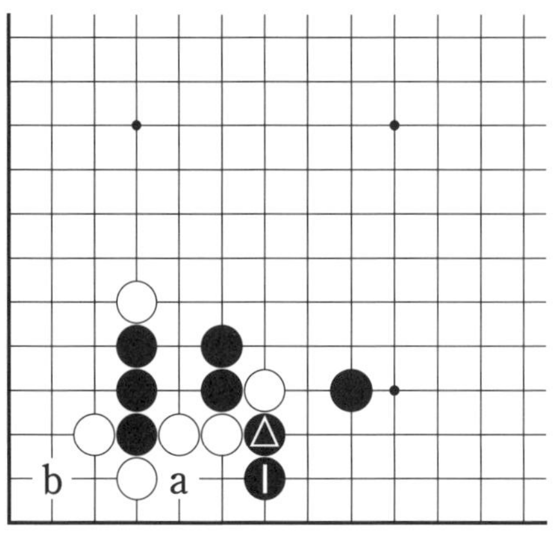

25도

## 25도 (심오한 정석)

그래서 백은 흑▲로 끊은 시점에서 손을 빼고 흑1로 추궁하면 또 손을 빼도 귀는 쉽게 죽지 않는다. 그동안 백은 다른 데서 이득을 취하면 균형을 맞추고도 남는다는 복안이다. 이다음 흑a는 백b로 견딜 수 있다. 물론 흑도 두터움을 살린다면 충분히 둘 수 있다. AI가 권하는 심오한 정석이었다.

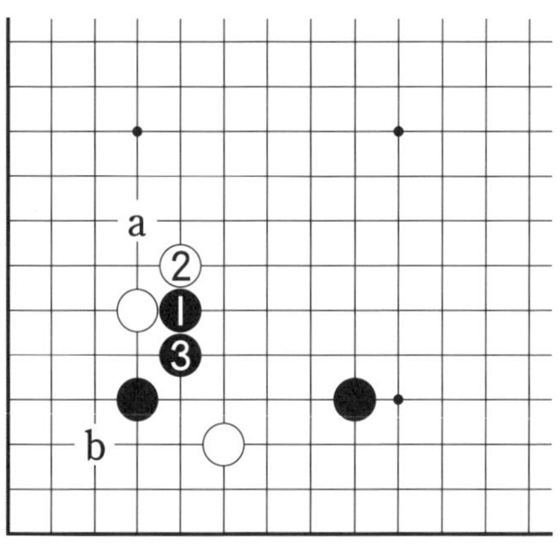

26도

## 26도 (버려야 할 상식)

처음으로 돌아와서, 흑1의 날일자 붙임도 AI시대에 신수들이 개발되어 유행하기 시작했다. 그렇더라도 백2에 흑3으로 귀와 연결하면 백이 a의 호구 또는 b의 침입으로 흑이 불리하다. 흑1, 3은 이제는 버려야 할 상식이다.

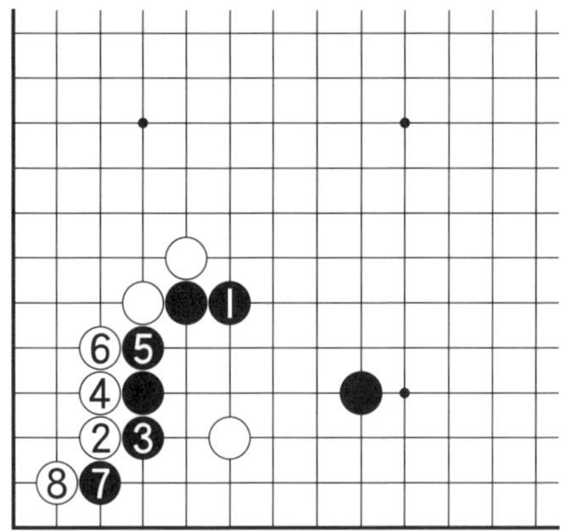

27도

## 27도 (AI시대의 상식)

AI시대의 상식은 흑1로 늘어야 중앙을 향한 힘이 생긴다는 관점이다. 백2로 3三에 침입하면 흑3에 막은 후 8까지는 필연이다.

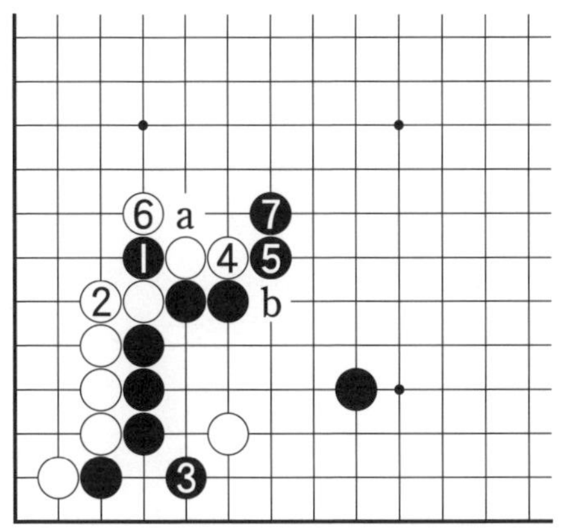

28도

## 28도 (탄력적 수비)

이다음 흑이 중앙의 축을 노린다면 1의 단수를 결정한 후 3의 호구가 일단 탄력적 수비이다.

백도 중앙을 살리려면 4, 6으로 한점을 잡고 흑은 7로 올라서는 것이 힘찬 행마이다. 백은 a의 활용이 있어 b로 끊기가 거북하다. 서로 타협된 모습인데 AI시대의 신정석이라 생각해도 좋다.

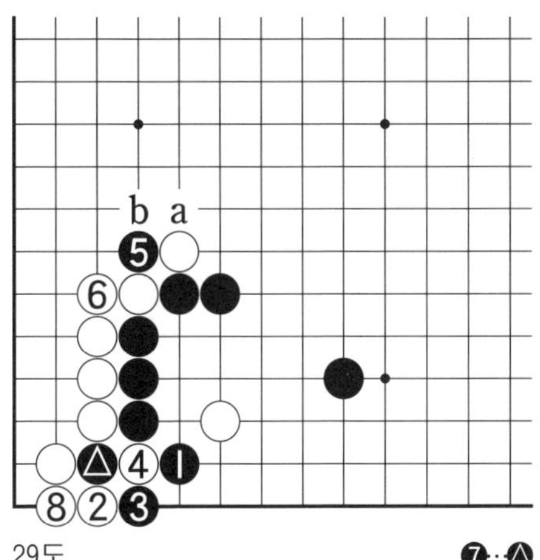

29도

7‥△

## 29도 (패로 버티는 경우)

흑은 1로 먼저 호구칠 수 있다. 백 2로 단수치면 흑3의 패가 요령이다. 백4에 흑5의 팻감이 자랑이며 8까지 굴복시킨 후 축이 유리하면 a, 축이 불리하면 b로 움직이거나 손을 빼기도 한다.

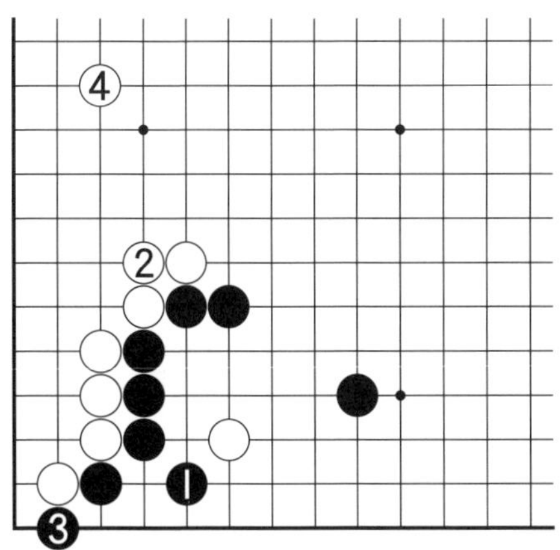

30도

## 30도 (백의 변화)

흑1에 백도 중앙을 중시한다면 2로 이을 수 있다.

흑3의 젖힘은 하변에 힘을 보태고 끝내기로도 커서 백도 아쉽지만 4로 벌리면 서로 타협하며 일단락이다.

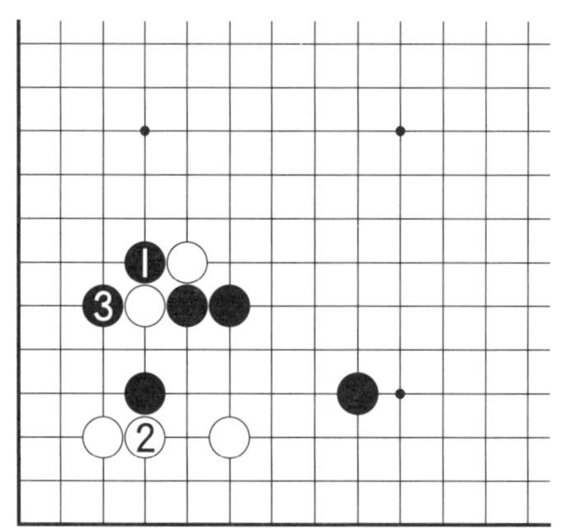

31도

## 31도 (흑의 일책)

27도 백2 때 많이 두지는 않지만 흑1의 끊음도 일책이다.

　백2로 넘으면 흑3으로 좌변을 제압해서 중앙 두터움을 중시하겠다는 뜻이다.

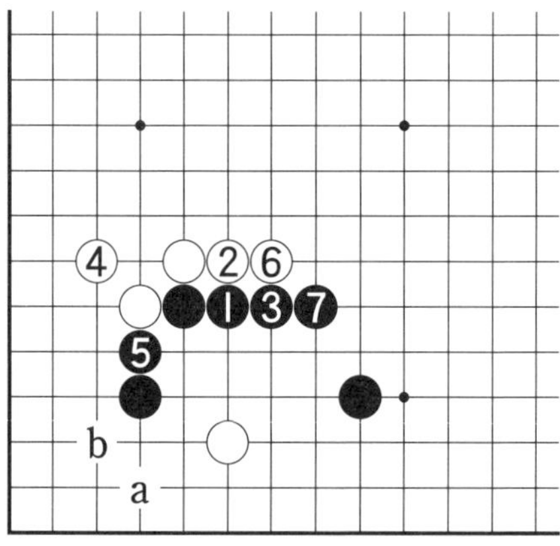

32도

## 32도 (백, 두터운 행마)

흑1에 백이 두텁게 두자면 2, 4로 모양을 정비하는 행마도 있다.

　그런 후 귀의 침입을 노리는데 흑5로 방어하면 백6으로 세력의 폭을 넓히며 둘 수 있다. 흑7 다음 하변 진영에는 백이 a나 b로 진입하는 맛이 남아있다. 역시 AI시대의 신형 정석이라 봐도 되겠다.

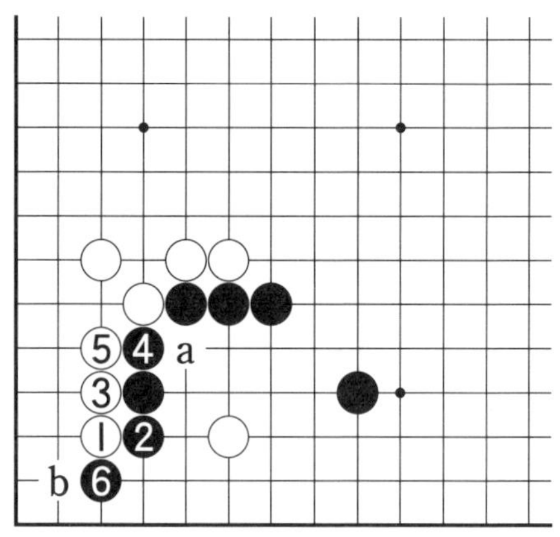

33도

## 33도 (흑이 손을 빼는 경우)

실전이라면 앞 그림 백4 때 흑이 손을 빼는 경우도 생기지만, 그러면 백1의 3三침입이 제격이다.

　흑은 2, 4 다음 6까지 젖혀야 a쪽 약점을 방어할 수 있다. 백b로 막을 때는 흑이 손을 빼도 큰 문제가 없다.

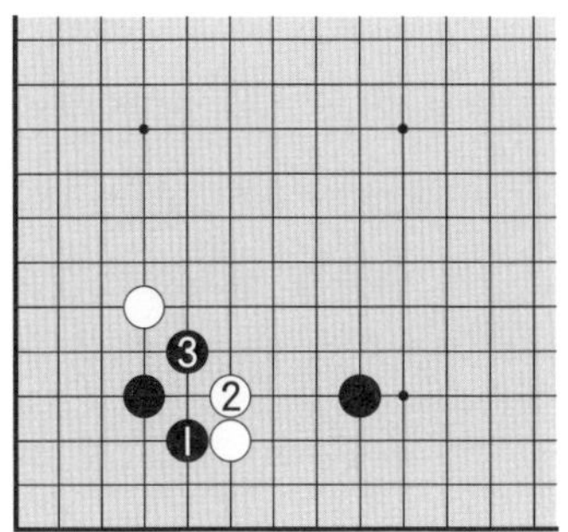

### ▦ 장면

이 장면에서 흑1의 마늘모로 붙인 후 3으로 가르고 나가는 것은 강인한 수단이다. 이때 백의 간명한 대응에 대해 알아보자.

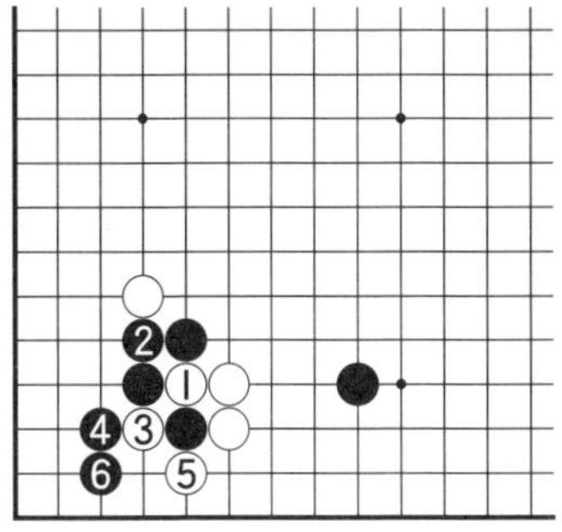

## 1도 (백, 미생마)

일단 백1, 3으로 한점을 잡으면 간명하다. 그런데 흑4, 6으로 내려서면 흑은 약점이 없고 백은 한점은 잡았지만 미생마에 불과하다. 백의 세밀한 기술이 부족했다.

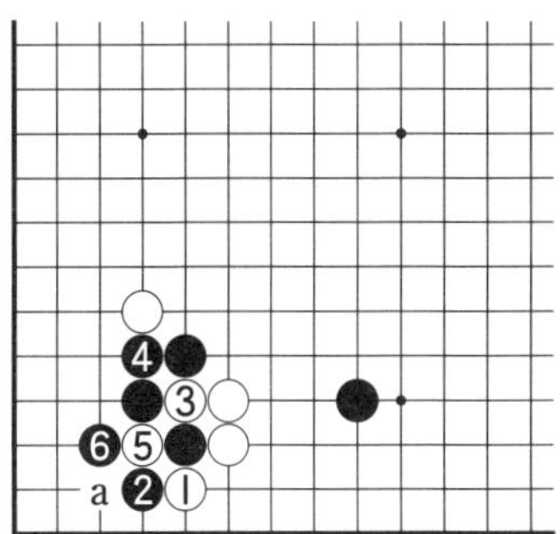

## 2도 (패를 남기는 세밀한 수순)

백1의 젖힘부터 두는 것이 세밀하다. 흑2로 막을 때 백3, 5로 한점을 잡으면 흑6에 a의 패가 남아 삶의 담보로 삼을 수 있다. 서로 예측할 수 없는 싸움이다.

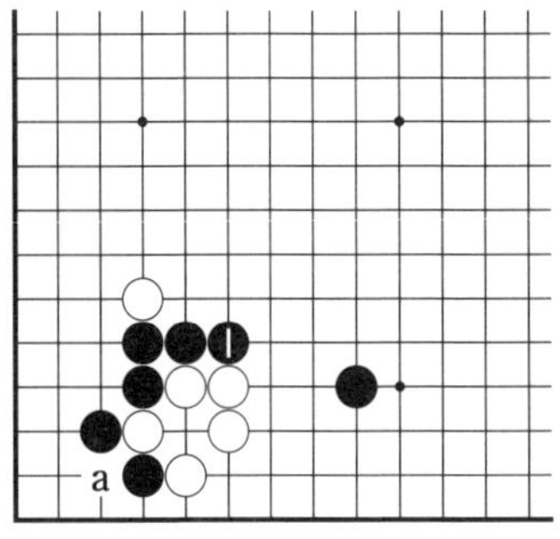

## 3도 (패를 활용해서 싸움)

이 모양에서는 백이 손을 빼서 흑1로 봉쇄하더라도 백은 a의 패를 이용해서 싸울 수 있다.

# 실전 정석활용

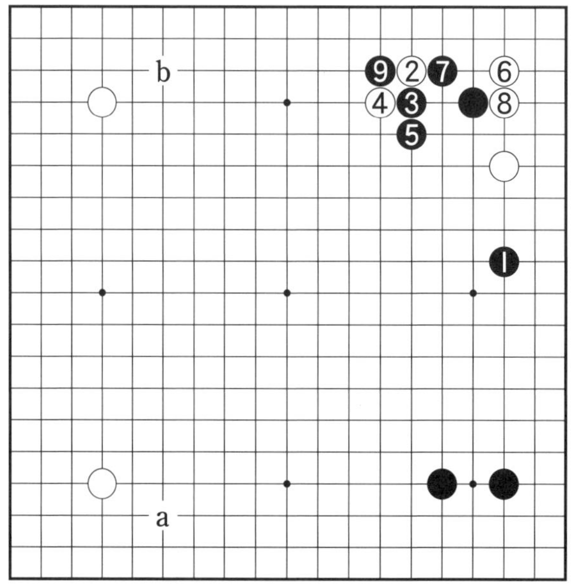

실전 1

## 실전 1

우하귀 소목 한칸굳힘을 배경으로 흑은 1의 두칸으로 협공했다. 백 2의 양걸침에 흑3 이하 9까지는 부분적으로 흑이 미흡하지만 우변까지 연계한 구상이었다.

　다음 백은 a나 b의 굳힘이 큰데, 실전은 a로 두었지만 AI는 b의 굳힘을 추천한다.

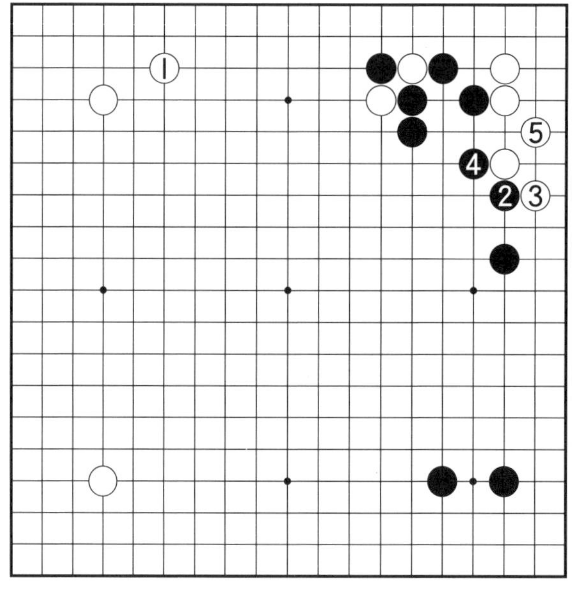

참고도

## 참고도 (실전 이후)

실전 이후 AI는 우선 상변을 견제하는 백1의 굳힘을 선호한다.

　이번에는 흑의 구상이 초점인데, 그 전에 우변과 상변을 연계하는 2, 4의 활용은 AI로부터 배워둘 만한 두터운 정비법이다.

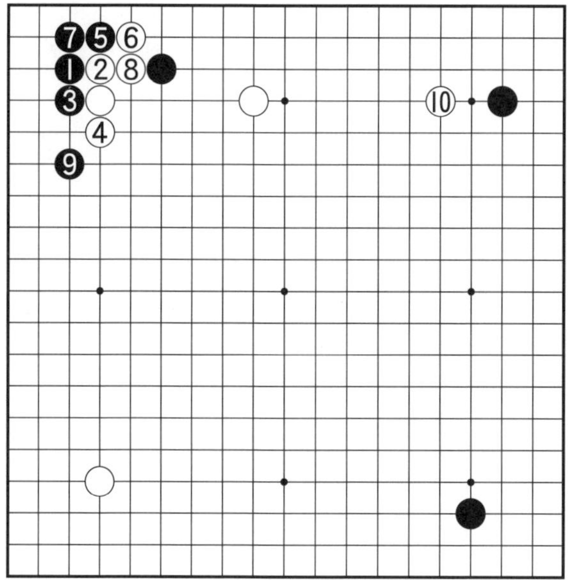

실전 2

## 실전 2

좌상귀 화점 두칸높은 협공에서 흑1의 3三침입이면 간명하다.

이하 백8의 이음은 예전의 수법이지만 선수를 잡고 10으로 발빠르게 걸치기 위함이다.

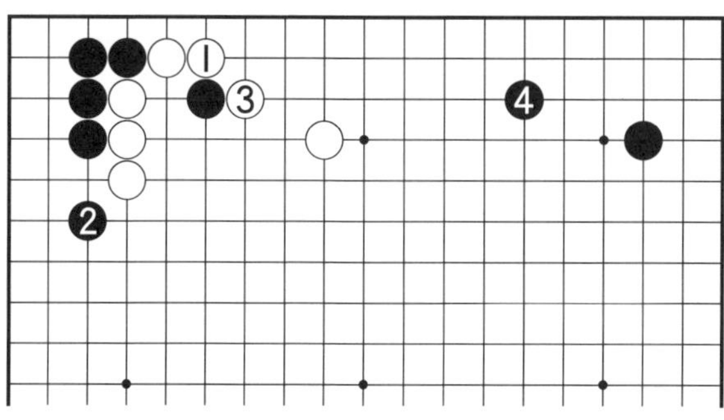

참고도1

## 참고도1 (백의 후수)

부분적으로 백1, 3이 AI가 권장하는 안정적 지킴이지만 후수가 되어 이 구도에서는 흑4의 굳힘이 안성맞춤이다. 정석도 포석 전체의 안목에서 선택해야 효과적임을 알 수 있다.

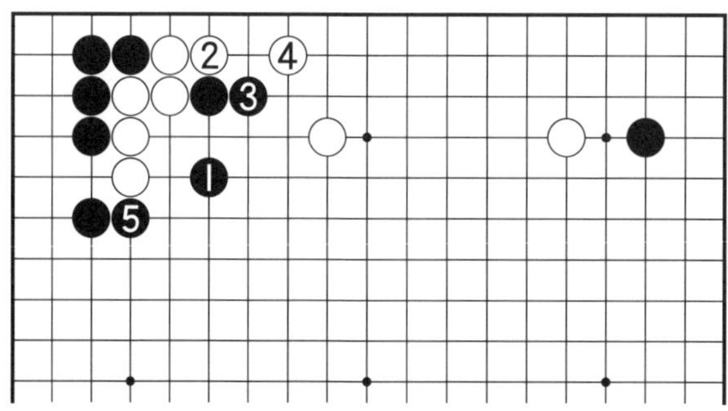

참고도2

## 참고도2 (실전 이후)

실전에서는 좌상귀 백의 모양이 허술한데, 이후 AI는 1, 3으로 활용한 후 5로 두텁게 막는 변화를 선보인다. 백도 발빠른 만큼 이 정도 눌림은 감수해야 한다.

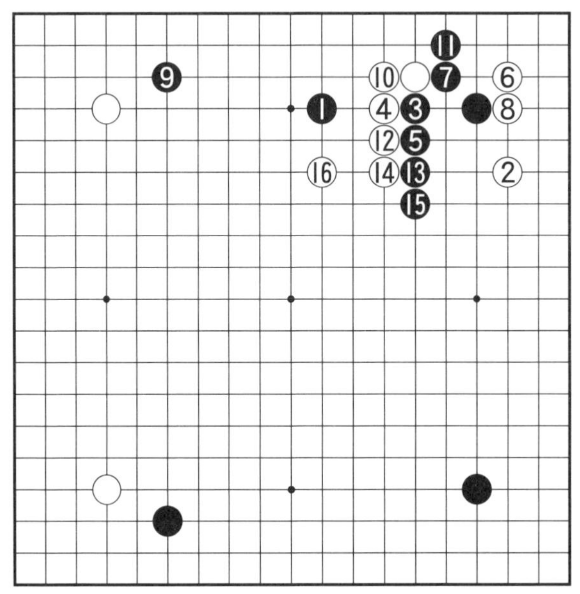

실전 3

## 실전 3

화점 포석에서 흑1의 두 칸높은협공에 백은 2의 양걸침이고 이하 8까지 정석 수순인데 흑이 상변을 지키지 않고 9로 걸쳤다. 백10으로 즉각 움직일 때 흑11로 차단하면 백12로 나가 싸움을 피할 수 없는데 16까지 어쨌든 백이 국면을 주도하며 활발하다.

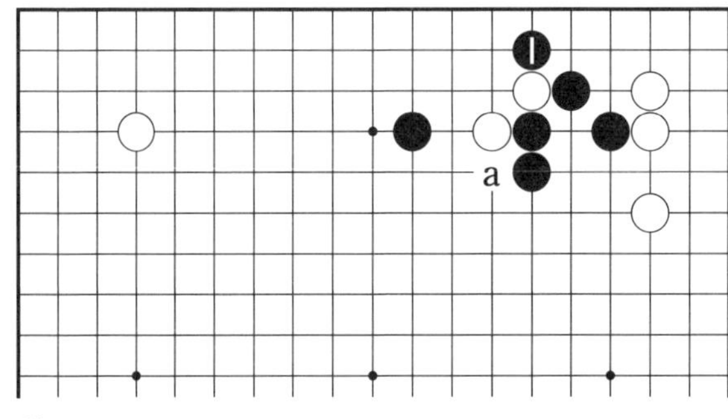

참고도1

## 참고도1 (흑의 정수)

실전 백8 때 흑1의 지킴이 우선이었다.

　AI는 흑1 대신 a도 중앙 두터움을 겸해서 괜찮다고 본다.

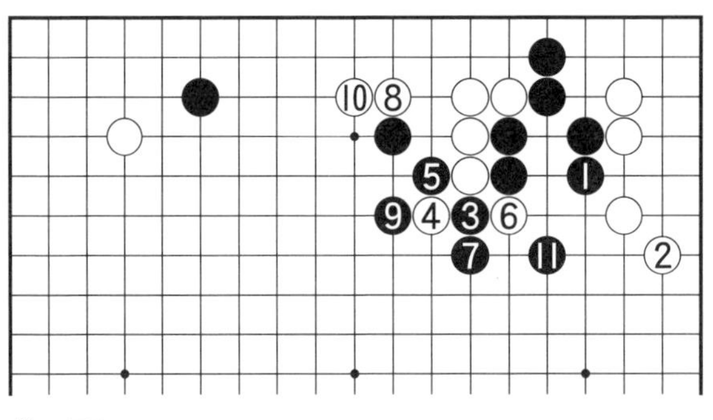

참고도2

## 참고도2 (AI 변화)

참고로 실전 백12 때 AI는 흑1의 선수 후 3, 5로 강하게 끊는 것이 뚫리는 것보다 낫다고 본다. 이하 11까지 AI가 보여주는 변화이다.

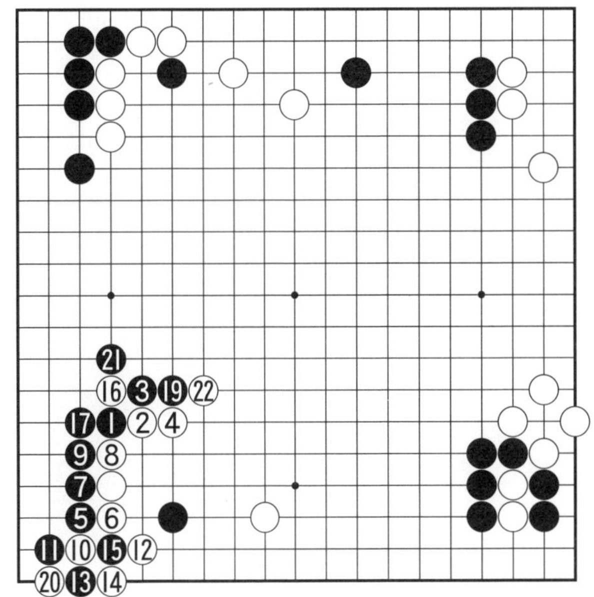

실전 4



## 실전 4

포석이 네 귀를 골고루 돌며 한참 진행 중인데 AI시대의 흐름을 반영한다. 초점은 좌하귀로 두칸협공에서 흑1의 높은 양걸침이고 이하 9까지 이제는 널리 알려진 변화이며 백10, 12는 탄력 수비이다. 이하 백18 때 흑19, 21은 귀를 포기하고 변과 중앙을 중시한 선택이다.

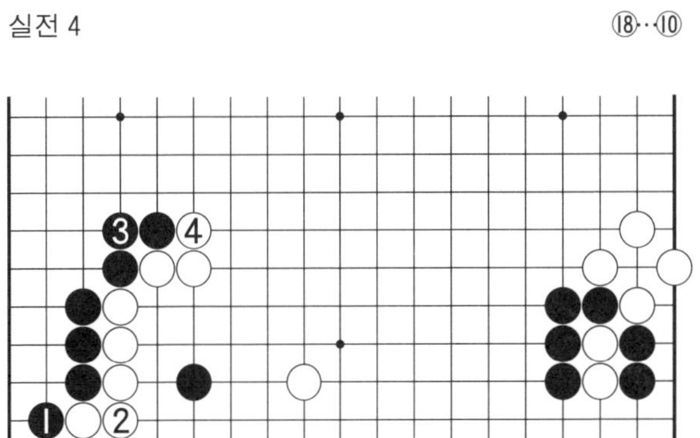

참고도1

## 참고도1 (AI 추천)

AI는 흑1에 백2로 잇고 흑3에 백4로 꼬부려 하변을 두텁게 처리하는 것이 이 경우에는 간명하다고 본다.

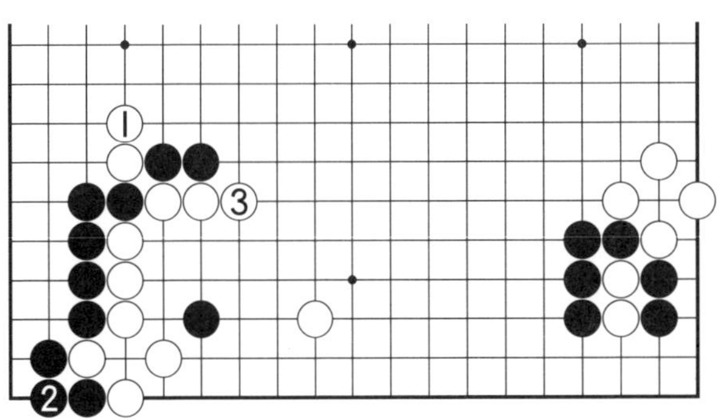

참고도2

## 참고도2 (AI 변화)

실전 흑19 때도 AI는 백1로 움직여 흑2의 이음을 강요한 후 백3에 늘어 중앙을 싸움으로 유도하는 것이 현 상황에서 효과적인 변화라고 본다.

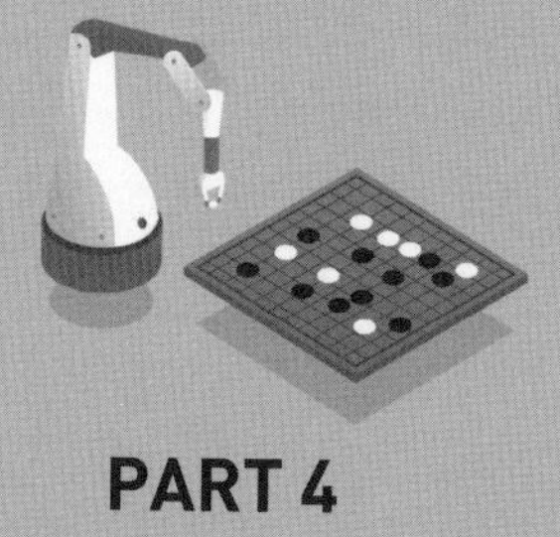

# PART 4

# 세칸의 협공

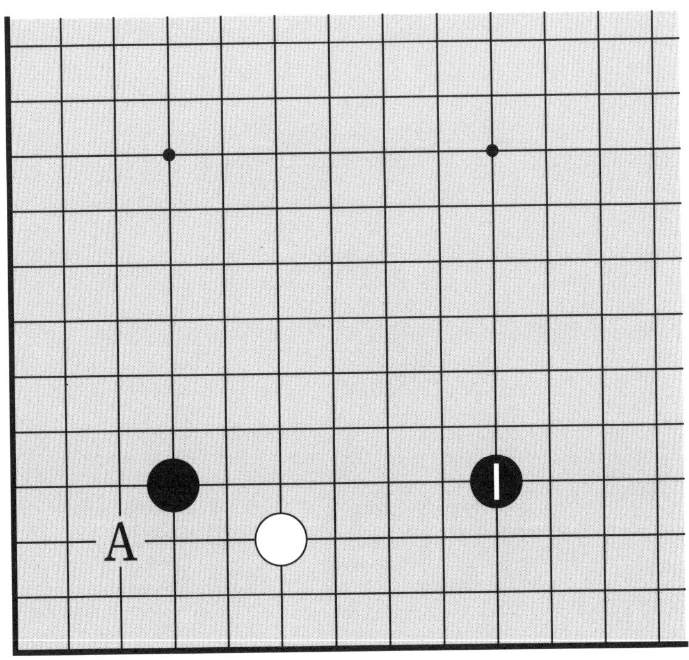

기본형

화점 걸침에 흑1의 세칸높은협공은 거리가 먼 만큼 느슨한 면도 있지만, 공간을 넓게 사용하는 AI시대에서는 유연한 발상으로 각광받는다.

백도 운신의 폭이 넓어져서 선택 가능한 대응이 늘어나는데, 여기서는 백A의 3三침입과 더불어 양걸침에서 우선 짚고 넘어가면 좋을 기본적인 변화에 대해 알아본다.

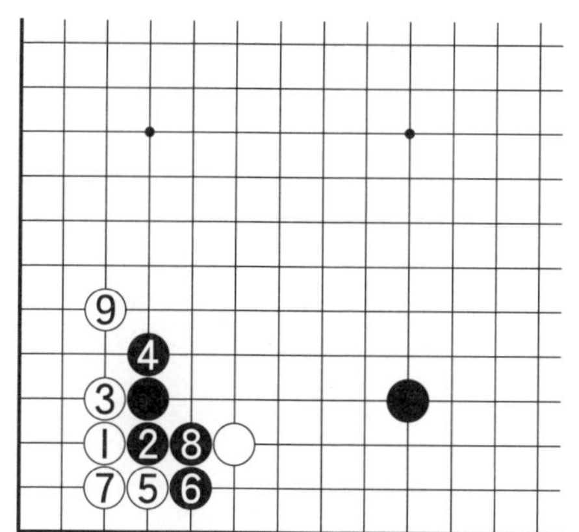

## 1도 (예전의 정석)

다른 협공들과 마찬가지로 백1의 3三침입이면 간명하다. 흑2로 막은 후 9까지 그동안 많이 두던 정석이었다.

1도

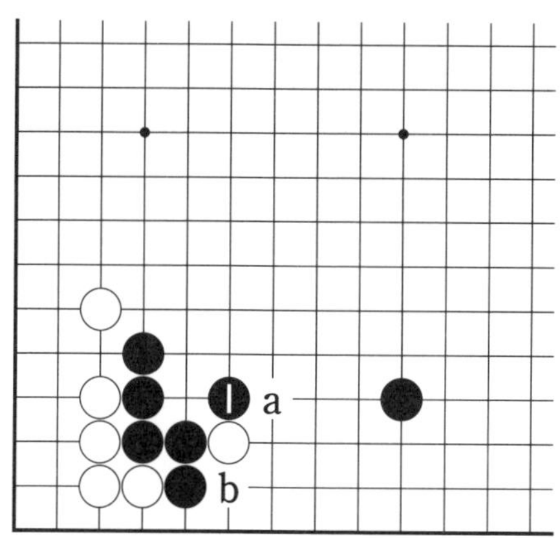

## 2도 (준동하는 맛)

그런데 이 모양에서는 공간이 넓은 만큼 흑1로 지키더라도 백이 a와 b로 준동하는 맛은 남아있다.

2도

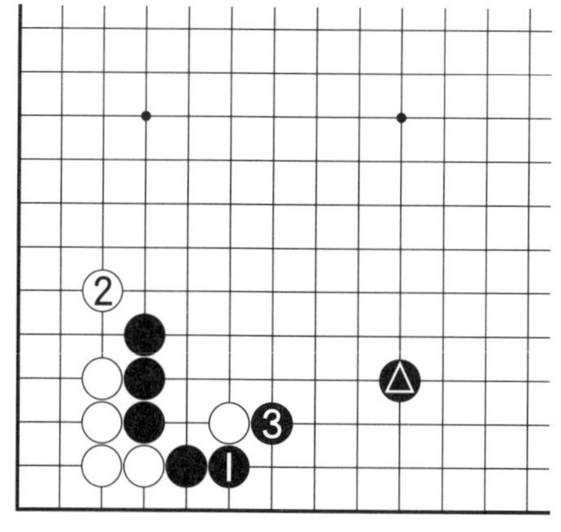

## 3도 (신정석)

두칸높은협공에서도 보았듯이 AI 시대에는 흑1, 3으로 지키는 수를 많이 둔다.

후수이지만 흑의 모양이 완전하며 특히 ▲와의 간격도 적당해서 세칸높은협공에서는 거의 신정석으로 굳어졌다.

3도

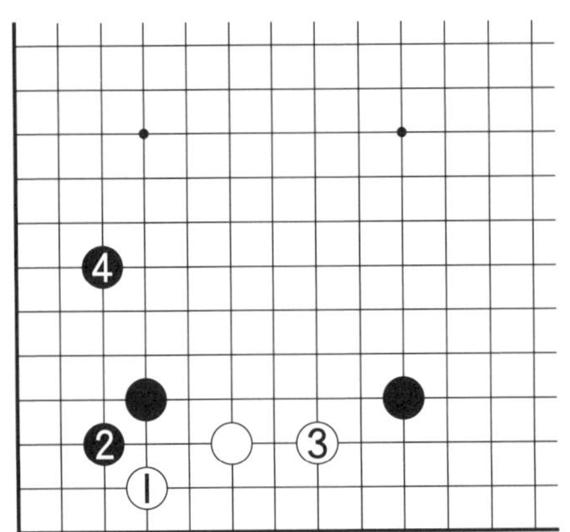

4도

## 4도 (자체에서 안정)

처음부터 백1, 3의 벌림은 협공의 간격이 넓어진 만큼 자체에서 안정하면서 귀와 변의 흑도 은근히 노리는 실전적인 수단이다.

흑도 4로 귀부터 벌리면 당장은 싸우지 않아도 되는 무난한 흐름이다.

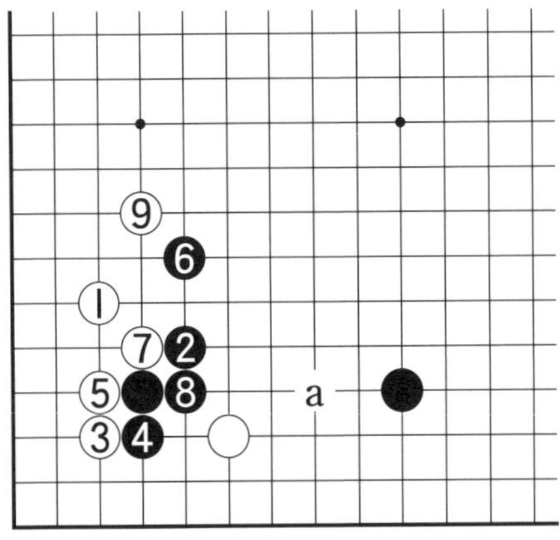

5도

## 5도 (느슨한 행마)

백1의 양걸침도 다른 협공과 마찬가지로 능동적인 수단으로 많이 사용된다. 이때 흑2의 마늘모는 느슨한 행마이다. 백3의 3三침입 때 흑4, 6으로 차단하며 폭을 넓히지만 백7, 9로 급소를 짚고 나가면 a로 움직이는 맛도 있는 만큼 실리가 충실한 백이 순조롭다.

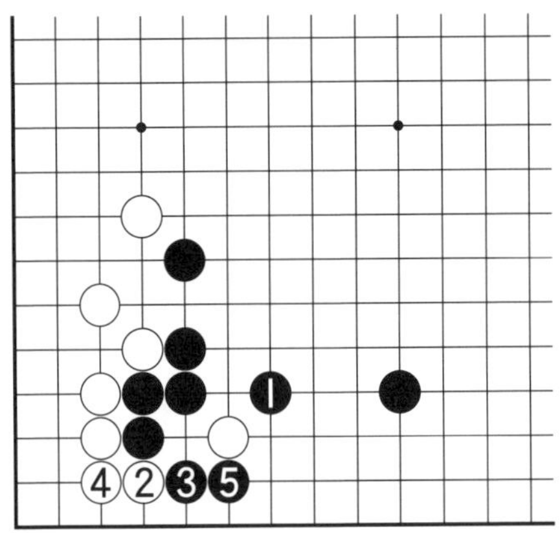

6도

## 6도 (흑, 중복)

이다음 흑1로 지키더라도 백2, 4의 끝내기가 선수인 만큼 흑은 후수인 데다가 중복형이다.

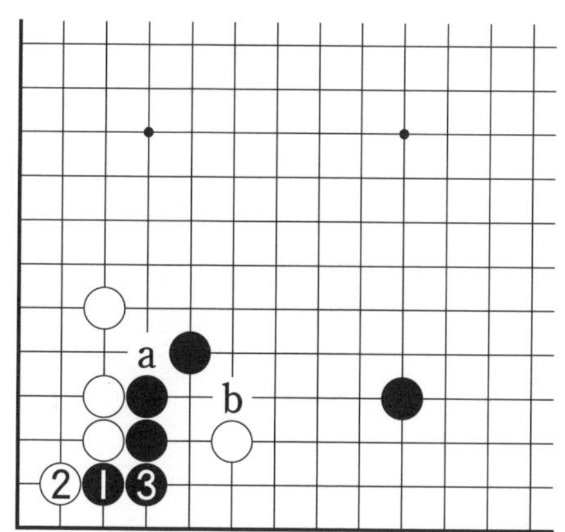

7도

## 7도 (문제는 후수)

흑이 중앙으로 폭을 넓히는 대신 1, 3으로 귀의 젖힘부터 두면 실리로 크지만 문제는 후수이다.

참고로 이때 백a의 호구는 급소가 되지 않는다. 흑도 b의 호구 지킴이 좋은 모양이 되어 이 교환은 흑의 이득이다.

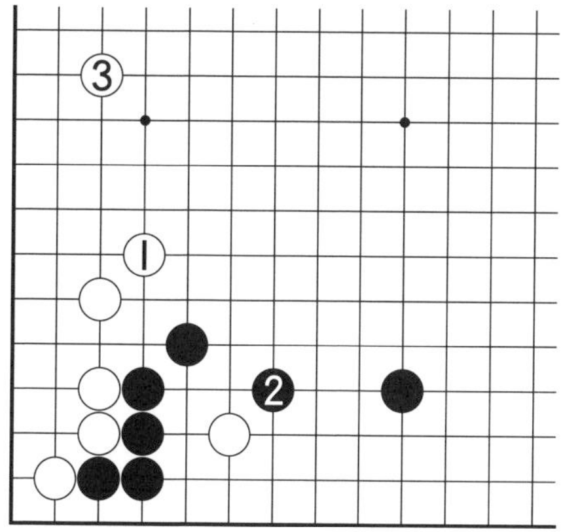

8도

## 8도 (백, 활발)

이다음 백1의 마늘모 행마가 중앙도 고려한 요소이다. 흑은 2의 지킴으로 전환해야 하고 백은 3으로 벌려 활발한 흐름이다.

흑도 미흡하지만 이처럼 실리로 버티는 것이 6도처럼 당하는 것보다야 두기 편하다.

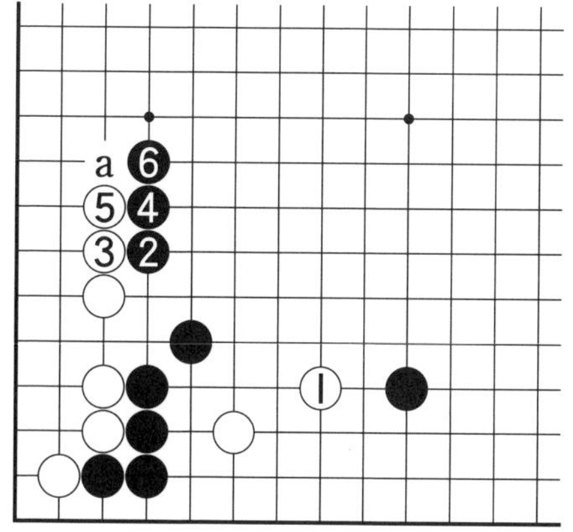

9도

## 9도 (서두른 행마)

7도 흑3 때 백1로 서둘러 움직이면 어떨까. 물론 흑집을 부수겠다는 뜻이지만 백도 미생임을 인식해야 한다. 흑은 바로 대응하지 않고 2로 눌러가며 싸움은 뒤로 미룬다. 이하 6까지 되면 흑이 두터운 진행인데 다음 하변 백의 공격이 남았고 a의 막음도 크다.

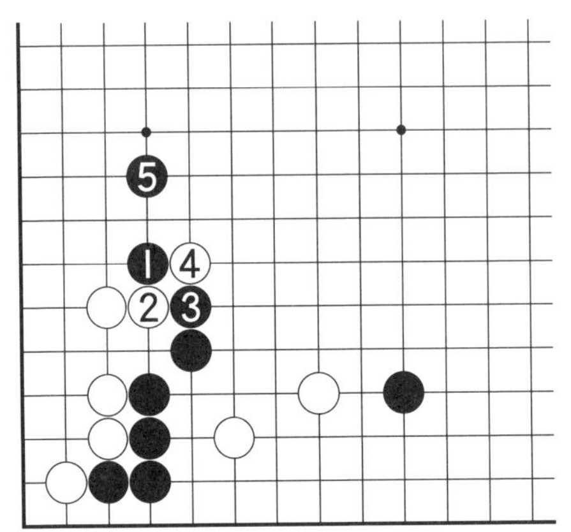

10도

## 10도 (싸움의 기술)

흑1로 씌울 때 백2, 4로 나와끊는 것이 두렵지만 흑도 이 싸움은 감당해야 한다. 일단 흑5의 뜀을 유용한 기술로 기억해둔다.

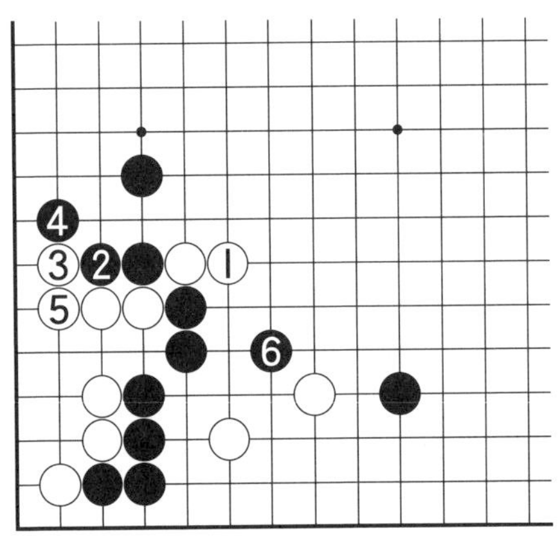

11도

## 11도 (흑이 주도하는 싸움)

이다음 백1로 늘면 흑2, 4를 선수한 후 6으로 양쪽 백을 가르며 주도적으로 싸울 수 있다.

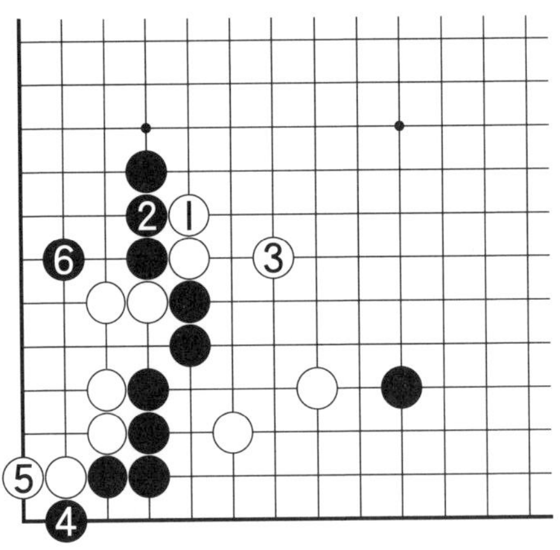

12도

## 12도 (백, 위험)

10도 다음 백1, 3으로 포위하는 것이 그럴듯하지만 흑4, 6으로 압박하면 좌변 백이 위험하다.

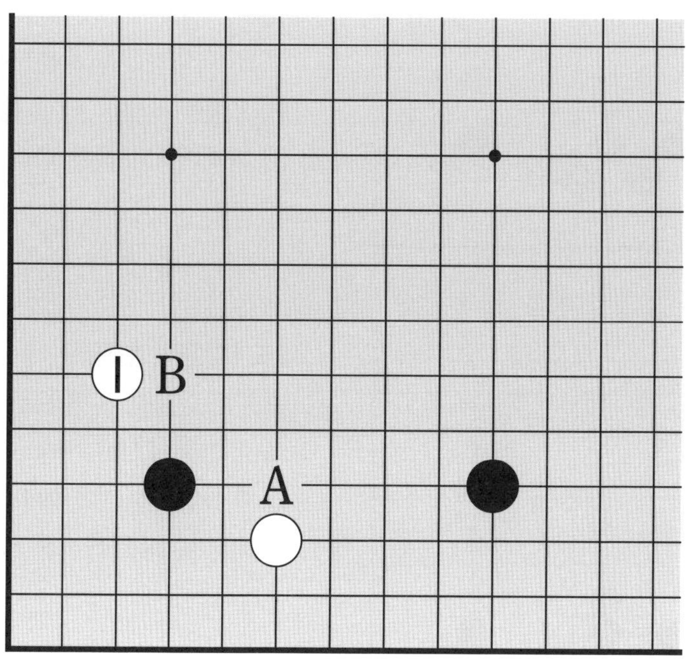

기본형

이번에는 백1의 날일자 낮은 양걸침에서 본격적인 변화
에 대해 알아본다.

AI시대에는 다양한 수들이 개발되어 사용되고 있지만,
우선 흑이 효과적으로 두려면 A나 B의 붙임으로부터 시작
해야 한다.

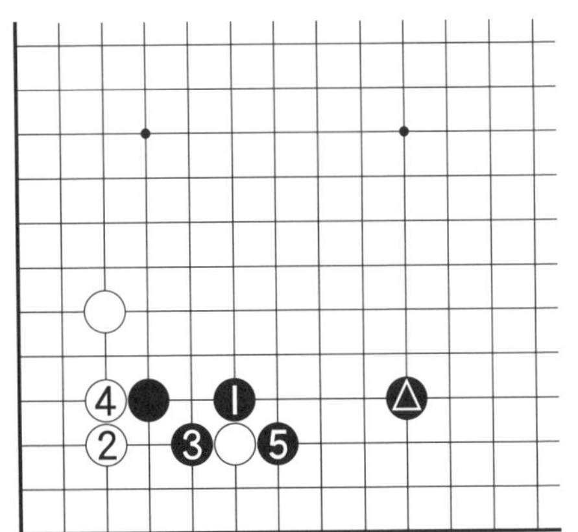

1도

### 1도 (백, 미흡)

흑1로 내 편이 있는 쪽부터 붙여 본다. 이때 곧장 백2로 3三에 침입하면 흑3, 5로 한점을 잡는다.

　귀의 실리를 허용해도 흑의 하변 모양에 약점이 없고 ▲도 적당한 간격으로 두터운 만큼 백이 미흡하다.

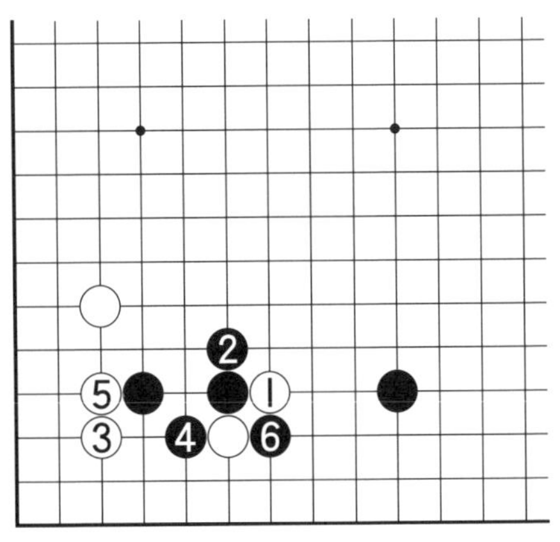

2도

### 2도 (활동적 침입)

백은 1로 젖힌 후 3으로 침입하는 것이 활동적이다. 흑4, 6으로 한점을 잡더라도 1과 2의 교환만큼 흑의 두터움에 약점이 남아 서로 균형이 맞는다.

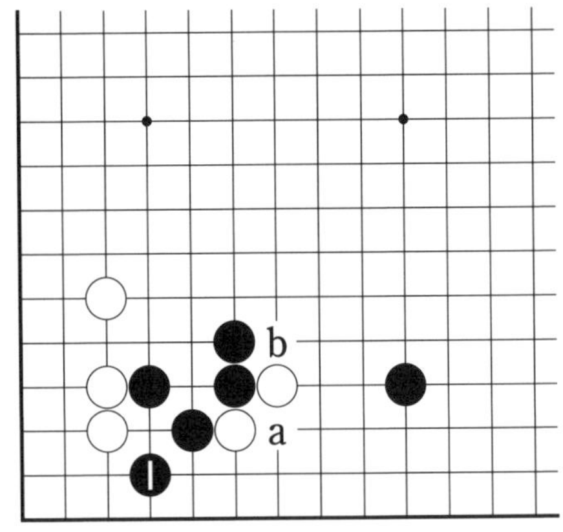

3도

### 3도 (능동적 지킴)

흑이 폭넓게 두고 싶다면 앞 그림 흑6으로 얌전히 지키는 대신 1로 귀를 엿본다. AI가 알려주는 능동적인 지킴인데, 백a로 도발하면 흑b로 눌러가며 싸움을 주도하겠다는 뜻이다.

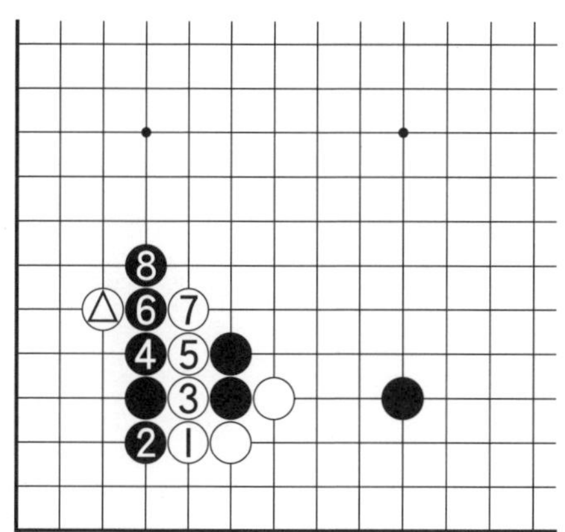

4도

### 4도 (흑, 만족)

2도 흑2 때 백1로 들어가서 3으로 끊으려는 시도는 혼자만의 수읽기이다.

흑은 상대 의도대로 두지 않고 4로 늦추며 계속 8까지 되면 백△를 제압한 변의 실리가 커서 흑의 만족이다.

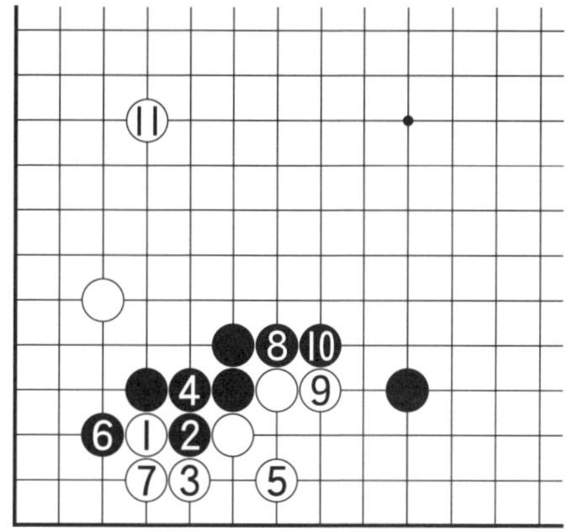

5도

### 5도 (흑, 미흡)

백1로 한칸 붙임은 하변과 연계하며 최대한 귀에 파고드는 상용 수단이다.

이때 흑2, 4로 끼워 이으면 10까지 봉쇄가 가능하지만, 백이 모양을 정비하고 나서 11로 벌리면 양쪽을 처리해서 흑이 미흡하다.

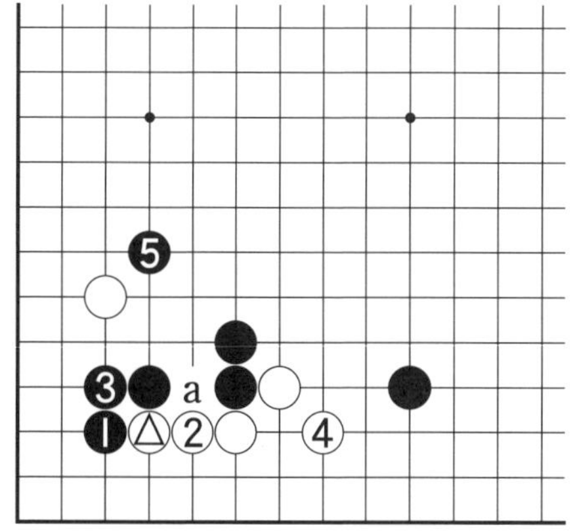

6도

### 6도 (안정적 대응)

백△로 붙이면 흑1, 3으로 귀에 토대를 마련하는 것이 안정적이며 AI시대의 대응법이다.

백도 4로 지키면 무난하며, 중앙에서 흑5의 압박은 a의 약점도 대비하는 역할도 겸한다.

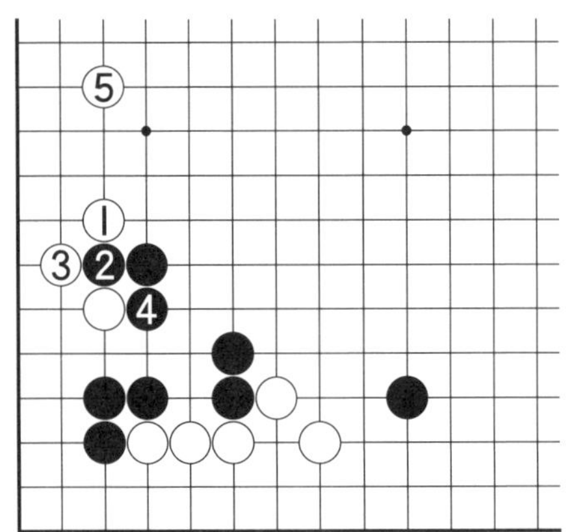

7도

## 7도 (행마의 요령)

이 다음 백1의 뜀은 가벼운 행마의 요령이고 흑2, 4는 두터운 지킴이다. 백5로 벌리면 AI는 서로 어울린 진행이라 본다. 흑은 두텁고 백은 엷지만 발빠르다.

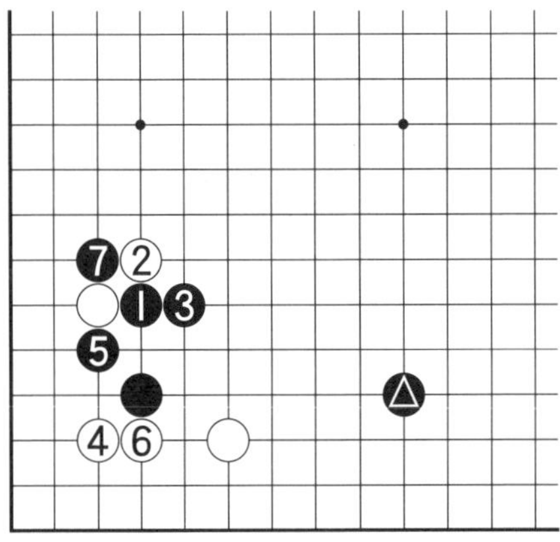

8도

## 8도 (상용 수순)

이번에는 상대가 강한 쪽인 흑1로 붙이는 변화에 대해 알아보자.

백2, 4로 귀에 침입하면 7까지는 상용 수순이다. 백은 귀의 실리를 차지했고, 흑은 좌변에 모양을 구축하며 ▲도 나름의 역할 수행이 가능한 자리이니 서로 어울린 진행이다.

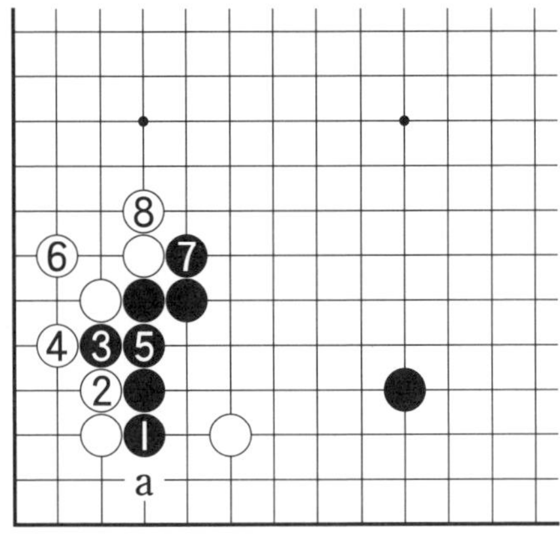

9도

## 9도 (흑, 불리)

앞 그림 백4 때 흑1쪽에서 막는 것은 아주 적절한 상황이 아니면 두기 어렵다.

보통은 백2에 흑3, 5로 끼워잇는 것이 상식인데 8까지 되면 a도 백의 권리인 만큼 실리 손실이 큰 흑이 절대 불리하다.

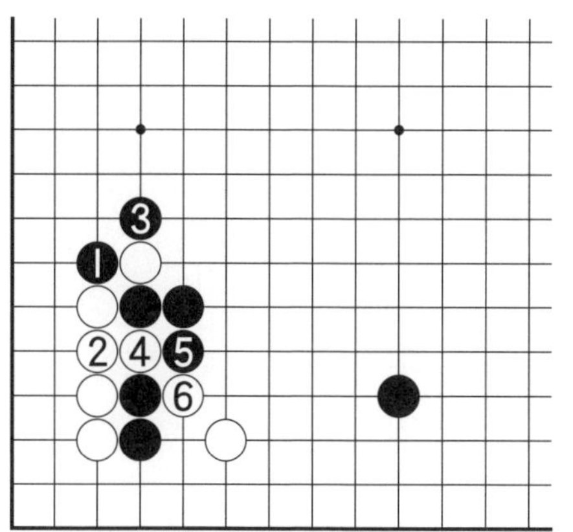

10도

## 10도 (축으로 잡는 경우)

이 진행을 선택한 흑의 유일한 상황은 흑1, 3으로 한점을 축으로 잡는 일이다. 백4, 6으로 두점을 잡는 것은 당연한데~

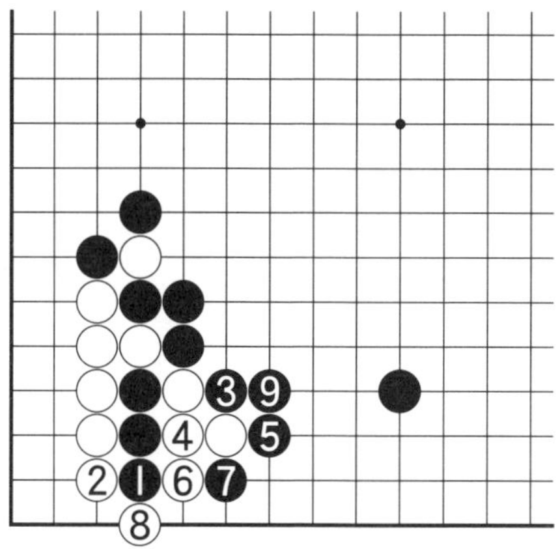

11도

## 11도 (두터운 정비)

흑은 1로 키우는 것이 요점이다. 백2에는 흑3, 5로 조여서 9까지 사석작전을 이용해 중앙을 두텁게 정비한다. 물론 이 진행은 백의 실리도 커서 흑이 꼭 필요한 때에만 실행해야 한다.

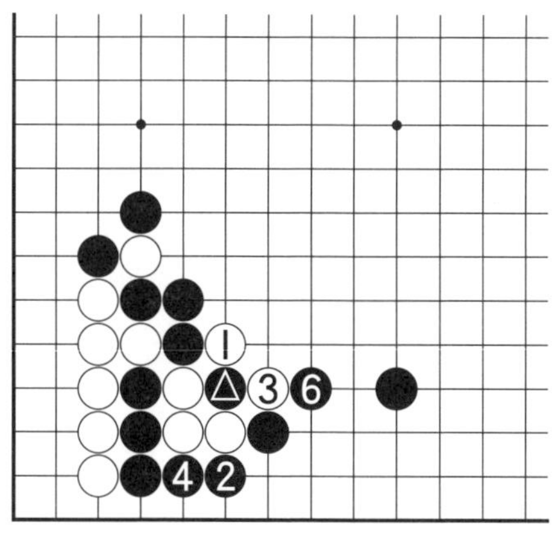

12도

⑤··△

## 12도 (백, 위험)

앞 그림 흑5 때 백1로 중앙 약점을 건드리면 흑2, 4로 돌려치는 반발이 기다린다. 백5에 이을 때 흑6으로 압박을 가하면 돌연 백이 위험한 상황이다.

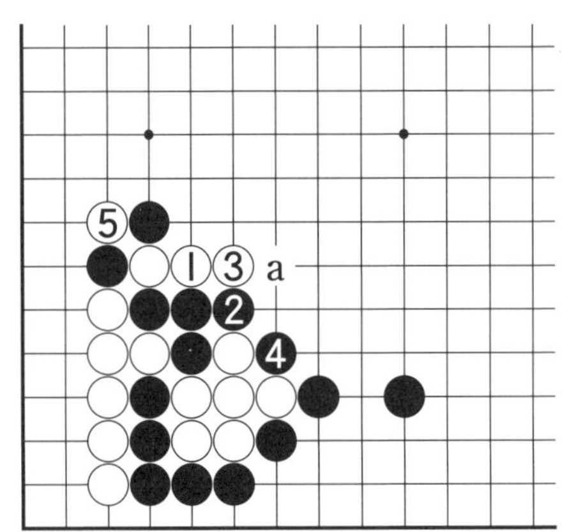

13도

## 13도 (흑, 성공)

결국 백은 1, 3으로 미생마를 포기하고 5로 좌변을 제압하며 바꿔치기로 전환할 수밖에 없다.

흑은 선수로 실리와 두터움을 얻어 성공이다. 흑a도 세력 확장의 요소가 된다.

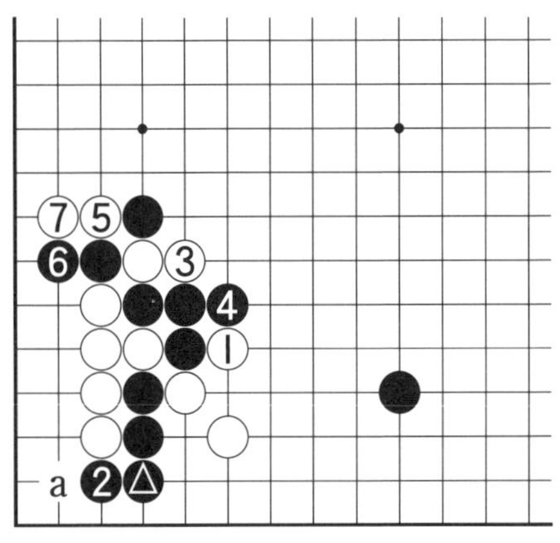

14도

## 14도 (끈질긴 저항)

흑△에 키울 때 백1로 젖히면 흑2의 꼬부림이 끈질긴 저항이다.

이때 백a로 막으면 귀에서 활용하는 맛이 생기며 복잡한 변화가 일어난다. 그럴 바에 백은 3 이하 7까지 좌변을 제압하는 것이 간명하다.

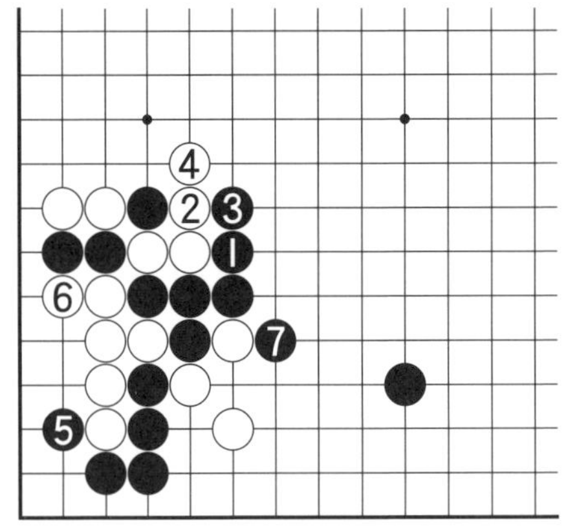

15도

## 15도 (교묘한 타협)

이다음 흑도 1, 3을 결정하고 5의 젖힘을 선수한 후 7로 하변을 정리해서 대항할 수 있다.

서로 바꿔치기를 감행하며 교묘한 타협이 이루어졌다.

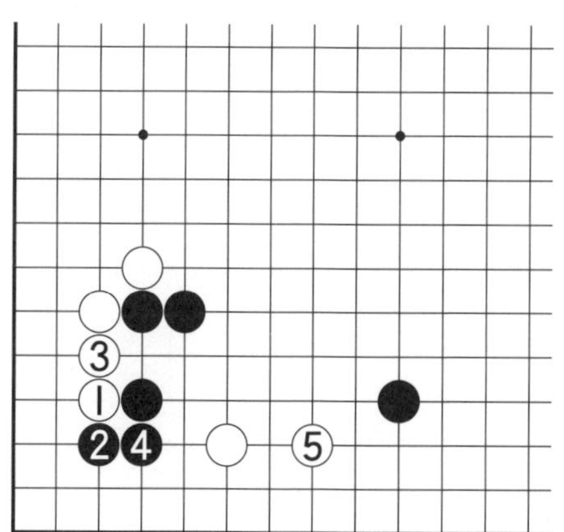

16도

## 16도 (본격 싸움)

되돌아가서 백1로 붙이는 수도 가능한 변화이다. 흑은 2, 4로 귀를 지키면 무난하다.

이때 백5로 움직이면 본격 싸움이지만 흑이 귀를 토대로 양쪽 공격이 가능하므로 불리하지 않다.

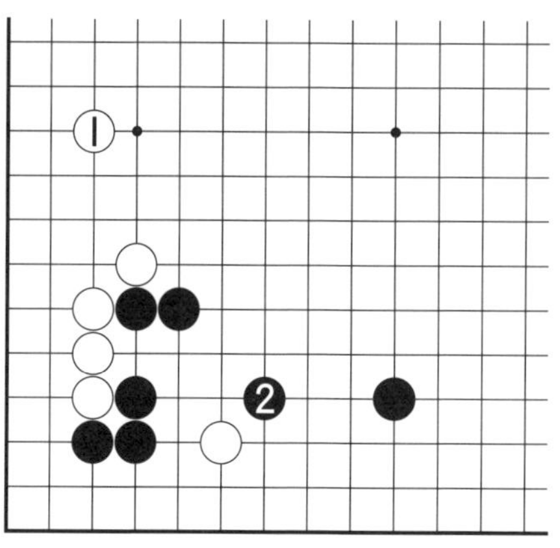

17도

## 17도 (안정적 흐름)

앞 그림 흑4 때 백1로 벌리면 무난하다. 흑도 2로 포위하면서 정비하면 서로 안정적 흐름이다.

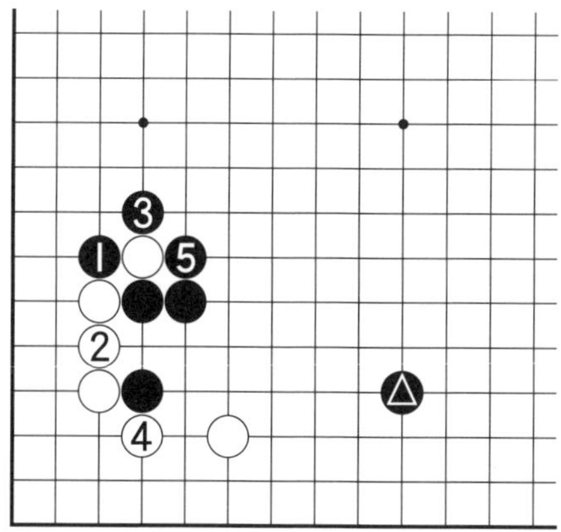

18도

## 18도 (두텁게 두기)

흑이 귀를 지키는 대신 좌변 두터움에 뜻을 둔다면 1, 3의 축으로 한점을 잡는다. 백은 4로 귀의 실리를 차지하고 흑은 5로 가일수해서 일단락이다.

보통은 백의 실리가 크므로 흑 ▲의 역할도 가능한 적절한 국면에서 실행해야 한다.

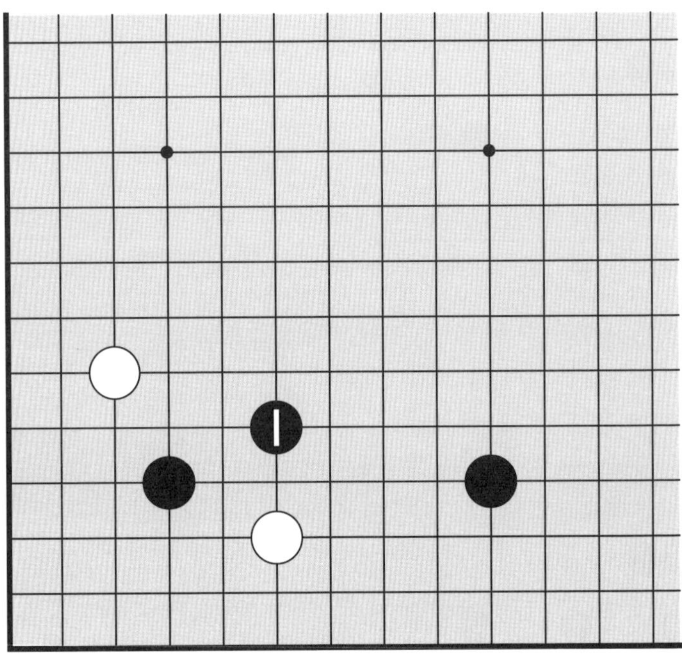

기본형

이번에는 백의 낮은 양걸침에서 한때 많이 사용했던 흑1의 모자씌움에 대해 알아본다.

보기에 허술해 보이지만 의외로 탄력이 있어 강하게 싸우면서도 모양을 정비할 수 있다. 상식에 구애받지 않고 변화를 모색할 때 유력한 수단이다.

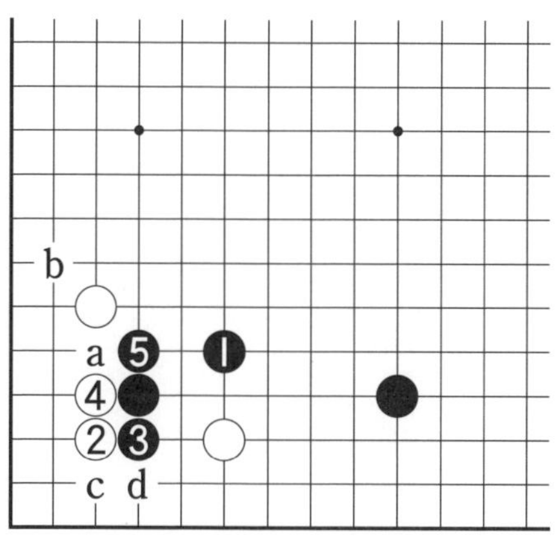

1도

## 1도 (흑의 의도)

흑1의 씌움에 백2의 3三침입이면 흑3, 5로 뻗는 자세가 1과 어울린다. 백a나 b로 이으면 흑이 선수로 충분하고 백c면 흑d 후수로 막더라도 두텁다. 흑5에 백은 d의 젖힘이 들어야 좋겠지만 흑a로 나와끊는 반발이 있어 손해만 본다(원포인트 레슨 참조). 어쨌든 이 진행은 흑의 의도나 다름없다.

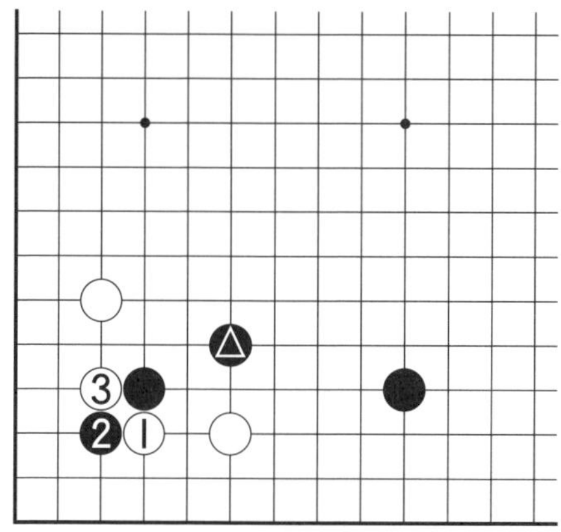

2도

## 2도 (유력한 대응)

백은 흑⬤의 허점을 노리며 1, 3으로 끊어가는 것이 유력한 대응이다. 이로부터 서로 최상의 모양 정비를 위한 공방이 이루어진다.

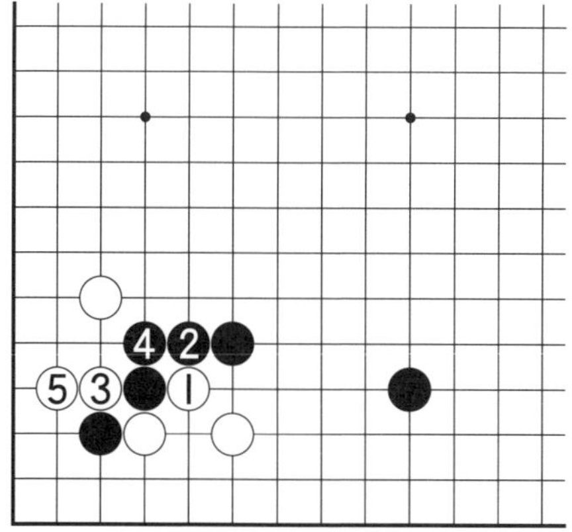

3도

## 3도 (누가 유리할까)

참고로 백이 끊는 과정에서 1~5로 귀의 한점을 잡으면 누가 유리한지 생각해보자.

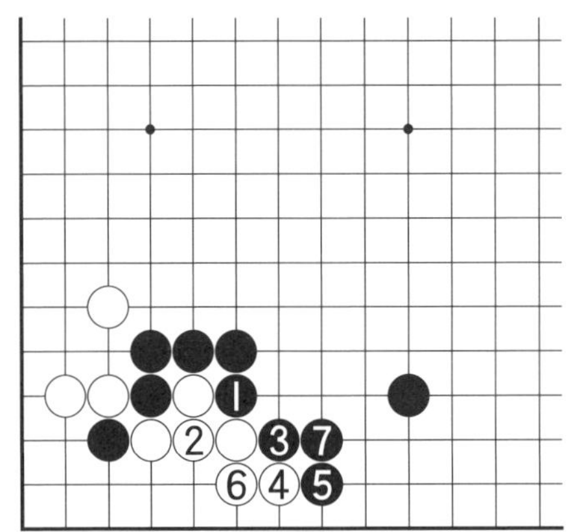

4도

## 4도 (백, 만족)

이다음 흑이 1 이하 7까지 모범생처럼 두는 것은 후수가 된다.

백은 귀에 가일수가 필요 없이 실리를 챙겼으니 만족이다.

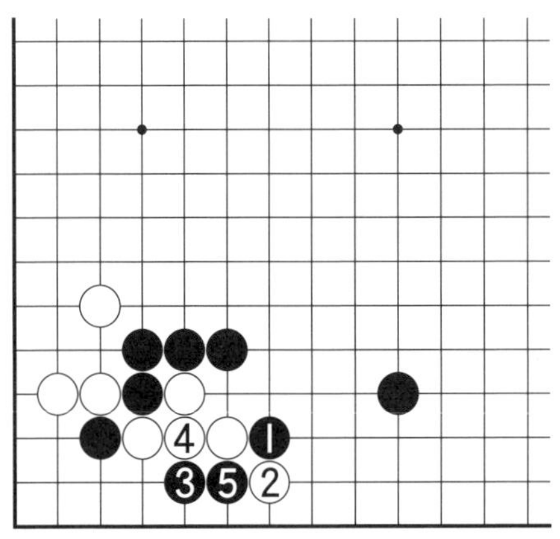

5도

## 5도 (백, 불리)

가만히 흑1로 붙이는 것이 백 모양의 약점을 노리는 수단이다.

이때 백2로 젖히면 흑3, 5로 치중하고 끊어 백이 어떻게 대응해도 불리하다.

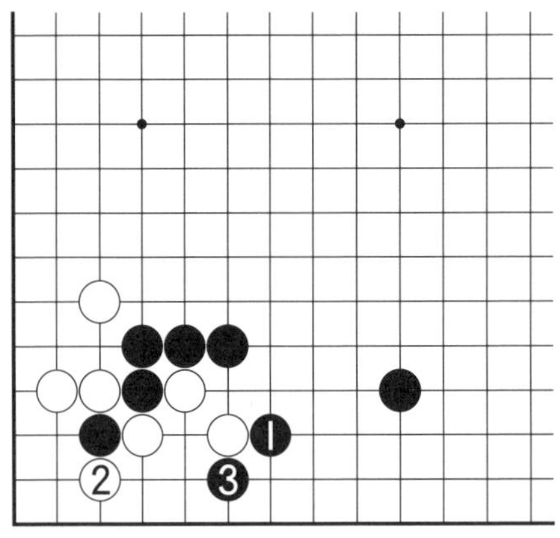

6도

## 6도 (두터운 정비)

흑1이면 백도 2로 한점을 잡아야 편하다.

흑은 3에 젖혀 후수이지만 두텁게 정비하면 서로 어울렸다.

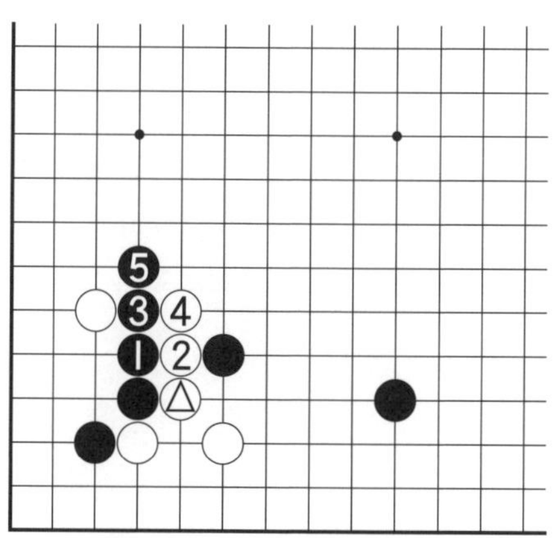

7도

## 7도 (백, 불리)

사실 백△에 흑은 막지 않고 1로 나가는 것이 효과적이다. 백2, 4로 중앙은 뚫리지만 흑5로 좌변 백 한점을 제압하며 앞서 달리면 근거를 잃은 백이 불리하다.

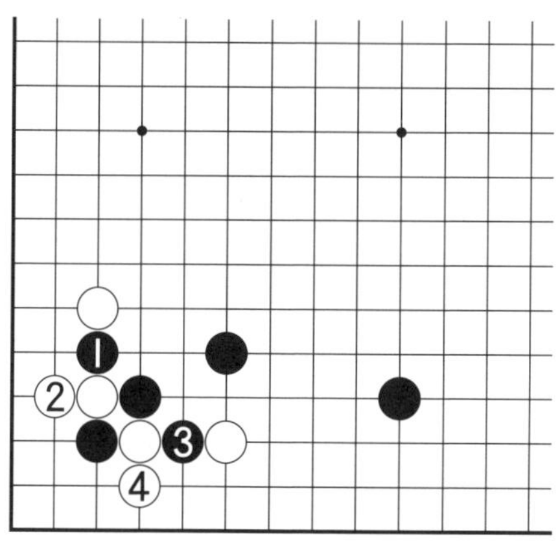

8도

## 8도 (단수 수순)

2도 다음 본격적인 공방을 알아보자. 우선 흑1과 3의 단수 수순이 중요한데 백4 다음~

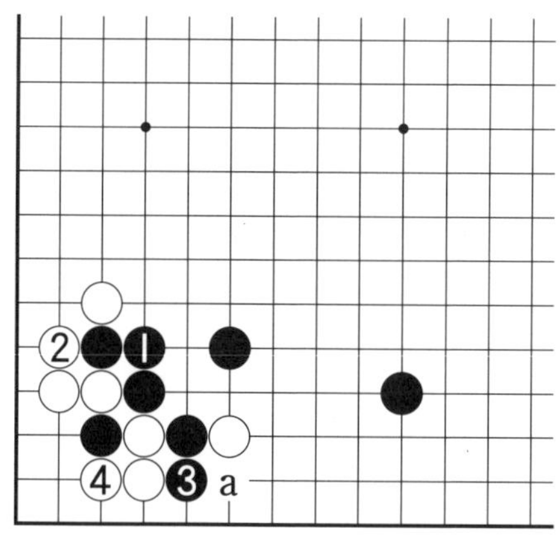

9도

## 9도 (흑, 엷음)

이때 흑1로 잇고 3으로 뚫는 것은 a의 맛이 남아 하변 흑의 진영이 엷다. 백은 귀의 실리를 차지하고 좌변으로 넘어 충분하다.

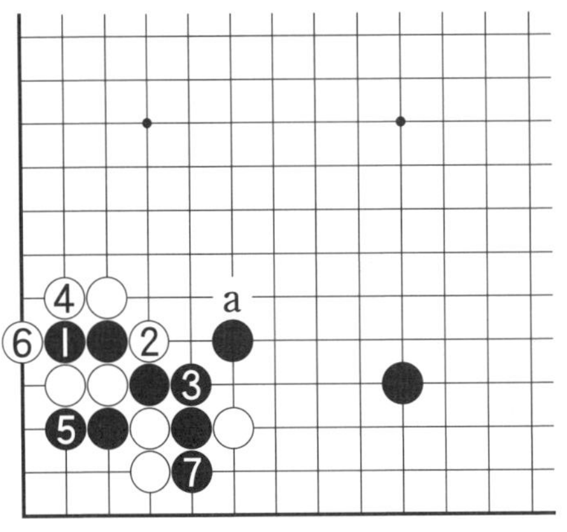

10도

### 10도 (효과적 모양 정비법)

8도 다음 흑은 좌우 어디든 곧바로 뚫는 것이 효과적 모양 정비법인데, 기왕 귀를 포함한 진영을 고스란히 지키려면 1로 내 진영의 반대쪽을 선택해야 한다.

그러면 7까지 서로 두점을 잡고 타협하는데, 백도 a로 모양을 확장할 가능성이 있고 선수이므로 균형을 맞출 수 있다.

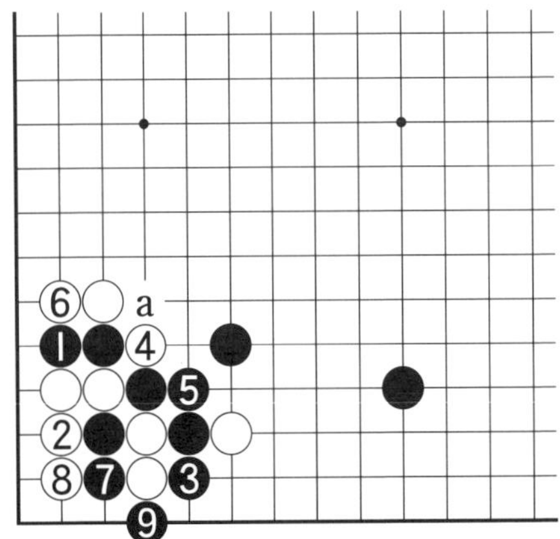

11도

### 11도 (백의 변화)

흑1에 백2로 귀에 들어간 다음 흑3에 백4, 6으로 두점을 잡으면 9까지 변화가 일어난다.

앞 그림에 비해 백이 귀에서 실리로는 이득이지만 a쪽이 엷어서 좋다고 볼 수 없다.

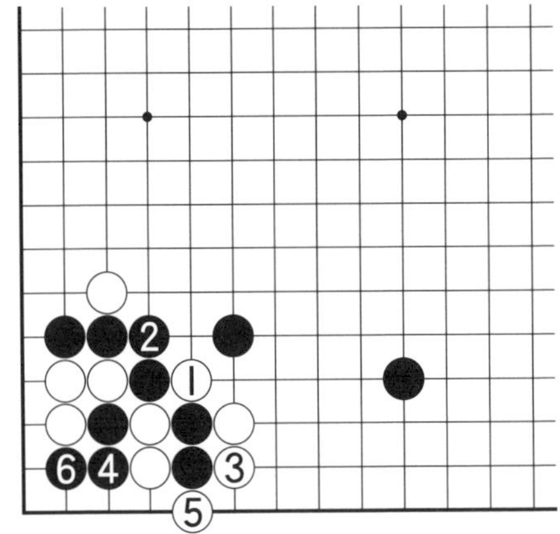

12도

### 12도 (흑, 충실한 실리)

앞 그림 흑3 때 백1, 3으로 하변에서 두점을 잡으면 흑은 4, 6으로 석점을 잡아 귀의 실리가 일단 충실하다.

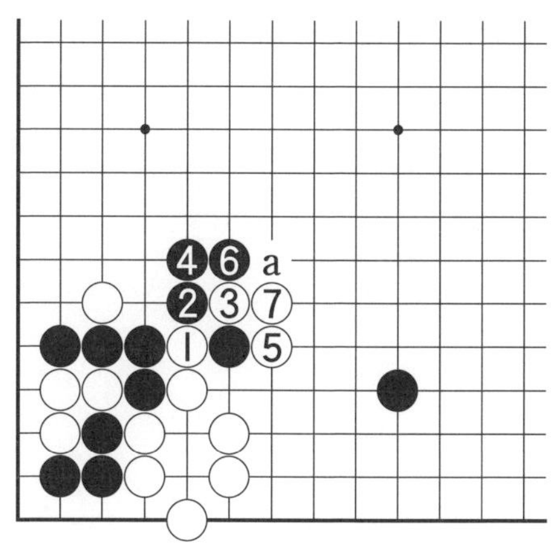

13도

## 13도 (중앙에서 경합)

이 모양에서는 백도 1, 3으로 끊어가서 7까지 한점을 잡으며 중앙에 진출할 수 있지만, 흑도 자연스럽게 좌변 모양이 확대되므로 중앙은 피장파장이다. 참고로 a의 곳은 서로 대세점이다.

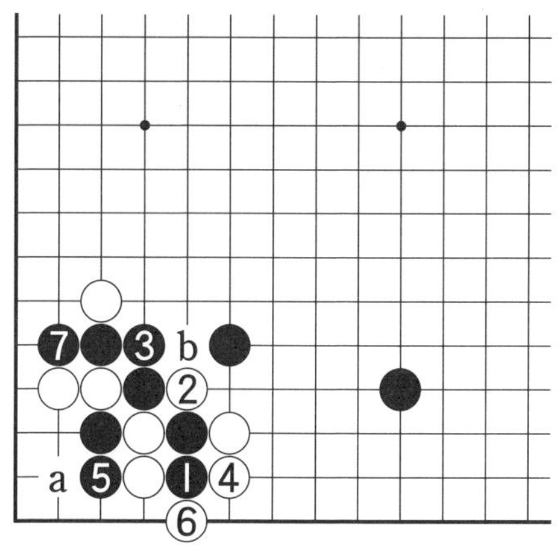

14도

## 14도 (활용만큼 이득)

8도 다음 흑이 내 편이 있는 1쪽을 먼저 뚫으면 이제는 백이 2, 4로 두점을 편하게 잡는다. 흑도 5, 7로 두점은 잡지만 앞 그림에 비해 a의 활용이 있는 만큼 백의 이득이다. 이 진행이라면 백도 b로 나가 충분히 맞설 수 있다.

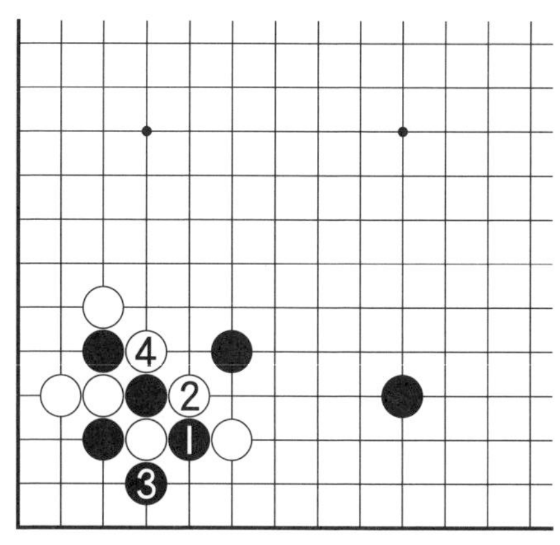

15도

## 15도 (백의 변화)

되돌아가서 흑1의 단수에 백은 2, 4로 돌려치며 변화를 구할 수 있다. 간명한 변화보다 치열하게 싸우겠다는 뜻인데~

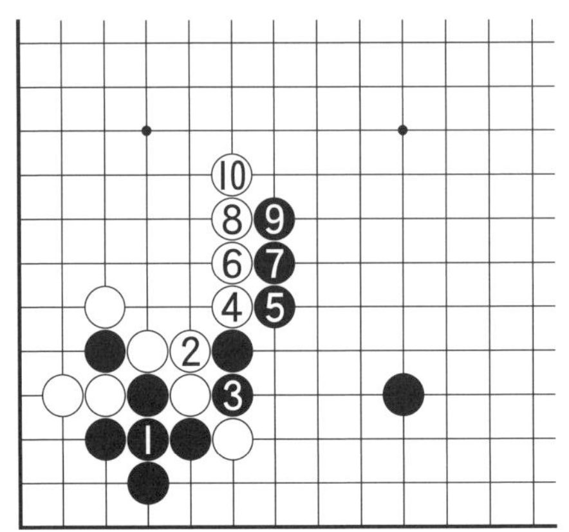

16도

## 16도 (모양 대결)

흑1로 이을 때 백2, 4로 젖힌 후 10까지는 필연인데 서로 모양 대결이다.

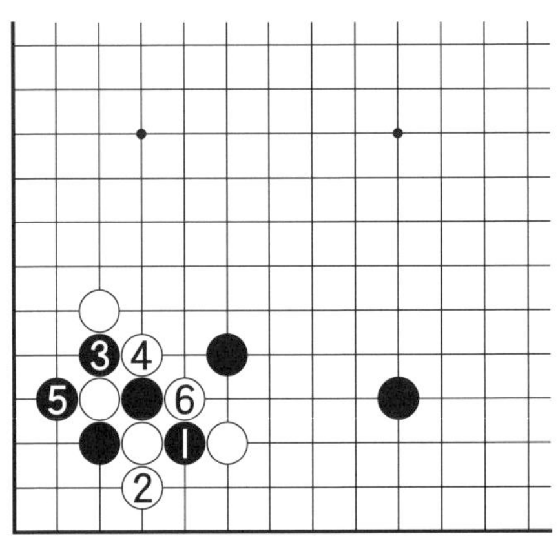

17도

## 17도 (단수 수순이 바뀌는 경우)

2도 다음 흑1, 3으로 좌우 단수의 순서를 바꾸면 백4, 6으로 돌려칠 때 결과가 달라진다.

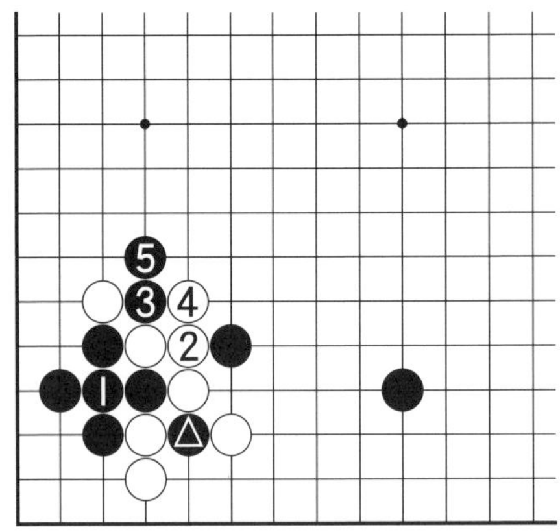

18도

## 18도 (백, 두텁게 돌파)

이다음 흑1과 백2로 잇고 나서 흑3의 끊음은 당연한데 백4로 돌파하고 나서 보면 흑▲를 잡은 백의 모양이 두텁다.

이처럼 단수 순서와 뚫는 순서 하나 차이가 다른 결과를 가져오므로 선택에 주의할 일이다.

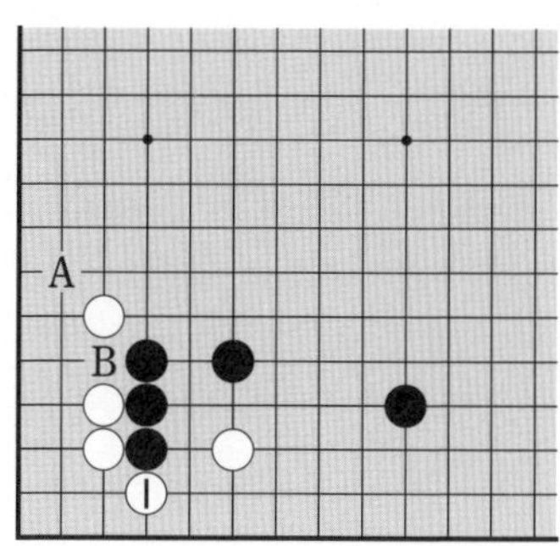

### ▦ 장면

이 장면에서 백1로 젖히면 흑이 어떻게 대응할지 생각해보자.

　사실 백은 A나 B로 지키는 것이 정수이지만 후수로 불만이므로 1로 상대를 현혹한 것인데 흑도 반발을 검토해야 한다.

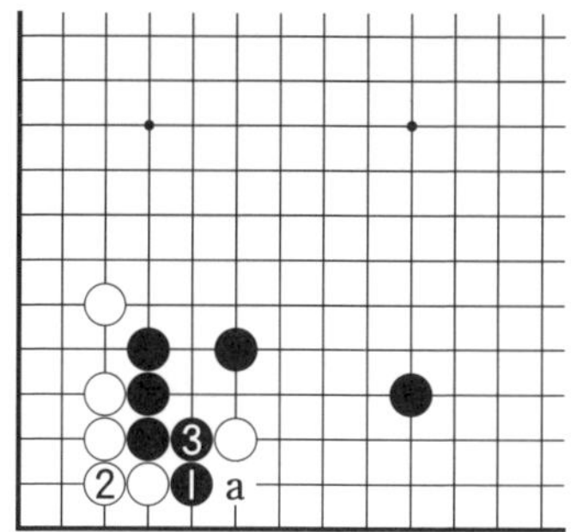

### 1도 (백의 의도)

흑1, 3으로 순순히 잇는 것은 빤히 보이는 백의 의도이다.

　백은 귀가 선수로 안정이 되었고 하변도 a로 준동하는 맛이 남아 만족이다.

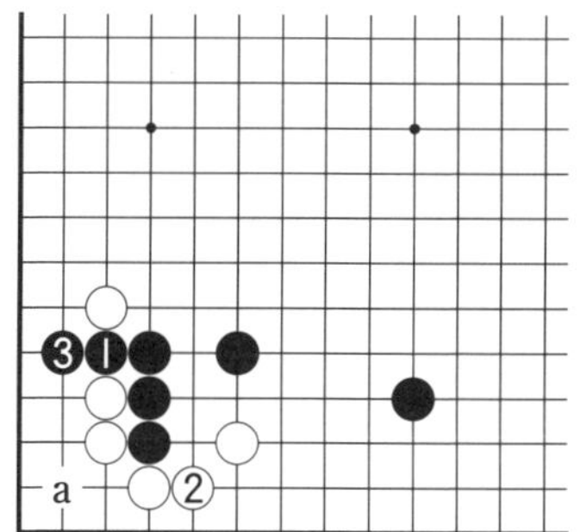

### 2도 (관통)

일단 흑은 1로 나가 응수를 물어야 한다. 백2로 넘으면 흑3으로 관통해서 귀에 a의 침입도 남은 만큼 백이 절대 불리하다.

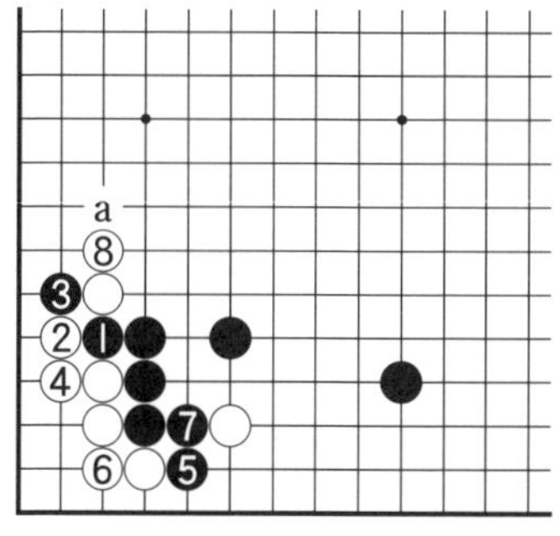

### 3도 (정교한 수순)

흑1에 백2로 막으면 흑3의 끊음을 활용해놓고 5, 7로 잇는 것이 정교한 수순이다. 백8로 잡을 수 있지만 흑이 선수이며 a의 활용도 남은 만큼 절대 유리하다.

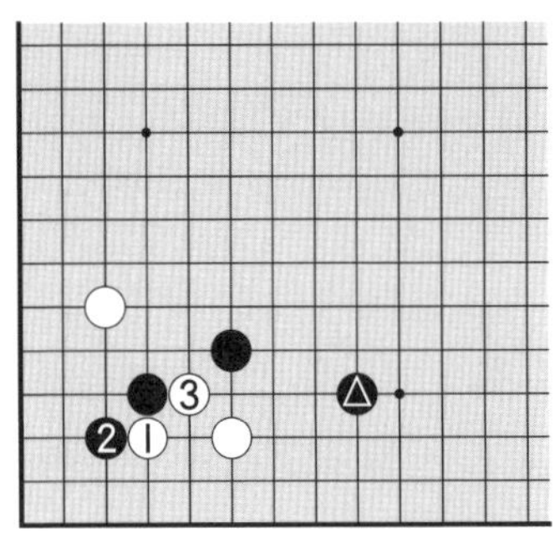

### ▦ 장면

흑▲의 두칸높은협공에서 백1, 3으로 도발하면 흑의 효과적 대응법은 무엇인지 생각해보자.

세칸높은협공과 비교해서 검토하면 분명한 선택이 가능해진다.

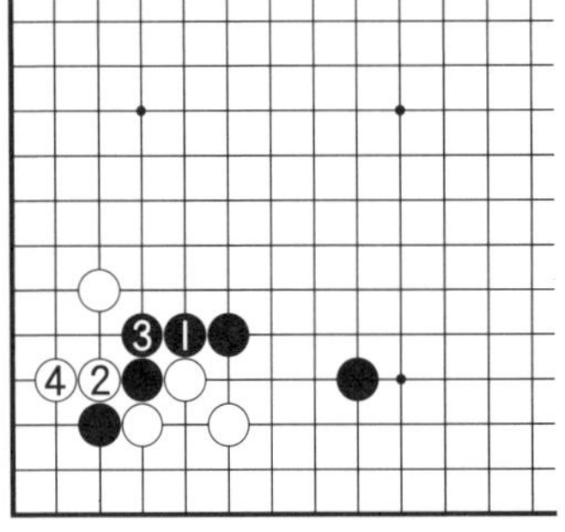

## 1도 (고지식한 막음)

흑1로 막는 것은 고지식한 선택이다. 백2, 4로 귀의 한점 잡히는 것이 빤히 보이지 않는가.

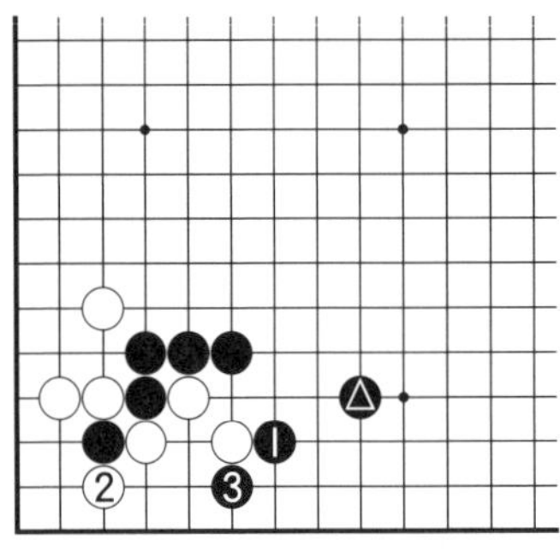

## 2도 (흑, 중복)

이다음 흑1에 백2로 잡고 흑3의 젖힘은 세칸높은협공에서도 보았던 정비 수순인데, 흑▲의 두칸높은협공이라면 중복된 결과이다.

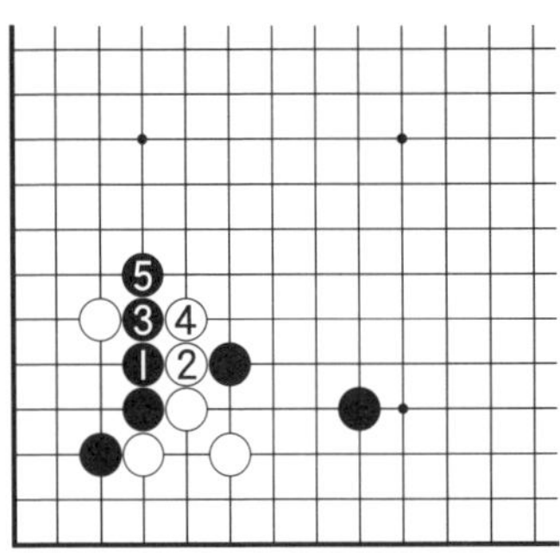

## 3도 (흑, 만족)

흑은 1로 나가서 백2, 4로 뚫리더라도 흑3, 5로 좌변을 키우면 만족이다.

이 수순도 세칸높은협공에서 보았지만 역시 흑의 효과적인 대응책이었다.

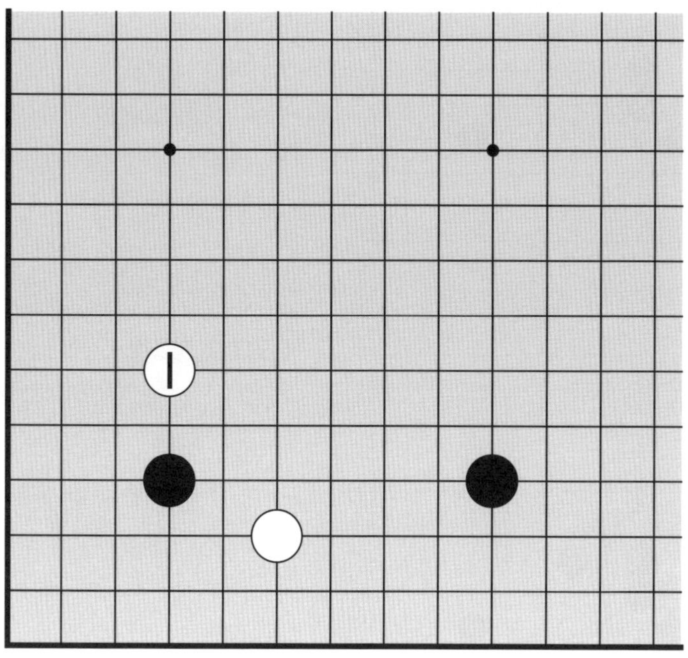

기본형

이번에는 화점 세칸높은협공에서의 마지막 관문으로 백 1의 한칸 양걸침에 대해 알아본다. 백1은 위치가 높은 만큼 중앙을 중시하며 능동적으로 싸우려는 뜻이 있다.

AI시대에는 여기에서 파생된 많은 변화들이 개발되어 사용 빈도가 높다.

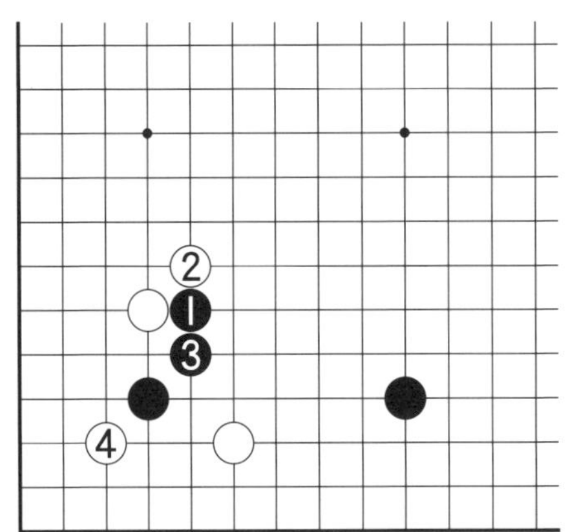

1도

## 1도 (고정관념)

높은 걸침에 흑1의 붙임은 그동안 별로 두지 않던 수단인데 AI시대에 재평가되고 있다.

백2로 젖힐 때 흑3의 끌기는 과거의 산물로 고정관념이 스며있는데 백4의 3三침입이면 흑이 좋은 결과를 얻을 수 없다.

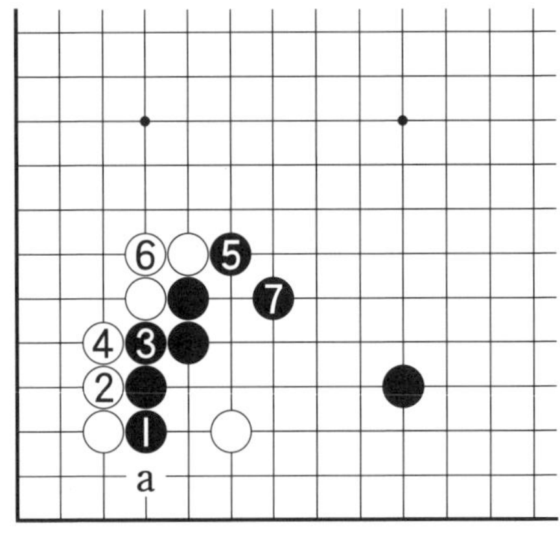

2도

## 2도 (흑, 불만)

이다음 흑1로 막은 후 7까지는 상용 수순이다.

흑이 하변에 모양을 구축했지만 후수이고 귀에 백a의 활용도 남아 허용한 실리를 비교하면 흑의 불만이다.

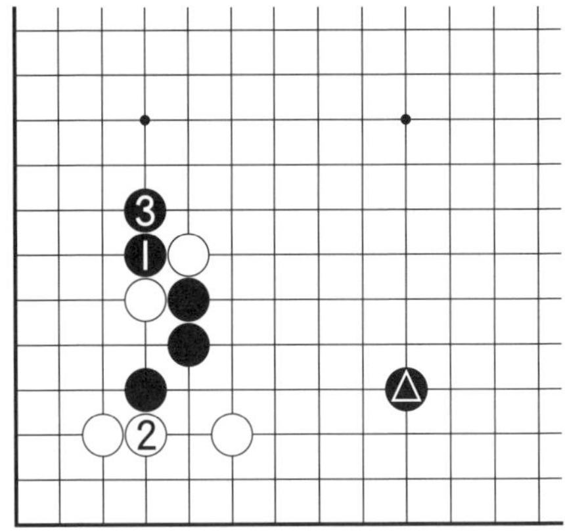

3도

## 3도 (흑, 미흡)

1도 다음 흑1의 끊음이 능동적 변화인데, 백2에는 흑3으로 늘어 두텁게 두겠다는 뜻이다. 부분적으로 타협이지만 정교한 AI는 흑▲의 역할도 불분명한 터에 백의 견고한 실리에 비하면 흑이 미흡하다고 본다. 2도와 3도는 고정관념에서 비롯된 일방적 변화였다.

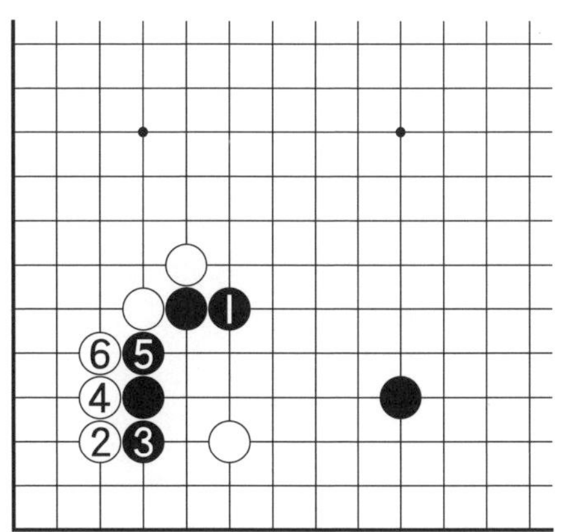

4도

## 4도 (진화된 대응)

1도 백2 때 흑1로 중앙을 향해 뻗는 것이 AI시대에 진화된 대응이다. 백2로 3三에 침입하면 흑3으로 막고 6까지는 필연인데~

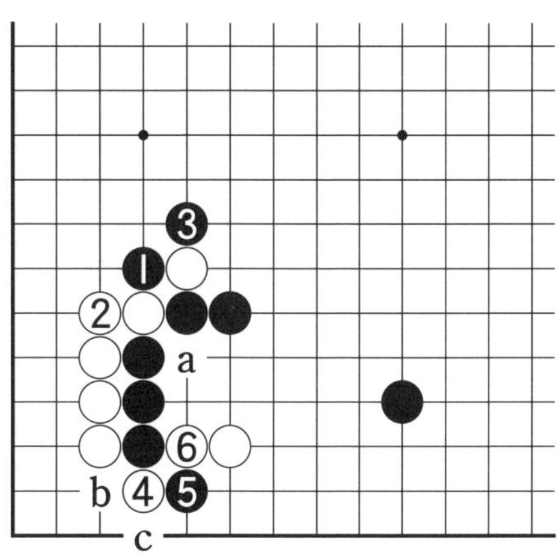

5도

## 5도 (흑, 곤란)

이때 흑1, 3으로 중앙을 도모하는 것은 백4, 6으로 끊어 a의 약점이 노출된 흑이 곤란하다. 흑b의 단수는 백c로 키워서 조이는 수로 흑의 피해만 커질 뿐이다.

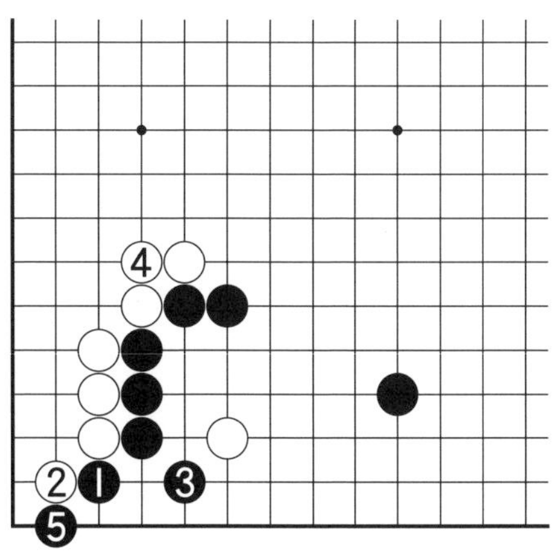

6도

## 6도 (탄력적 수비)

4도 다음 흑1, 3의 호구가 탄력적인 수비법이다.

만일 백4로 중앙 쪽을 이으면 흑5로 젖히는 자세가 기분 좋은데 귀의 끝내기로도 크지만 하변 모양을 지키는 데도 도움을 준다.

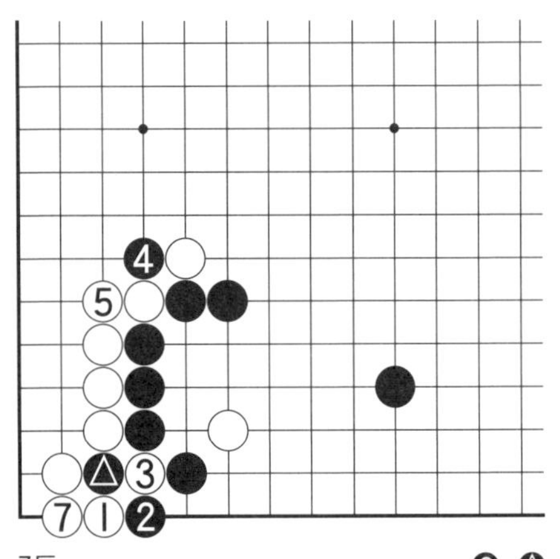

7도



## 7도 (절대 팻감)

앞 그림 흑3 때 백1의 단수는 실리로 크므로 일단 두고 싶다.

흑은 2의 패로 버티는데 4의 절대 팻감으로 7까지 백의 굴복은 자연스럽다.

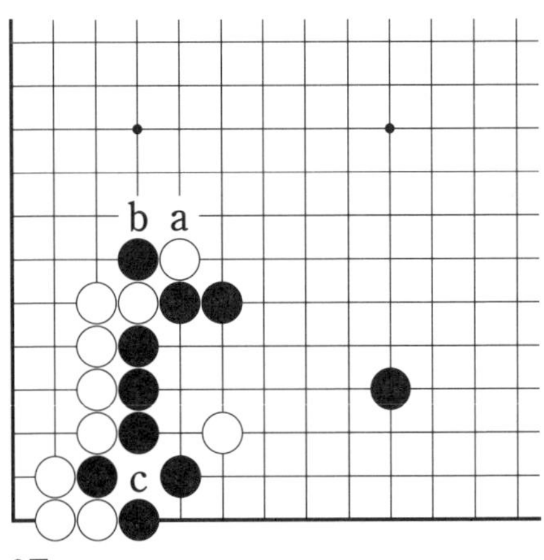

8도

## 8도 (신정석)

이다음 흑은 a의 축으로 한점을 잡거나 축이 불리하면 b로 움직이거나 손을 빼기도 한다.

백은 중앙에 모양을 허용해도 c의 불씨를 활용해 하변 흑진에 수단이 남아 견딜 수 있다. 두칸높은 협공에서도 보았지만 AI시대의 신정석으로 기억하면 좋다.

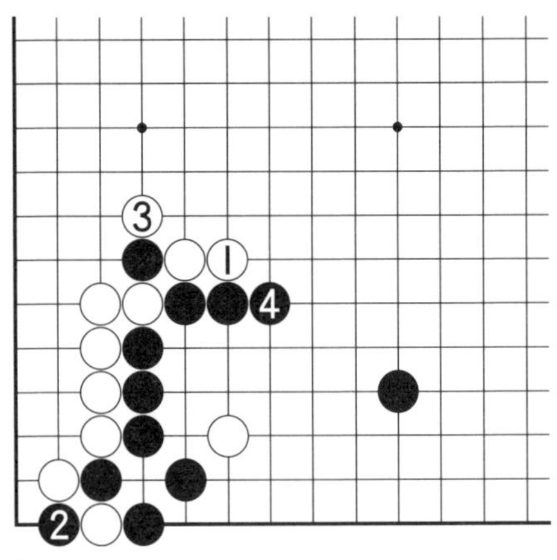

9도

## 9도 (백, 중앙 중시)

7도 흑6으로 따낼 때 백이 중앙을 중시하면 팻감을 겸해 1로 밀어올린다.

그러면 4까지의 변화가 보통인데 앞 그림과는 일장일단이 있다.

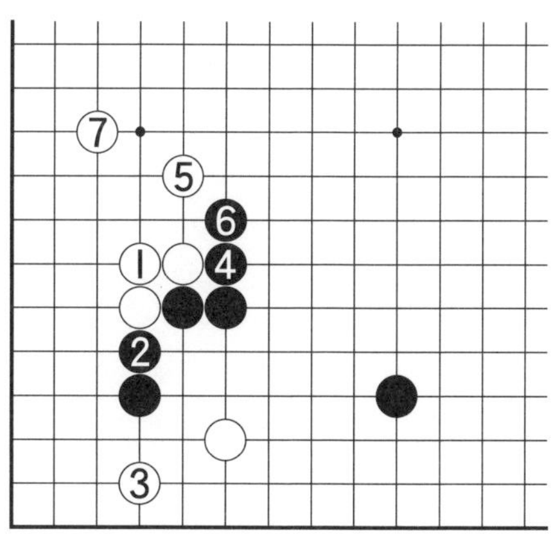

10도

## 10도 (변을 중시한 이음)

되돌아가서 백1의 이음은 변을 중시한 수단인데 약간 무거운 면도 있다. 흑2의 막음은 요소이고 다음 백의 선택이 앞길을 좌우한다.

하변 백3으로 근거를 개척하면 흑4의 꼬부림이 두터운 곳이며 백은 7까지 좌변에 모양을 갖추는 정도이다.

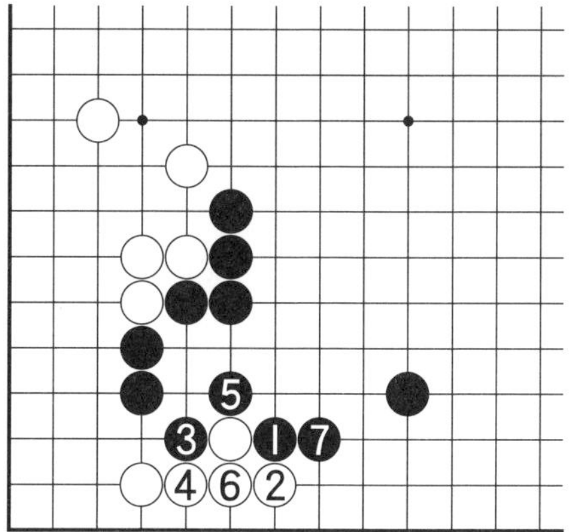

11도

## 11도 (모양의 급소)

이다음 하변은 흑1의 붙임이 모양의 급소이다. 백2로 젖히는 정도인데 흑은 3 이하 7까지 두텁게 눌러가서 기분 좋다.

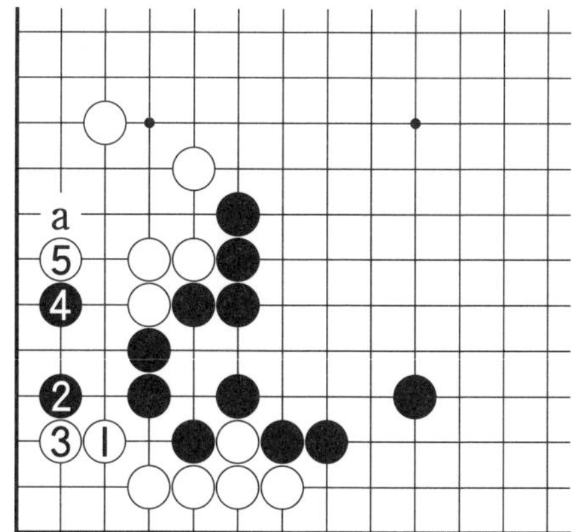

12도

## 12도 (세력의 가능성)

계속해서 백1로 귀에서 살 때 흑2, 4로 백진을 갈라놓으면 양쪽 백집은 제한되고 흑의 세력은 장차 가능성이 높다. 흑a로 붙이는 노림도 남아 백의 부담으로 작용한다.

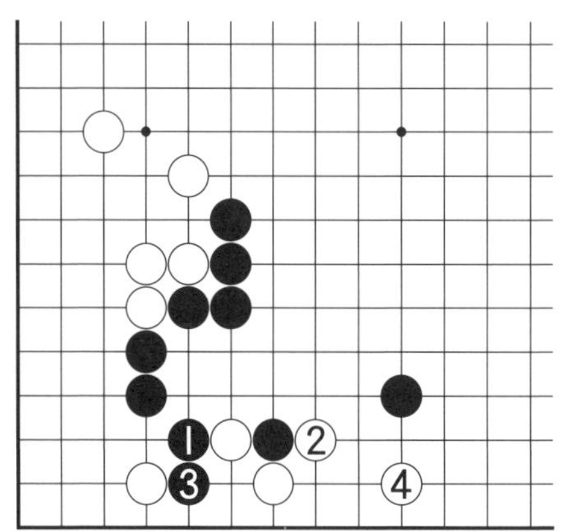

13도

## 13도 (백, 불리)

흑1의 붙임에 백2로 반발하고 싶지만 흑3에 뚫리면 백4로 살더라도 귀에 흑의 실리가 커서 백이 불리하다.

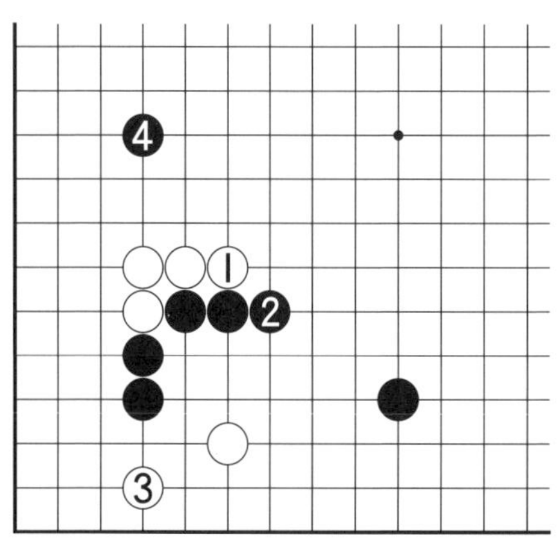

14도

## 14도 (험난한 싸움)

10도 흑2 때 백1로 하나 밀어두고 3으로 움직이는 것은 중앙 두터움을 고려한 행마이다.

이때는 흑도 4로 협공하는 것이 일책이며 서로 험난한 싸움이 예상된다.

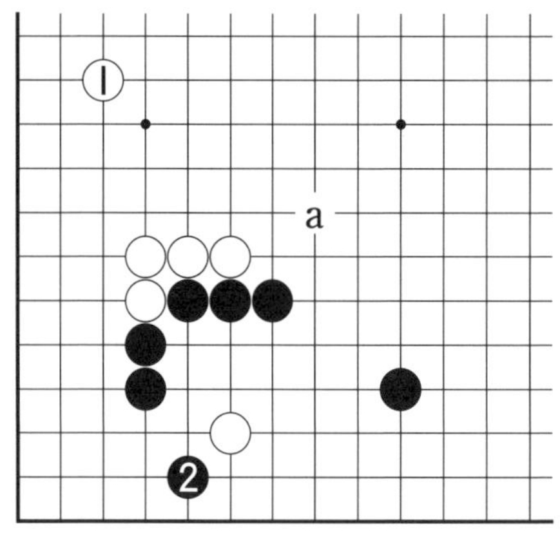

15도

## 15도 (간명한 선택1)

앞 그림 흑2 때 싸움을 피하려면 백1과 흑2로 각각 진영을 나눠 갖는 선택도 간명한 방법이다.

규모는 귀와 변으로 이어진 흑이 크지만 백이 선수이고 a의 확장도 기대할 수 있으므로 서로 어울렸다.

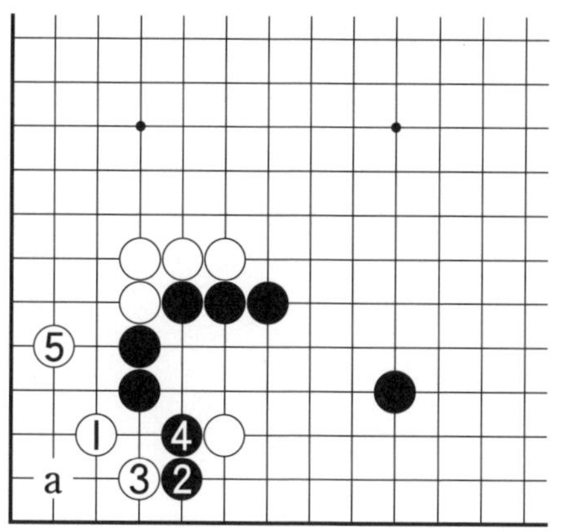

16도

## 16도 (간명한 선택2)

아예 백1로 3三에 침입한 후 5까지 되면 귀도 부수며 변으로 연결해 한번에 정리하는 장점이 있다. 다만 후수이고 그동안 하변 흑의 진영이 굳어지며 a의 약점으로 귀도 엷어 백이 간명하게 두고 싶을 때만 사용하는 것이 바람직하다.

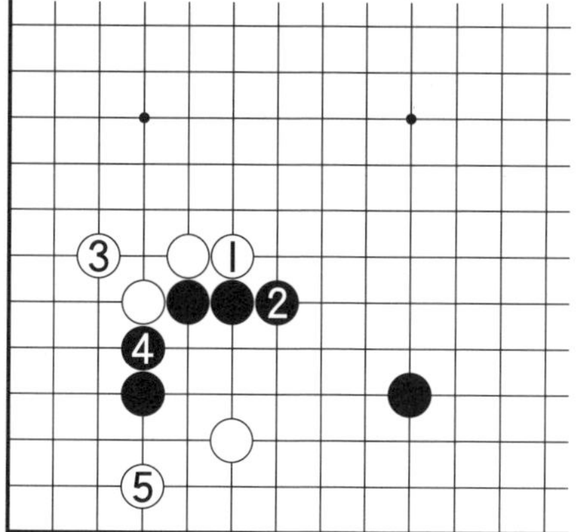

17도

## 17도 (탄력적 정비)

되돌아가서 백1로 밀고 3으로 호구치면 탄력적 모양으로 두텁게 정비할 수 있다.

이제는 좌변 백이 공격받을 염려가 줄어든 만큼 흑4에 백5로 움직여도 안심이다.

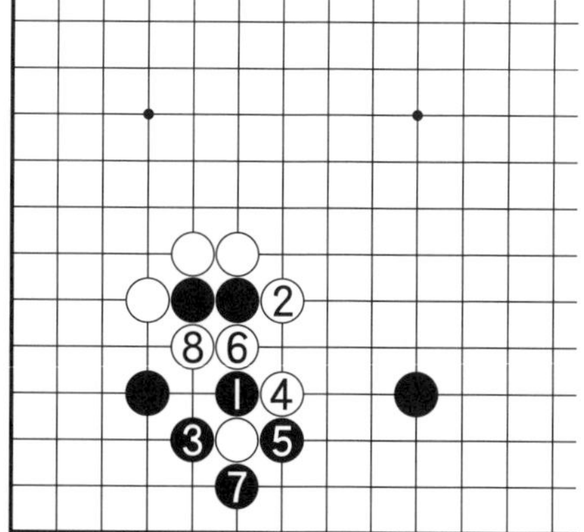

18도

## 18도 (바꿔치기)

백이 중앙에서 밀면 흑1의 붙임이 효율적이다. 백2의 젖힘은 기세인데 흑3의 호구 지킴이 간명한 대응이다.

백4로 젖힌 후 8까지 바꿔치기가 필연인데 AI는 흑의 실리가 마음에 든다고 보지만 백도 거북등 따냄이 두터워서 서로 어울렸다.

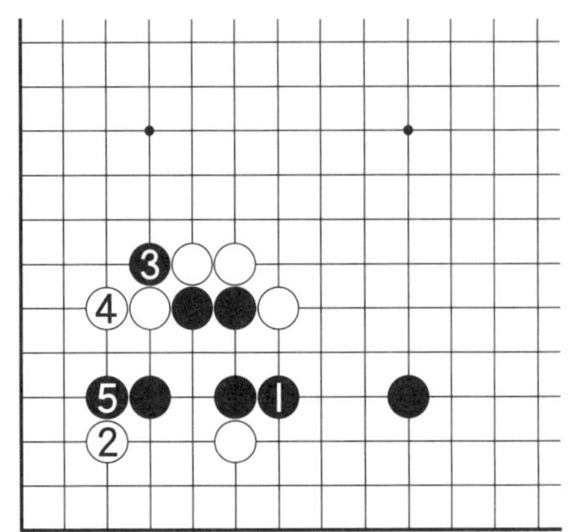

19도

## 19도 (흑의 뻗는 변화)

앞 그림 백2 때 흑이 두터움을 주고 싶지 않다면 1로 뻗는다. 백2로 3三에 침입하면 흑3에 끊고 5로 막는 것이 자연스런 수순이다.

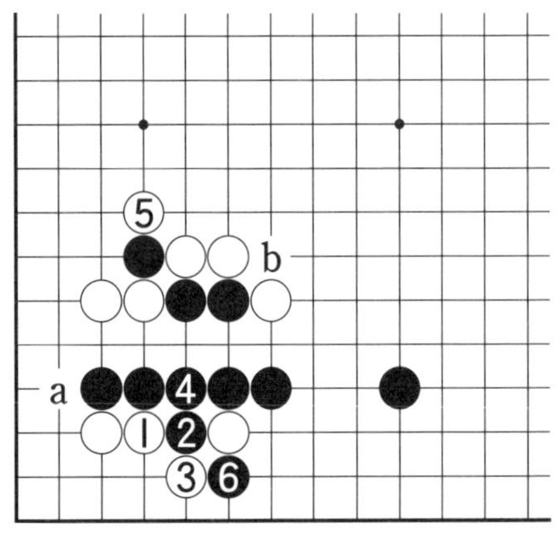

20도

## 20도 (예상 흐름)

이다음 백1, 3을 선수한 후 5로 잡고 흑6의 끊음도 자연스런 흐름이다. 다음 행마는 미묘한데 귀는 백a로 젖히면 사는 형태이고 중앙은 흑b로 끊는 맛이 남아있어 어떻게 둘지는 상황에 따른다.

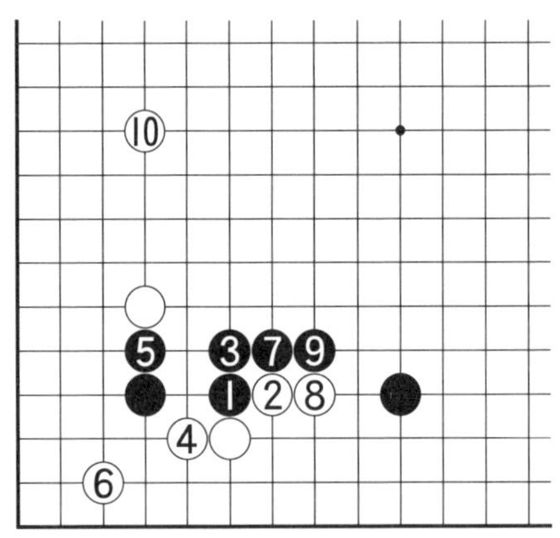

21도

## 21도 (백, 엷음)

처음으로 돌아와서, 흑1의 한칸 붙임도 그동안 많이 두던 수단이었다. 백2로 젖힌 후 6까지 귀에 파고드는 수순은 상식으로 알려졌는데 10까지 되고 나서 AI는 부분적으로 하변 백이 엷다고 본다.

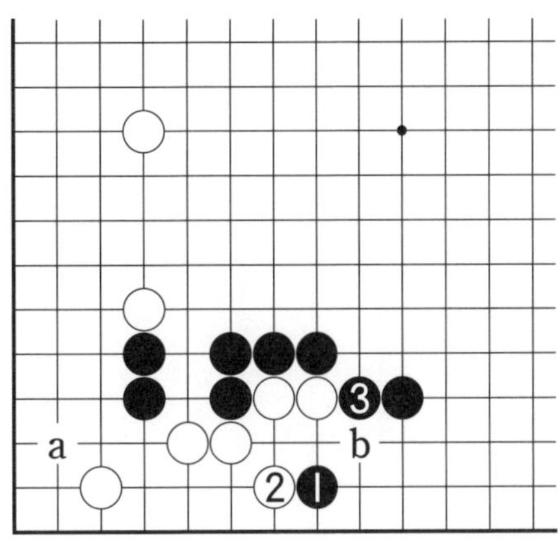

22도

## 22도 (두터운 추궁)

흑1, 3이 하변 백을 추궁하는 두터운 수순이다. 백이 a로 지키자니 후수이고 손을 빼면 이다음 흑이 a로 압박하는 수가 남아 백은 실리가 거의 박탈된다.

그래서 AI는 백2로 b쪽 밭전자를 가르고 나가 두터움은 허용해도 실리 확보가 우선임을 보여주는 추천 변화가 많다.

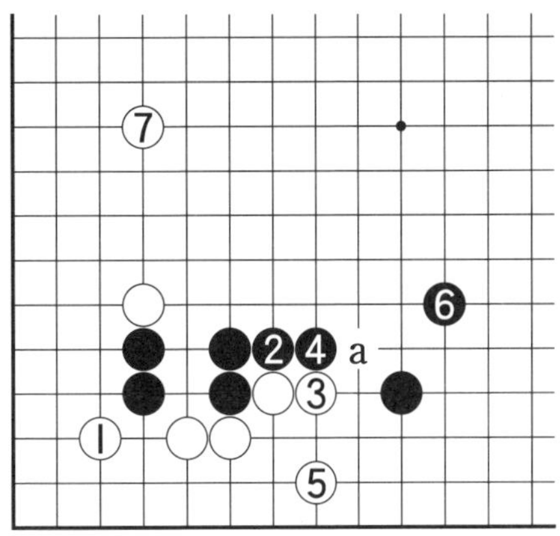

23도

## 23도 (대세 변화)

애초 AI는 21도 흑5 때 백1로 당당하게 뛴 후 5까지 귀를 크게 지키라고 알려준다. 그러면서 a의 젖힘도 노리는데 흑도 6의 날일자가 효율적 지킴이며 자연스럽게 백7로 견제하는 수순이 돌아온다.

이제부터는 고정관념에서 벗어나 대세 변화도 사용해보자.

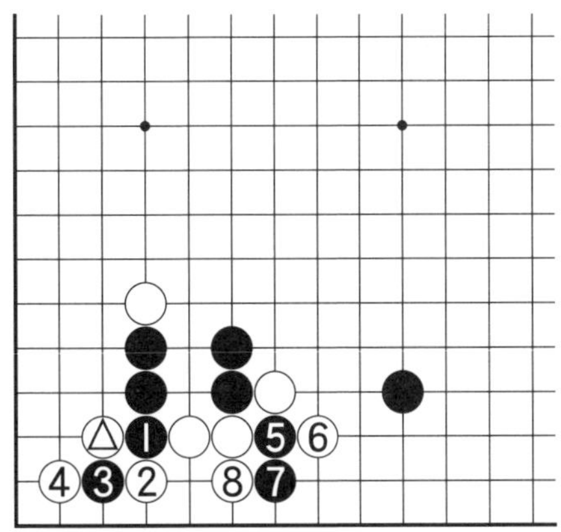

24도

## 24도 (단점을 끊는 경우)

백△에 흑1, 3으로 단점을 끊는 것은 두렵지 않다. 백4로 한점을 잡고 흑5로 또 끊으면 백6, 8로 몰아 이미 귀를 차지한 만큼 이 싸움은 백이 충분히 견딜 수 있다.

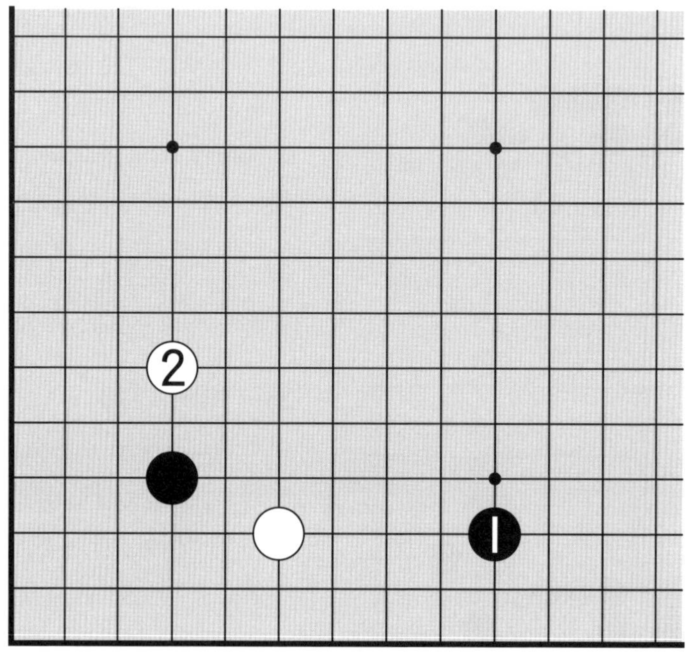

기본형

화점 걸침에서 흑1은 세칸협공에 해당하는데 영향력이 약해 많이 두지는 않지만 우하귀에서 벌림을 겸한다면 그 나름의 의미가 있다.

주요 변화는 높은 협공에서의 발상과 크게 다르지 않으므로 여기서는 백의 노림이 있는 2의 높은 양걸침의 핵심에 대해서만 알아본다.

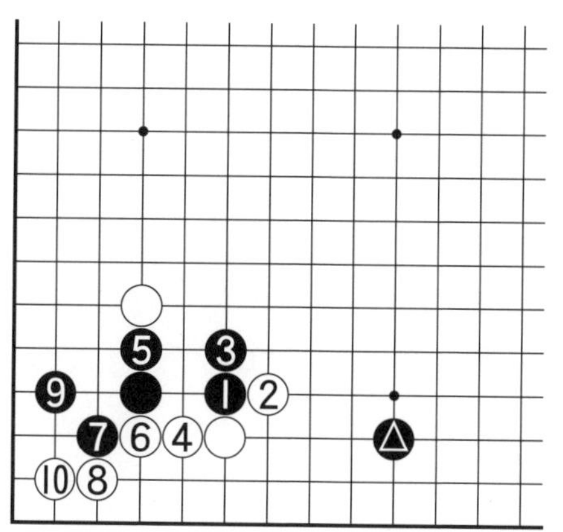

1도

### 1도 (흑, 불리)

흑△의 낮은 협공에서는 1의 한칸 붙임이 좋지 않다. 백이 2로 젖힌 후 10까지 알기 쉽게 실리를 차지한다 해도 흑이 중앙을 봉쇄할 수 없는 만큼 불리하다.

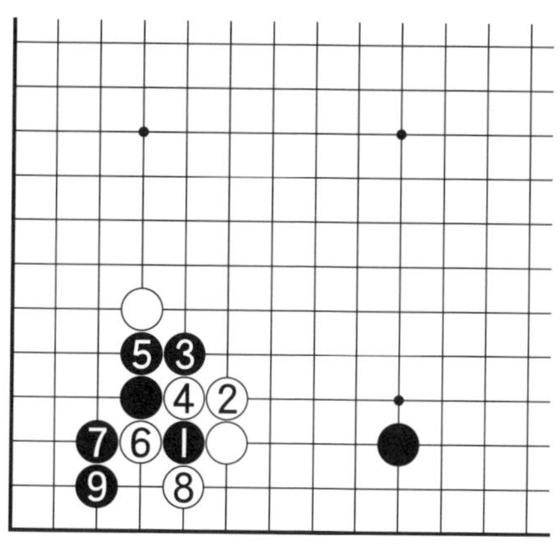

2도

### 2도 (흑, 편안한 싸움)

흑1, 3은 양쪽 백을 갈라서 싸우려는 뜻인데 충분히 시도할 수 있다. 이때 백4, 6으로 한점을 잡으면 흑은 7, 9로 귀를 안전하게 지키므로 편안한 싸움이다.

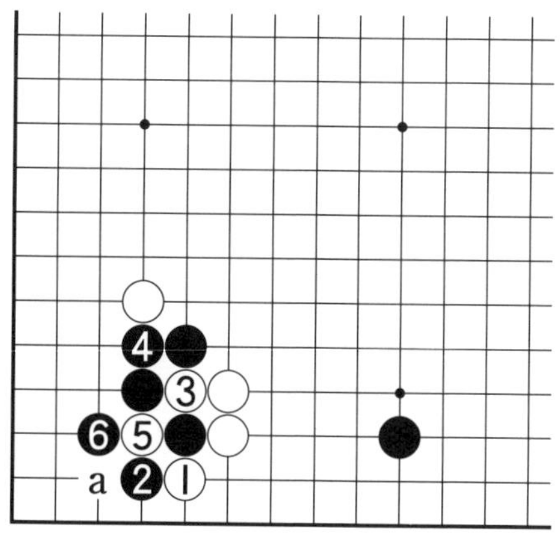

3도

### 3도 (백의 요령)

백도 1로 먼저 젖히고 3, 5로 한점을 잡는 것이 싸움을 확산시키는 요령이다. 그래야 유사시 a로 패를 키우며 버틸 수 있다.

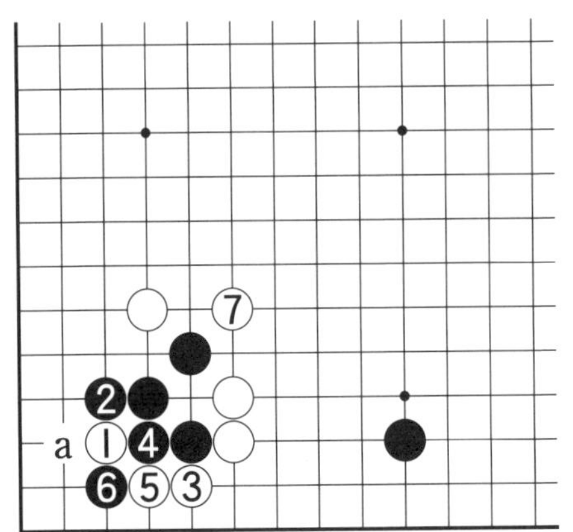

4도

## 4도 (백의 일책)

흑이 가르고 나올 때 백1의 3三침입도 일책이다.

흑2로 막으면 백3, 5로 귀에 파고든 다음 7의 봉쇄가 a로 나오는 맛을 이용한 행마법이다.

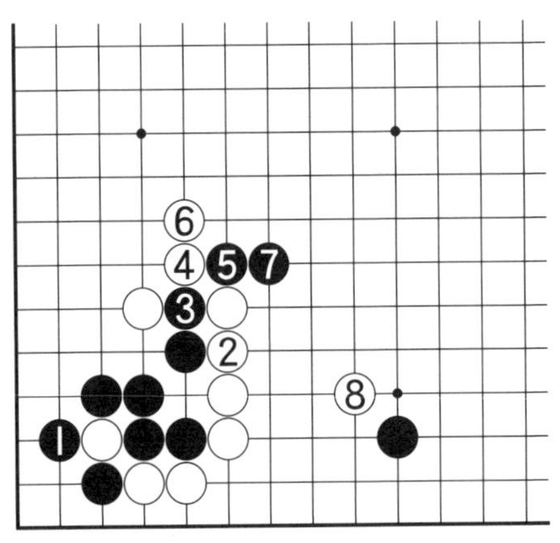

5도

## 5도 (중앙 싸움)

이다음 흑1로 한점을 따내 살아두는 것이 후환이 없다.

그래도 백2에 흑3, 5로 끊으면 8까지 완전 봉쇄를 피해 싸움을 유도할 수 있다.

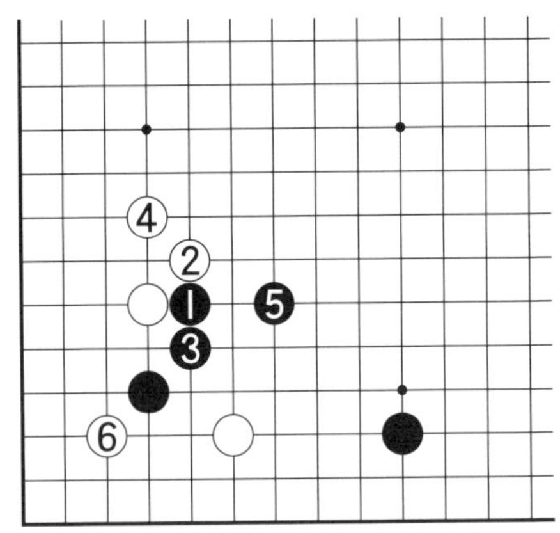

6도

## 6도 (옛날 방식)

흑1의 날일자 붙임이 AI시대에 권장하는 대응인데 백2에 흑3으로 끌면 옛날 방식으로 돌아간다. 백4로 호구쳐서 정비하면 흑5로 모양을 키우는 것이 우선인데 백6의 3三침입이 제격이다.

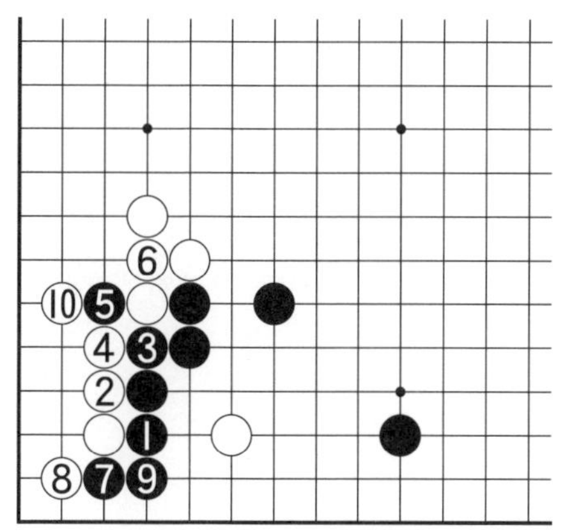

7도

## 7도 (백, 불만)

이다음 흑1, 3을 결정하고 5로 단수칠 때가 중요한데, 만일 백6에 이으면 흑7의 젖힘이 선수가 되어 10까지 백이 실리로 손해를 봐서 불만이다.

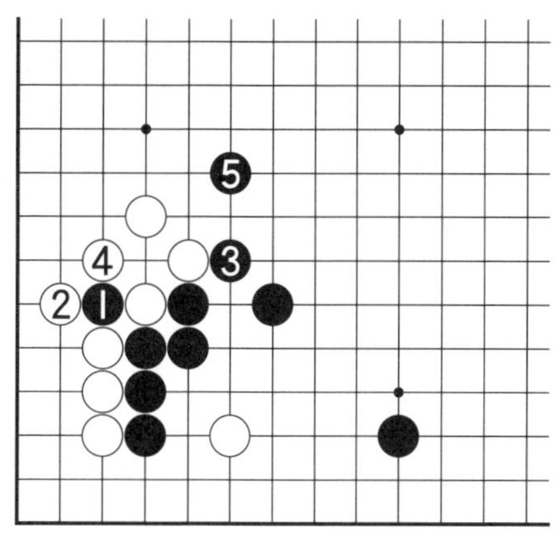

8도

## 8도 (흑, 불리)

흑1의 단수에는 백2의 되단수가 정수이고 흑은 3, 5로 한점을 희생하며 중앙의 폭을 넓히는 것이 행마법이다.

AI는 백의 실리가 충실하고 선수인 만큼 이런 진행은 흑이 불리하다고 본다.

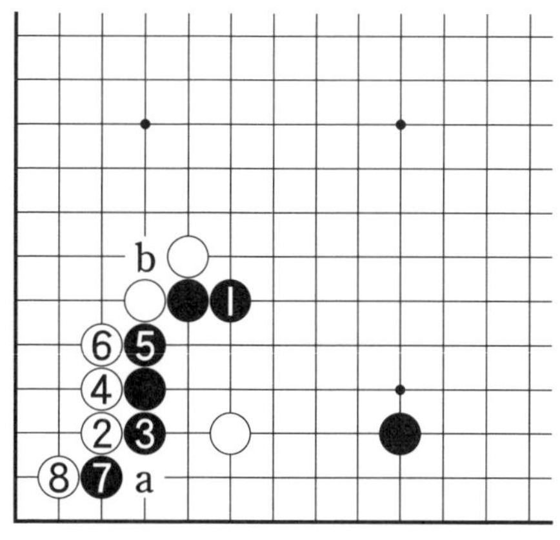

9도

## 9도 (진화된 수단)

흑1의 뻗음이 AI시대에 진화된 수단이다. 이때 백2로 3三에 침입하면 흑3으로 막은 후 8까지는 필연이다.

다음 흑a로 꽉 잇는 것은 경직된 행마이다. 백b로 지키고 보면 흑의 진영이 허술해서 불리하다.

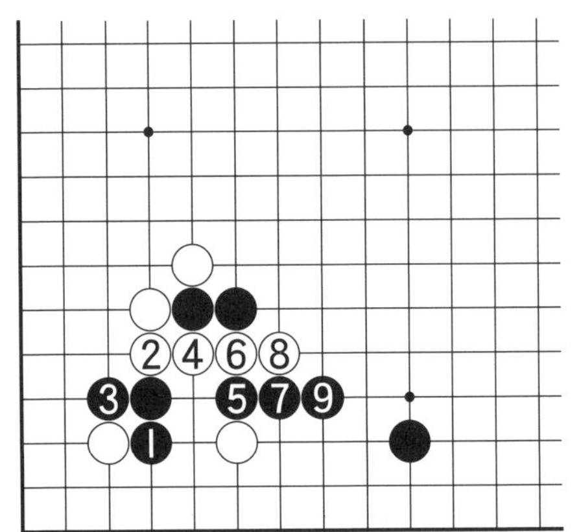

10도

## 10도 (백, 실패)

참고로 흑1에 백2로 급소를 짚으면 흑3으로 반발한다.

백4로 뚫려도 흑5의 건너붙임이 맥점으로 이하 9까지 되면 흑의 실리가 커서 백의 실패이다.

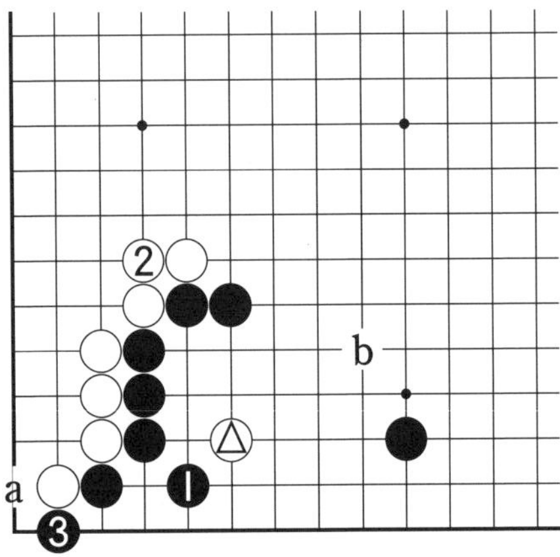

11도

## 11도 (탄력적 행마)

9도 다음 높은 협공에서도 보았듯이 흑1의 호구가 탄력적인 행마이다. 이때도 백2로 이으면 이번에는 흑3의 젖힘이 실리로도 좋고 하변 진영에도 도움을 준다.

백이 △를 움직이자니 하변이 두터워진 만큼 미생마로 쫓길 우려가 크다.

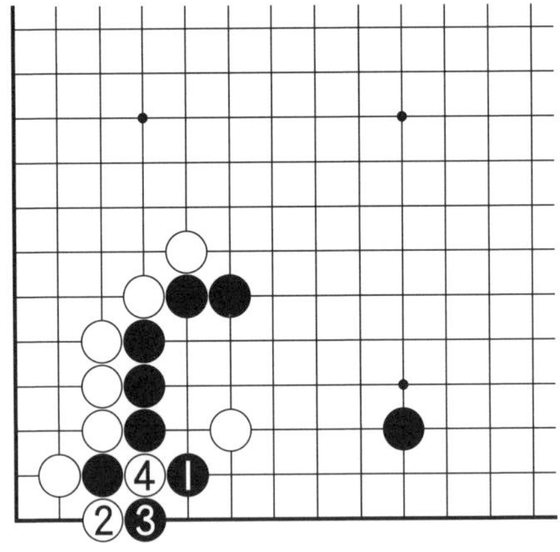

12도

## 12도 (버팀과 대응)

흑1의 호구에 백도 타이트하게 두려면 2의 단수가 기세의 버팀이다. 흑은 3의 패가 준비된 대응이며 백4로 따낼 때~

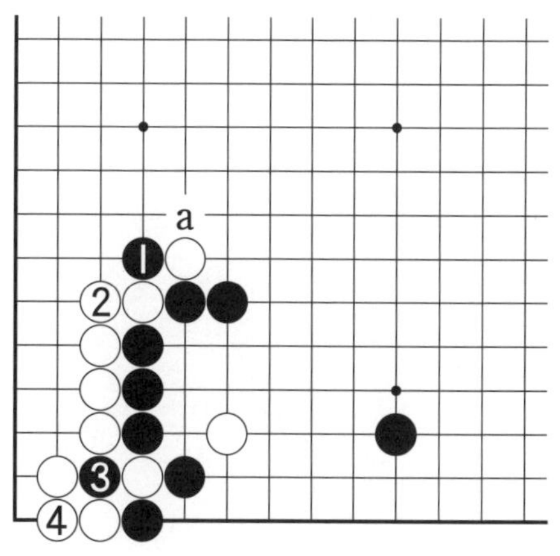

## 13도 (절대 팻감)

흑은 자체에서 1의 단수 팻감이 하나 마련되어 있다. 백2에 흑3으로 따내면 백4로 물러서는 정도이다. 다음 흑이 a의 축으로 한점을 잡든지 축이 불리하면 늘거나 손을 뺄 수도 있다는 점은 높은 협공에서와 같은 이치이다.

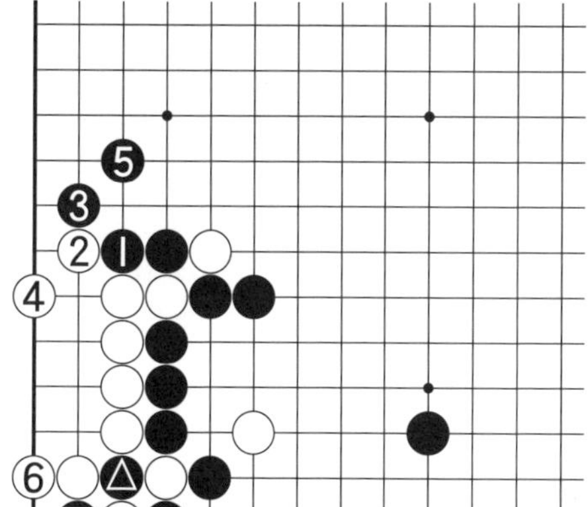

## 14도 (만패불청)

참고로 흑▲로 패를 따낼 때 백이 어디에 팻감을 쓰더라도 흑은 만패불청하고 ■로 패를 해소한다.

　백도 어딘가 이득을 얻겠지만 흑이 5까지 선수로 좌변을 틀어막은 세력이 전국을 호령한다. 초반에는 백이 이를 능가하는 팻감을 쓰기가 어렵다.

## 15도 (백, 중앙 중시)

흑이 귀의 패를 따낼 때 백이 중앙을 중시하면 1로 한점을 잡으면 간명하다.

　흑은 2의 단수를 활용한 다음 4로 패를 해소해서 충분하다.

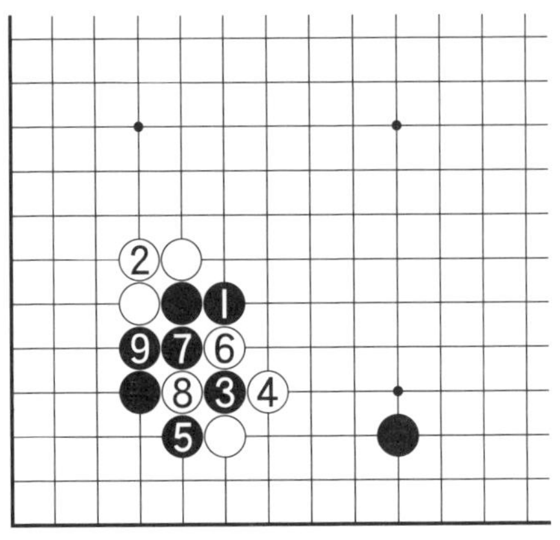

16도

## 16도 (백, 실패)

흑1에는 백2의 이음으로 변화를 구할 수 있는데 흑이 알기 쉽게 두자면 3으로 붙인다. 백4로 젖히면 흑5의 호구가 안성맞춤이다. 백6의 단수에는 흑7의 패로 버티면서 9로 잇는다. 이런 식이면 백이 약점을 열심히 파고들어도 흑만 튼튼해져서 백의 실패이다.

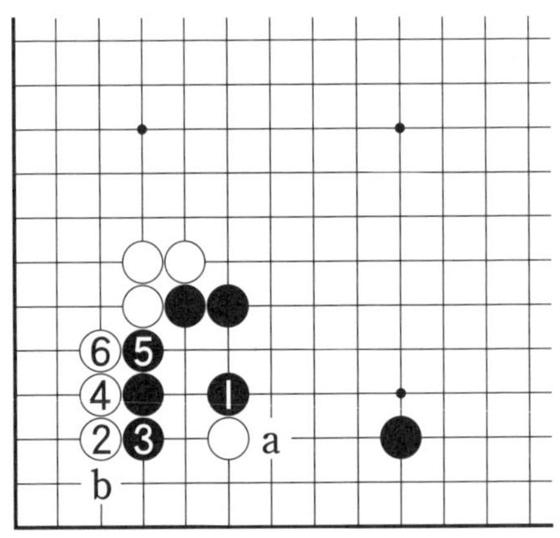

17도

## 17도 (흑, 불만)

흑1에는 백2의 3三침입이 알기 쉽다. 이때 흑3, 5로 하변을 경영하는 것은 약점이 남아 흑이 a든 b든 또 지켜야 해서 불만이다.

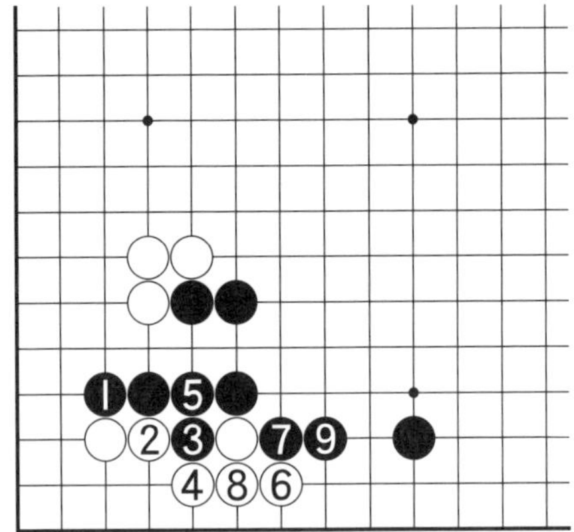

18도

## 18도 (두터운 발상)

앞 그림 백2 때 흑은 1로 막아 좌변을 차단하고 백2에 흑3으로 끼운 후 9까지 정비하는 것이 두터운 발상이다.

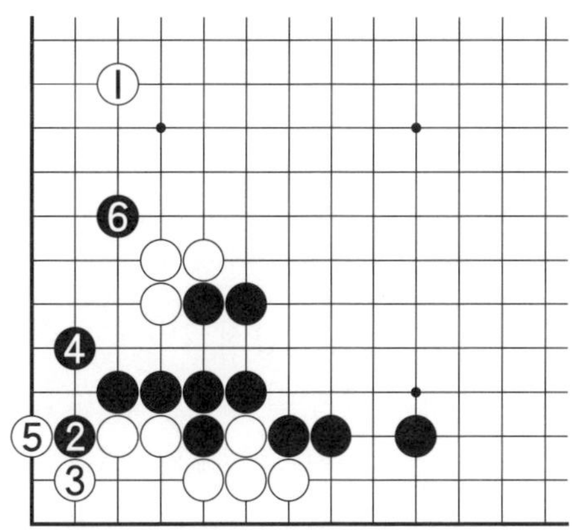

19도

## 19도 (좌변 침투)

이다음 백이 1로 좌변에 벌리면 흑2, 4의 호구가 두터움을 살리는 탄력적 행마이다.

이때 백5로 단수치면 흑6으로 깊숙이 침투해서 좌변을 부순다.

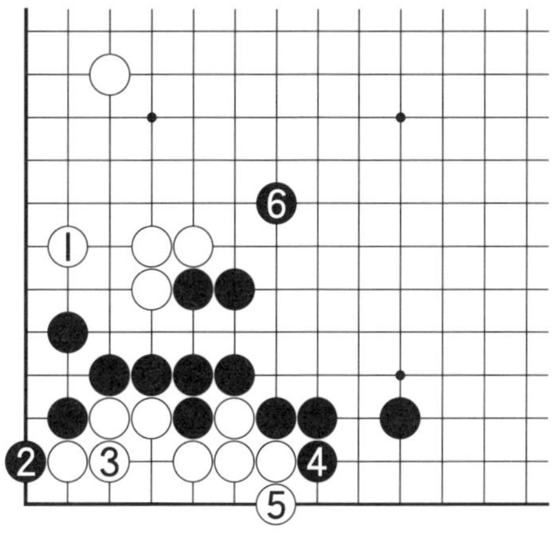

20도

## 20도 (중앙의 대세점)

흑이 호구칠 때 백1로 방어하면 흑2, 4를 선수활용해서 백집을 최소로 줄인 후 6의 날일자 행마가 중앙의 대세점이다.

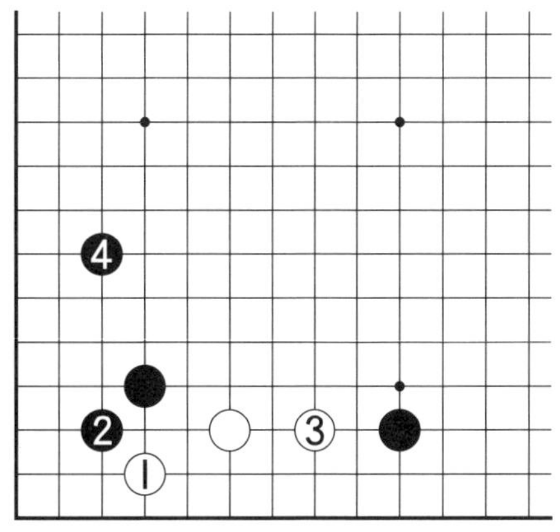

21도

## 21도 (자체 안정)

처음으로 돌아가서, 세칸높은협공에서도 보았지만 백이 자체에서 안정하자면 1, 3의 벌림도 좁지만 일책이다. 흑4로 귀를 지키면 서로 어울렸다.

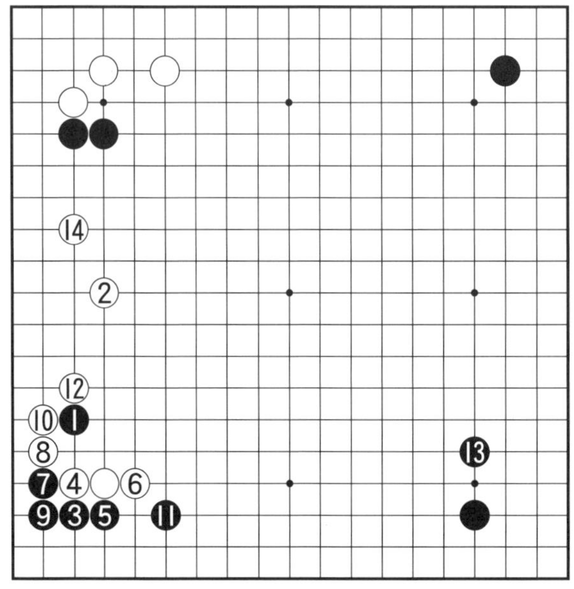

실전 1

## 실전 1

좌하 백2의 세칸높은협공에서 12까지는 AI시대의 신정석인데 백이 후수이지만 약점 없는 두터움이 장점이다.

　다음 흑13의 굳힘도 크지만 백14의 벌림이 협공을 겸해서 명당이었다.

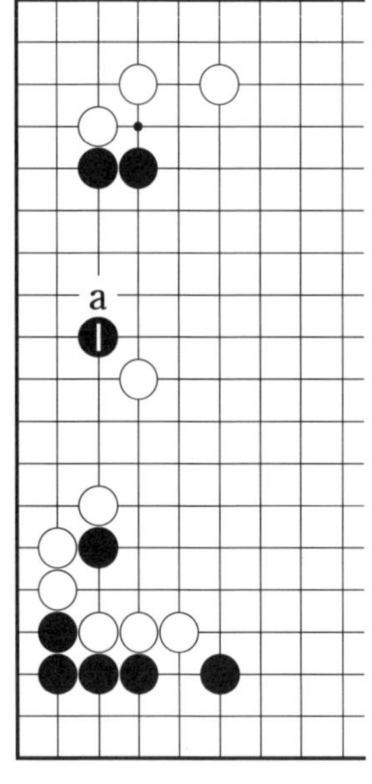

참고도1

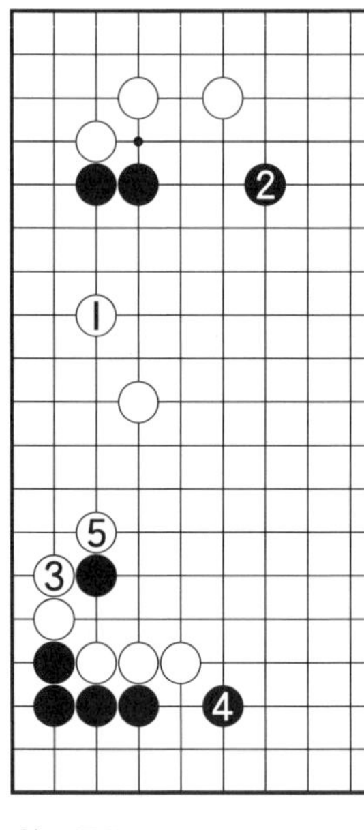

참고도2

## 참고도1 (AI 변화)

AI는 실전 흑13 대신 좌변 벌림이 우선이라고 본다. 같은 벌림이라도 a보다 흑1로 최대한 다가서라는 진단이 매우 현실적이다.

## 참고도2 (AI 추천)

실전 흑11 때 백도 1의 협공을 먼저 두고 흑2에 지키면 백3, 5로 지키라는 것이 AI의 주문이었다.

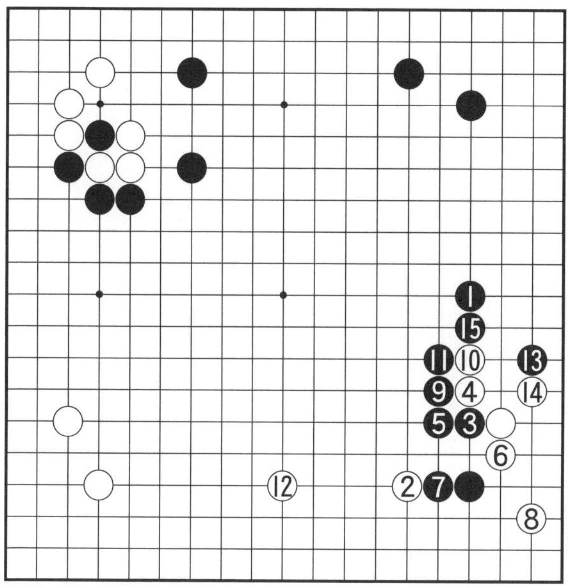

실전 2

## 실전 2

우하 흑1의 세칸높은협
공에서 백2의 높은 양걸
침에 흑3 이하 11까지
는 많이 두던 정석 수순
이다. 백12의 벌림은 요
소인데 흑13, 15로 틀
어막자 상변과 어우러
져 흑의 두터움이 빛난
다. 참고로 AI는 백8 때
흑이 하변 12로 먼저 벌
리라고 주문하는데 격
식을 따지지 않는 실전
적 감각이다.

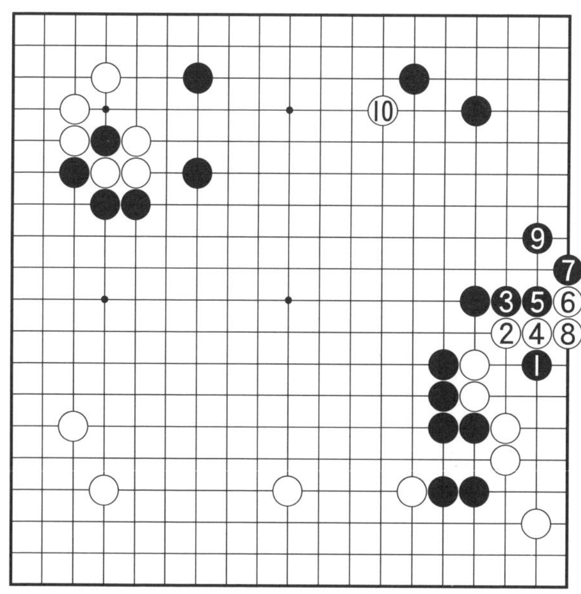

참고도

## 참고도 (AI 추천)

사실 AI는 흑1로 치중
할 때 백2로 나가 8까지
실리를 한껏 챙긴 후 10
으로 삭감하면 이 구도
에서는 백이 둘 만하다
고 본다.

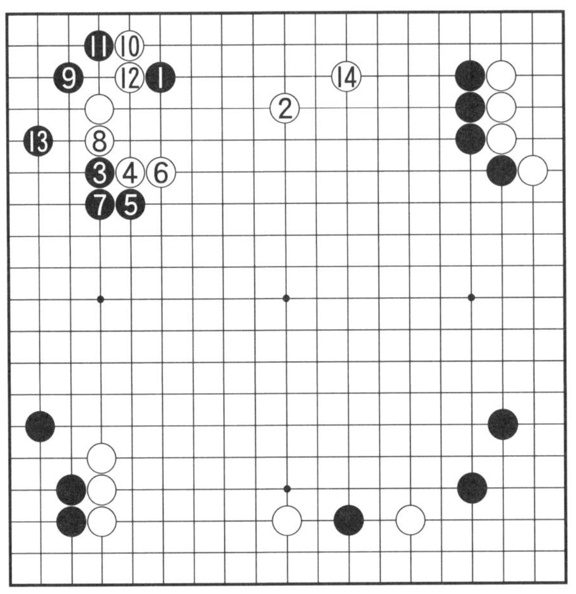

실전 3

## 실전 3

전형적 화점 포석인데
우상귀와 좌하귀는 AI
시대의 대표 정석이다.

초점은 좌상쪽인데
흑3의 높은 양걸침에서
5, 7은 변을 중시한 수
단이며 다음 9로 침입한
후 13까지 귀와 변을 연
계한 간명한 정석이다.
백도 14로 상변을 구축
하며 우상 흑을 위협해
서 충분하다.

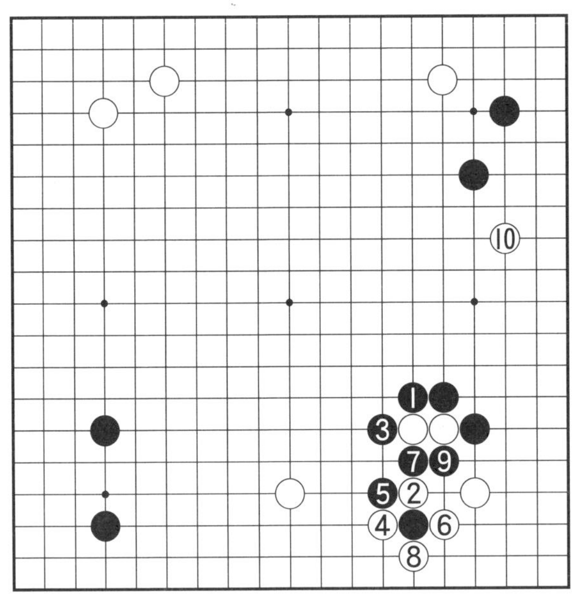

실전 4

## 실전 4

우하쪽 이번에도 높은
양걸침에서의 정석이
진행 중인데 흑은 우변
을 키우기 위해 1로 밀
어올렸다. 이하 9까지
수순이 약간 미묘하지
만 흑 세력과 백 실리로
대결하는 정석이다.

백은 10으로 걸치며
우변 삭감에 나섰다.

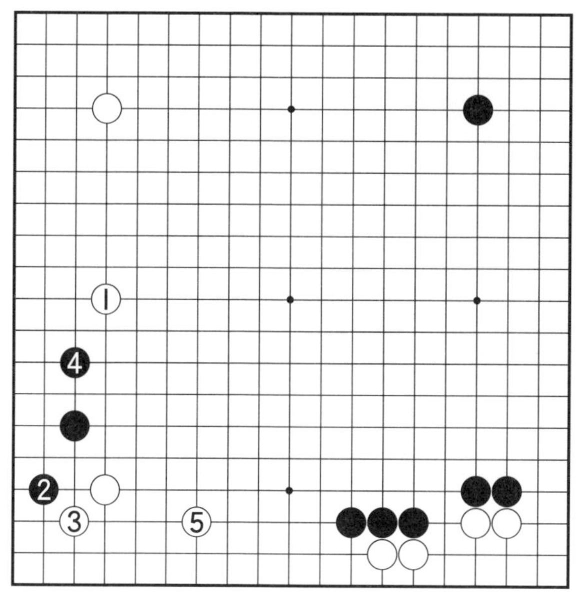

실전 5

## 실전 5

이 바둑도 화점 포석인데 우하귀는 이른 3三 침입에서의 정석이다.

초점은 좌하 백1의 세칸높은협공인데 흑은 2, 4로 처음부터 안정했고 백도 5로 벌려 서로 간명하다.

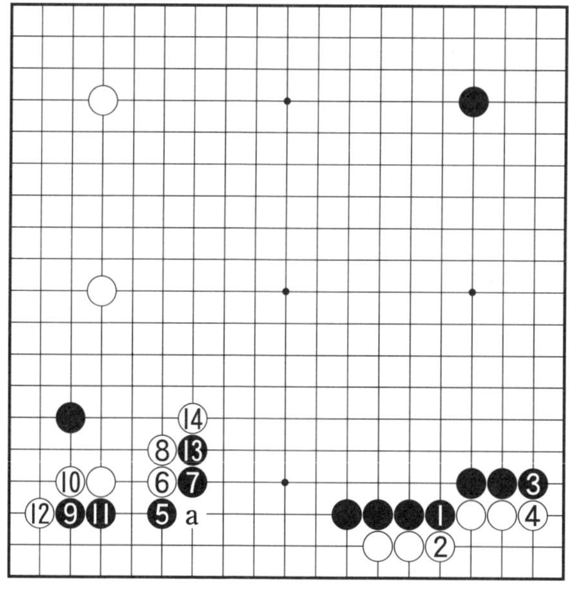

참고도

## 참고도 (AI 추천)

세칸높은협공에서 AI는 우하귀 흑1, 3을 결정해 놓고 5의 양걸침도 추천 일순위에 들어있다. 이하 14까지 변화를 보여주지만 흑9의 침입에 백10으로 막고 나서 12의 젖힘이 의미심장하다. 물론 백12는 a쪽 끊지 못함의 대안인데 AI의 자유분방함을 느낄 수 있다.

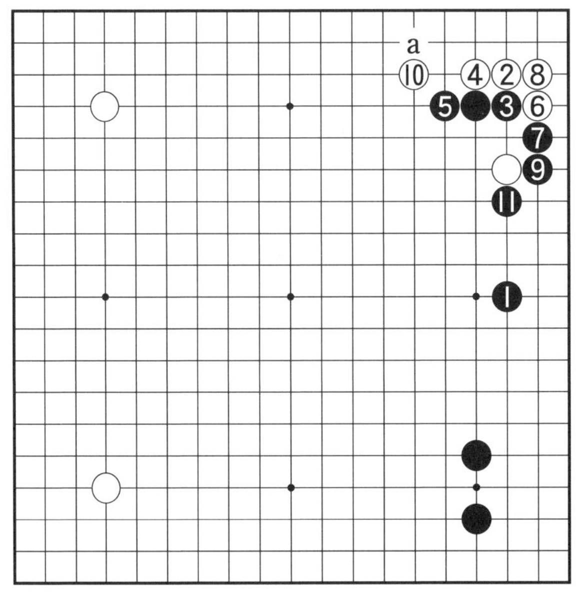

실전 6

## 실전 6

이번에는 흑1의 세칸협공인데 백2로 침입하면 11까지는 AI시대 간명한 정석이다.

흑이 후수이지만 대신 우변이 단단한데, 백이 이를 피하자면 흑5 때 a의 단순한 날일자 진출도 AI가 추천하는 변화이다.

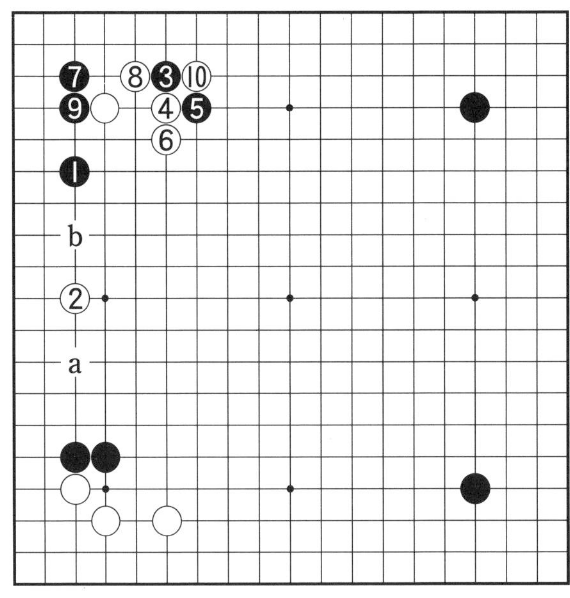

실전 7

## 실전 7

흑1에 백2도 느긋한 세칸협공이지만 좌하 포진도 고려한 선택이었다. 흑3의 양걸침에 백4 이하 10까지는 정석 수순이고, 다음 흑은 a로 벌렸지만 AI는 특이하게도 b의 좁은 벌림을 추천한다. 아마도 귀쪽 압박을 피하려는 뜻으로 보인다.

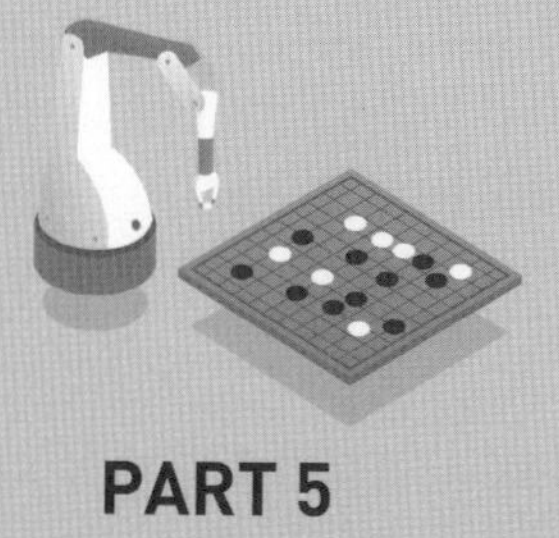



# 손뺌 이후 협공과 대응

# 받음에 손뺌 – 한칸협공 기본

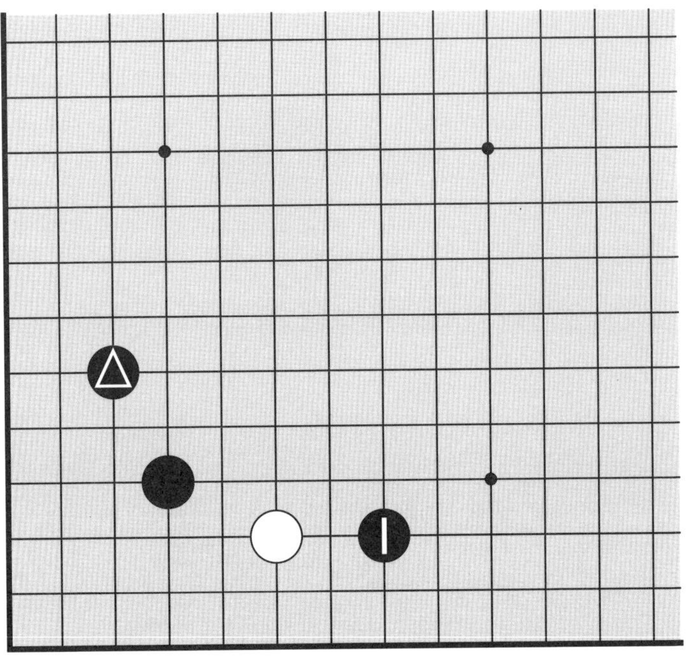

기본형

AI시대에는 백이 화점에 걸치고 흑△로 받을 때 손을 빼는 경우도 많은데, 그러면 흑1의 한칸협공이 주된 공격 수단이다. 이후의 기본 변화에 대해 알아보는데, 상황에 따른 대응법과 더불어 기발한 수습도 배워둘 만하다.

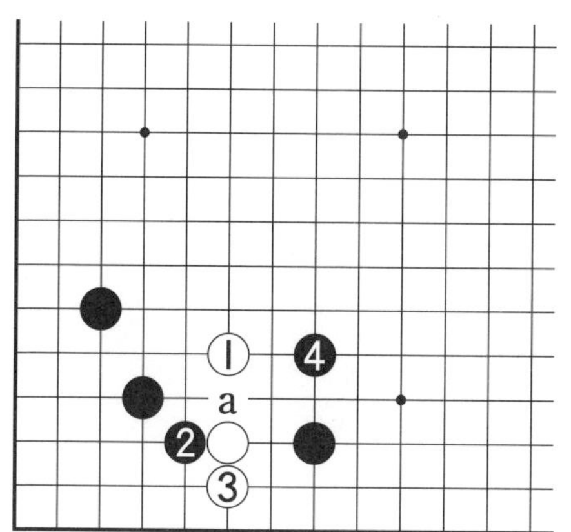

1도

## 1도 (백, 불안)

기본형 다음 백1로 뛰어나가는 것은 일단 찬성할 수 없다.

흑2, 4로 추격하면 근거가 없는 백이 일방적으로 쫓길 공산이 크다. a의 약점도 남아 백이 불안한 모습이기도 하다.

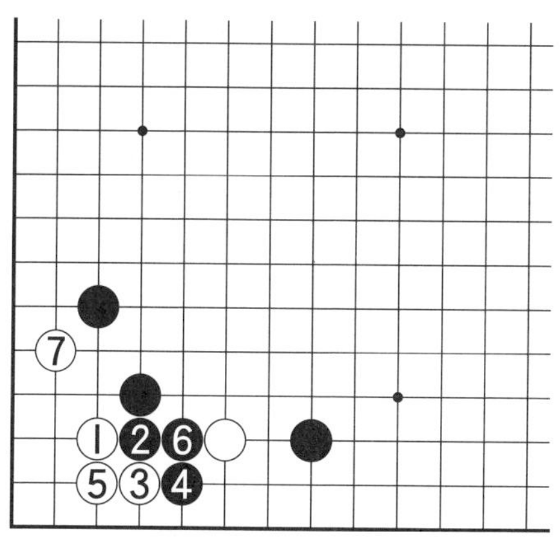

2도

## 2도 (아쉬운 3三침입)

백1의 3三침입도 무조건 안정해야 하는 상황이 아니라면 아쉬운 발상이다. 흑2로 막은 후 7까지는 필연인데~

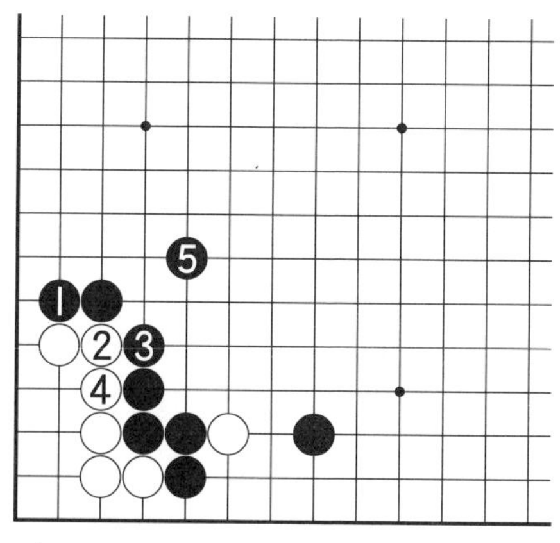

3도

## 3도 (두터운 모양 구축)

흑1로 막으면 백2, 4로 살아야 하는데 흑5로 지키면 귀의 실리를 압도하는 아주 두터운 모양이 구축된다.

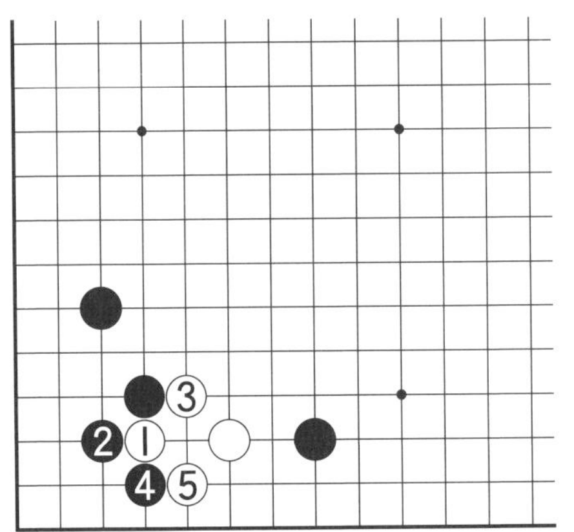

4도

## 4도 (팻감의 유무)

처음으로 돌아가서, 백1의 붙임이 일단 가장 많이 사용된다. 흑2의 젖힘 다음이 중요한데 백3의 호구 행마는 흑4의 단수에 백5의 패로 버틸 수 있어야 효과가 있다. 그런 효과적인 팻감을 쓸 수 있는 상황이 아니라면 백이 둘 수 없다.

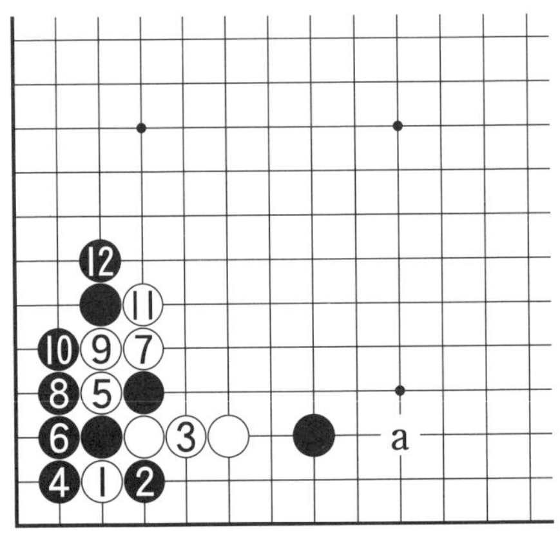

5도

## 5도 (백, 만족)

앞 그림 흑2 때 백도 1의 젖힘이 무난한 타개 방법이다. 이때 흑2, 4로 한점을 잡으면 백5로 단수친 후 12까지 흑이 눌려서 불만이다.

백은 중앙에서 한점을 잡고 안정했고 a쪽 협공도 가능해져서 만족이다.

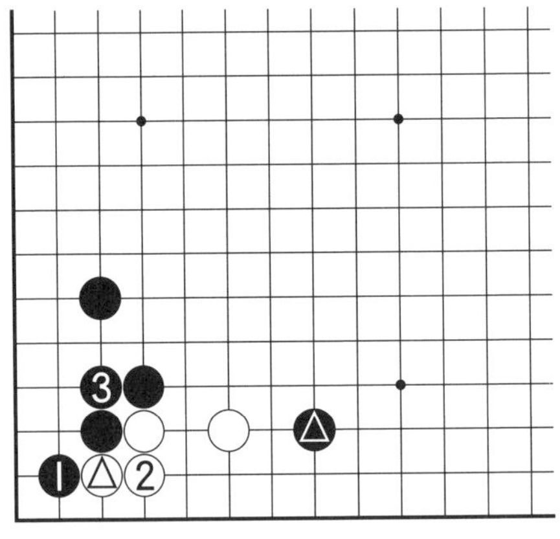

6도

## 6도 (흑의 의도)

백△에 흑1의 이단젖힘은 노림은 있지만 정도는 아니다. 이때 백2로 잇기 쉬운데 흑3에 지키고 나서 보면 백의 모양에 탄력이 없는 만큼 ▲가 백의 공격에 안성맞춤이며 흑이 바라는 진행이다.

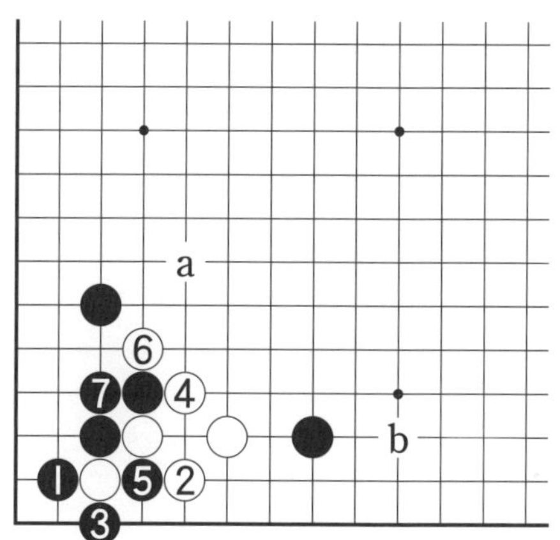

7도

## 7도 (백, 활발한 수습)

흑1에는 백2의 호구가 탄력적 대응이다. 흑3에 단수치면 백4로 부풀고 흑5에 백6의 단수 한방이 두터운 활용이다. 흑7로 잇는 정도일 때 백이 a로 먼저 보강하든 b로 협공해서 싸우든 활발히 수습하는 진행이다.

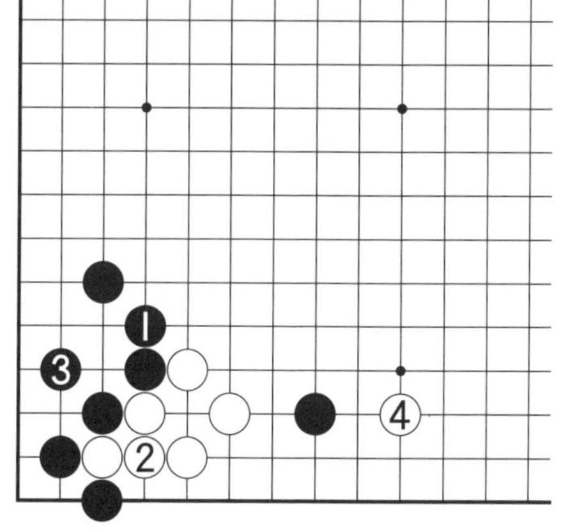

8도

## 8도 (공격적 수습)

앞 그림 백4 때 흑1로 늘면 중앙은 두텁지만 후수이다.

이번에는 백이 2의 이음으로 근거를 갖춘 후 4의 협공이면 공격적으로 수습하는 진행이다.

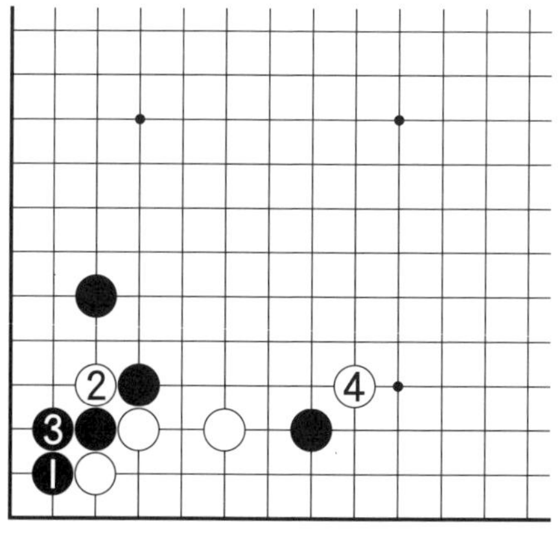

9도

## 9도 (기발한 수습)

흑1에는 백2로 끊은 다음 4의 어깨짚음도 귀의 모양을 활용한 기발한 수습이다.

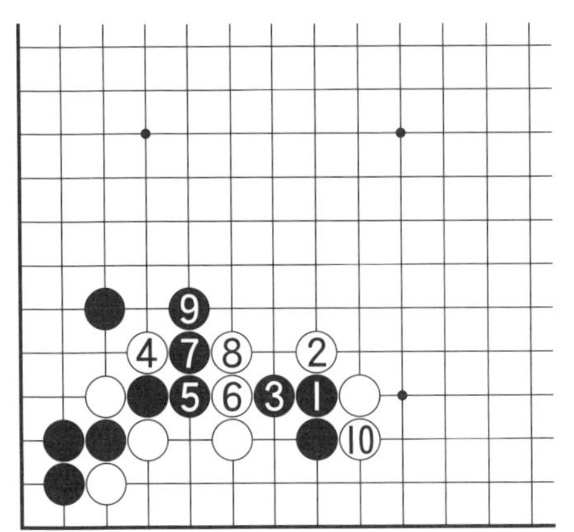

10도

## 10도 (백, 만족)

이다음 흑1, 3으로 나가면 백4 이하 8까지 선수하고 10으로 막아 하변 석점을 잡을 수 있으니 백의 만족이다.

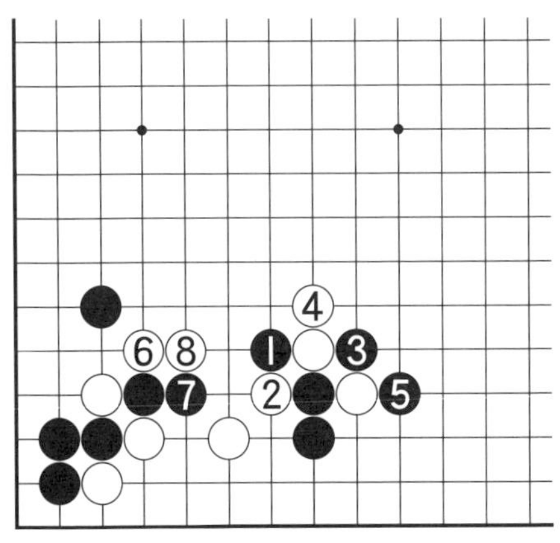

11도

## 11도 (효율적 대처)

앞 그림 백2 때 흑1로 젖히면 백2로 끊는다. 흑3, 5로 한점을 잡을 때 백6, 8로 몰아가는 것이 효율적인 대처법이다.

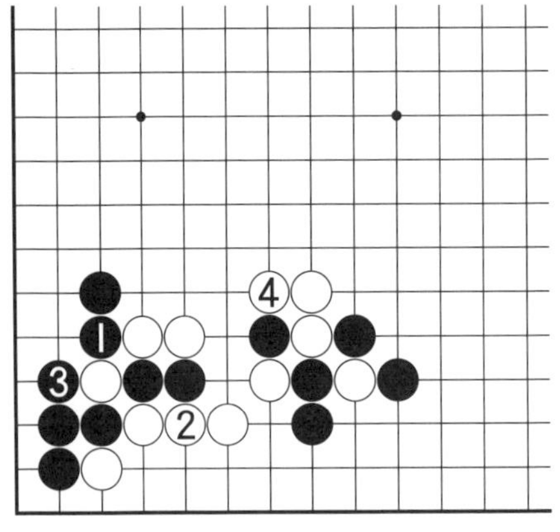

12도

## 12도 (백, 수습 성공)

이다음 흑1로 끊는 정도인데 백2, 4로 중앙 한점을 잡으면 전체를 연결하고 두터워진 백의 수습 성공이다.

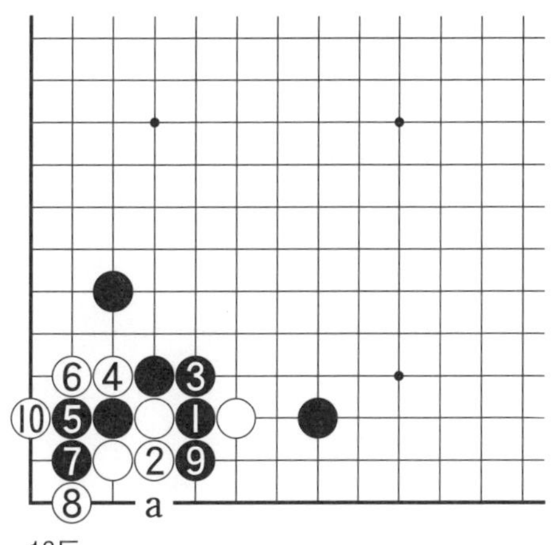

13도

### 13도 (키워 죽인 이유)

이 시점에서 흑도 1, 3으로 단수 치고 잇는 것이 요점이다. 다음 백 4로 한점을 끊으면 흑5, 7로 키워서 10까지 필연이다.

이렇게 흑이 키워 죽인 것은 유사시 a의 단수를 선수하기 위함이다. 이 형태에서 가장 많이 사용하는 정석이라 보면 좋다.

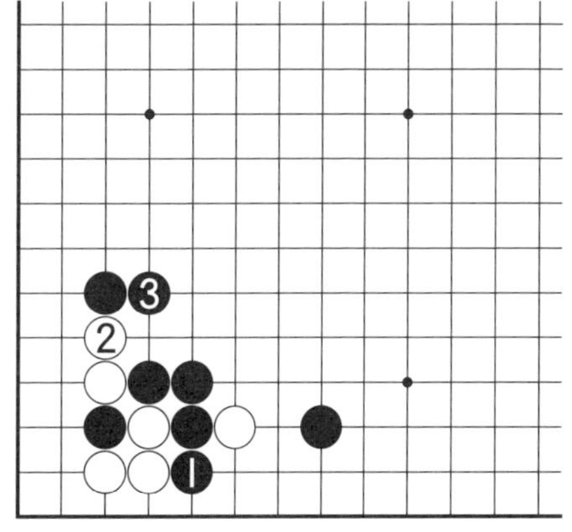

14도

### 14도 (흑, 불만)

앞 그림 백4 때 흑1로 먼저 뚫는 것은 백2에 흑3으로 후수가 되니 흑의 불만이다.

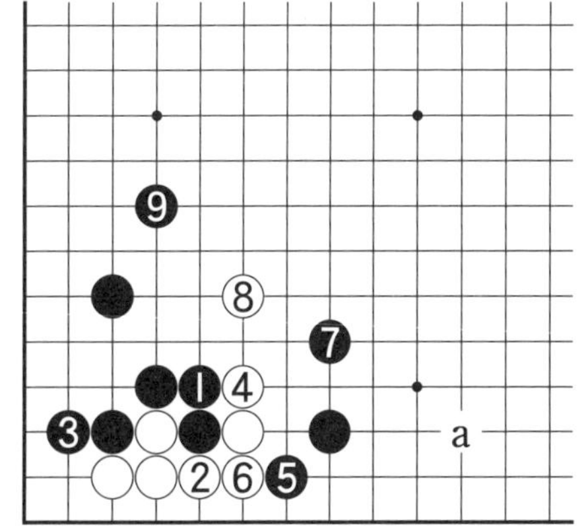

15도

### 15도 (흑, 국면 주도)

흑1로 이을 때 백2로 넘으면 흑3으로 내려서서 백을 추궁한다. 백 4로 나가면 흑5 이하 9까지 백을 미생으로 몰면서 흑이 국면을 주도할 수 있다.

상황에 따라 흑7로는 a의 벌림도 가능한데 어쨌든 웬만해선 백이 이렇게 두면 불리하다.

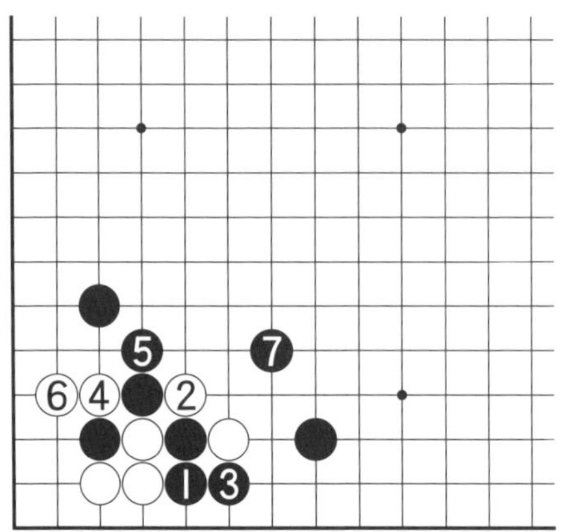

16도

## 16도 (흑의 후수)

13도 백2 때 흑이 위를 잇지 않고 1로 관통하면 백2로 끊는다.

흑3에 백4, 6으로 살고 흑7로 지키는 흐름이 되는데 이 진행은 14도와 마찬가지로 흑이 두터움을 구축했지만 13도와 비교해 후수인 점이 불만이다.

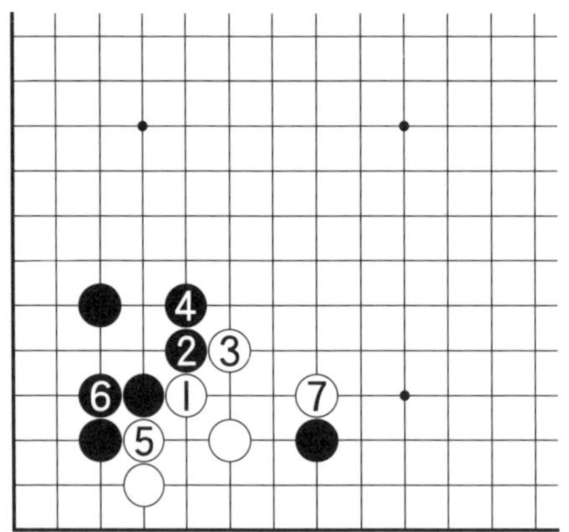

17도

## 17도 (백, 나쁜 흐름)

처음으로 돌아가서, 백1의 날일자 달림은 자체 안정하려는 뜻이 있다. 그런데 흑2로 받을 때 백3으로 뛰어나가는 것은 흑4 이하 8까지 쫓겨서 근거가 없는 백의 흐름이 나쁘다.

## 18도 (탄력적 안정책)

앞 그림 흑2 때 백1의 붙임이 탄력적인 안정책이다. 흑2, 4로 젖혀 늘면 백5의 요소를 선수해 모양을 잡고 7로 타개가 순조롭다.

18도

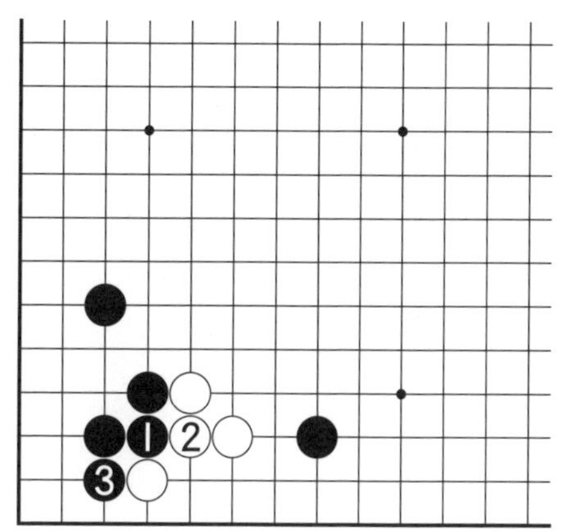

19도

## 19도 (무거운 공격에 당함)

백의 붙임에 흑1의 곳은 급소처럼 보이지만 무거운 공격이다.

이때 백2로 받으면 흑3으로 귀를 막아 백은 실속이 없고 모양도 뭉쳐 당한 결과이다.

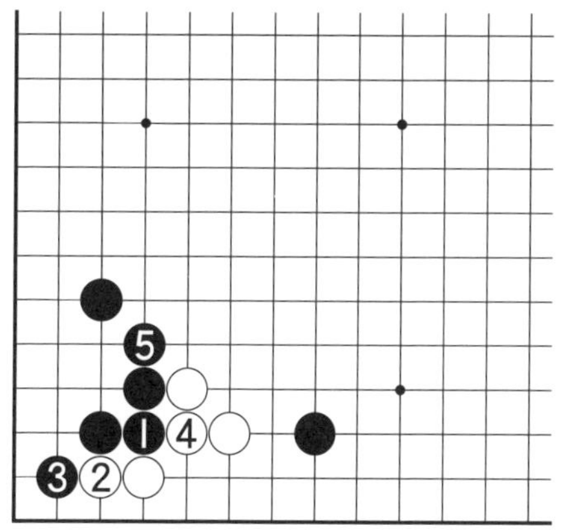

20도

## 20도 (두터운 자리)

흑1에는 백2로 밀고 들어가는 것이 수습의 요령이다. 그러면 흑3에 백4로 막더라도 귀에서 이득을 보았으니 앞 그림보다는 낫다.

그래도 흑5가 두터운 자리여서 백이 약간 미흡하다.

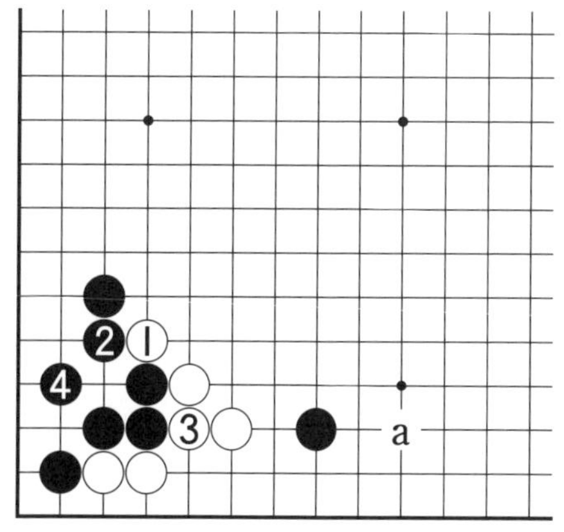

21도

## 21도 (흑, 궁색)

앞 그림 흑3 때 백1의 젖힘이 모양의 급소이다. 이때 흑이 2, 4로 수비하는 것은 궁색하다.

이제 백은 a의 공격까지 넘볼 수 있어 만족이다.

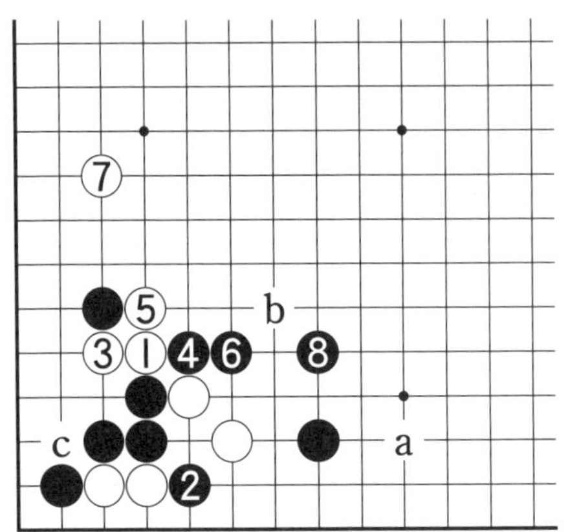

22도

## 22도 (백, 활발한 바꿔치기)

백1의 젖힘에 흑은 2로 두점을 잡은 후 8까지 바꿔치기를 강행할 수 있다. 흑집의 규모가 크지만 후수이고 a~c 등 활용당할 곳이 많아 좌변에서 모양을 구축한 백이 활발하다.

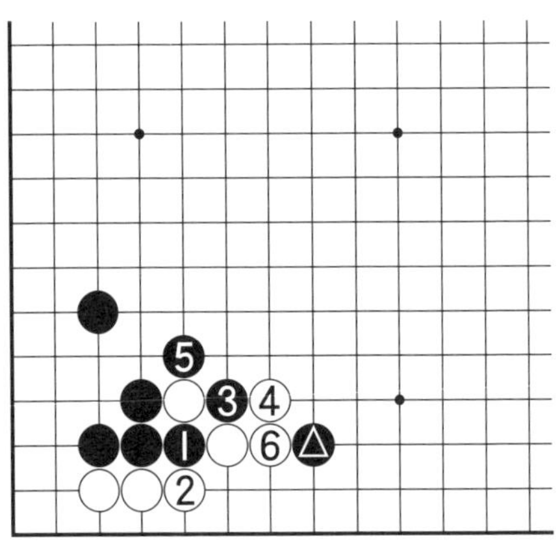

23도

## 23도 (흑, 불리)

20도 백2 때 흑1, 3으로 끊어 반발하면 백4, 6으로 나갈 때 흑은 ▲가 다치므로 불리한 진행이다.

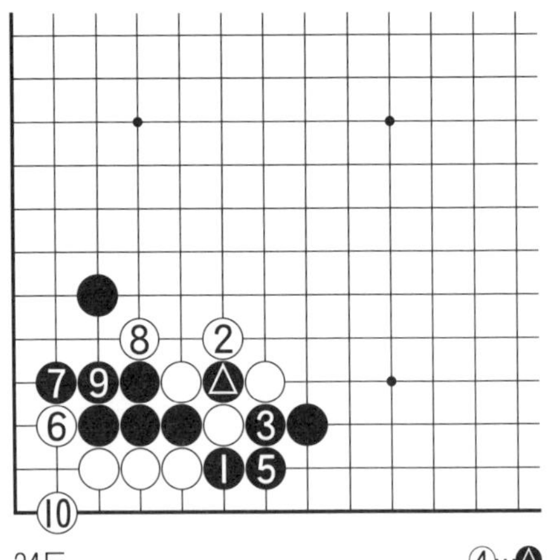

24도          ④‥▲

## 24도 (교묘한 수순)

앞 그림 백4 때 흑1, 3으로 반발하는 것이 흑의 속셈일지 모르지만 백은 4로 이어놓고 6, 8을 선수한 후 10의 호구가 교묘한 수순이다.

백10은 자체로 살 수 없기에 이처럼 패 모양으로 버틴 것이다.

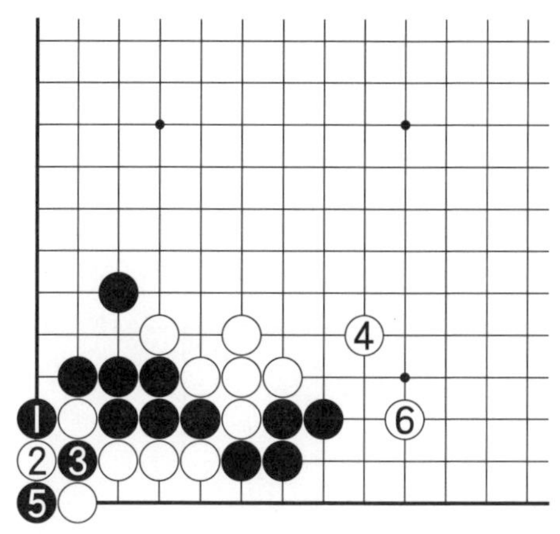

25도

## 25도 (백, 활발)

그러면 흑1에 백2로 패가 나지만 흑3, 5로 따내는 사이 백이 6까지 하변을 선점하기만 해도 활발한 흐름이다. 물론 백4로 다른 데 팻감을 사용해도 좋다.

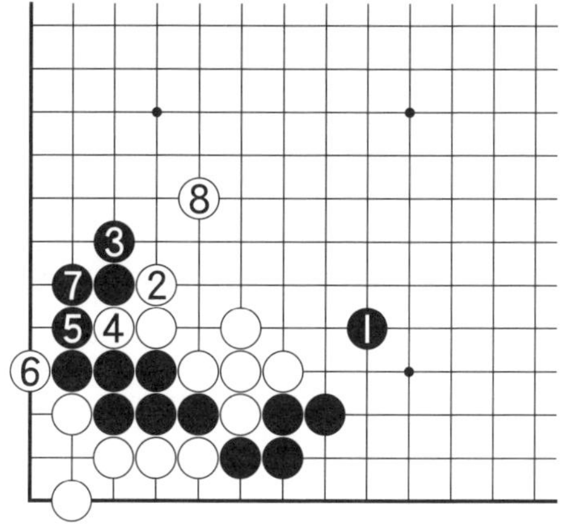

26도

## 26도 (백, 만족)

24도 다음 흑이 패를 걸지 않고 1로 중앙 백부터 공격하면 백이 재빨리 2, 4 다음 6의 젖힘을 선수해 귀를 자연스럽게 살고 8로 중앙을 움직여 만족이다.

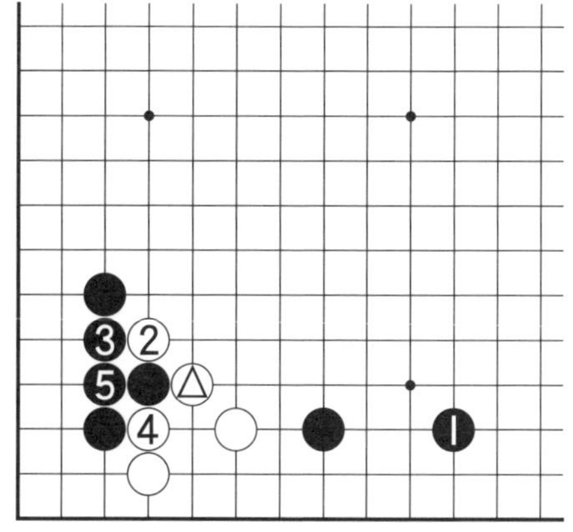

27도

## 27도 (타협책)

백△로 붙일 때 흑이 바로 대응해서 유리한 상황이 아니라면 아예 1의 벌림 또는 다른 데로 손을 돌리는 것이 현명하다.

그러면 백은 2, 4를 선수활용해서 모양을 잡아두는 것이 안성맞춤이다. 서로 이곳에서 맞부딪치지 않으려는 타협책이다.

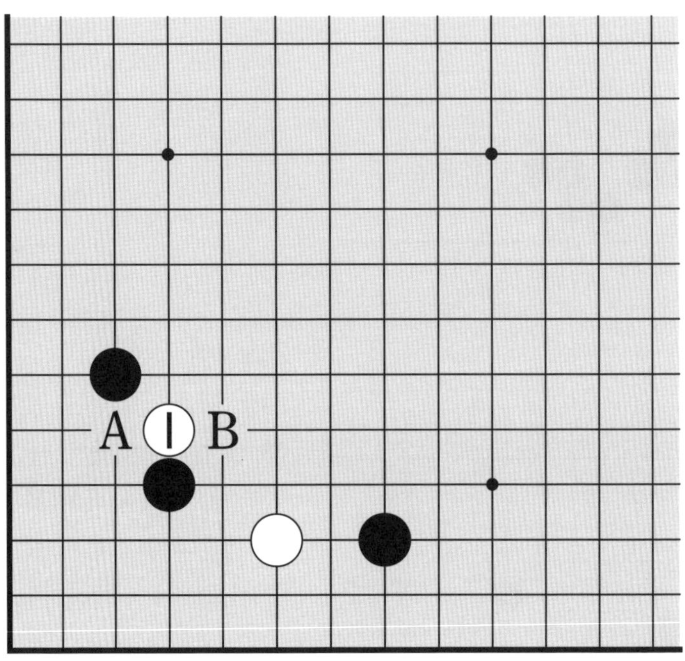

기본형

백1로 날일자 옆구리에 붙인 것은 강하게 수습하겠다는 뜻이지만, 계획된 노림만 피한다면 흑이 손해 볼 일은 없다. 흑은 A로 잇거나 B의 젖힘으로 대응할 수 있는데 A는 온건책이고 B는 강공책이다.

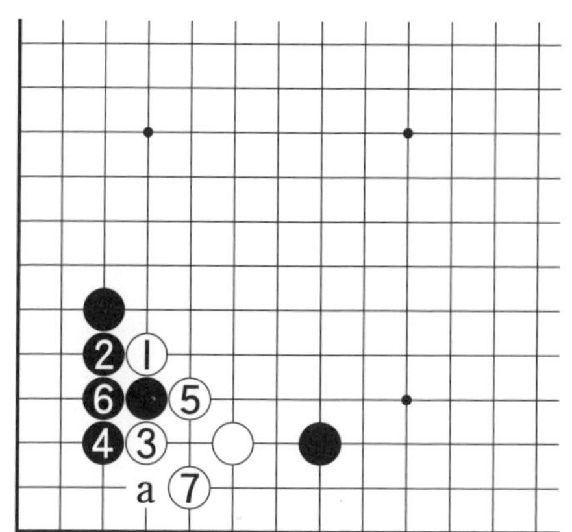

1도

### 1도 (백의 노림)

백1에 흑2로 잇고 백3의 붙임에도 흑4로 온건하게 또 받으면 백이 5, 7로 모양을 갖추기만 해도 탄력적인 자세로 수습이 잘됐다.

백7로는 a에 둔다 해도 가본 자세가 나오며 손을 빼도 버틸 수 있어 백의 노림이 통했다.

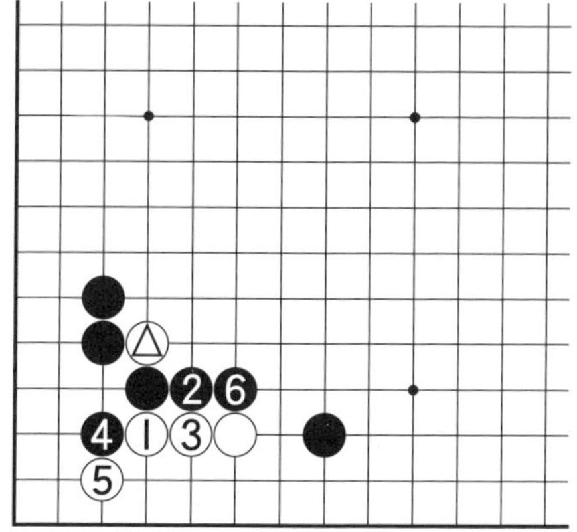

2도

### 2도 (두터움1)

백△의 붙임 다음 또 백1의 붙임에는 흑2로 나간 후 4의 젖힘이 좋은 수순이다.

백5로 젖히면 흑6으로 봉쇄해서 흑이 두터운 흐름이다.

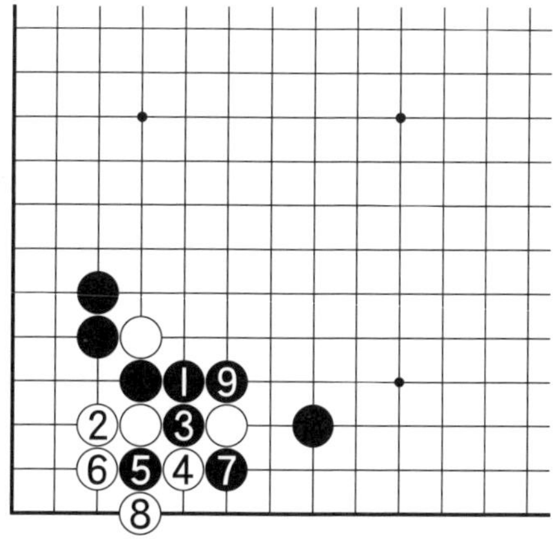

3도

### 3도 (두터움2)

흑1 때 백2로 귀에 진입하면 흑3, 5로 끊은 후 9까지 귀의 실리를 허용하고 봉쇄해도 역시 흑의 두터운 흐름이다.

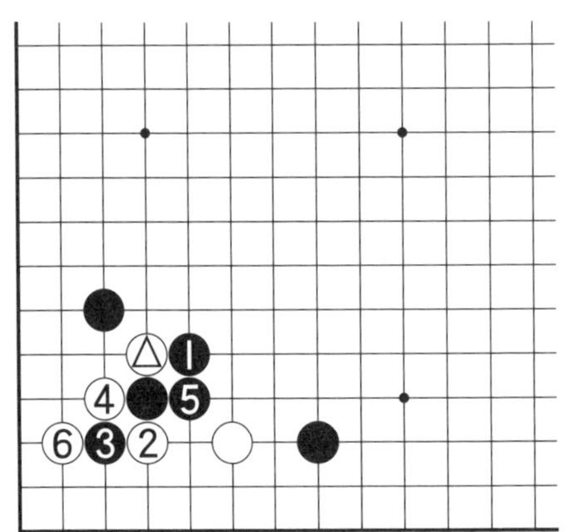

4도

## 4도 (성급한 젖힘)

백△의 붙임 때 흑1의 젖힘은 공격적인 대응이지만 상대에게 빌미를 줄 염려가 있어 다음 진행에 조심해야 한다.

백2의 붙임에 흑3으로 젖히는 것은 성급하다. 백은 4, 6의 단수로 반격을 가하는데~

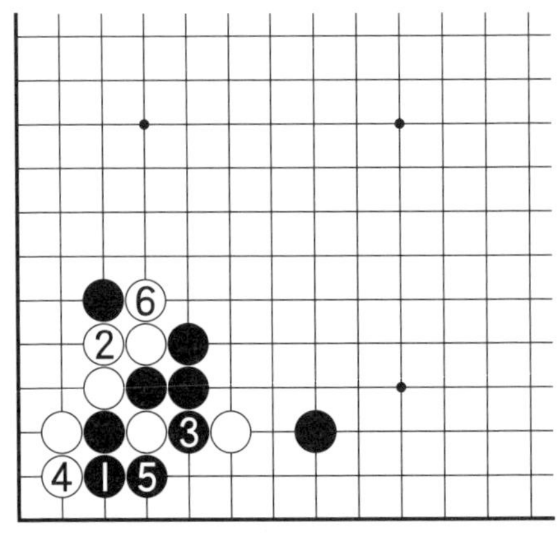

5도

## 5도 (백, 만족)

흑1로 나갈 때 백2로 잇고 동태를 살핀다. 흑3으로 한점을 잡으면 백4가 기분 좋은 선수이며 6으로 좌변을 뚫고 나가 만족이다.

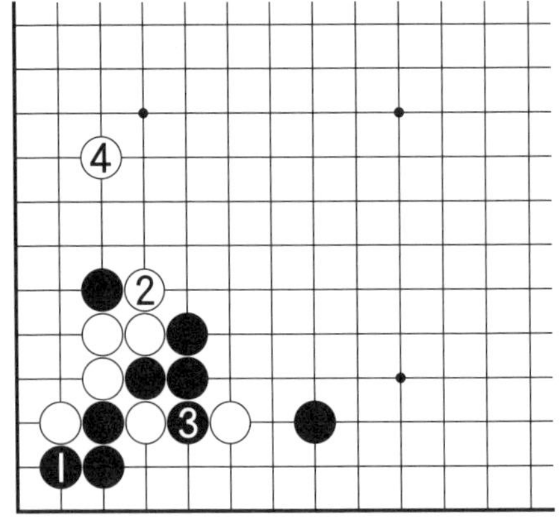

6도

## 6도 (백, 수습 성공)

앞 그림 백2에 흑1의 꼬부림이 실리로 크지만 백2로 나갈 때 흑3에 지켜야 하므로 백이 4로 좌변에 모양을 구축하면 수습 성공이다.

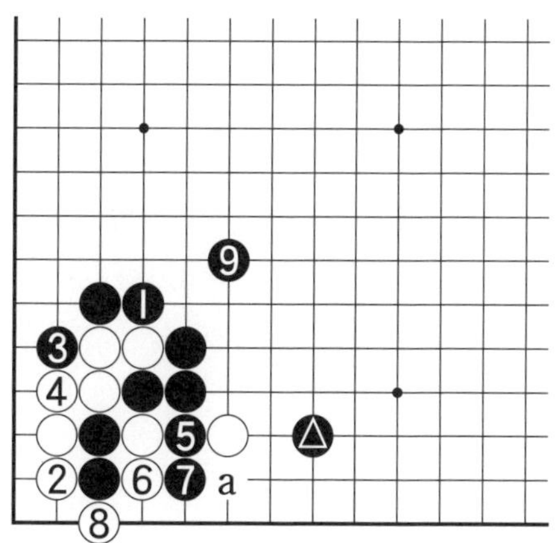

7도

## 7도 (비효율적 두터움)

5도 백2 때 흑1로 좌변을 봉쇄하면 어떨까. 그러면 백은 2로 막은 후 8까지 두점을 잡고 귀의 실리를 차지해서 충분하다.

흑9로 지켜 두텁다고 해도 a의 뒷맛이 있어 불완전하며 ⓐ도 비효율적이다.

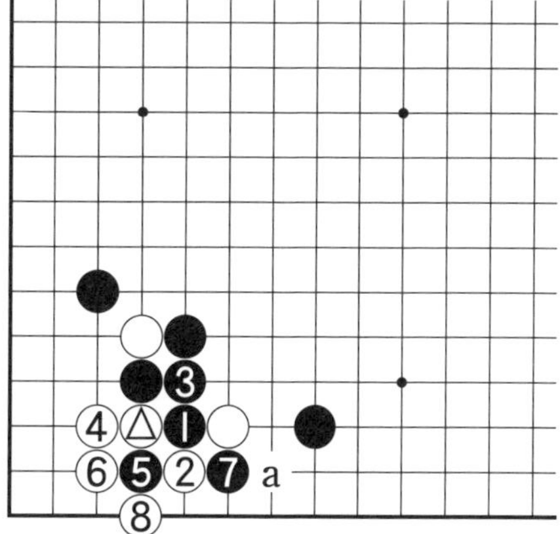

8도

## 8도 (흑, 두터운 운영)

거슬러 올라가 백ⓐ의 붙임에는 흑1, 3으로 끼워잇는 것이 적절한 대응이다.

백4에 들어갈 때 흑은 5로 끊은 후 8까지 귀를 주고 나중에 a를 노리면서 지금은 손을 빼더라도 두텁다.

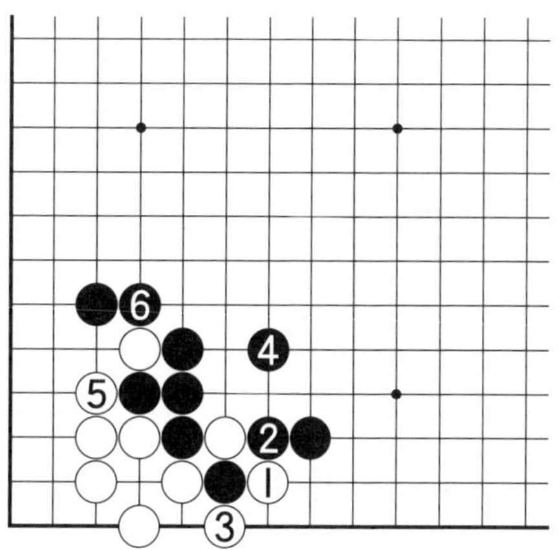

9도

## 9도 (완전무결)

차후 백1로 한점을 잡더라도 흑2, 4로 모양을 잡는 것이 안성맞춤이다. 백5에는 흑6으로 봉쇄한다.

어쨌든 흑의 모양에 끊기는 곳이 없어 완전무결하다.

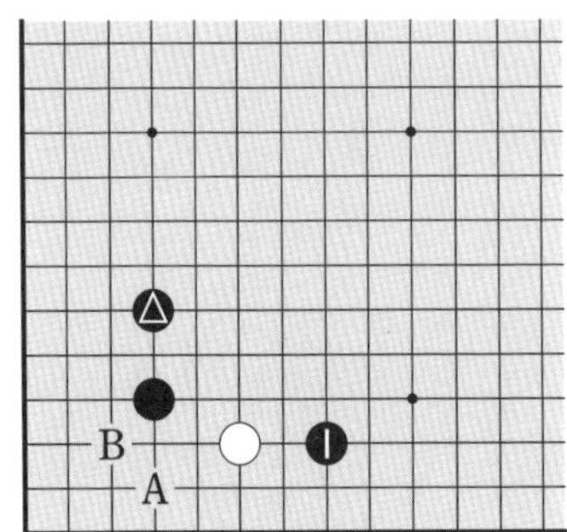

### ▦ 장면

흑▲의 한칸받음 다음 1의 한칸협공에서 백이 수습하는 경우 A의 날일자달림과 B의 3三침입 중 어디가 좋은지 생각해보자.

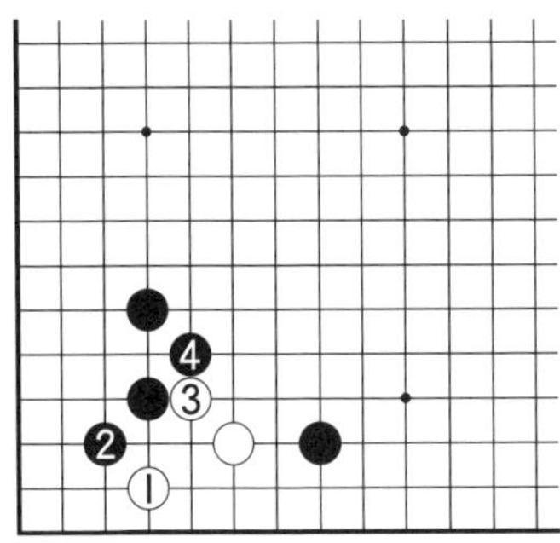

### 1도 (힘찬 호구)

백1의 날일자달림은 찬성할 수 없다. 흑2에 백3으로 붙이더라도 이번에는 흑4의 호구가 힘차서 백이 수습하기 어렵다.

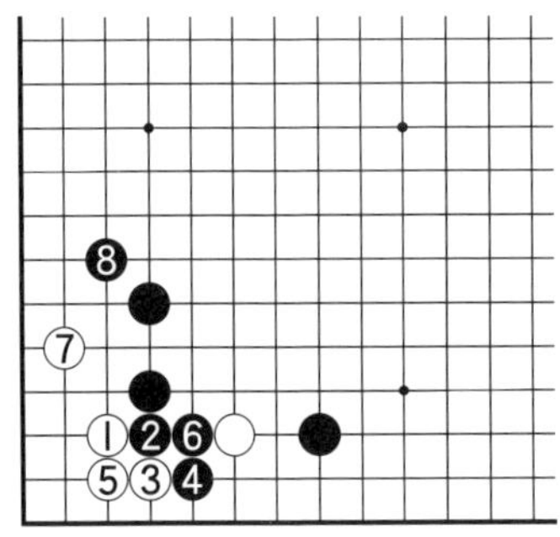

### 2도 (느슨한 두터움)

이 형태에서는 백1의 3三침입이 적절하다. 흑2로 막은 후 7까지 필연인데 흑8로 지킨다면 날일자받음에 비해 두터움이 타이트하지 않다.

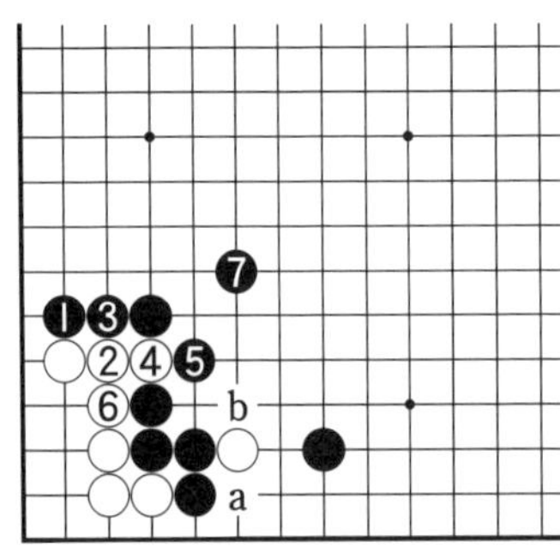

### 3도 (허술한 두터움)

앞 그림 백7 때 흑1로 막는 것이 타이트한 수단이지만 백이 6까지 살고 흑7로 지키고 나서 보면 a와 b의 단점이 남아 흑의 두터움이 완전하지 않다.

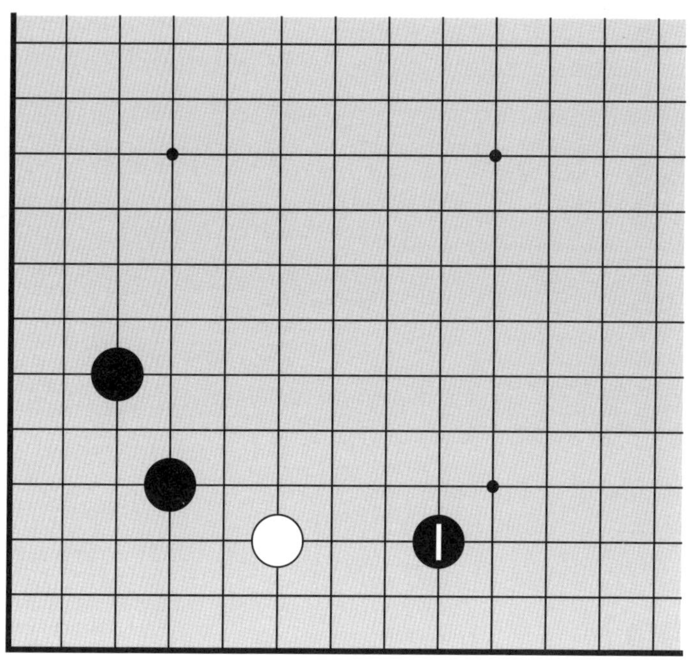

기본형

　이번에는 화점 걸침에 흑이 받고 나서 백이 손을 빼는 경우 흑1로 두칸협공하는 수단에 대해 알아본다.

　한칸협공과 토대는 비슷하면서도 다른 변화가 일어나며 사고방식도 달라져야 한다.

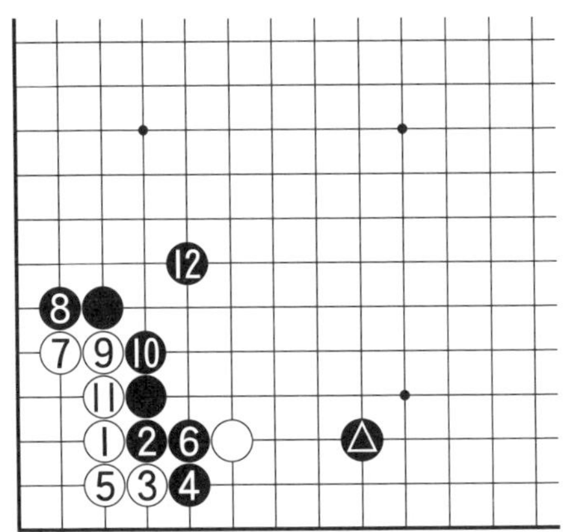

1도

### 1도 (성급한 3三침입)

우선 백1의 3三침입은 즉각 귀에서 살아야 하는 경우가 아니라면 성급한 행동이다. 흑2로 막은 후 12까지 필연인데 귀를 봉쇄한 흑의 진영이 매우 두텁다. 흑▲의 두 칸도 한칸협공에 비해 두터움 활용에서 더욱 유리하지 않는가.

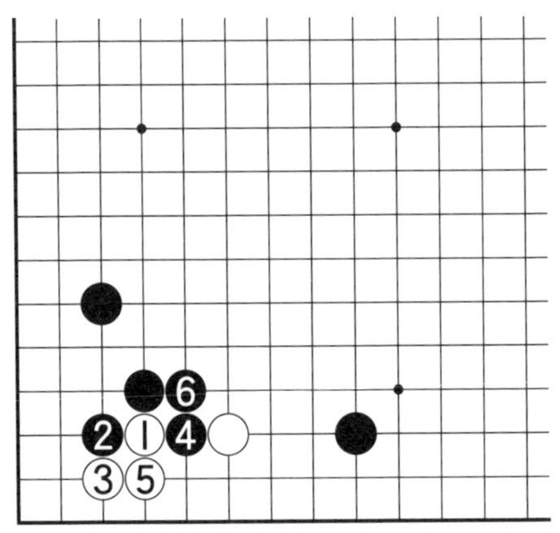

2도

### 2도 (상용 수습책)

두칸협공일 때는 특히 백1, 3의 붙이고 젖히는 수단이 많이 사용되는 수습책이다.

흑4, 6으로 단수치고 이을 때가 선택의 기로인데~

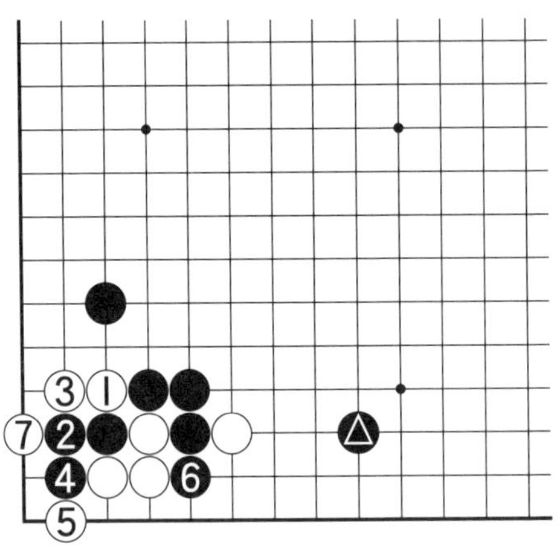

3도

### 3도 (효율적 두터움)

이때 백1로 귀의 한점을 잡으면 흑2, 4로 키우고 6을 선수해서 백7로 석점을 잡는 데까지 필연이다. 그러고 나서 보면 한칸협공에 비해 흑▲의 간격이 넓은 만큼 두터움 활용에서 효율적 모양이다.

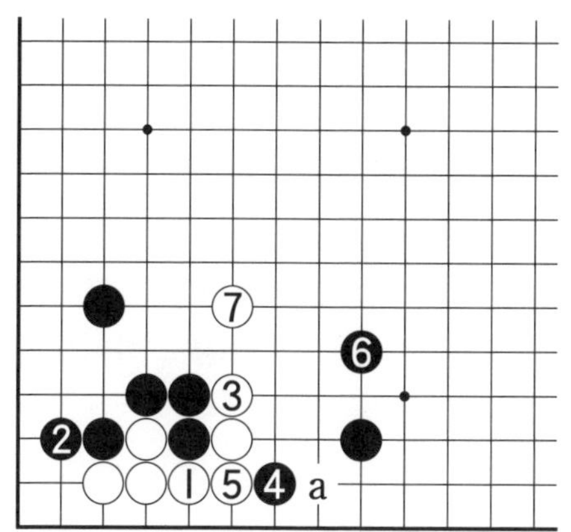

4도

### 4도 (수습하는 여유)

따라서 두칸협공에서는 2도 다음 백1로 넘는 경우가 많다.

흑이 6까지 공격해도 백7로 뛴 다음 a의 맛이 남아 백도 수습하는 데 여유가 생긴다.

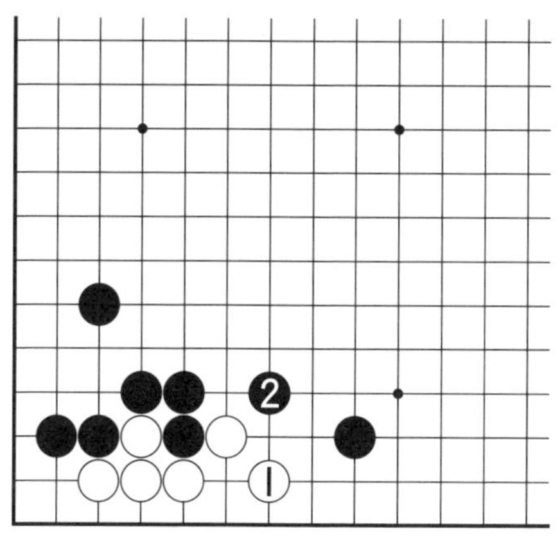

5도

### 5도 (안정을 위한 호구)

상황에 따라 백이 빨리 안정하자면 1의 호구 지킴도 일책이다. 흑도 2의 씌움이 강수인데~

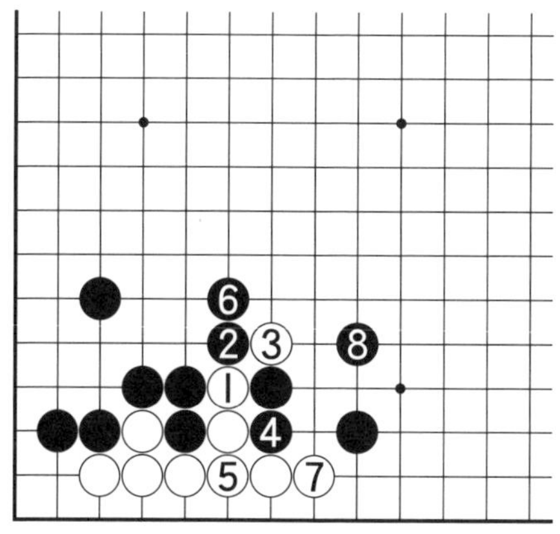

6도

### 6도 (성급한 끊음)

이다음 백1, 3으로 나와끊는 것은 성급한 행동이다.

흑4의 단수가 선수로 들어 이하 8까지 봉쇄되면 백이 2선으로 눌리며 겨우 사는 모양이 되므로 망한 모습이다.

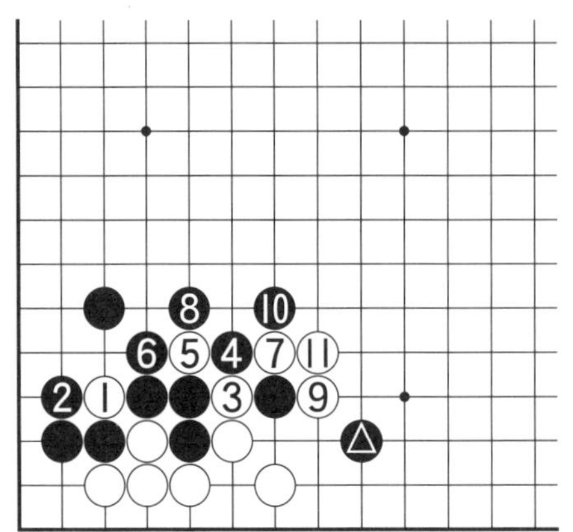

7도

### 7도 (백, 만족)

5도 다음 백1의 끊음이 교묘한 응수타진이다. 이때 흑2로 잡으면 백은 3으로 나와 5, 7로 단수친 후 11까지 한점을 잡으며 탈출할 수 있다. 이러면 흑△도 다치므로 백의 만족이다.

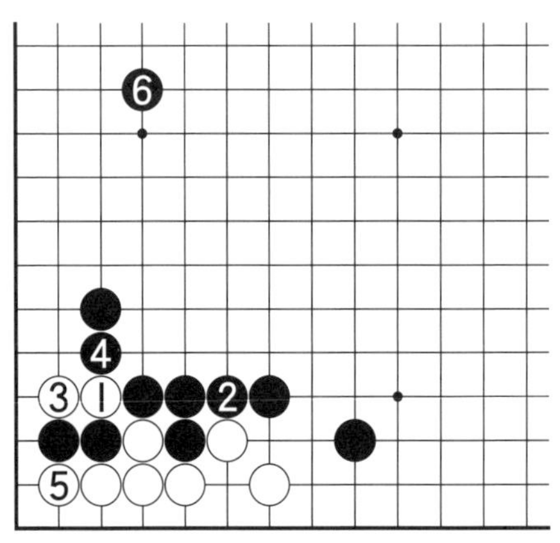

8도

### 8도 (두터움 구축)

백1의 끊음에는 흑2쪽을 잇는 것이 현명하다. 백3, 5로 두점을 잡지만 흑이 6쪽으로 날개를 펴서 백의 실리를 능가하는 두터운 모양을 구축할 수 있다.

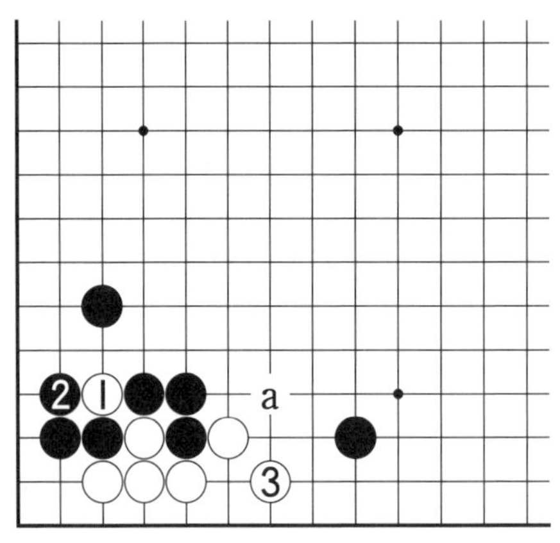

9도

### 9도 (백의 일책)

4도 흑2 때 백1로 먼저 끊어놓고 3으로 호구치면 흑a의 봉쇄를 방어할 수 있지만 귀에서는 백의 손해이다.

백이 두터움을 피하면서 빨리 안정하자면 이 진행도 일책이다.

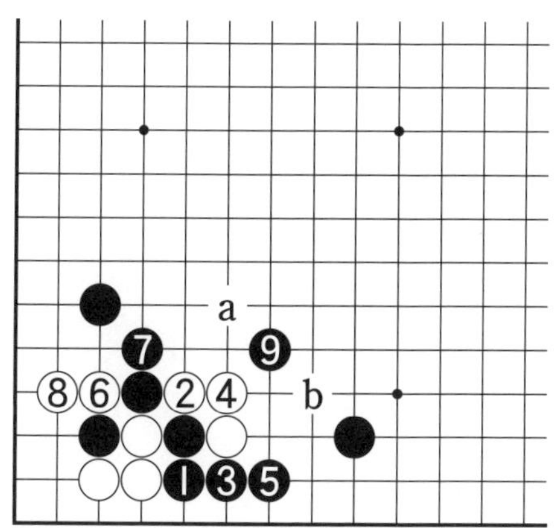

10도

## 10도 (선수활용)

2도 백5 때 흑1로 관통하면 어떨까. 백은 2로 끊은 후 8까지 귀에서 살고 흑은 9의 장문으로 석점을 잡는 흐름이 된다.

이후 중앙에서 백은 a와 b 주변을 모두 선수활용할 수 있어 활발하다.

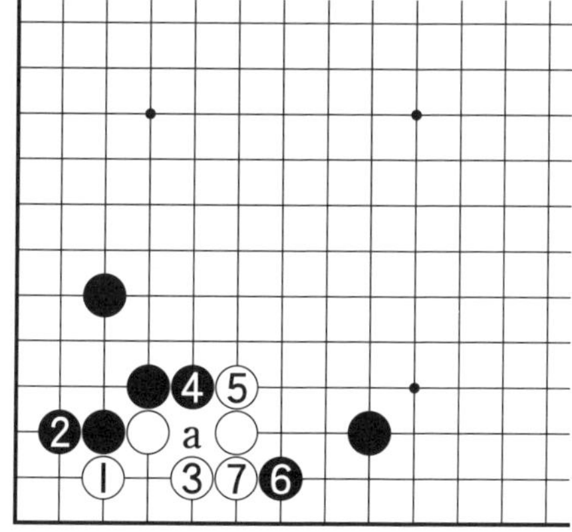

11도

## 11도 (흑의 속셈)

되돌아가 백1로 젖힌 시점에서 흑2로 가반히 뻗는 수단도 실전에는 자주 등장한다.

백3으로 호구쳐서 7까지 되면 흑이 a의 단수를 결정하지 않은 만큼 이득이라는 속셈이다.

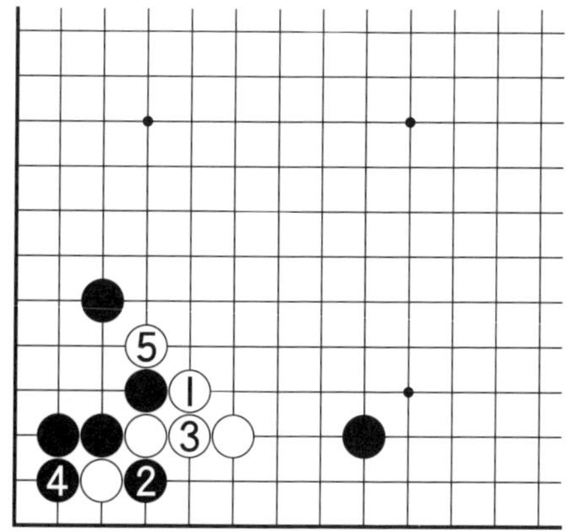

12도

## 12도 (파생된 정석 변화)

앞 그림 흑2 때 백도 1의 호구치는 수로 대항할 수 있다.

그러면 흑2, 4로 한점을 잡고 백5로 단수치는 흐름이 된다. 이 경우의 파생된 정석 변화라고 봐도 좋다.

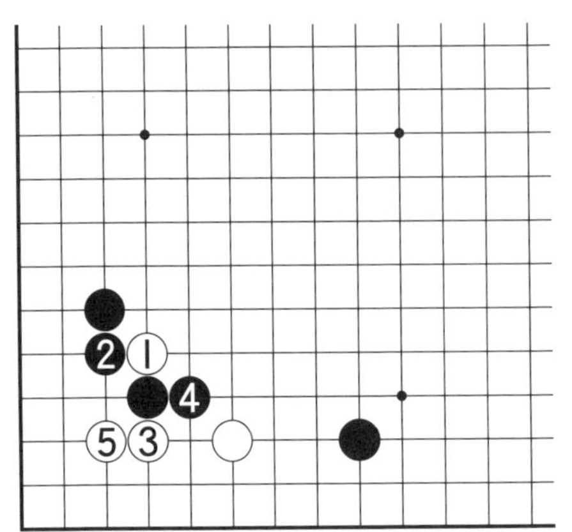

13도

## 13도 (시의적절)

처음으로 돌아가서, 백이 난전에 강하다면 1로 날일자 옆구리에 붙이는 수도 생각할 수 있다.

흑2로 쉽게 받으면 이번에는 백 3에 붙이고 5로 진입하는 것이 시의적절하다.

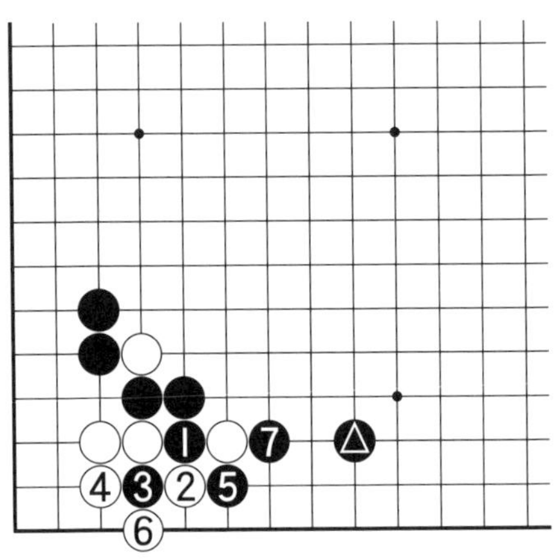

14도

## 14도 (흑, 불만)

이다음 흑1, 3으로 끊으면 7까지 필연인데, 흑이 두터워도 두칸협공의 경우에는 ▲의 위치가 부적절해서 흑의 불만이다.

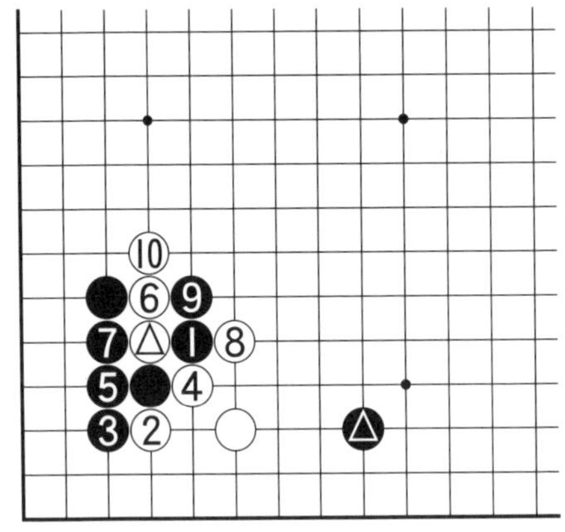

15도

## 15도 (흑, 충분한 싸움)

백△에는 흑1의 젖힘이 강수이다. 백2의 붙임에는 흑3에 젖히고 백4로 단수친 후 10까지 되면 서로 난전이다.

백이 난전을 유도했지만 흑은 귀의 실리를 지키면서 ▲도 가세해서 싸우므로 해볼 만하다.

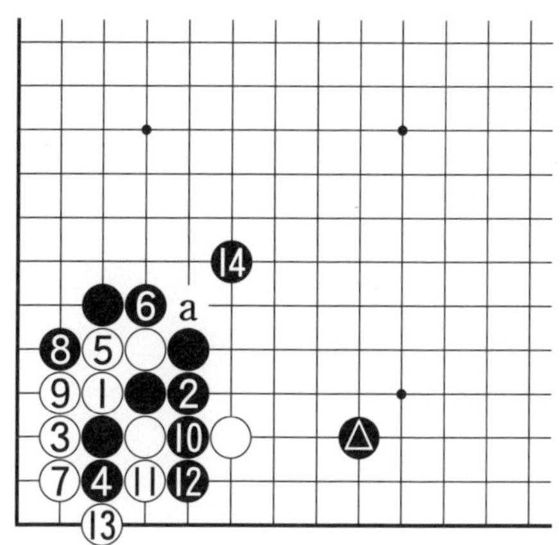

16도

## 16도 (백의 방안)

백이 싸움을 피하려면 앞 그림 흑 3 때 백1, 3으로 귀쪽을 공략하는데 흑도 백5에 6으로 막은 후 14까지 두텁게 처리하면 한칸협공에 비해 ⬣ 자리가 효율적이다.

백은 두터움을 허용하기 싫으면 흑10 때 a로 끊어 싸우는 것도 하나의 방안이다.

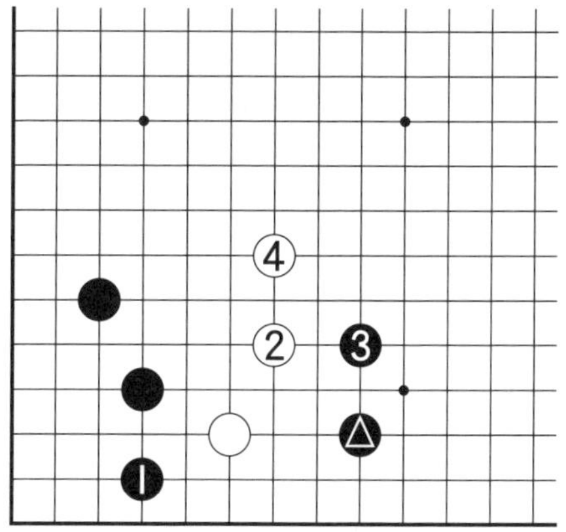

17도

## 17도 (백이 또 손을 빼는 경우)

흑⬣의 두칸협공에 백이 또 손을 빼는 경우에는 흑1의 한칸으로 귀를 지키는 것이 보편적이다.

이때 백이 이곳을 움직인다면 2, 4로 날일자 행마를 구사하며 중앙으로 폭넓게 달아나는 것이 요령이다.

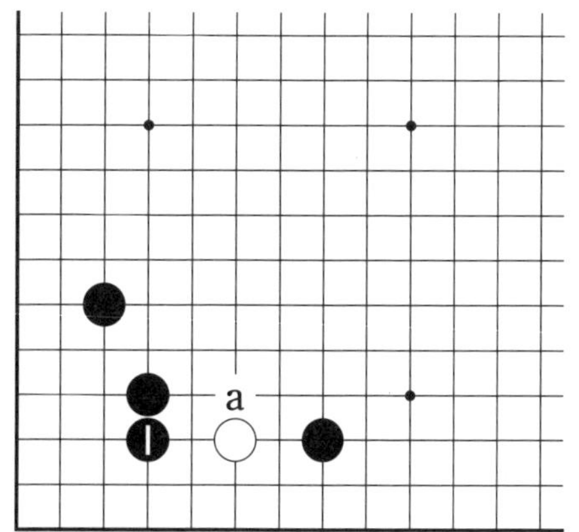

18도

## 18도 (한칸협공의 경우)

참고로 흑⬣의 한칸협공에서도 백이 손을 빼면 1의 차렷 자세로 귀부터 지키는 것이 우선이다.

흑1로 a에 붙이는 것은 귀가 열려있어 바람직하지 않다.

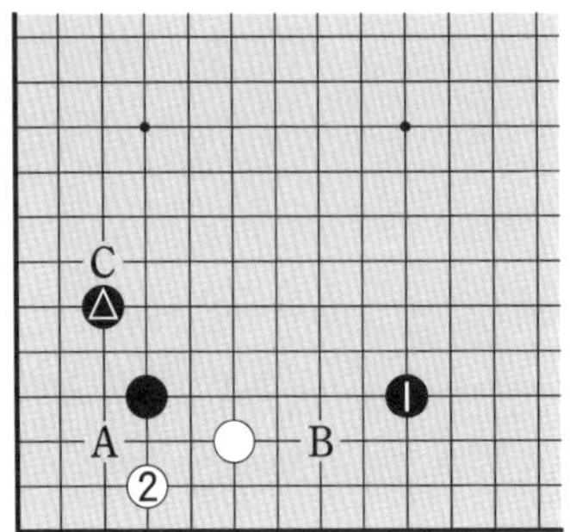

### 장면

흑1의 세칸높은협공은 유연한 구상인데 백2로 파고든 이후의 핵심 변화에 대해 AI로부터 배워보자. 우선 흑A로 받으면 백B로 안정할 때 흑●가 C보다 좁은 만큼 백의 만족이라는 속셈이 깔려있다.

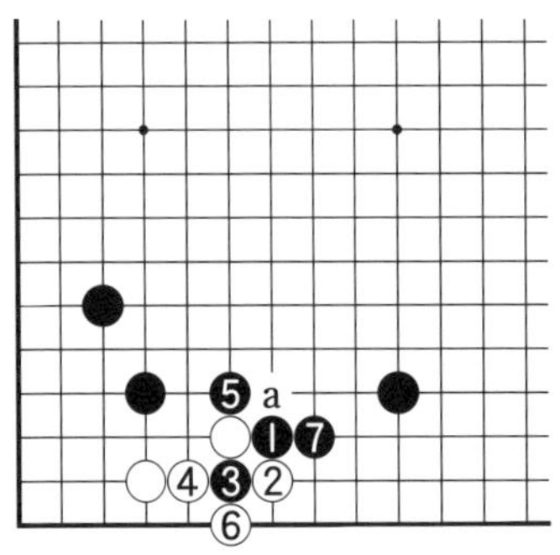

### 1도 (반발과 대응)

흑1로 배후에서 붙이는 반발이 상용 수단이다. 이때 AI는 백2와 흑3의 맞끊는 대응을 추천수로 보여주는데, 7까지 변화가 간명하다. a의 단점이 신경 쓰이면 흑3으로 그곳에 늘어가는 변화도 일책이다.

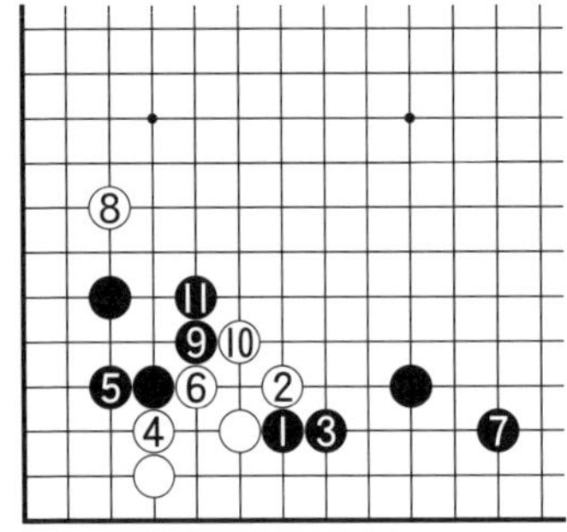

### 2도 (백, 위쪽 젖힘의 경우)

흑1에 백2로 위쪽 젖힘이면 AI는 11까지 변화의 예를 보여준다.

흑이 하변에 안정한 대신 백이 좌변을 압박하는 흐름이다. 하변 상황에 따라 흑7은 간격을 넓힐 수 있다.

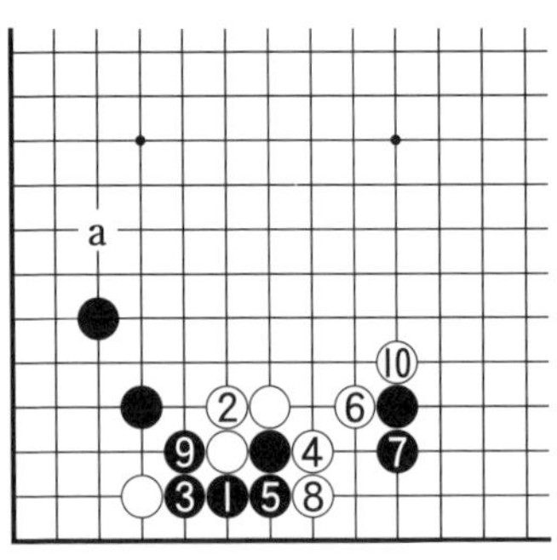

### 3도 (흑, 아래로 젖히는 경우)

앞 그림 백2 때 흑1로 아래쪽 젖힘이면 AI는 백이 2로 잇고 이하 10까지 중앙에서 능동적인 작전을 구사하는 예를 보여준다. 귀는 백이 a로 다가설 때 준동하는 맛도 남아있다.

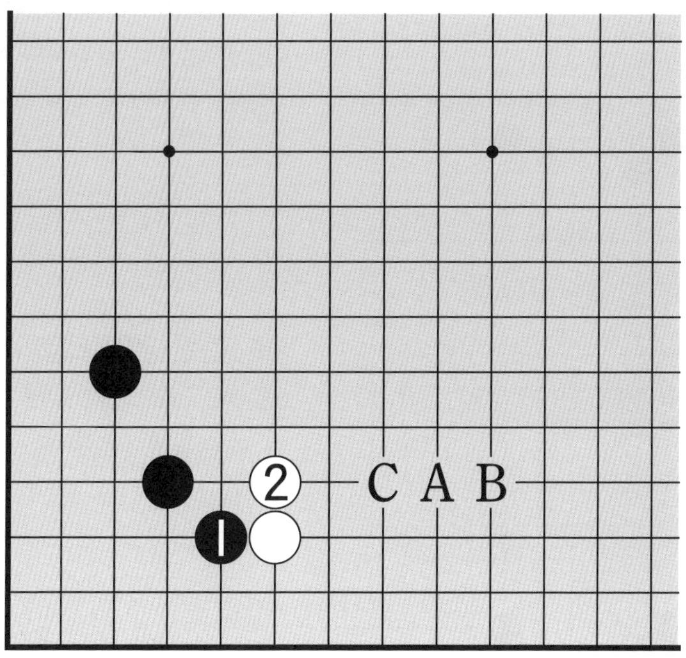



기본형

이번에는 백이 손을 빼는 경우 흑1의 마늘모로 붙인 후 대표적 협공 수단인 A~C에 대해 핵심 흐름 위주로 알아 본다. 주변 배치와 작전에 따라 협공하는 위치를 선택할 수 있는데, 균형감으로는 A의 두칸협공이 적당하며 B의 세칸 협공도 안정감이나 유연성이 있어 많이 둔다. C의 한칸협 공은 반격할 여지가 있어 흔한 수는 아니지만 노림이 있어 대응에 주의해야 한다.

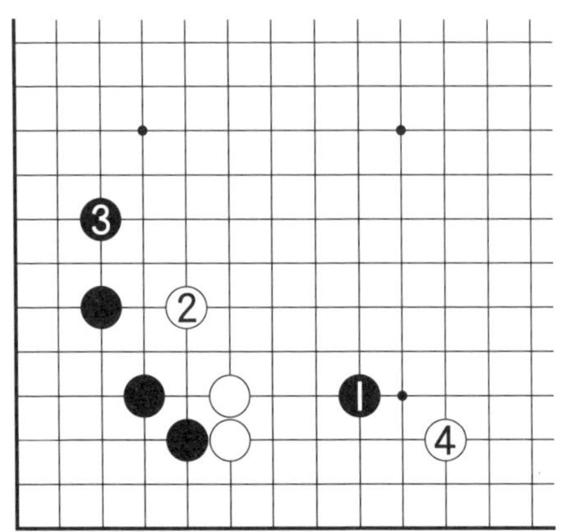

1도

## 1도 (두칸협공의 경우)

먼저 흑1의 두칸협공부터 알아보자. 백2의 날일자 모자는 좌변 흑을 압박하며 모양을 갖추려는 뜻이다. 흑3으로 보강하면 백도 4로 협공하며 반격을 모색하는 흐름이 된다.

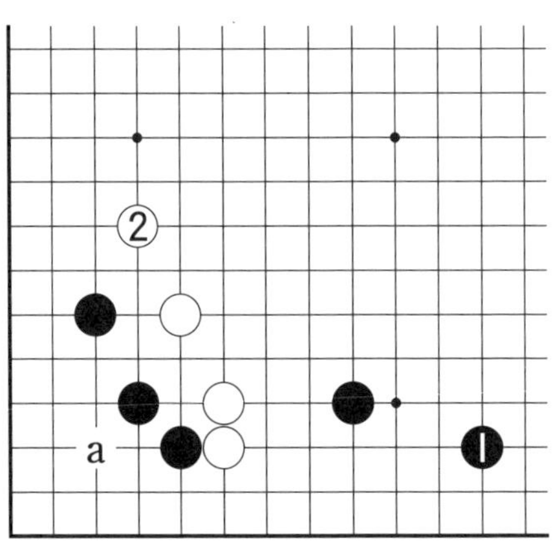

2도

## 2도 (연속 날일자씌움)

1도 백2 때 흑1로 하변부터 돌보면 백은 2의 날일자로 연속 씌우면서 a의 침입을 노리는 흐름이 전개된다.

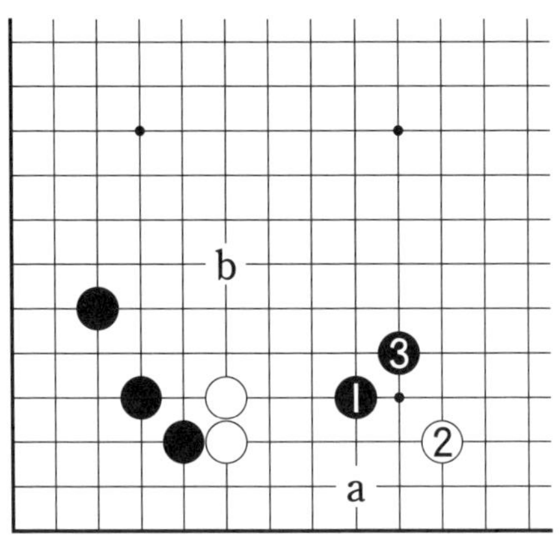

3도

## 3도 (공격적 대응)

흑1의 협공 때 바로 백2의 반격은 공격적인 대응이다.

흑3의 마늘모는 유연한 행마이고, 백은 하변이 약세이면 a로 넘어가든가 폭넓게 두자면 b의 두칸이 가벼운 행마이다.

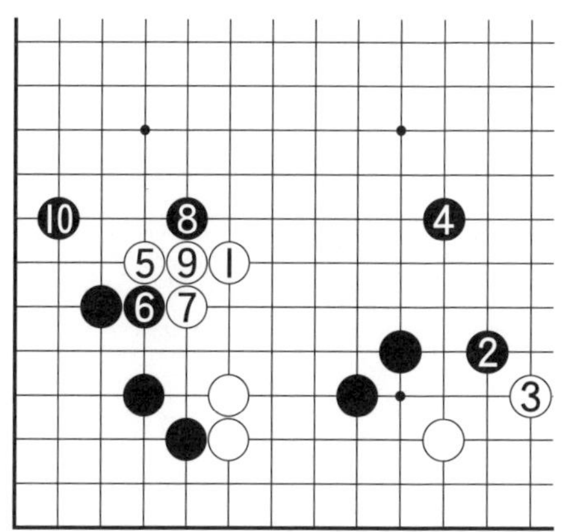

4도

### 4도 (상용 행마)

백1의 두칸일 경우 흑은 2, 4로 중앙에 움직이는 것이 안정적이다. 백도 5로 짚어 정비하는 것이 알맞고 이하 10까지는 상용 행마이다.

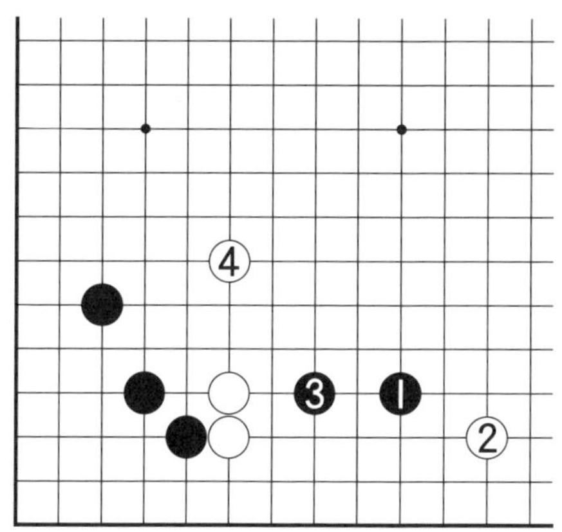

5도

### 5도 (세칸협공의 경우)

이번에는 흑1의 세칸협공인데 거리에 여유가 있는 만큼 백2로 다가서는 것이 우선이다.

흑은 3의 한칸으로 재차 협공하는 것이 보통이며, 이때 백은 4로 자연스럽게 두칸 뛰어나가면 무난하다.

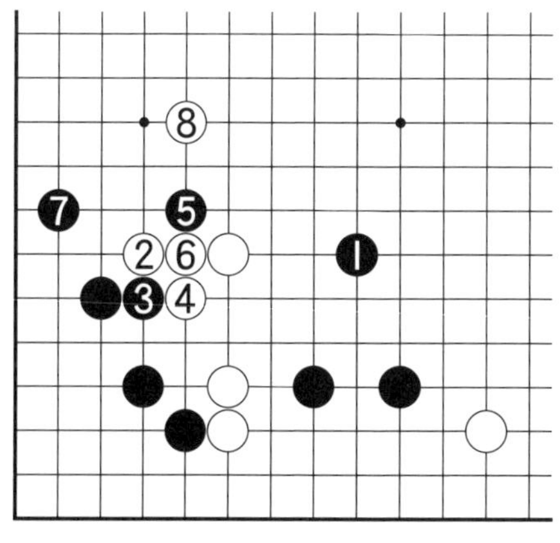

6도

### 6도 (흑, 중앙 중시)

이다음 흑이 중앙을 중시하면 1의 눈목자 행마가 자연스러우며, 백은 2의 상용 어깨짚음으로 8까지 모양을 정비한다.

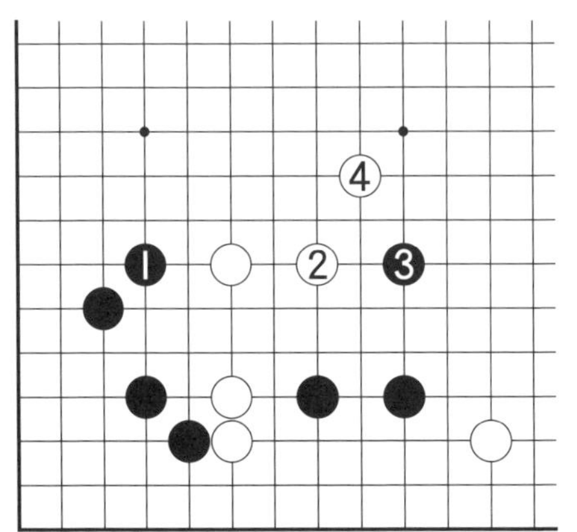

7도

### 7도 (흑, 좌변 중시)

5도 다음 흑이 좌변을 중시하면 1의 마늘모가 모양의 급소이다.

　백2는 필요한 수비이며 흑3과 백4는 중앙에서의 힘겨루기이다.

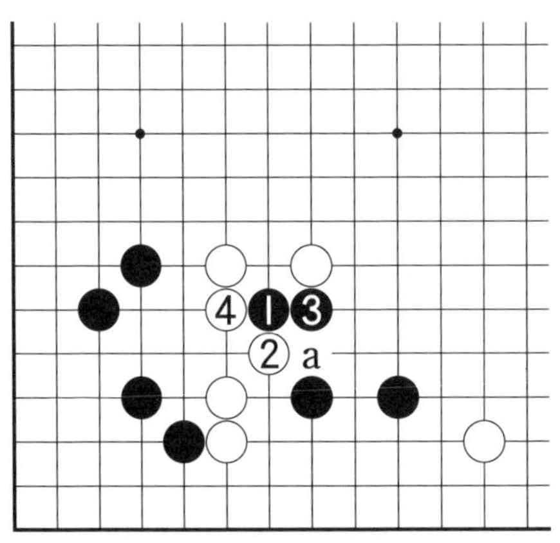

8도

### 8도 (흑의 위협에 대응법)

앞 그림 백2의 뜀이 허술해 보인다고 흑1로 들여다보며 위협하면 백2의 붙임으로 대응한다.

　흑3에 백4로 왼쪽을 이어놓고 a의 반격을 노리면 백이 충분히 타개할 수 있다.

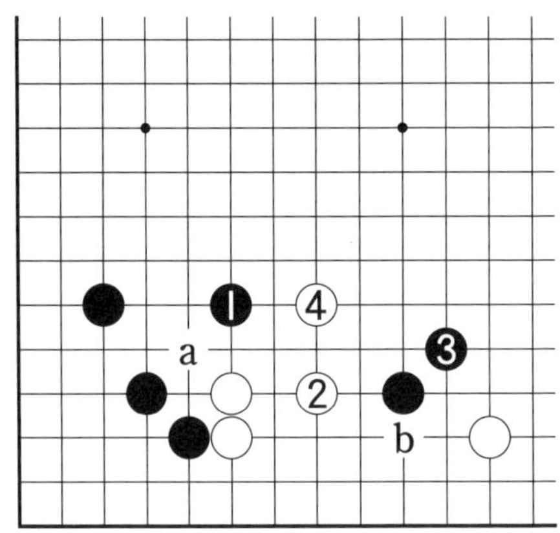

9도

### 9도 (허술한 모자 공격)

5도 백2 때 흑1로 모자를 씌워 위협하면 백은 2, 4로 중앙에 진출하며 a의 반격을 노리므로 흑의 공격 효과가 없다.

　수순 중 흑3은 b의 연결을 차단해야 하니 어쩔 수 없다.

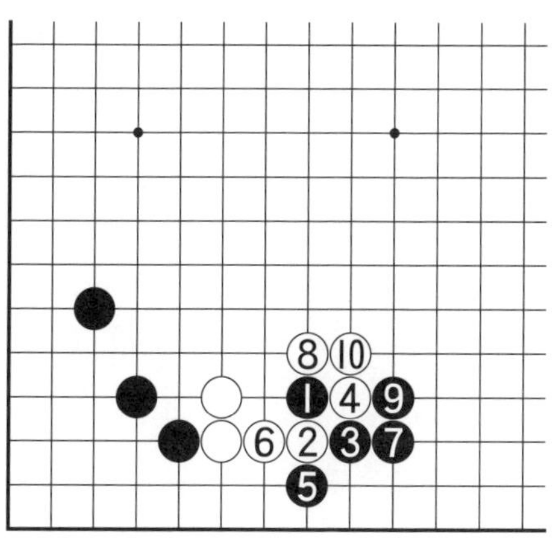

10도

## 10도 (한칸협공의 의도)

이번에는 흑1의 한칸협공인데 가장 강한 공격이지만 그만큼 위험도 크다. 이때 백2, 4로 자체에서 타개하려는 것은 이하 10까지 하변에 흑의 모양을 허용해 바람직하지 않다. 백은 후수이고 모양도 뭉쳐 활동력이 떨어지므로 흑이 한칸협공한 의도이기도 하다.

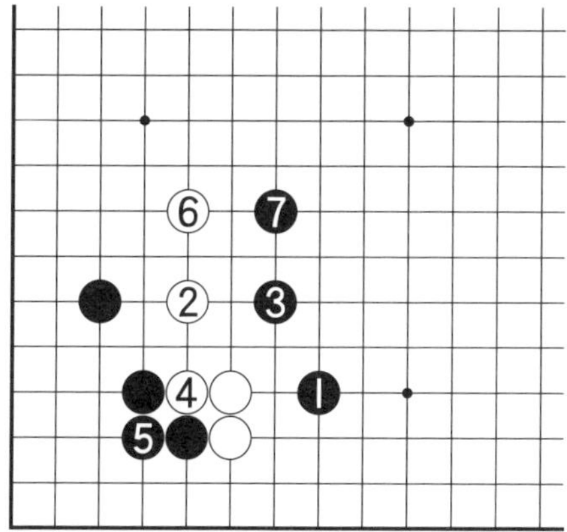

11도

## 11도 (일방적 공격)

흑1의 협공에도 백2의 날일자 모자는 유효한데 흑3의 위협을 감당해야 한다.

백4로 귀를 굳혀주며 6으로 달아나면 안전하지만 흑7로 추격하기만 해도 백은 일방적으로 쫓기며 실속이 없다.

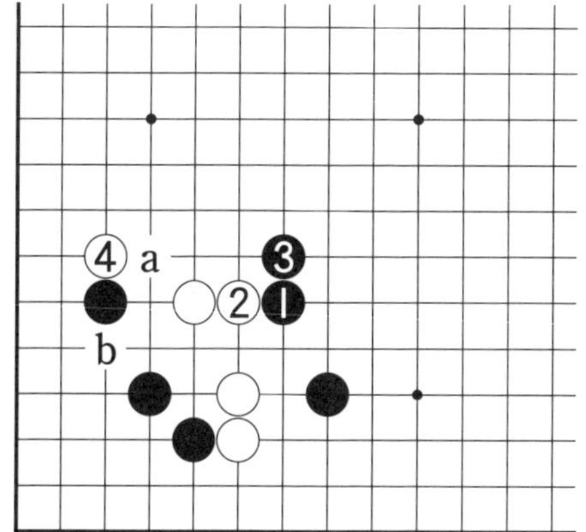

12도

## 12도 (적절한 반격)

흑1에는 백2로 응급조치하고 4로 변에서 붙이며 반격하는 것이 적절한 대응이다. 다음 흑a는 백b의 건너붙임으로 흑이 위험하므로~

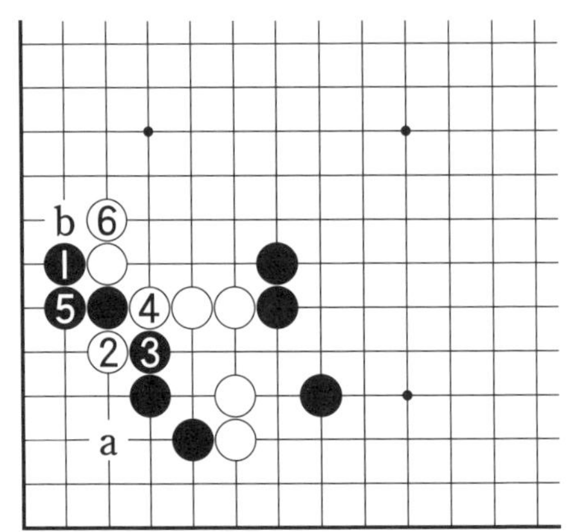

13도

## 13도 (효과적 대응)

흑1로 아래로 젖히는 것이 안전한데 백은 2로 붙여 맛을 남긴 후 6까지 변으로 진출하는 것이 효과적 대응이다.

이다음 백은 상황에 따라 a로 침입하거나 b의 막음이 선수인 만큼 순조롭다.

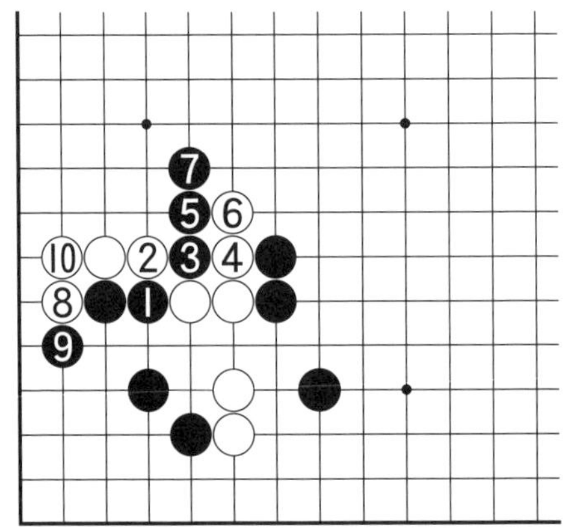

14도

## 14도 (끊음의 대응책)

12도 다음 흑1, 3으로 끊는 것이 위협적이지만 백은 4, 6으로 돌파한 후 8, 10의 젖혀이음으로 대응한다.

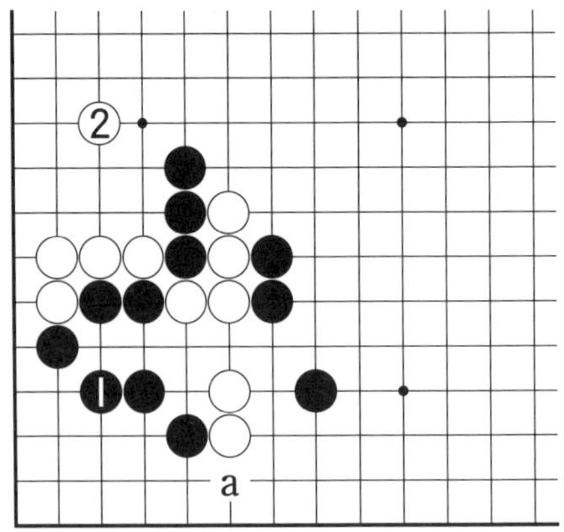

15도

## 15도 (흑, 불리)

이다음 흑1로 귀를 지킬 때 백2의 벌림으로 리듬을 탄다.

서로 갈라져 어지로운 모양이지만 백은 하변에서도 a가 거의 선수이므로 약하지 않은 만큼 흑이 불리한 싸움이다.

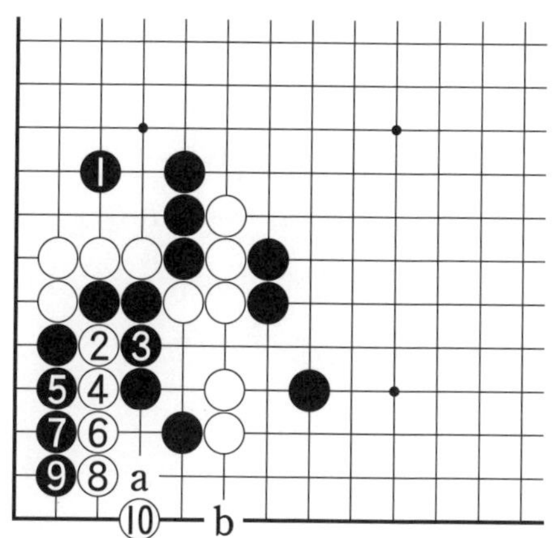

16도

## 16도 (마늘모 맥점)

14도 다음 흑1로 좌변을 공격하면 백2로 끊는 것이 통렬하다.

흑3, 5 이하로 몰고 나가면 마지막 1선에서 백10의 마늘모 행마가 절묘한 맥점이다. 흑a가 급소이지만 백b가 묘착으로 전체가 연결되며 흑의 죽음이다.

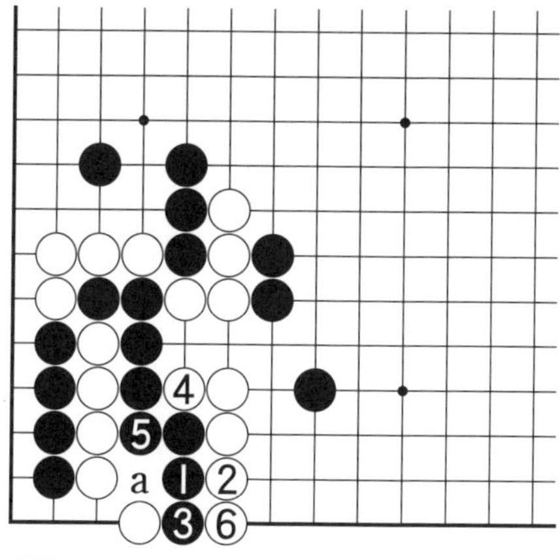

17도

## 17도 (수상전 백승)

흑1로 수상전을 유도해도 백2 다음 4의 수줄임이 수순의 묘이며 6으로 막으면 a가 자충이 되어 역시 흑의 죽음이다.

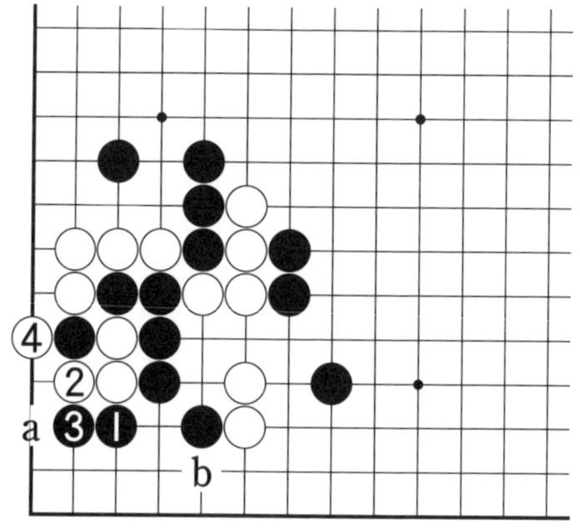

18도

## 18도 (흑, 불리)

16도 백4 때 흑1, 3으로 물러설 수밖에 없다. 그러면 좌변 백은 4로 한점을 잡고 자체로 살아있다.

귀의 흑은 a가 선수이니 사는 데는 문제없지만, 백이 b쪽 선수를 최대한 활용하며 싸우면 근거도 없이 양쪽으로 갈라진 흑이 불리한 흐름이다.

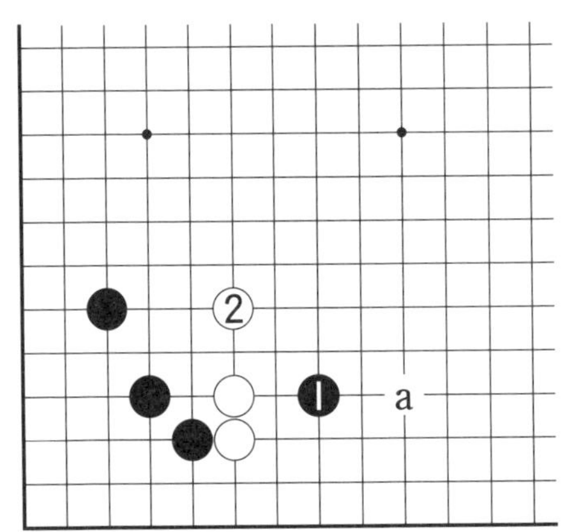

19도

## 19도 (백의 간명책)

애초 흑1의 협공 때 백이 안전하게 두자면 2로 뛰며 a의 공격을 노리는 것도 간명한 작전이다.

흑도 협공이 가까운 만큼 하변 처리가 시급해진다.

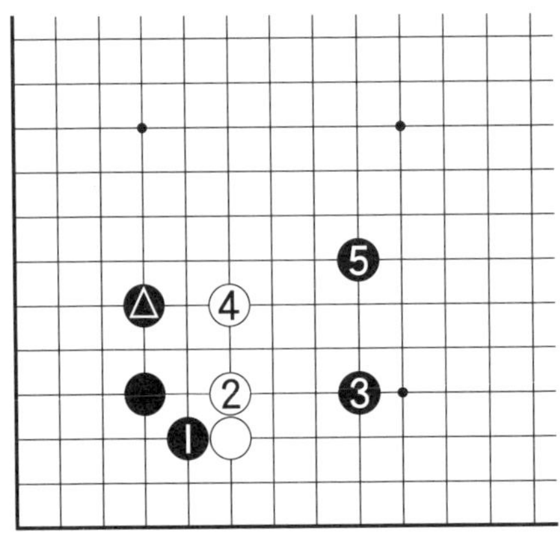

20도

## 20도 (한칸받음에서 협공)

참고로 흑▲로 한칸받음일 경우 흑1로 붙인 후 5까지 추격하면 백이 일방적으로 쫓길 공산이 크다.

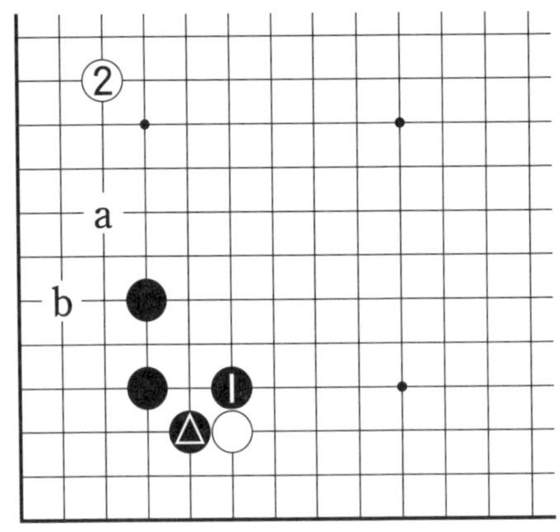

21도

## 21도 (손빼기 작전)

이럴 때는 흑▲에 백이 손을 빼고 다른 큰 자리에 두는 것도 유력하다. 흑1의 호구가 강한 자리이지만 백2로 견제하며 a의 벌림을 기대하는데, 이때 b쪽이 열린 것은 흑의 단점이다.

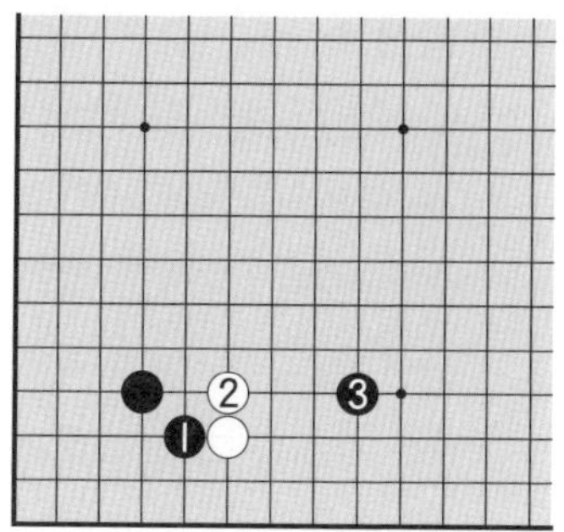

### ▦ 장면

화점 걸침에서 흑이 1로 붙인 후 귀부터 받지 않고 3으로 즉각 협공하면 백은 어떻게 대응할지 간명한 방법에 대해 알아보자.

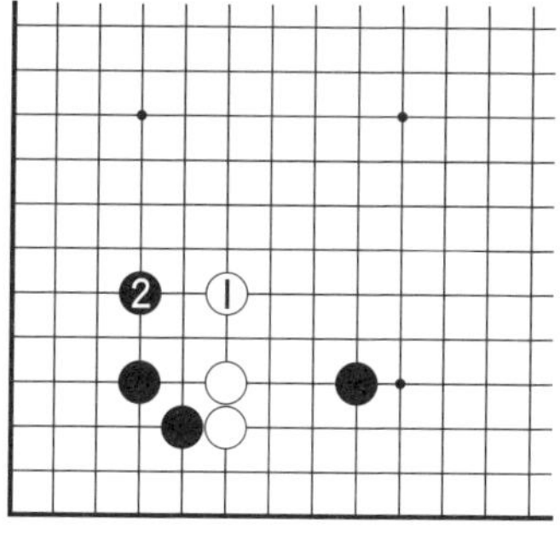

### 1도 (흑의 의도)

단순히 백1로 뛰는 것은 흑이 2로 동행하며 귀에서 실리를 벌면서 추격한다.

　백은 근거를 잃고 중앙으로 나가 미생마를 만들었을 뿐이니 흑의 의도나 다름없다.

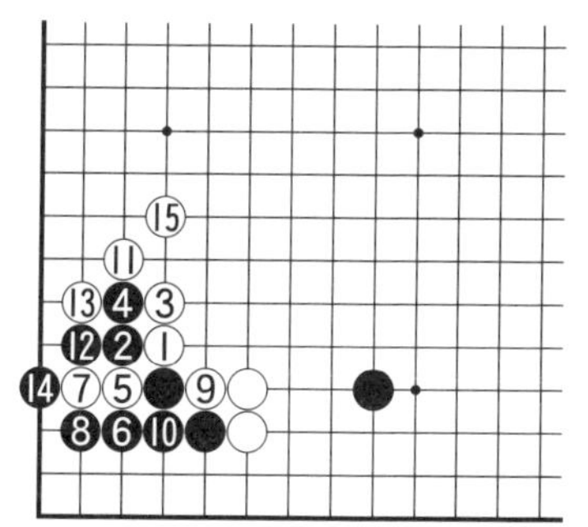

### 2도 (압도적 두터움)

백1의 붙임이 귀의 약점을 공략하는 맥이다. 흑2에는 백3으로 늘고 나서가 초점인데, 흑4로 계속 밀면 백5로 끊은 후 15까지 정리해서 백의 두터움이 국면을 압도한다.

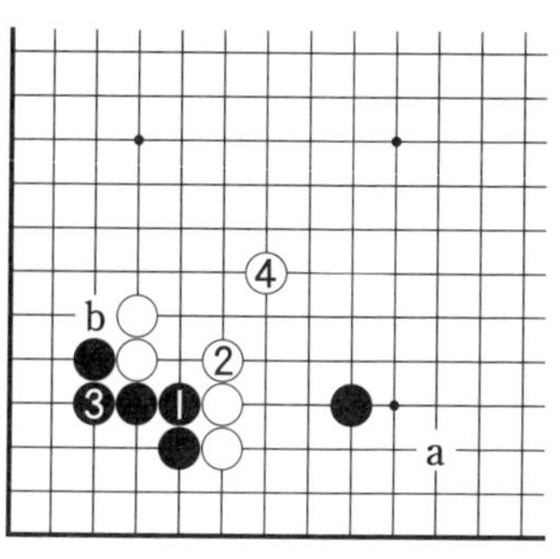

### 3도 (백, 활발)

앞 그림 백3 때 흑도 1, 3의 수순이 중앙 두터움을 제한하는 정비법인데, 백이 4로 지킨 후 a의 공격과 b의 두터운 보강을 노리면서 두면 활발하다.

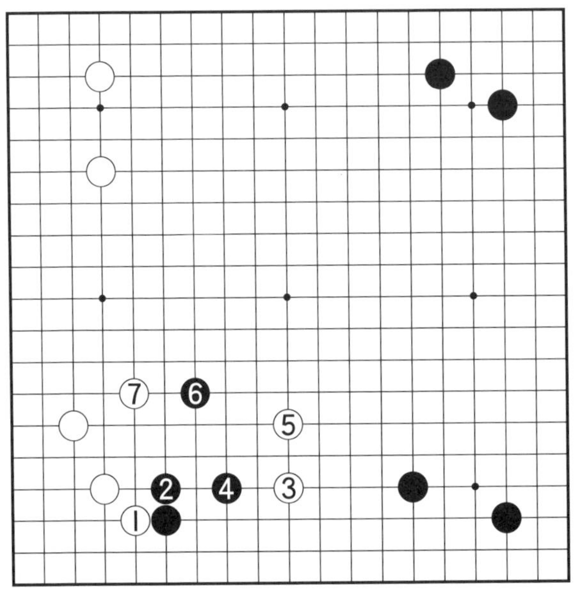

실전 1

## 실전 1

좌하변이 초점인데, 백1로 붙인 후 3의 세칸협공은 우하 흑진도 고려한 구상이다. 이때 흑4, 6은 자체 근거를 마련하며 진출한다는 뜻이지만 약간 편중된 행마인데, 백은 7로 위협하며 일단 국면을 주도한다.

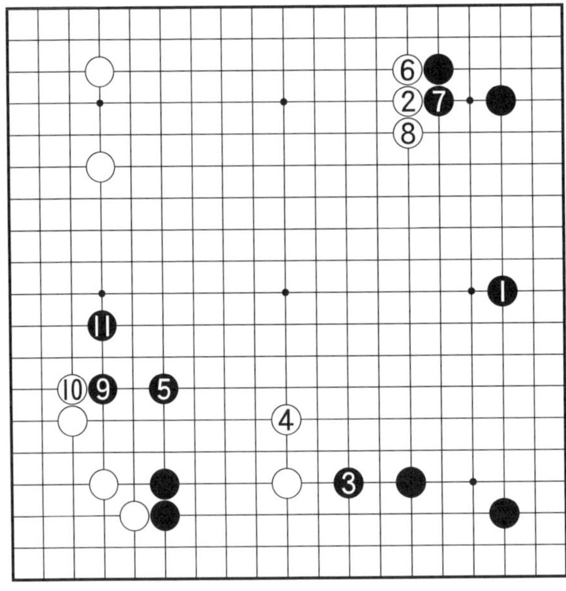

참고도

## 참고도 (AI 추천)

AI가 보여주는 변화는 전체적 안목이 뛰어나다. 실전 백3 때 일단 흑1로 벌려 모양을 구축하고 백2의 어깨짚기로 견제하면 이제야 좁지만 흑3으로 다가선 후 5의 두칸 행마를 추천한다. 백6, 8로 상변을 키우면 흑도 9, 11로 자연스럽게 좌변으로 진출한다.

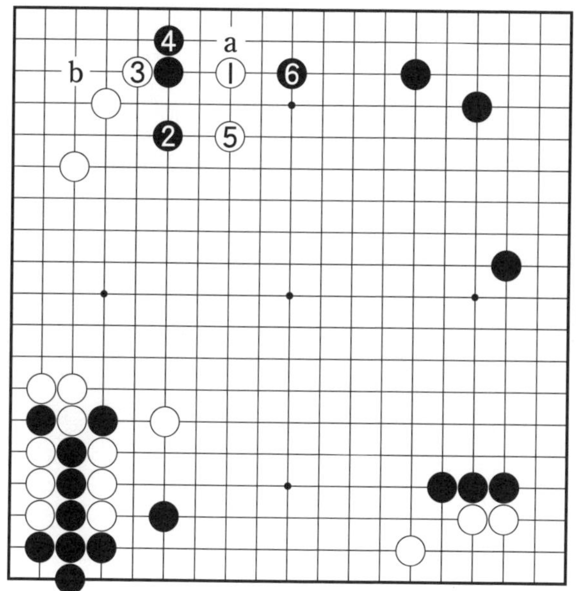

실전 2

## 실전 2

화점 포석에서 하변 쪽은 AI시대의 대표적 정석으로 되어있다.

　좌상변이 초점인데 백1의 한칸협공에 흑2로 뛰면 백3, 5로 쫓길 염려가 있지만 좌변 세력을 견제하려는 뜻이 있다. 흑6은 a와 b를 노리며 가볍게 두려는 능동적 구상이다.

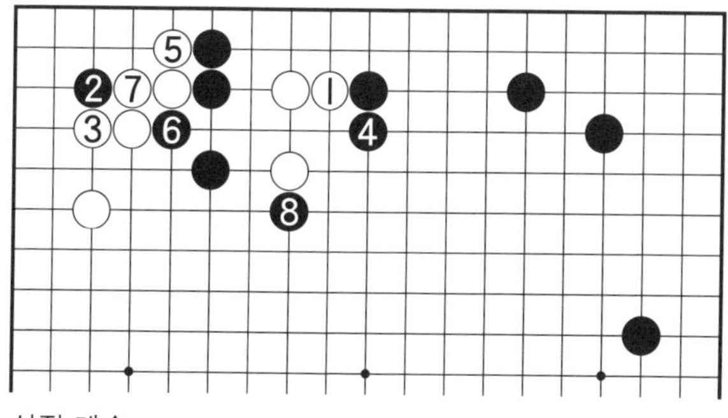

실전 계속

## 실전 계속

계속된 실전인데 백1로 차단하자 흑은 2의 침입을 활용해서 4, 6으로 토대를 갖춘 후 8로 강하게 공격하며 국면을 주도한다.

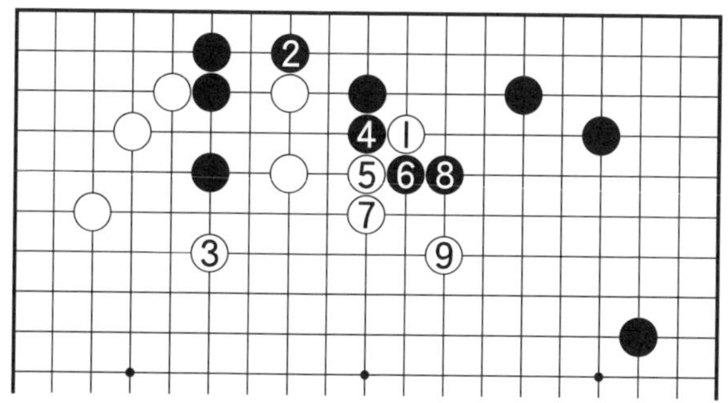

참고도

## 참고도 (AI 추천)

이 시점에서 AI는 백1의 가벼운 활용을 추천한다. 흑2로 상변 연결은 허용해도 백이 9까지 세력을 최대한 키우는 것이 대국적이라 본다.

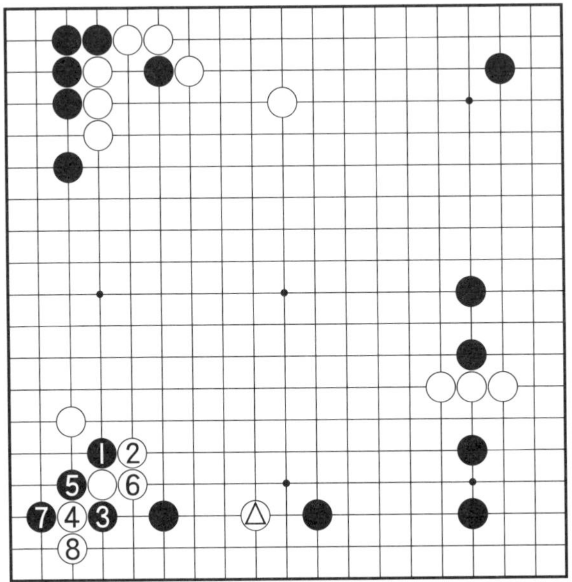

실전 3

## 실전 3

이 포석에서는 하변이 초점인데, 백△로 침입 겸 두칸협공에서 흑1의 활용에 순순히 받으면 하변 백이 고립된다 보고 2로 반발했다. 흑3에 백4로 귀의 젖힘은 8까지 이후 중앙을 두텁게 두려는 의도가 있다.

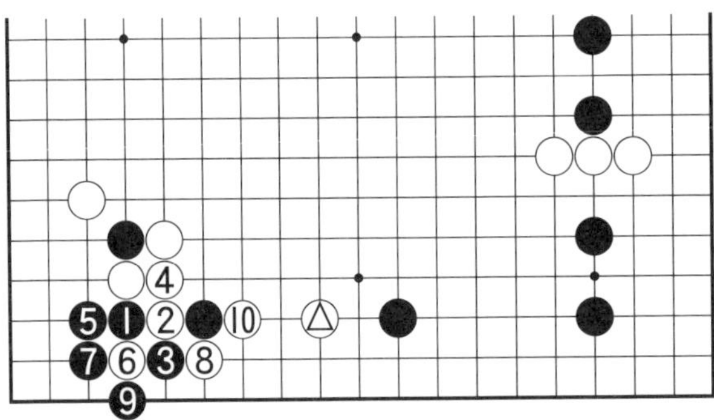

참고도1

## 참고도1 (AI 추천)

AI는 흑1에 백2, 4로 끼워 잇고 10까지 한점을 축으로 잡는 변화를 보여주는데, 그러면 △가 좁아도 두텁게 두려는 본래의 의도를 견지할 수 있었다고 본다.

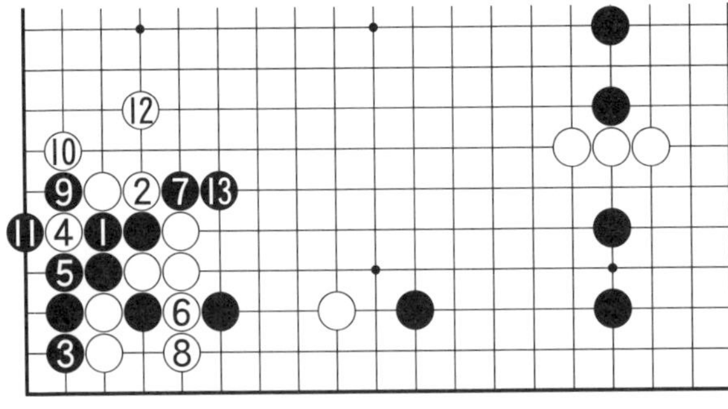

참고도2

## 참고도2 (실전 이후)

실전 이후 백6에 흑이 두점을 잡으면 중앙을 두텁게 하려는 백의 의도가 있었지만 AI는 흑7로 끊는 반격을 선보인다. 이하 13까지 중앙 싸움으로 번지는데 흑이 주도하는 국면이다.

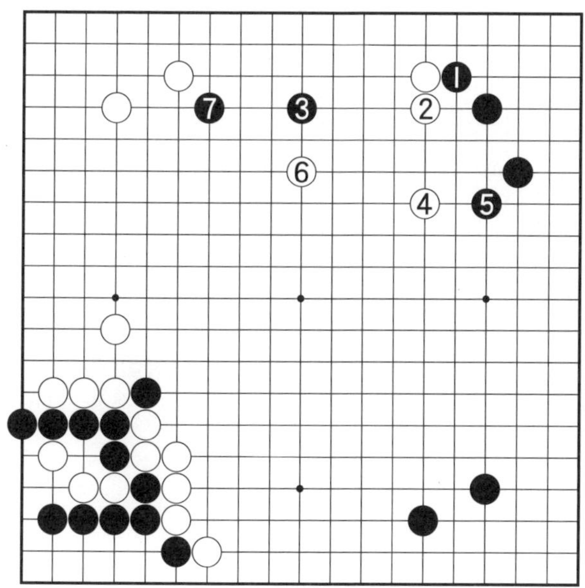

실전 4



**실전 4**

화점 포석에서 좌하는
수순이 길지만 AI시대
의 대표 정석이다.

상변 흑1, 3의 세칸협
공은 상대 두터움을 의
식한 유연한 구상이다.
백4에 흑5로 우변 요소
를 지켰지만 백6의 모자
공격에 흑7로 쫓기는 흐
름이 되었다.

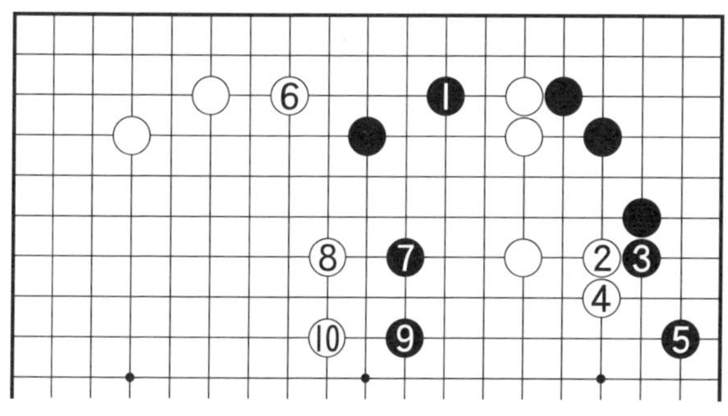



**참고도1 (AI 추천1)**

실전 백4 때 AI는 흑1
로 근거의 요소를 선점
하고 백2에 흑3, 5로 지
키는 흐름이 안정적이
라고 본다. 이 구도에서
는 백도 6 이하 10까지
좌변 두터움을 살리는
변화를 보여준다.

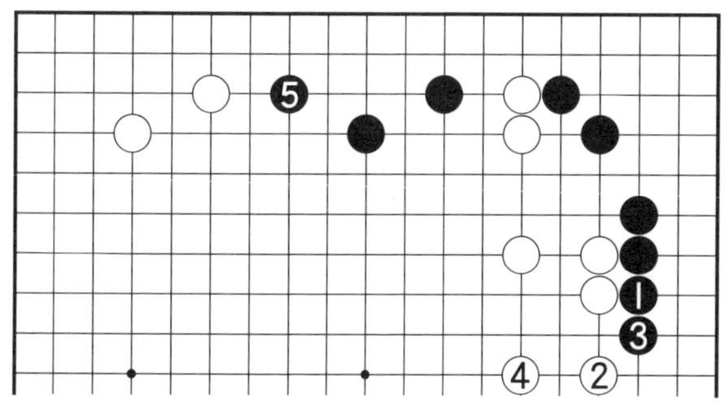



**참고도2 (AI 추천2)**

AI는 우변에서 흑1, 3을
선수한 후 5로 상변에
안정하는 흐름도 하나의
방안으로 보여준다.

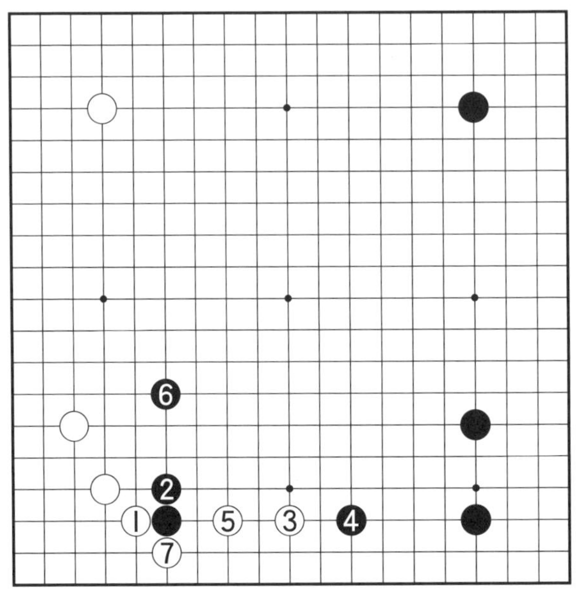

실전 5



**실전 5**

이번에는 하변에서 백1, 3으로 낮게 세칸협공인데, 흑4에 백5의 접근은 7로 변과 연계해서 귀부터 지켜놓고 두려는 안정적 구상이지만 발이 늦다는 단점이 있다.

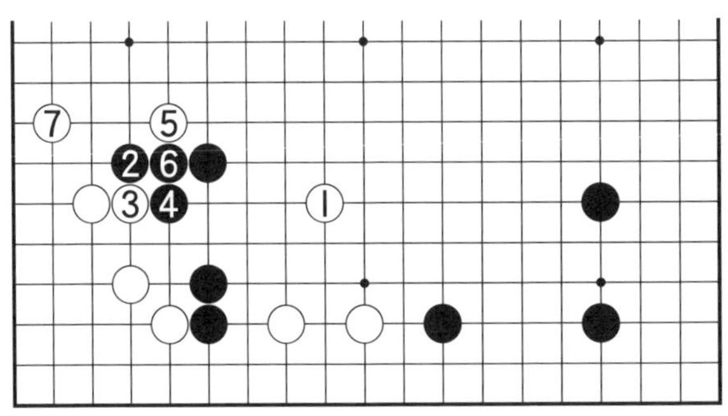

참고도1



**참고도1 (AI 추천1)**

실전 흑6 때 AI는 백1의 눈목자 중앙 행마를 추천한다. 흑2 이하 백7까지는 이런 경우의 상용 행마법이다.

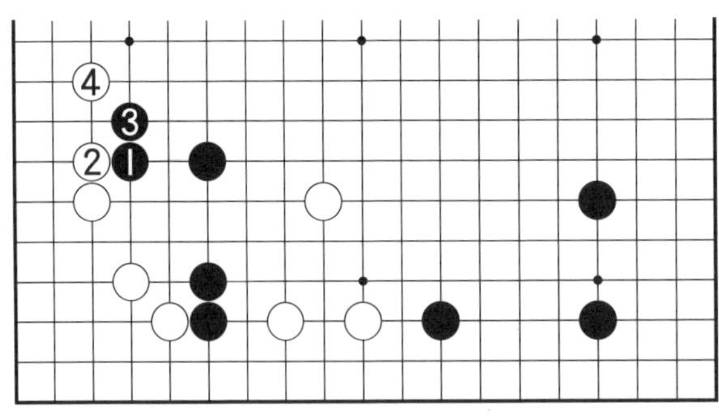

참고도2



**참고도2 (AI 추천2)**

AI는 흑1에 백2, 4의 진출도 간명한 행마법으로 추천한다.

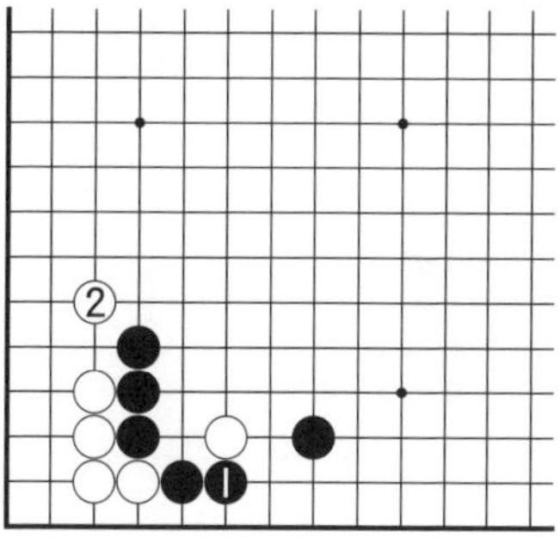

1형

6도

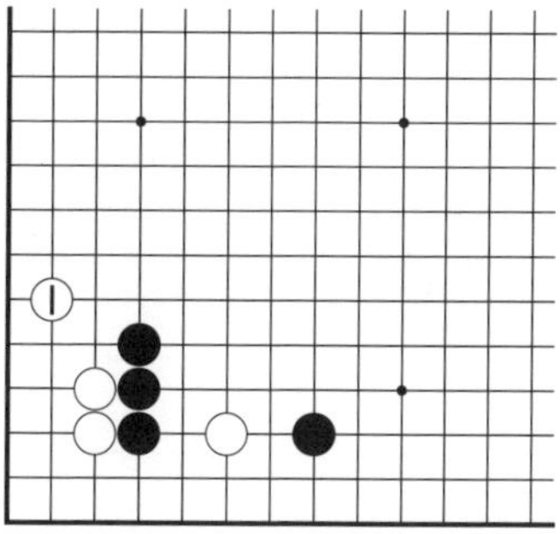

1형

12도

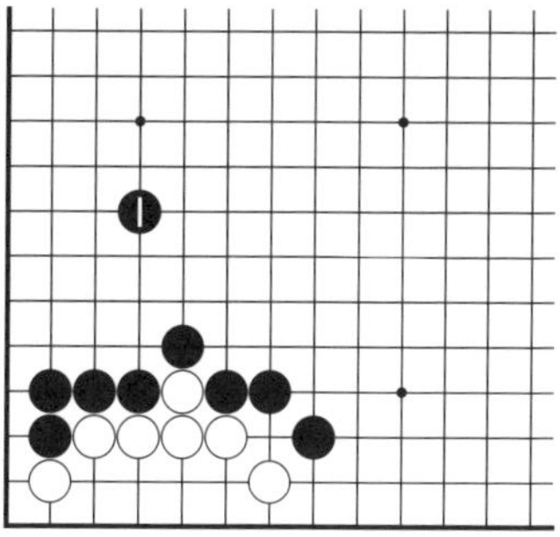

1형

17도

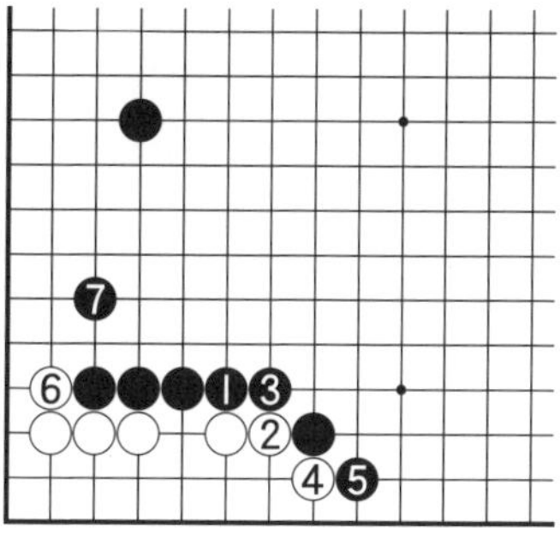

2형

7도

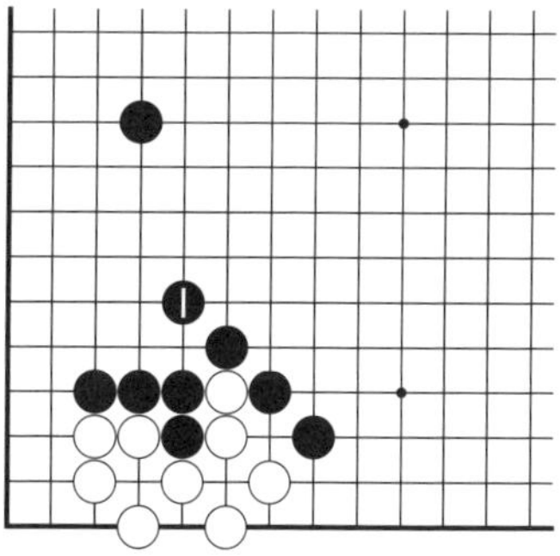

2형

14도

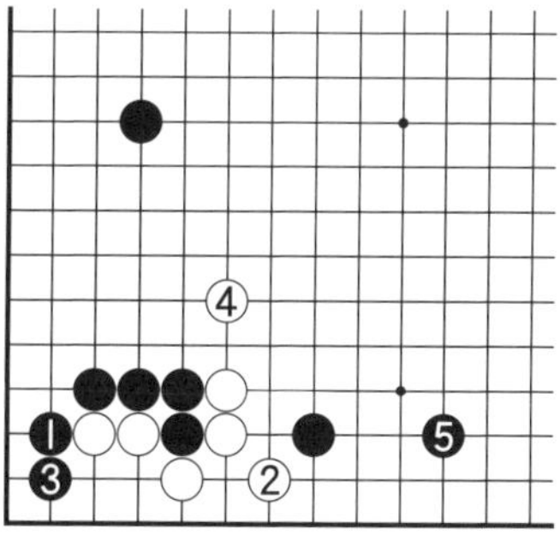

2형

21도

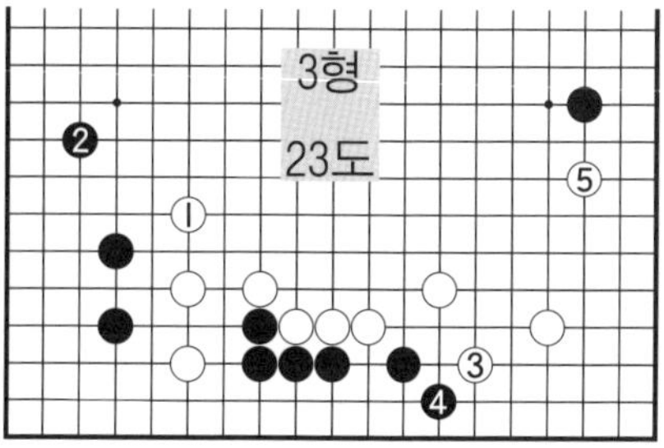

3형

23도

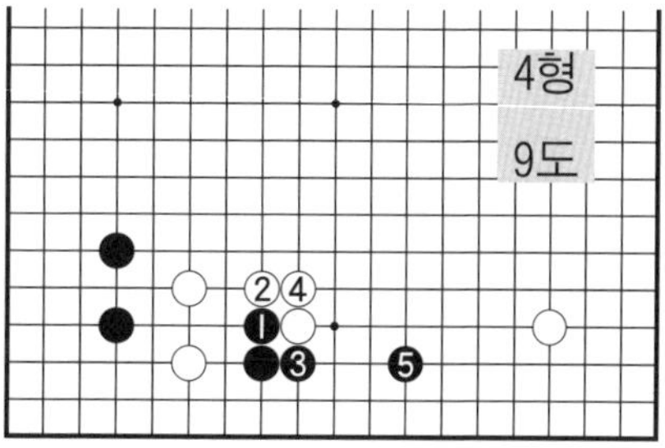

4형

9도

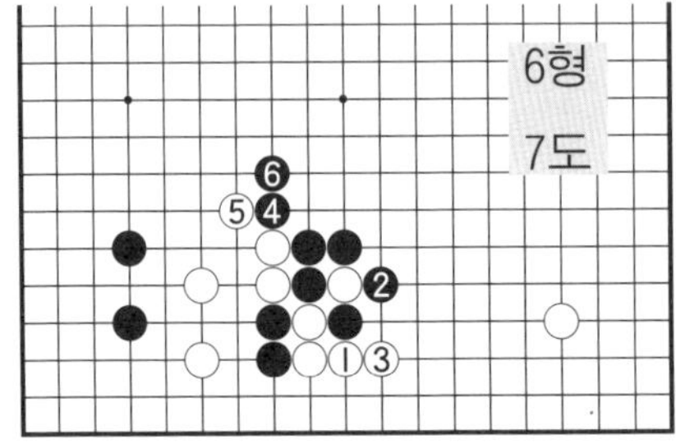
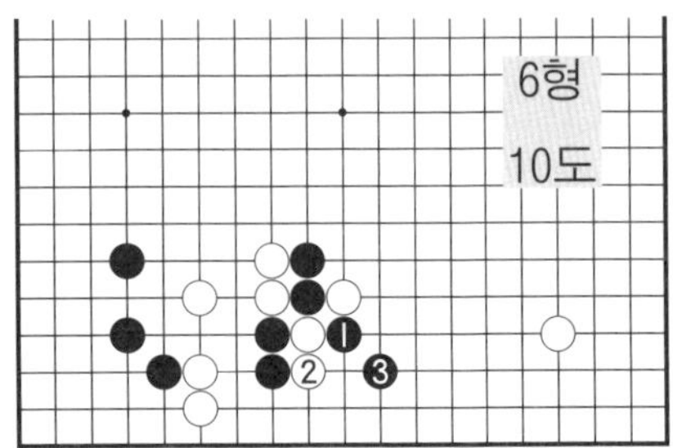

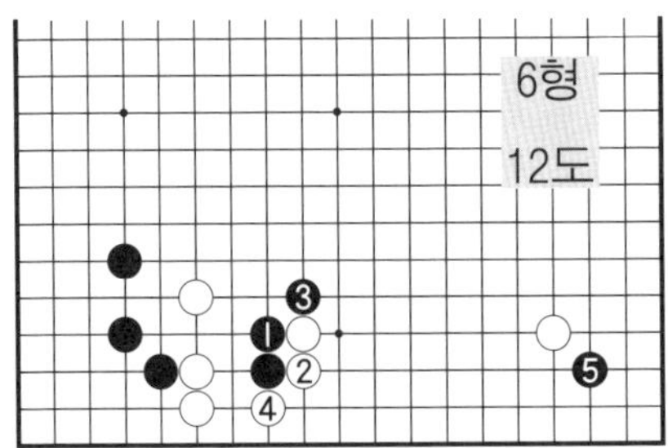
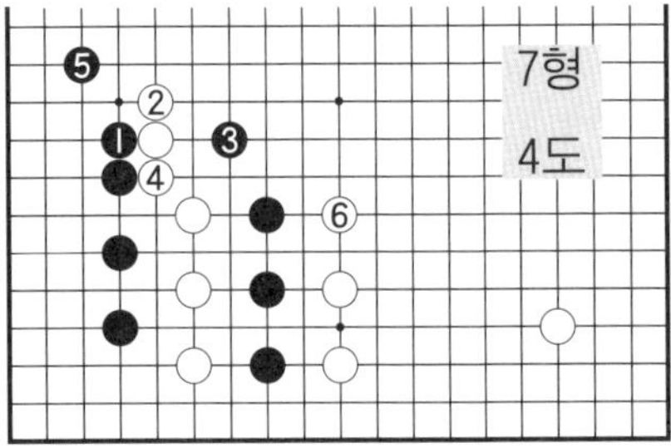

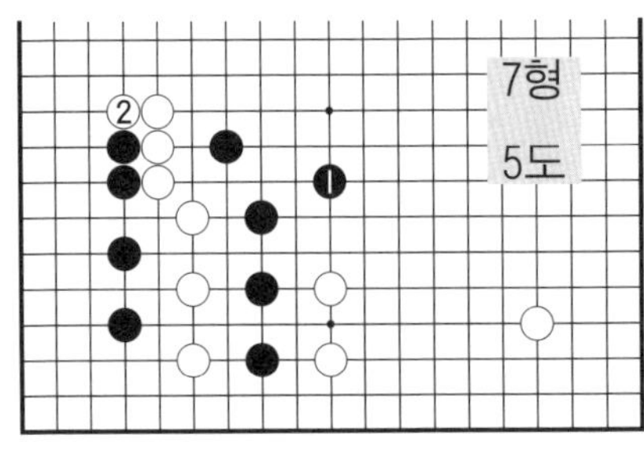
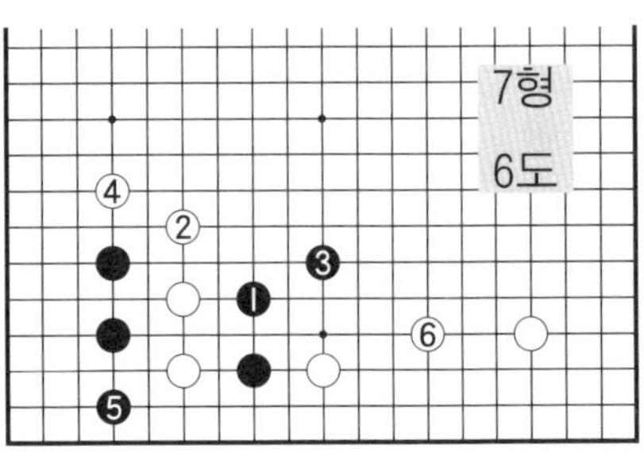

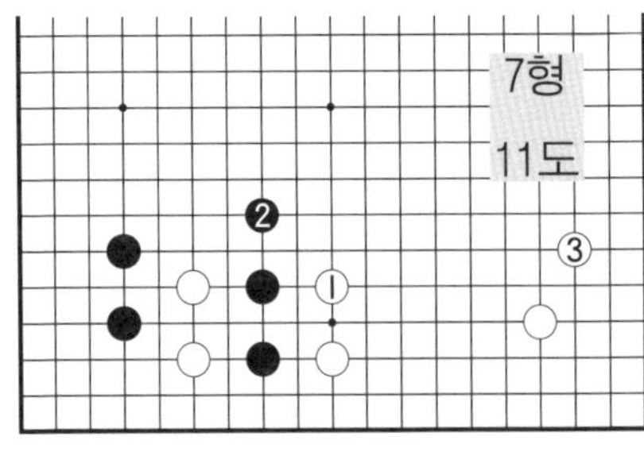
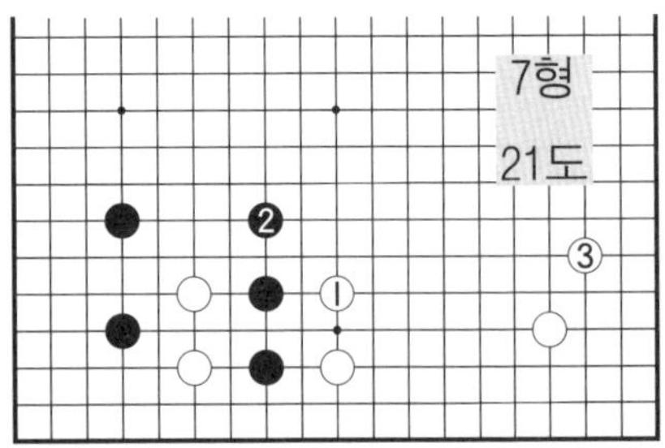

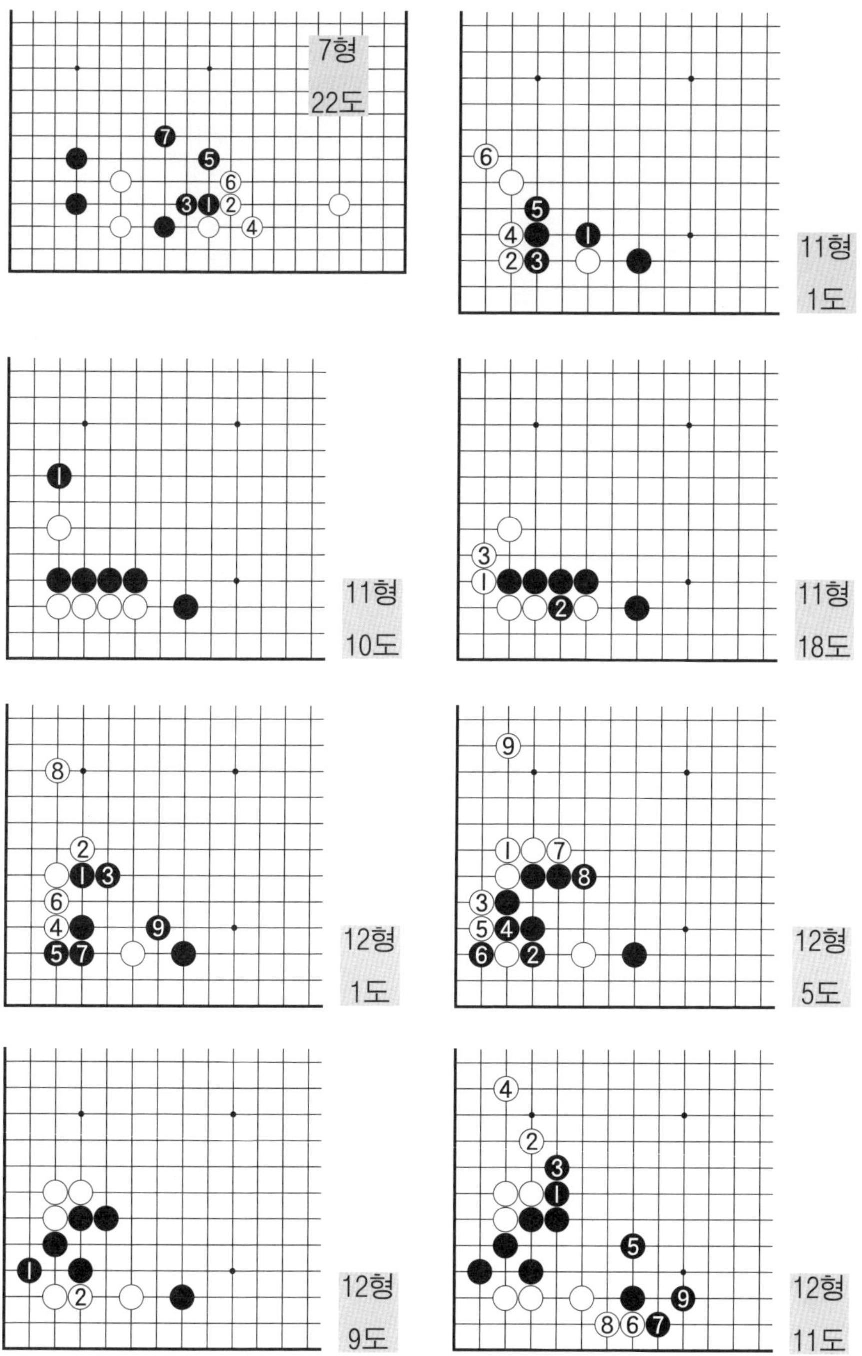

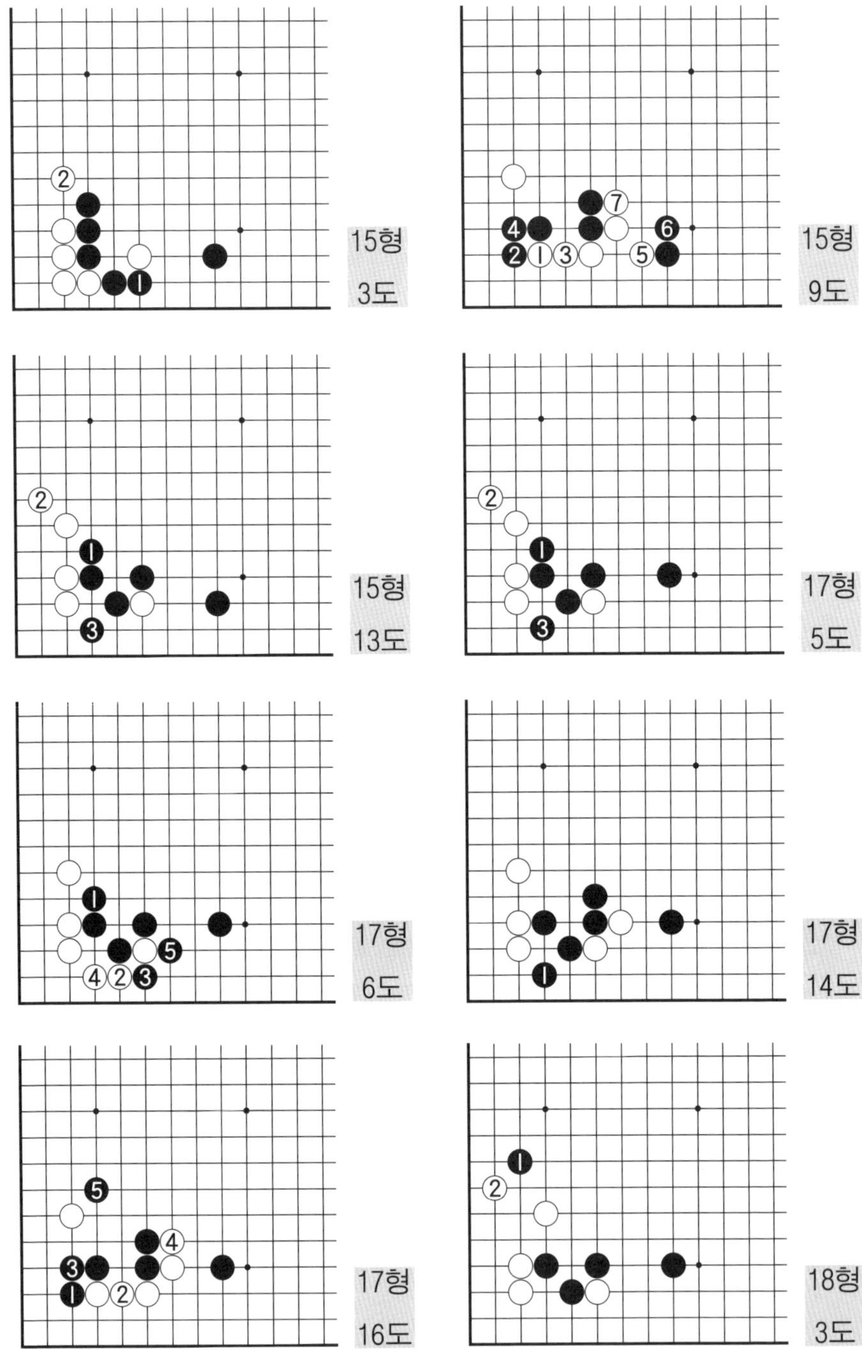

15형
3도
15형
9도
15형
13도
17형
5도
17형
6도
17형
14도
17형
16도
18형
3도

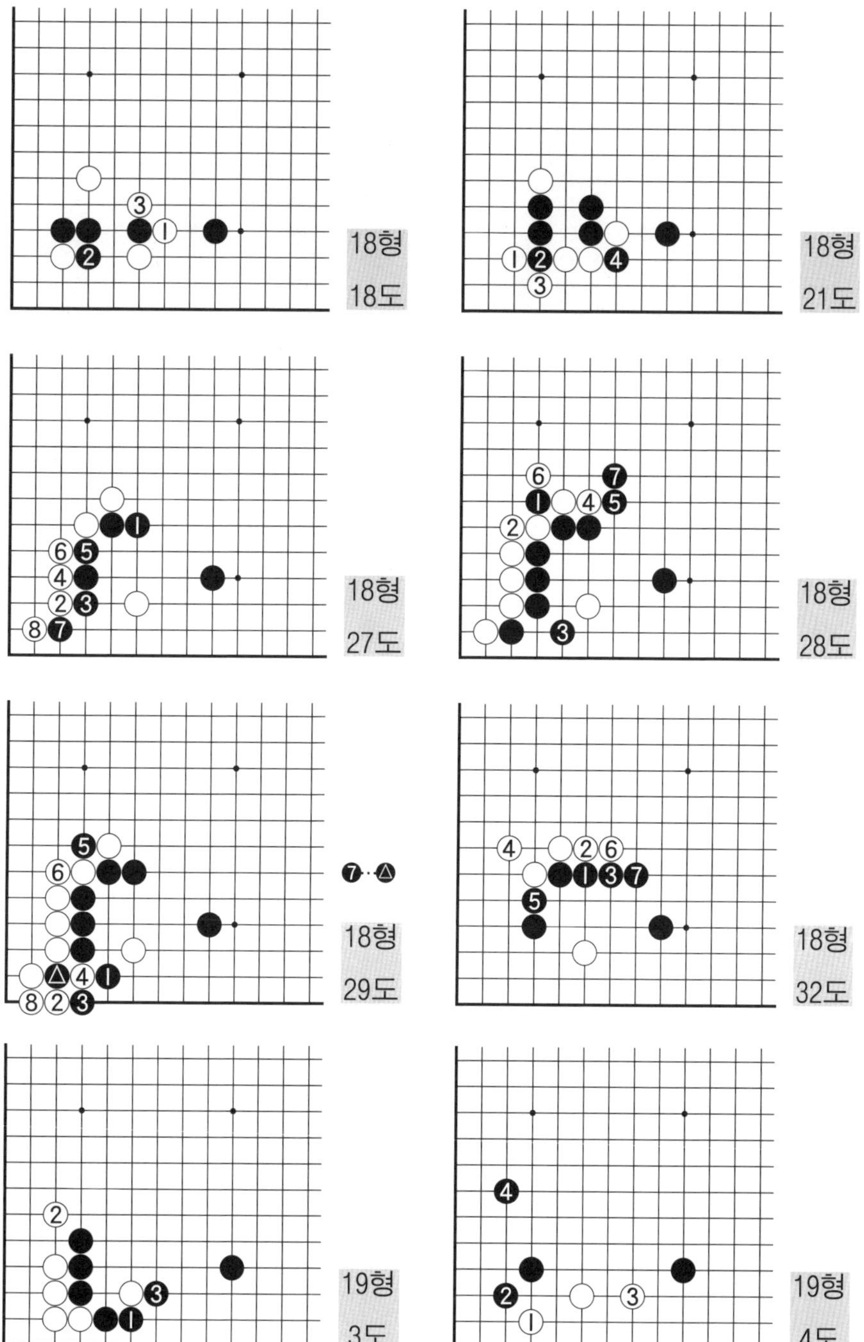

18형

18도

18형

21도

18형

27도

18형

28도

18형

29도

18형

32도

19형

3도

19형

4도

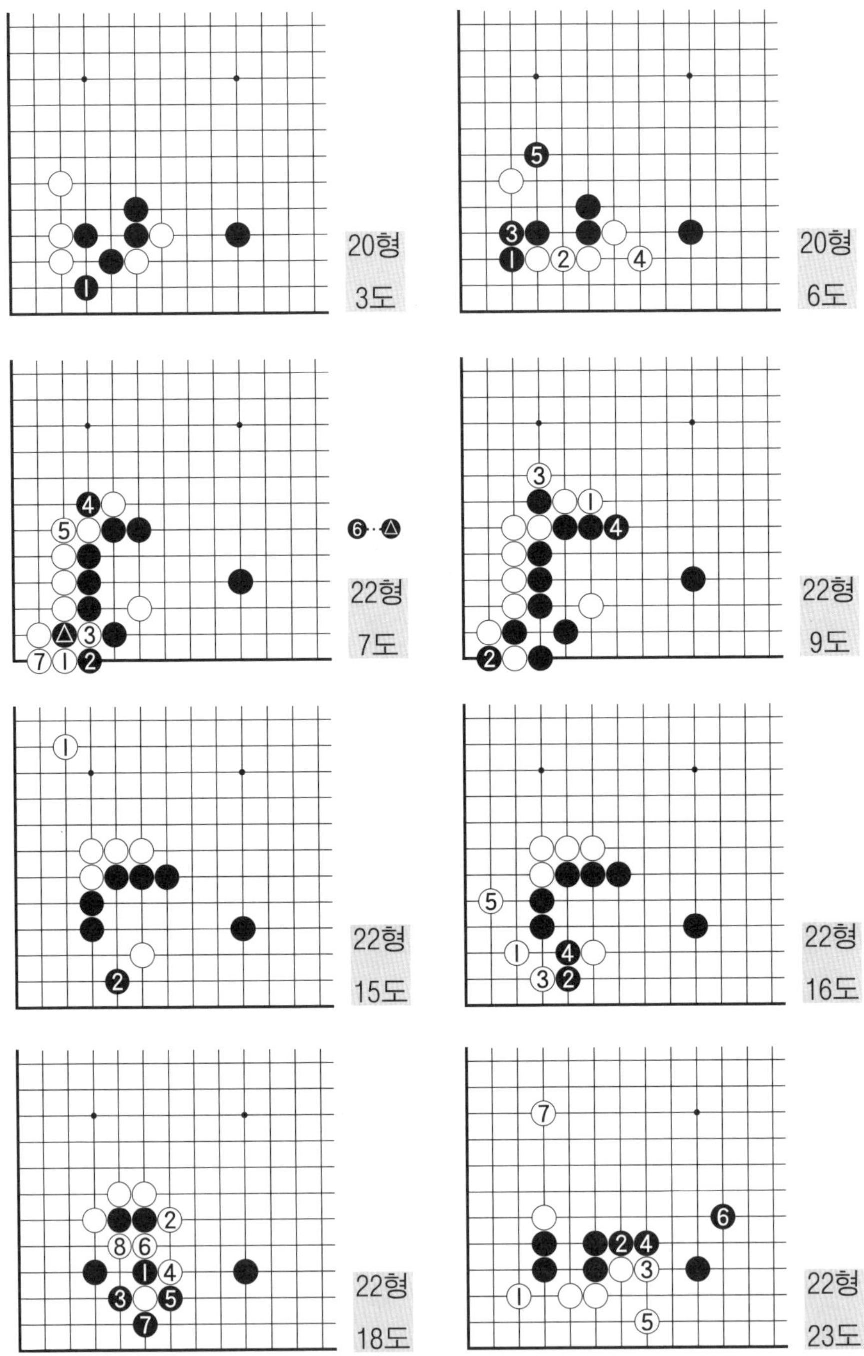


20형
3도
20형
6도
22형
7도
6·△
22형
9도
22형
15도
22형
16도
22형
18도
22형
23도

### 진격의 중반전

352쪽 | 목진석 감수 · 이하림 편저

바둑의 드라마틱한 중반전에 프로 일류는 어떻게 판세를 읽어가는가? 프로 고수의 실전보에서 재료를 발췌해 중반의 긴 과정을 따라가면서, 형세판단을 곁들여 나타날 수 있는 다양한 장면들을 보여준다.

## 이기는 바둑 시리즈

### 01 기본정석으로 강자가 되어라

272쪽 | 목진석 감수 · 백재욱 지음

귀의 화점과 소목에서 기본적이고 중요한 변화를 익힌다면 정석을 거의 마스터했다고 봐도 좋다. 그러므로 바둑에 강해지려면 화점과 소목의 기본정석을 마스터하라!

### 02 기본포석으로 승자가 되어라

276쪽 | 목진석 감수 · 백재욱 지음

최근의 포석은 처음부터 공간 전체를 활용하는 발상이 트렌드다. 그 과정에서 치열한 전투가 일어나기도 한다. 그럴수록 기본에 바탕을 둔 포석 감각을 익혀라. 그것이 안전하게 이기는 길이다.

### 03 기본행마로 감각을 키워라

276쪽 | 목진석 감수 · 이하림 지음

바둑은 효율이다. 효율적인 바둑을 두려면 부분적인 모양에서의 행마의 길과 쓰임새, 전체적인 안목에서의 급소와 행마법을 익혀야 한다. 이런 행마의 감각을 키워 실전에서 적절히 구사해보자.

### 04 기본전략으로 판을 지배하라

268쪽 | 목진석 감수 · 이하림 지음

정석은 주로 귀의 변화, 포석은 귀를 토대로 한 변의 변화가 핵심이라면, 전략은 중앙까지 염두에 둔 입체적 실전적 개념이다. 그야말로 야전(野戰)이다. 이제 야전의 세계로 들어가 보자.

### 05 기본사활로 수읽기에 강해져라

272쪽 | 목진석 감수 · 이하림 지음

전체 판을 주도하려면 부분전투에 능해야 하고 그런 능력을 키우려면 수읽기에 강해져야 한다. 사활은 그 첩경이다.

### 06 기본맥점으로 수보기에 강해져라

272쪽 | 목진석 감수 · 이하림 지음

바둑 한 판의 과정에는 다양한 맥이 숨어있다. 이런 맥을 찾는 학습으로 수를 빨리 보는 힘을 기르면 판의 급소를 읽으며 각종 전투에서 승리할 수 있다.

### 07 기본변칙수로 위기를 돌파하라

272쪽 | 목진석 감수 · 이하림 지음

바둑은 정석대로만 두어서는 이길 수 없다. 그 과정에는 온갖 변칙적인 수법이 도사리고 있다. 이런 위기를 극복하고 살아남으려면 불의의 변칙수를 응징하고 때로는 상황에 맞는 정의의 변칙수를 구사해 어려운 판세를 돌파해야 한다.

### 08 기본끝내기로 판을 뒤집어라

272쪽 | 목진석 감수 · 이하림 지음

바둑은 마라톤과 같아서 단번에 승부가 나지 않는다. 종반 역전의 짜릿함을 맛보려면 불리한 국면이라도 무모한 행동을 삼가며 때를 기다리는 인내심이 필요하다. 그런 절대 기회가 생겼을 때 끝내기의 묘미로 판을 뒤집어보자.

## 왕초보 바둑 배우기 시리즈

### 왕초보 바둑 배우기 1. 입문하기

238쪽 | 조창삼 지음

바둑을 처음 접하는 분들이 배워야 할 규칙과 기본 기술을 이해하기 편한 대화 형식으로 거침없이 풀었다. 1권을 마치면 누구랑 두어도 당당할 것이다

### 왕초보 바둑 배우기 2. 완성하기

236쪽 | 조창삼 지음

'입문하기 편'을 마친 분들이 배워야 할 부분 기술과 행마를 이해하기 편한 대화 형식으로 거침없이 풀었다. 2권을 마치면 부분 전투에 자신이 붙어 바둑의 묘미를 느낄 것이다.

### 왕초보 바둑 배우기 3. 대국하기

240쪽 | 조창삼 지음

'완성하기 편'을 마친 분들이 배워야 할 초반의 포석, 중반의 전투, 종반의 끝내기 등 바둑의 한 판 과정에서 필요한 핵심 기술을 초심자의 눈높이에서 보여준다.